"十三五"江苏省高等学校重点教材

汽车制造技术

主　编　倪骁骅
副主编　张建峰　刘　玮

北京理工大学出版社
BEIJING INSTITUTE OF TECHNOLOGY PRESS

内 容 简 介

汽车制造技术是车辆工程、汽车服务工程、能源与动力工程(内燃机)等相关专业的主干课程之一。本书系统地介绍了汽车制造的基本理论、技术方法,并对前沿知识进行了一定拓展。

本书的主要内容包括汽车制造工艺的基础理论、汽车零件毛坯的常用制造方法、机械零件加工、零部件及整车装配工艺规程制订的基础理论及方法、汽车车身制造中的三大工艺(冲压、装焊、涂装)、汽车制造中的工装夹具设计、汽车制造计算机辅助工艺设计与管理、汽车制造新技术等内容。每章后都附有与章节内容相关的习题作为课后练习。

本书除作为本科院校汽车类专业的教材外,还可供汽车相关企业设计、制造部门的工程技术人员参考。

版权专有　侵权必究

图书在版编目(CIP)数据

汽车制造技术 / 倪骁骅主编. —北京:北京理工大学出版社,2020.12(2021.4 重印)
ISBN 978-7-5682-9393-8

Ⅰ. ①汽… Ⅱ. ①倪… Ⅲ. ①汽车-生产工艺-高等学校-教材 Ⅳ. ①U466

中国版本图书馆 CIP 数据核字(2020)第 263638 号

出版发行 / 北京理工大学出版社有限责任公司	
社　　址 / 北京市海淀区中关村南大街 5 号	
邮　　编 / 100081	
电　　话 / (010)68914775(总编室)	
(010)82562903(教材售后服务热线)	
(010)68948351(其他图书服务热线)	
网　　址 / http://www.bitpress.com.cn	
经　　销 / 全国各地新华书店	
印　　刷 / 三河市天利华印刷装订有限公司	
开　　本 / 787 毫米×1092 毫米　1/16	
印　　张 / 27.5	责任编辑 / 高　芳
字　　数 / 579 千字	文案编辑 / 赵　轩
版　　次 / 2020 年 12 月第 1 版　2021 年 4 月第 2 次印刷	责任校对 / 刘亚男
定　　价 / 68.00 元	责任印制 / 李志强

图书出现印装质量问题,请拨打售后服务热线,本社负责调换

前言

21世纪以来，随着汽车工业的飞速发展，中国已成为世界汽车生产大国，汽车产业也成为国家重要的支柱产业。同时，随着汽车产量、保有量的不断增加，国内汽车的生产体系日益完备，从零部件到整车生产均有涉及，国产化率也不断提高。

汽车是行走的机械，其设计、制造应用了机械制造的相关技术，同时又有其特殊性。作为大规模生产与个性化生产兼有的产品，传统制造技术与现代先进机械制造技术的密切结合在汽车制造中体现得愈加明显，特别是计算机技术、信息技术及人工智能相关技术在汽车工业生产中的应用越来越广泛。

"汽车制造技术"是汽车类专业设置的一门重要的专业课程。通过对本课程的学习，学生应能够掌握或了解汽车制造工艺基础理论、工艺装备、工艺过程或装备设计方法、工艺管理以及现代汽车设计制造的前沿知识，为后续课程设计、其他专业课程的学习、毕业设计和综合训练打下基础，也为毕业后从事汽车设计、制造相关工作奠定基础。

本书以应用型人才培养为出发点，在参考其他教材、了解较新的制造理论与方法、总结教学实践的基础上，以"基础理论知识够用，技术方法实用且便于掌握"为原则，力求较系统地阐述汽车类专业所需要的与制造相关的理论与知识，突出技术应用与掌握这一重点，同时兼顾最新相关技术的介绍。

本书由盐城工学院倪骁骅任主编，南通理工学院张建峰、盐城工学院刘玮任副主编。本书的具体编写分工为：盐城工学院倪骁骅编写绪论、第一章、第九章，刘玮编写第六章、第七章，李成冬编写第八章，刘基冈编写第十章；常熟理工学院胡顺安编写第二章；淮阴工学院王程编写第三章；南通理工学院张建峰编写第四章、第五章。

本书为"'十三五'江苏省高等学校重点建设教材"。盐城工学院教材出版基金也对本书的出版给予了资助。

由于编者水平有限，书中难免有不足之处，欢迎广大读者批评指正。

编 者

2020年5月

目 录

绪论 ··· 1
 第一节 汽车生产过程 ·· 1
 第二节 汽车及其零件的生产模式和生产理念的发展 ·· 2
 习题 ··· 7

第一章 汽车零件机械加工工艺基本理论 ·· 8
 第一节 零件切削加工基本原理 ·· 8
 第二节 金属切削过程的变形 ··· 17
 第三节 切削加工条件的合理选择 ·· 29
 第四节 机械加工精度 ··· 38
 第五节 机械加工表面质量 ·· 63
 习题 ·· 71

第二章 汽车零件毛坯制造工艺基础 ··· 74
 第一节 铸造工艺基础 ··· 74
 第二节 锻造工艺基础 ··· 82
 第三节 焊接工艺基础 ··· 90
 第四节 冲压工艺基础 ··· 96
 第五节 粉末冶金基础 ·· 100
 第六节 塑料成型工艺基础 ··· 103
 第七节 毛坯的选择 ·· 105
 习题 ··· 108

第三章 汽车零件机械加工工艺设计 ·· 109
 第一节 机械加工工艺过程与规程 ·· 109
 第二节 工件定位及加工工艺基准 ·· 115
 第三节 机械加工路线的制订 ·· 122
 第四节 工序具体内容的确定 ·· 133
 第五节 工艺方案的经济性评价及降低加工成本的措施 ······································· 140

  第六节 汽车零件机械加工工艺规程制订实例 …………………………… 146
  习题 ……………………………………………………………………………… 164

第四章 尺寸链原理及其应用 …………………………………………………… 166
  第一节 尺寸链的基本概念 ………………………………………………… 166
  第二节 工艺尺寸链、装配尺寸链的应用 …………………………………… 180
  习题 ……………………………………………………………………………… 194

第五章 装配工艺基础 ………………………………………………………… 198
  第一节 概　述 ……………………………………………………………… 198
  第二节 保证装配精度的装配方法 …………………………………………… 199
  第三节 装配工艺规程 ……………………………………………………… 209
  第四节 汽车总装配 ………………………………………………………… 213
  习题 ……………………………………………………………………………… 218

第六章 结构工艺性 …………………………………………………………… 221
  第一节 零件机械加工的结构工艺性 ………………………………………… 221
  第二节 产品结构的装配工艺性 …………………………………………… 232
  习题 ……………………………………………………………………………… 239

第七章 汽车车身制造工艺 …………………………………………………… 240
  第一节 汽车车身冲压材料 ………………………………………………… 240
  第二节 汽车车身覆盖件冲压工艺 ………………………………………… 254
  第三节 汽车车身装焊工艺 …………………………………………………… 277
  第四节 汽车车身涂装工艺 …………………………………………………… 294
  习题 ……………………………………………………………………………… 300

第八章 汽车制造工装夹具设计 ……………………………………………… 302
  第一节 工件的安装 ………………………………………………………… 302
  第二节 机床夹具的组成及其分类 …………………………………………… 305
  第三节 工件在夹具中的定位及误差分析 …………………………………… 309
  第四节 工件的夹紧及夹紧装置 …………………………………………… 337
  第五节 典型机床夹具 ……………………………………………………… 354
  第六节 夹具设计的方法和步骤 …………………………………………… 365
  习题 ……………………………………………………………………………… 372

第九章 汽车制造计算机辅助工艺设计与管理 ……………………………… 378
  第一节 计算机辅助工艺过程设计（CAPP）原理 ………………………… 378
  第二节 汽车制造工程管理系统 …………………………………………… 382
  第三节 产品全生命周期管理应用软件平台 Teamcenter ………………… 390
  第四节 数字化制造解决方案 Tecnomatix ………………………………… 395

习题 ……………………………………………………………………………… 399
第十章　汽车制造新技术 ……………………………………………………… 400
　　第一节　制造自动化技术的发展过程及发展趋势 ………………………… 400
　　第二节　自动化制造系统 …………………………………………………… 403
　　第三节　先进制造技术、工艺和方法 ……………………………………… 413
　　第四节　汽车制造轻量化技术 ……………………………………………… 424
　　习题 ……………………………………………………………………………… 428
参考文献 ………………………………………………………………………… 429

绪 论

汽车是具有机、电、液、气高度综合性的机械产品，其生产制造需要广泛的配套产业。汽车行业是机床、铸造机械、锻造机械、焊接机械、电气系统、仪表以及多种原材料的使用大户，具有高度社会化、全球化的特征。汽车制造技术不但涉及传统机械制造的相关技术，同时由于其不同于其他机械产品的特征，故而又有其特殊的制造理论与工艺方法。尤其是随着计算机、信息、人工智能等技术在汽车设计、制造、管理中的应用越来越广泛与深入，汽车生产成为现代制造技术应用的重点领域。

第一节　汽车生产过程

一、汽车生产过程的构成

汽车是由许多零件、部件、分/总成等装配而成的。汽车的生产过程就是将原材料制造成产品的全部过程，包括：原材料的运输、保管，毛坯制造、机械加工及热处理，部件装配和汽车的总装配，产品的品质检验、调试、涂装及包装、储存等。这个过程可以通过一个生产过程简图(见图绪论-1)来集中表示。

实际的汽车生产是社会化的生产过程，是由若干不同的专业化工厂(车间)合作完成的。为了经济地、高质量地、高效率地提供汽车生产所需要的零部件，这些专业化工厂(车间)按产品的协作原则组织生产、分工合作。例如，一台发动机由许多零件(主要是机械零件)组成。在发动机制造过程中，首先由铸造、锻造厂(车间)将各种特性不同的原材料加工制造成零件的毛坯，然后经过机械加工、热处理厂(车间)制成合格的零件，再结合利用其他专业技术的产品，如火花塞(汽油机)、燃油泵(柴油机)等各种附件，在总装厂(车间)进行部件装配和总成装配，最后经过调整、试验达到要求的性能指标，成为一台质量合格的发动机。完整的汽车生产过程，除了生产各种零部件的工厂(车间)、总装厂参与之外，还应有为生产准备和服务的有关部门参与，如：原材料及半成品供应部门，产品品质检测、试验部门，工(夹)具、刀具制造、管理和准备部门，设备维护部门等。

图绪论-1 汽车生产过程简图

二、汽车生产工艺过程

利用各种原材料及半成品制造出毛坯、零件、部件及整个产品的过程，即工艺过程，是汽车生产过程中最主要的组成部分。所谓工艺过程，就是改变原材料（或毛坯）的形状、尺寸、相对位置和材料性能，使其成为成品或半成品的那部分生产过程，包括铸造、锻造、热处理、机械加工和装配等。铸造和锻造等工艺过程统称为毛坯制造工艺过程，在这一工艺过程中，原材料经过铸造或锻造而成为满足设计技术要求、具有特定外形形状的铸件或锻件。在紧接下来的热处理、机械加工工艺过程中，借助于不同形式的加工方法和不同性能的加工设备，毛坯按一定顺序依次通过各道工序，改变形状、尺寸及相互位置关系，成为满足设计技术要求的零件。这些被加工好的、合格的零件按照规定的技术要求装配起来，就成了具有一定功能的部件、分/总成（如发动机、变速器等）和汽车，这一环节称为装配工艺过程。

毛坯制造、机械加工、装配等各个工艺过程中，都有相关的制造理论及应用技术，本教材的后续章节将分别介绍。

第二节 汽车及其零件的生产模式和生产理念的发展

一、生产纲领

汽车制造厂根据市场需求、销售情况和本企业的生产能力制订的年产量和进度计划，

就是该汽车制造厂的生产纲领(订单)T。汽车零件生产车间或协作厂的生产纲领 P 的计算式为

$$P = T\mu(1+\alpha)(1+\beta)$$

式中：μ 是每台汽车中该零件的所需量(件/台)；α 是批次中备件的百分率；β 是批次中废品的百分率。

将生产纲领所确定的数量在一年里分批生产，每批生产的数量即为批量。一般分为大量生产、成批生产、单件生产 3 种生产类型。表绪论-1 列举了我国汽车制造厂生产类型、产品种类及年产量之间的关系。但应注意：汽车零件生产车间、协作厂或生产线由于所生产的产品零(部)件的结构特点、工艺特点、需求量以及零(部)件使用寿命长短的不同，可能具有相异的生产类型。

表绪论-1 我国汽车制造厂生产类型、产品种类及年产量之间的关系

生产类型		汽车种类		
		小轿车及1.5t以下轻型载货汽车(辆/年)	载货汽车(辆/年)	
			2~6 t	8~15 t
单件生产		<10	<10	<10
成批生产	小批生产	<2 000	<1 000	<500
	中批生产	2 000~10 000	1 000~10 000	500~5 000
	大批生产	10 000~50 000	10 000~30 000	5 000~10 000
大量生产		>50 000	>30 000	>10 000

二、生产类型与生产方式

汽车产品的销售情况与工厂的生产能力，决定了工厂的生产纲领；生产纲领则决定了产品的生产类型，即生产规模。

1. 单件生产

一次生产一台或少量的几台汽车，且不重复或很少重复制造的生产类型，称为单件生产。这种生产类型常出现在汽车产品试制阶段。由于往往只进行一次或很少重复进行，因此在生产组织上很灵活，加工设备为通用设备，专用夹具使用很少，而更多采用组合夹具。

2. 成批生产

小批生产、中批生产、大批生产统称为成批生产。在成批生产中，产品成批地、周期性地投入生产，每一工作场地或加工设备分批完成不同零件的一道工序或同一工件的几道相同工序。中、重型载货汽车的生产即属于这种生产类型。在小批生产中，汽车产品产量不多，但周期性地生产，其工艺特征与单件生产相近；而大批生产的工艺特征与大量生产相似。

3. 大量生产

产品的数量很大，每一设备或工作场地重复地进行一种零件或几种相似零件的某一工序的生产，称为大量生产。汽车、汽车发动机和汽车上大部分零部件均采用这种生产类型。由于大量生产的零件数量很多，因此在生产组织上，常按零件的结构或部件的独立功能专业化进行，如发动机、变速箱、转向器、车身等。为提高生产效率，生产设备常采用专用机床设备、工艺装备，并按工艺规程顺序排列。

以上3种不同的生产类型，在实际的生产中可能同时发生在一工厂，甚至同一车间内。例如，某一发动机的生产类型是成批生产，但是发动机所用的某一个零件(气阀、连杆、活塞、活塞环等)却是大量生产。此外，在一个专业化制造厂或车间内，根据零件的结构、尺寸和工艺特征的相似性，对同类零件进行分组，将同组零件集中在一条生产线或一台设备上进行加工，这就是所谓的成组技术。这样，既可使多品种小批量零件的生产统一起来变为成批、大量生产，又可采用先进的生产工艺和生产组织形式。当从生产一种零件转换到生产另一种零件时，设备或生产线不需调整或仅需稍做调整。

传统汽车生产同其他产品的生产一样，选用生产类型与生产方式需考虑的主要因素是：质量、成本、生产率。随着生产技术的发展，人们消费水平的提高、消费的个性化以及汽车制造竞争日趋激烈，传统的大批量生产模式正逐步被多品种小批量生产模式所取代。质量、成本、生产率这一传统准则的内涵也被赋予了新的含义，在汽车制造领域内，提出了新的 T(交货时间)、Q(质量)、C(成本)、S(服务)准则。根据这4个准则的要求，在满足用户需求的前提下，为了在激烈的市场竞争中占领优势地位并取胜，快速响应制造的概念正在汽车制造业界内以风起云涌之势推广开来。快速响应制造不仅要求加速更新换代的进程，而且要求保持质量领先。因此，确定一种汽车产品的生产类型、生产方式及制造工艺时，既要对汽车制造技术有深刻透彻的掌握，还要从汽车生产管理的角度做出有战略眼光的选择。

汽车及其零部件的生产过程实际上包括零件、部件、整车生产的全过程。纵观全世界汽车制造的生产方式，主要有以下3种：

(1)生产全部零部件，并且组装整车；

(2)只负责汽车的设计和销售，不生产任何零部件；

(3)生产一部分关键的零部件(如发动机等)，其余的零部件向其他专业生产厂成套采购。

第一种生产方式，过去大型、超大型汽车制造企业通常采用，这些企业拥有汽车所有零部件的设计、加工制造能力，能在局部地区形成大而全或小而全的制造体系。这种生产方式对市场的适应性极差，难以做到生产设备负荷的平衡，固定资产利用率低，工人工作极不均衡，是呆板的、落后的生产方式。

第二种生产方式，固定资产投入少，充分适应市场变化快的特点，转产容易，使汽车生产彻底社会化、专业化。国外敏捷制造中的动态联盟经常采用这种生产方式。其实质就是在互联网信息技术支持下，在全球范围内实现这一生产方式。这种生产方式突出了知识在现代制造中的作用和地位,是将传统的汽车制造由资金密集型向知识密集型过渡的先进生产方式。

第三种生产方式,克服了第一种方式投资大、对市场适应性差的缺点,也克服了第二种方式不能掌握汽车制造中的核心技术和工艺的不足,成为当今汽车制造领域最普遍的生产方式之一。按这种生产方式运作,汽车生产商只需控制整车、车身、发动机等核心零部件的设计、生产,其余零部件由专业生产厂家提供。例如,美国的三大汽车公司(福特、通用、克莱斯勒)周围均密布了成百上千的专业生产企业,承担了汽车零部件和汽车生产所需的专用工装夹具、模具、专用设备的生产供应工作。日本的汽车工业生产格局也是如此,如日本电装、丰田工机等公司原来都是典型的专业生产汽车零部件的企业,它们不仅为日本本国汽车生产企业提供配件,而且为全球汽车生产厂供货。以日本电装公司为例,原是丰田公司属下的汽车电器配套子公司,1949年另立门户,现已成为年产值逾120亿美元的日本最大汽车零部件生产厂,它所生产的汽车空调器、起动机、刮水器、散热器等产品的市场占有率居世界首位。

20世纪初到20世纪中叶,汽车制造方式以福特生产方式为代表。该生产方式的生产特点为典型的大批量生产模式,主要特征是具有专用设备、刚性生产线,以及零件高度互换和质量统计分析为主的质量保证体系。这个时期,单工序优化的制造技术研究对提高生产率、降低制造成本发挥了决定性作用。随着经济的发展,人们消费水平的提高,汽车消费要求的日趋个性化,多品种、小批量的汽车生产方式逐渐占据主导地位。但在多品种、小批量生产方式下,汽车制造的效益不再显著。如何面对激烈的市场竞争,使企业保持良好的效益,许多车企从管理科学方面提出了许多新理念及企业运作方法。例如,日本丰田公司实施的准时生产JIT(Just In Time)及生产监控方法。所谓JIT,就是在需要的时间里生产需要的合格产品;生产监控方法就是在生产线中保证进入下一工序的成品或半成品是100%的合格品。丰田的这种生产运作方式不仅适应了市场变化,而且使在制品库存积压大量减少。又如,美国里海大学与通用汽车公司(GM)共同提出的敏捷制造(AM)的概念。敏捷制造的目的是快速解决市场需求问题,核心内容就是虚拟公司与动态联盟。所谓虚拟公司,就是当有了成熟的汽车产品设计后,不再像传统汽车生产方式那样组织生产,而是通过计算机网络,在全球范围内选择最具实力的制造企业组成联盟。虚拟公司的生产运作均是通过网络、数据库、多媒体等信息化技术手段来完成的。当产品的市场寿命结束了,虚拟公司也就完成其使命。在扁平化管理的虚拟公司运作中,各加盟配套企业在技术、经济、管理上各自都相对独立,有较大自我决策权,联盟仅提供建议,这样更有利于实现敏捷设计、敏捷制造的并行。事实上,现在许多发达国家的汽车制造工业在生产方式及配套体系运作上已全面按这种理念进行。

三、不同生产类型的工艺特征

生产类型不同,生产组织、管理,生产车间的布置,毛坯的制作,设备、工装夹具、加工方法的选择以及工人技术等级等各方面的要求均不同。制定的工艺规程必须与生产类型相适应,这样才能取得最大的经济效益。表绪论-2对不同汽车生产类型和工艺过程的特征进行了详细的比较和描述。

表绪论-2 不同汽车生产类型和工艺过程的特征

特征类型	项目	单件/小批生产	成批生产	大批/大量生产
产品特征	产量	少	一般	多
	产品品种	繁多	少量同类品种	基本为单一品种
	生产重复性	经常变换，基本不重复	周期性变换、重复	基本固定不变、重复
	零件互换性	没有互换性，广泛采用钳工进行装配	大部分有互换性，同时保留试配	全部有互换性，某些精度高的配对件采用分组选择装配法
	毛坯制造及加工余量	铸件用木模手工制造，锻件用自由锻，毛坯精度低，加工余量大	部分铸件为金属模，部分锻件用模锻，毛坯精度一般，加工余量较小	金属机器造型，锻件采用模锻及其他高生产率的毛坯制造法，毛坯精度高，加工余量小
工艺装备特征	机床设备	通用机床、数控机床、加工中心	数控机床、加工中心、柔性制造单元，部分也采用通用机床、专用机床	专用生产线，自动化生产线，柔性制造生产线或数控机床
	夹具	极少采用夹具，偶尔采用组合夹具	广泛采用专用夹具	采用高生产率专用夹具
	刀具与量具	采用标准刀具和通用量具	采用标准刀具、量具，部分采用专用刀具、量具	基本采用专用刀具、量具
工艺特征	加工方法	试切法、划线找正加工法	调整法为主，偶尔也采用试切法	调整法自动加工
	工艺规程	简单的工艺路线（流程）卡	有工艺规程，对一些主要或关键零件有详细的工艺规程	有详细的工艺规程
技术经济性比较	设备投资	少	一般	高
	生产效率	低	一般	高
	生产成本	高	一般	低
	对工人技术要求	熟练	一般熟练	操作工人技术水平要求低，调整工人技术水平要求高

习 题

1. 简述汽车的生产过程及主要组成环节。
2. 什么是生产纲领？什么是生产类型？它们之间有什么联系？
3. 组织汽车产品的生产有几种方式？试对它们进行比较。

第一章 汽车零件机械加工工艺基本理论

汽车零件的机械加工主要是金属零件的切削加工。切削加工就是在机床上利用金属切削刀具切去工件上多余的(或预留的)金属层(加工余量),以获得具有一定表面精度(尺寸、形状和位置精度)和表面质量的机械零件的加工方法。

金属切削过程是工件和刀具相互作用的过程,过程中会产生切削变形、切削力、切削热和刀具磨损等一系列现象。本章在介绍金属切削基本知识的基础上,对切削过程中的上述现象进行剖析,揭示它们的产生机理和相互之间的内在联系。工程技术人员必须了解金属切削基本理论和规律,并将它们应用在工程中,这对控制切削过程、保证加工质量、提高生产效率和降低生产成本具有重要意义。

第一节 零件切削加工基本原理

一、切削运动、加工表面与切削要素

(一)切削运动

在金属切削过程中,为了切除工件上多余的金属,形成所需要的表面,刀具和工件之间必须要有一定的相对运动,称为切削运动,具体可分为主运动和进给运动。

1. 主运动

主运动是刀具和工件间主要的相对运动,它使刀具切削刃及其邻近的刀具表面切入工件材料,使被切削层转变为切屑,从而形成工件的新表面。在切削运动中,主运动速度最高、消耗功率最大,是切下切屑所必需的基本运动。主运动可以由工件完成,也可以由刀具完成,如车床车削时工件的旋转运动和牛头刨床刨削时刀具的直线运动。切削加工中,主运动只有一个。主运动速度是矢量,有大小和方向,如图1-1所示。主运动速度称为切削速度,用符号v_c表示。

第一章 汽车零件机械加工工艺基本理论

图 1-1 外圆车削时的切削运动

2. 进给运动

进给运动是使新的金属不断投入切削的运动，以保证切削工作连续或反复进行，从而切除切削层，形成所需工件表面。

进给运动速度较低，消耗功率也小。进给运动可由刀具完成（如车削），也可由工件完成（如铣削）；进给运动可以是一个，也可以是几个；进给运动可以是连续运动，也可以是间隙运动。进给运动速度是矢量，有大小和方向（见图 1-1）。进给运动速度称为进给速度，用符号 v_f 表示。

3. 合成切削运动

主运动和进给运动可以同时进行（如车削、铣削），也可交替进行（如刨削）。当主运动和进给运动同时进行时，刀具切削刃上某一点相对工件的运动称为合成切削运动。合成切削运动的速度称为合成切削速度，用符号 v_e 表示。从图 1-1 所示的车刀进行普通外圆车削时的切削运动中，可以看到合成切削速度 v_e、切削速度 v_c 和进给速度 v_f 之间的关系。

各种切削加工方法的切削运动如图 1-2 所示。

图 1-2 各种切削加工方法的切削运动
(a)车削；(b)钻削；(c)镗削；(d)铣削；(e)刨削；(f)刨削

(二)加工表面

在切削过程中,工件上通常存在着3个不断变化的切削表面,如图1-1所示。

(1)待加工表面——工件上即将被切除的表面。

(2)已加工表面——工件上已切去切削层而形成的新表面。

(3)过渡表面(又称加工表面)——工件上正被刀具切削着的表面,介于已加工表面和待加工表面之间。

(三)切削要素

切削要素主要指切削过程中的切削用量和切削层参数。

1. 切削用量

1) 切削速度 v_c

切削速度指刀具切削刃上选定点相对于工件主运动的速度,单位为 m/s(或 m/min)。主运动是旋转运动时,切削速度计算公式为

$$v_c = \frac{\pi dn}{1000} \tag{1-1}$$

式中:d——工件(或刀具)切削处的最大直径,mm;

n——工件(或刀具)的转速,r/s 或 r/min。

在生产中,磨削加工速度的单位用 m/s,其他加工的切削速度单位习惯用 m/min。在转速 n 值一定时,切削刃上各点的切削速度不同。考虑到刀具的磨损和已加工表面质量等因素,计算时应取最大的切削速度。例如,外圆车削时计算待加工表面上的速度(用 v_w 表示并代入公式),内孔镗削时计算已加工表面上的速度(用 v_m 表示并代入公式),钻削时计算钻头外径处的速度。

2) 进给量 f

进给量指工件或刀具每转一转(或每往复一次),两者在进给运动方向上的相对位移量,其单位是 mm/r(或 mm/行程)。对于铣刀、铰刀等多齿刀具,还规定了每刀齿进给量 f_z,单位是 mm/z。

进给速度 v_f、进给量 f 和每齿进给量 f_z 三者之间的关系为

$$v_f = nf = nzf_z \tag{1-2}$$

式中:v_f——进给速度,mm/min;

n——刀具的转速,r/min;

f——进给量,mm/r;

z——刀齿齿数;

f_z——每刀齿进给量,mm/z。

3) 背吃刀量(切削深度)a_p

背吃刀量指在垂直于主运动方向和进给运动方向组成的工作平面内,测量得到的刀具主切削刃与工件切削表面的接触长度。对于外圆车削,背吃刀量为工件上已加工表面和待加工表面间的垂直距离,单位为 mm,即

$$a_p = \frac{d_w - d_m}{2} \tag{1-3}$$

式中：a_p——背吃刀量，mm；
d_w——工件加工前（待加工表面）的直径，mm；
d_m——工件加工后（已加工表面）的直径，mm。

v_c、f、a_p 构成了普通外圆车削的切削用量三要素。在金属切削过程中，切削用量三要素选配的大小将影响切削效率的高低。通常用切削用量三要素的乘积作为衡量指标，称为材料切除率，用 Q_z 表示，其单位为 mm^3/min，表达式为

$$Q_z = 1000 v_c f a_p \tag{1-4}$$

2. 切削层参数

在切削过程中，由刀具切削刃在一个单动作（或刀具切削刃走过工件的一个单程，或只产生一圈过渡表面的动作）中所切除的工件材料层，称为切削层。切削层的大小和形状直接决定了刀具切削部分所受负荷的大小及切下切屑的形状和尺寸。为了简化计算工作，切削层的表面形状和尺寸通常都在垂直于切削速度 v_c 的平面内观察和度量，如图 1-3 所示。切削层参数有切削厚度 h_D、切削宽度 b_D 和切削面积 A_D。

图 1-3 外圆纵车时的切削层参数

1）切削厚度 h_D

切削厚度指在过渡表面法线方向上测量的切削层尺寸，即相邻两过渡表面之间的距离。h_D 反映了切削刃单位长度上的切削负荷。由图 1-3 得

$$h_D = f \sin \kappa_r \tag{1-5}$$

式中：h_D——切削厚度，mm；
f——进给量，mm/r；
κ_r——车刀主偏角，°。

2）切削宽度 b_D

切削宽度指沿过渡表面测量的切削层尺寸。b_D 反映了切削刃参加切削的工作长度。由图 1-3 得

$$b_D = \frac{a_p}{\sin \kappa_r} \tag{1-6}$$

式中:b_D——切削宽度,mm;

a_p——背吃刀量,mm。

可见,在 f、a_p 一定的条件下,主偏角 κ_r 越大,切削厚度 h_D 也就越大,但切削宽度 b_D 越小;反之,在主偏角 κ_r 越小时,切削厚度 h_D 越小,切削宽度 b_D 越大;当 $\kappa_r = 90°$ 时,$h_D = f$,$b_D = a_p$。

3)切削面积 A_D

切削面积指切削厚度与切削宽度的乘积,由图1-3得

$$A_D = h_D b_D = f a_p \tag{1-7}$$

式中:A_D——切削面积,mm^2。

A_D 是名义切削面积,实际切削面积等于名义切削面积减去残留面积。

残留面积是指刀具副偏角 $\kappa_r' \neq 0$ 时,刀具经过切削后,残留在已加工表面上的不平部分的剖面面积,残留面积影响零件加工表面的粗糙度。

二、刀具对切削加工的影响

(一)刀具切削部分的组成

切削刀具的种类繁多,结构各异,但是它们的基本功能都是在切削过程中,用刀刃从工件上切下多余的金属,因此它们的切削部分都具有共同的特征。外圆车刀是最基本、最典型的切削刀具,故本书以外圆车刀为代表来说明刀具切削部分的组成,其他刀具及刀具材料等内容可参考 GB/T 12204—2010 及《机械制造技术基础》(吉卫喜主编)。如图1-4所示,车刀由切削部分(刀头)和夹持部分(刀体)构成,为便于理解,将图1-4(a)简化为图1-4(b)表示。刀具上承担切削工作的部分称为刀具的切削部分。

图1-4 车刀的结构要素

外圆车刀切削部分的结构要素及其定义如下。

(1)前面(前刀面):刀具上切屑流过的表面。

(2)后面(后刀面):与工件上切削中产生的表面相对的表面。

(3)主后面:刀具上同前面相交形成主切削刃的后面。

(4)副后面:刀具上同前面相交形成副切削刃的后面。

(5)主切削刃:起始于切削刃上主偏角为0°的点,并至少有一段切削刃拟用来在工件上切出过渡表面的整段切削刃(一般指前刀面与主后刀面相交的交线),它完成主要的切削工作。

(6)副切削刃:切削刃上除主切削刃以外的刃,亦起始于主偏角为0°的点,但它向背离主切削刃的方向延伸(一般指前刀面与副后刀面相交的交线),它配合主切削刃完成切削工作,并最终形成已加工表面。

(7)刀尖:主切削刃与副切削刃的连接处相当少的一部分切削刃。为了强化刀尖,许多刀具都在刀尖处磨出直线或圆弧形过渡刃,如图1-5所示。

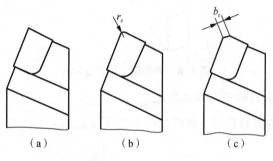

图1-5 刀尖的类型

(二)刀具标注角度

刀具要从工件上切下金属,必须具有一定的切削角度,也正是切削角度决定了刀具切削部分各表面在空间的位置。为了确定刀具前刀面、后刀面及切削刃在空间的位置,首先应建立参考系,它是一组用于定义和规定刀具角度的各基准坐标平面。刀具角度参考系分为刀具静止参考系和刀具工作参考系。在静止参考系下定义的刀具角度称刀具标注角度,它是刀具在设计、制造、刃磨和测量时的角度;在工作参考系下定义的刀具角度称刀具工作角度,它是刀具在使用状态下的角度。

1. 刀具静止参考系

为了便于测量,在建立刀具静止参考系时,特作如下两点假设:

(1)只考虑进给运动方向,不考虑其大小,即$f=0$;

(2)安装车刀时,刀杆中心线与假定进给运动方向垂直,刀尖与工件回转中心等高。

由此可见,静止参考系是在简化了切削运动和规定刀具安装位置的条件下建立的参考系。静止参考系中最常用的刀具角度参考系是正交平面参考系(见图1-6),其他参考系有法平面参考系、假定工作平面参考系等。

正交平面参考系由以下3个在空间相互垂直的参考平面构成,如图1-6所示。

(1)基面p_r:通过主切削刃上某一点并与该点切削速度方向相垂直的平面。基面通常平行于刀具的安装面(底面)。

(2)切削平面p_s:通过主切削刃上某一点,与主切削刃相切并垂直于基面的平面。

（3）正交平面 p_o：通过主切削刃上某一点，同时垂直于基面与切削平面的平面。它垂直于主切削刃在基面上的投影。

图1-6　刀具正交平面参考系

2. 正交平面参考系内的刀具标注角度

正交平面参考系内的刀具标注角度如图1-7所示。

图1-7　正交平面参考系内的刀具标注角度

1)在基面中测量的刀具角度

(1)主偏角 κ_r:主切削刃在基面上的投影与进给运动方向的夹角。主偏角一般为正值。

(2)副偏角 κ'_r:副切削刃在基面上的投影与进给运动反方向的夹角。副偏角一般为正值。

(3)刀尖角 ε_r:在基面中测量的主、副切削刃间的夹角。该角度是派生角度,从图 1-7 可看出

$$\varepsilon_r = 180° - (\kappa_r + \kappa'_r) \tag{1-8}$$

2)在切削平面中测量的刀具角度

刃倾角 λ_s:在切削平面内测量的主切削刃与基面之间的夹角。当主切削刃呈水平时,$\lambda_s = 0°$;刀尖为主切削刃最低点时,$\lambda_s < 0°$;刀尖为主切削刃上最高点时,$\lambda_s > 0°$。

3)在正交平面中测量的刀具角度

(1)前角 γ_o:在正交平面内测量的前刀面与基面之间的夹角。前角表示前刀面的倾斜程度,有正、负和零值之分,其符号规定如图 1-7 所示。

(2)后角 α_o:在正交平面内测量的主后刀面与切削平面之间的夹角。后角表示主后刀面的倾斜程度,一般为正值。

(3)楔角 β_o:在正交平面内测量的前、后刀面间的夹角。该角度是派生角度,它与前角、后角有如下关系

$$\beta_o = 90° - (\gamma_o + \alpha_o) \tag{1-9}$$

在上述的刀具角度中,主偏角 κ_r、刃倾角 λ_s、前角 γ_o、后角 α_o 决定了主切削刃及其前后刀面在空间的方位,其中主偏角 κ_r、刃倾角 λ_s 决定了主切削刃在空间的方位,主偏角 κ_r、刃倾角 λ_s、前角 γ_o 决定了前刀面在空间的方位,主偏角 κ_r、刃倾角 λ_s、后角 α_o 决定了后刀面在空间的方位,即所谓的"一刃四角"。对副切削刃而言,同样有 4 个角:副偏角 κ'_r、副刃倾角 λ'_s、副前角 γ'_o、副后角 α'_o,其定义方法与主切削刃上的 4 种角度类似。对于"三面两刃一刀尖"的普通外面车刀,由于主、副切削刃共用一个前刀面,副刃倾角 λ'_s、副前角 γ'_o 就成为派生角度,可以由其他角度推导出来。故要完全确定这些刀面和刀刃在空间的位置,除了前角 γ_o、后角 α_o、主偏角 κ_r、副偏角 κ'_r 和刃倾角 λ_s 这 5 个基本角度外,还需要增加一个确定副后刀面在空间位置的角度,即副后角 α'_o。

副后角 α'_o 是在副正交平面(过副切削刃上一点且垂直于副切削刃在基面上投影的平面)内测量的副后刀面与副切削平面(过副切削刃上一点与副切削刃相切且垂直于基面的平面)之间的夹角。副后角表示副后刀面的倾斜程度,一般也为正值。

由前述分析可知,对"三面两刃一刀尖"的外圆车刀,只需要 6 个基本角度就可以确定这些刀面和刀刃在空间的位置。

(三)刀具的工作角度及对切削加工的影响

在实际切削加工中,由于刀具安装位置和进给运动的影响,刀具角度的标注参考系会发生变化,从而对切削加工带来影响。

1. 刀具进给运动对刀具工作角度的影响

下面以横向进给运动中车端面或切断为例来说明刀具进给运动对刀具工作角度的影响。

在不考虑进给运动时,车刀切削刃选定点相对于工件的运动轨迹为一圆周,切削平面 p_s 为通过切削刃上该点切于圆周的平面,基面 p_r 为平行于刀杆底面同时垂直于 p_s 的平面,γ_o、α_o 为标注前角和后角。当考虑横向进给运动之后,切削刃选定点相对于工件的运动轨迹为一平面阿基米德螺旋线,如图1-8所示(法平面参考系)。按合成切削速度 v_e 方向确定的工作基面 p_{re} 和工作切削平面 p_{se} 分别相对原来的切削平面 p_s 和基面 p_r 都偏转一个角度 η(合成切削速度角),使车刀的工作前角 γ_{oe} 增大,工作后角 α_{oe} 减小。

$$\gamma_{oe} = \gamma_o + \eta \tag{1-10}$$

$$\alpha_{oe} = \alpha_o - \eta \tag{1-11}$$

$$\tan \eta = \frac{f}{\kappa d} \tag{1-12}$$

式中:η——合成切削速度角,它是同一瞬时主运动方向与合成切削运动方向之间的夹角,在工作平面中测量;

f——工件每转一转时刀具的横向进给量;

d——在横向进给切削过程中,切削刃上选定点处的工件中心的直径,该直径是不断改变的数值。

由式(1-12)可知,切削刃越近工件中心,d 值越小,则 η 值越大。因此,在一定的横向进给量 f 下,当切削刃接近工件中心时,η 值急剧增大,工作后角 α_{oe} 将变为负值,此时,刀具已不再切削工件而是挤压工件。横向进给量 f 的大小对 η 值也有很大的影响:f 增大则 η 值增大,也有可能使 α_{oe} 变为负值。因此,对于横向进给的刀具,不宜选用过大的横向进给量 f,并应适当加大后角 α_o。

同样,纵向进给也会对切削加工带来影响。

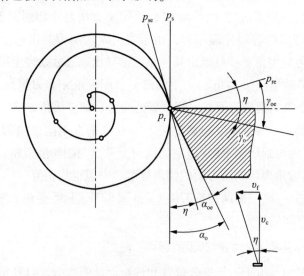

图1-8 横向进给运动对刀具工作角度的影响

2. 刀具的安装位置对刀具工作角度的影响

下面以车刀安装高度对工作角度的影响为例,说明刀具的安装位置对刀具工作角度的影响。安装刀具时,如果刀尖(或刀刃上选定点的位置)高于或低于工件轴线,将引起工作前角 γ_{oe} 和工作后角 α_{oe} 的变化。以车刀切槽为例,若不考虑进给运动,由于刀尖安装高于工件轴线,使其工作基面和工作切削平面的位置发生变化,刀具的工作前角增大,工作后角减小,如图1-9所示(假定工作平面参考系)。若刀尖安装低于工件轴线,则情况正好相反。加工内圆表面时,工作角度的变化情况与加工外表面时相反。

图1-9 车刀安装高度对工作角度的影响
(a)刀尖高于工件中心;(b)刀尖低于工件中心

第二节 金属切削过程的变形

金属切削过程是指刀具通过切削运动从工件上切下多余的金属层,形成已加工表面的过程。在这一过程中,始终存在着刀具切削工件和工件材料抵抗切削的矛盾,从而产生一系列现象,如切削变形、切削力、切削热与切削温度,以及有关刀具的磨损与刀具寿命、卷屑与断屑等。对这些现象进行研究,揭示其内在的机理,探索和掌握金属切削过程的基本规律,对有效控制切削过程、保证加工精度和表面质量、提高切削效率、降低生产成本和劳动强度具有十分重要的意义。

一、金属切削层的切削变形

1. 切削变形的力学本质

金属切削过程中,切屑的形成过程就是切削层金属的变形过程。金属的变形有弹性变形、塑性变形之分。切屑的形成过程可以看作金属材料受挤压作用,产生弹性变形进而产生剪切滑移的变形过程。

在材料力学实验中,已研究过金属受挤压的情况。图1-10(a)为塑性金属受挤压的示意图，试件受压时，随着外力 F 的增加，金属内部应力增加，先产生弹性变形继而产生塑性变形，并使金属的晶格沿晶面发生滑移，滑移面 DA、CB 与外力 F 的方向大致成 $45°$，滑移到最后产生破裂。图 1-10(b)为金属切削过程示意图，DB 以上为切削层，与金属挤压过程相似，切削层受刀具挤压后也产生弹性变形和塑性变形，滑移面仍为 DA 和 CB，因 DB 以下为工件母体，受母体材料的阻碍金属只能沿 DA 滑移，当其与母体金属分离时，就形成了金属切削过程中的切屑。实验表明，切屑的形成过程是切削层金属受到刀具前刀面的挤压作用，被迫产生弹性变形，当切应力达到金属材料的屈服强度时，产生塑性变形的切削变形过程。

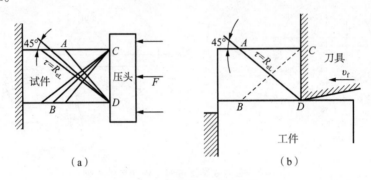

图 1-10 挤压与切削的比较

(a)挤压；(b)切削

2. 金属切削层的 3 个变形区

根据金属切削实验中切削层的变形图，可绘制如图 1-11 所示的金属切削过程中的滑移线和流线示意图。流线即被切金属的某一点在切削过程中流动的轨迹。按照图 1-11，可将切削刃作用部位的切削层划分为 3 个变形区。

图 1-11 金属切削过程中的滑移线和流线示意图

(1)第一变形区：从 OA 线开始发生塑性变形，到 OM 线晶粒的剪切滑移基本完成，这一区域称为第一变形区（Ⅰ）。

(2)第二变形区：切屑沿刀具前刀面排出时，进一步受到前刀面的挤压和摩擦，使靠近前刀面处的切屑底层金属纤维化，其方向基本上和前刀面相平行，这部分区域称为第二变形区(Ⅱ)。

由于第二变形区刀、屑间的摩擦剧烈,使切屑底层金属流速减慢,形成滞流层。当滞流层金属与前刀面之间的摩擦力超过切屑本身的分子间结合力时,滞流层就黏附在前刀面上接近切削刃的地方,形成积屑瘤。第二变形区的特点表现为切屑底部剧烈的变形和此处金属纤维化的方向与前刀面平行。

(3)第三变形区:已加工表面受到切削刃钝圆部分与刀具后刀面的挤压和摩擦,产生变形与回弹,造成纤维化与加工硬化,这一部分区域称为第三变形区(Ⅲ)。

3个变形区汇集在切削刃附近,此处的应力比较集中而复杂,金属的被切削层就在此处与工件母体材料分离,大部分变成切屑,很小的一部分留在已加工表面上。金属切削过程的本质是:被切削层金属在刀具切削刃和前刀面的挤压作用下产生剪切滑移的过程。

3. 第一变形区内金属的剪切变形

如图1-12所示,随着切削运动的进行,切削层金属上的某点P向切削刃逼近,到达OA线(OA、OB、…、OM线为等切应力曲线)上点1的位置,OA线上的切应力达到材料的屈服强度R_{eL},此时产生塑性变形,则点1在向前移动的同时,也沿OA滑移,其合成运动将使点1流动到点2,$2'$-2就是它的滑移量。随着点P继续向前运动并沿滑移线滑移,沿点3、4从前刀面流出,3-$3'$和4-$4'$也称为滑移量。由于塑性变形过程中的加工硬化现象,随着滑移的产生,切应力将逐渐增加,滑移量也不断加大,直到点4位置,此时其流动方向与刀具前刀面平行,不再沿OM线滑移。所以,OA叫始滑移线,OM叫终滑移线。在OA到OM之间的整个第一变形区内,金属变形的主要特征就是沿滑移线的剪切变形,以及随之产生的加工硬化。

图1-12 第一变形区金属的滑移

由于切屑形成过程的速度很快,时间很短,第一变形区OA、OM之间的空间窄小。在一般切削速度范围内,第一变形区的宽度仅为0.02~0.2 mm,所以可以用一个面来代替它,此面称为剪切面,常用OM来表示。称剪切面和切削速度方向间的夹角为剪切角,以ϕ表示,一般为40°~50°。

根据上述的变形过程,可以把塑性金属的切削过程粗略地模拟为如图1-13(a)所示的示意图。被切材料好比一叠卡片 $1'、2'、3'……$，当刀具切入时，这叠卡片受力而被挪到 $1、2、3、……$位置，卡片之间发生滑移，其滑移方向就是剪切面的方向。

图1-13 切削过程示意图

4. 第二变形区(刀-屑接触区)的变形和摩擦

第二变形区又称刀-屑接触区。切削层金属经过终滑移线 OM，变成切屑沿刀具前刀面流出时，切屑底层仍受到刀具前刀面的挤压和摩擦，这就使切屑底层继续发生变形，而且这种变形仍以剪切滑移为主，变形的结果使切屑底层的晶粒弯曲拉长，并趋向于与前刀面平行而形成纤维层。

在图1-13(a)中，只考虑了剪切面的滑移，把各单元看作类似平行四边形的薄片，实际上由于第二变形区的挤压和摩擦，这些单元的底面被挤压伸长，它的形状不再是类似图1-13(a)所示的平行四边形，而是类似图1-13(b)所示的梯形。许多梯形叠加起来，就形成了切屑的卷曲。

在切屑沿前刀面流出的前期过程中，切屑与前刀面之间的压力为 $2\sim3$ GPa，温度为 $400\sim1\,000$ ℃，在如此高的压力和温度作用下，切屑底层的金属会黏结在前刀面上，形成黏结层，黏结层以上的金属从黏结层上流过时，它们之间的摩擦就与一般金属接触面间的外摩擦不同，而成了黏结层与其上流动金属之间的内摩擦，实际就是金属内部的滑移剪切。在切屑沿前刀面流出的后期过程中，由于压力和温度降低，所以切屑底层与前刀面之间的摩擦就成了一般金属接触面间的外摩擦。在外摩擦情况下，摩擦力仅与正压力及摩擦因数有关，而与接触面积无关；在内摩擦情况下，摩擦力与材料的流动应力特性及黏结面积有关。刀-屑接触区通常以内摩擦为主，内摩擦力约占总摩擦力的85%。

如图1-14所示，刀-屑接触区长度为 l_f，其中黏结部分长度为 l_{f1}，产生内摩擦；滑动部分长度为 l_{f2}，产生外摩擦。通过实验测出前刀面上的正应力 σ 和剪应力 τ，它们的分布情况如图1-14所示。由图可见，切屑与前刀面整个接触区的正应力 σ 以刀尖处最大，然后逐渐减少为0；剪应力 τ 在黏结部分等于材料的剪切屈服强度 τ_s，在滑动部分由 τ_s 逐渐减少为0。

图 1-14 切屑和前刀面摩擦情况示意图

5. 第三变形区内金属的挤压摩擦变形

第三变形区位于与刀具后刀面接触的工件加工表面上,切削刃钝圆部分及后刀面与工件加工表面进行挤压摩擦,使工件的表层金属产生变形,造成纤维化和加工硬化。

在实际切削过程中,刀具刃口不可能磨得绝对锋利,而是半径为 r_n 的钝圆,同时刀具后刀面上会产生磨损(磨损量为 VB),如图 1-15(a)所示。由于切削刃的切削情况对加工表面的形成有直接影响,因此有必要研究刃口处的切削状态和第三变形区的变形。

图 1-15 第三变形区的变形与加工表面的形成

当切削层的金属进入第一变形区后,产生塑性变形,晶粒伸长;进入第二变形区后,原来伸长的晶粒变得更长而成纤维状,塑性变形进一步扩展、延伸,最后包围切削刃,如图 1-15(b)所示。切削层在 O 点处分离为两部分:O 点以上的部分成为切屑沿前刀面流出,O 点以下的部分绕过切削刃沿后刀面流出变成已加工表面。由于刃口钝圆半径的存在,切削厚度 h_D 中 O 点以下厚度为 Δh 的部分无法切除,被挤压在工件表面上。然后,被压金属材料表层产生弹性恢复量 Δh_1,导致已加工表面与刀具后刀面产生长度为 l 的附加接触,使已加工表面产生很大的塑性变形。

二、切屑的类型

由于工件材料不同,切削过程中的变形程度也就不同,因而产生的切屑种类也就多种多样。按照切屑形成的机理,可将切屑分为4类,如图1-16所示。

图1-16 切屑类型
(a)带状切屑;(b)节状切屑;(c)粒状切屑;(d)崩碎切屑

1. 带状切屑

如图1-16(a)所示,带状切屑的外形呈带状,它的内表面是光滑的,外表面是毛茸的。加工塑性金属材料(如碳钢、合金钢)时,当切削厚度较小、切削速度较高、刀具前角较大时,一般会得到这种切屑。

2. 节状切屑

节状切屑又称挤裂切屑。如图1-16(b)所示,这类切屑的外表面呈锯齿形,内表面有时有裂纹,大都在切削速度较低、切削厚度较大、刀具前角较小时产生。

3. 粒状切屑

当切屑形成时,如果整个剪切面上的剪应力超过了材料的抗剪强度,则整个单元被切离,成为梯形的粒状切屑,如图1-16(c)所示。由于它的各粒形状相似,所以又叫单元切屑。这种切屑大都在切削速度低、切削厚度大、刀具前角小时产生。

4. 崩碎切屑

在切削脆性金属(如铸铁、黄铜等)时,切削层几乎不经过塑性变形就产生脆性崩裂,从而使切屑呈不规则的颗粒状,如图1-16(d)所示。从切削过程来看,崩碎切屑在破裂前变形很小,和塑性材料的切屑形成机理也不同,它的脆断主要是由于材料所受拉应力超过了材料的抗拉极限。加工脆硬材料(如高硅铸铁、白口铁等),特别是当切削厚度较大时常得到这种切屑。

前3种切屑是切削塑性金属时得到的。形成带状切屑时,切削过程最平稳,切削力波动小,已加工表面粗糙度小。节状切屑与粒状切屑会引起较大的切削力波动,从而产生冲击和振动。生产中,切削塑性金属时最常见的是带状切屑,有时得到节状切屑,粒状切屑则很少见。如果改变节状切屑的条件,进一步增大前角、提高切削速度、减小切削厚度,就可以得到带状切屑;反之,则可以得到粒状切屑。这说明切屑的形态是可以随切削条件而转化的,掌握了它的变化规律,就可以控制切屑的变形、形态和尺寸,以达到断屑和卷屑的目的。

在加工脆性材料形成崩碎切屑时,切削过程很不平稳,已加工表面也粗糙,改进办法是减小切削厚度,使切屑成针状和片状;同时适当提高切削速度,以增加工件材料的塑性。

前文按切屑形成的机理,将切屑分成带状、节状、粒状和崩碎4种典型的切屑,但加工现场获得的切屑,其形状是多种多样的。按照切屑的外形,可将其分为带状屑、C形屑、崩碎屑、宝塔状卷屑、长紧卷屑、发条状卷屑、螺卷屑等,如图1-17所示。

高速切削塑性金属时,如不采取适当的断屑措施,易形成带状屑。带状屑连绵不断,经常会缠绕在工件或刀具上,拉伤工件表面或打坏切削刃,甚至会伤人,所以一般情况下应力求避免。车削一般碳钢和合金钢工件时,采用带卷屑槽的车刀易形成C形屑,这是比较好的屑形。长紧卷屑在普通车床上是一种比较好的屑形,但必须严格控制刀具的几何参数和切削用量才能得到。在重型机床上用大的背吃刀量和进给量车削钢件时,多将车刀卷屑槽的槽底圆弧半径加大,使切屑卷曲成发条状。在自动机或自动线上,宝塔状卷屑也是比较好的屑形。车削铸铁、脆黄铜等脆性材料时,如采用波形刃脆铜卷屑车刀,可使切屑连成螺状短卷。

由此可见,切削加工的条件不同,产生的切屑形状也不同,一般是靠改变卷屑槽、断屑台的尺寸和切削用量,以达到控制切屑的形状和断屑的目的。在实际加工中,应用最广的切屑控制方法就是在前刀面上磨制出断屑槽或使用压块式断屑器。

图1-17 加工中常见的切屑形状

(a)带状屑;(b)C形屑;(c)崩碎屑;(d)宝塔状卷屑;(e)长紧卷屑;(f)发条状卷屑;(g)螺卷屑

三、积屑瘤的成因及对切削过程的影响

1. 积屑瘤

在切削速度不高而又能形成带状切屑的情况下，加工一般钢料或铝合金等塑性材料时，常在刀具前刀面靠近刃口处黏着一块剖面呈三角状的硬块，它的硬度很高，通常是工件材料硬度的2～3倍，在处于比较稳定的状态时，能够代替刀刃进行切削。这块黏附在前刀面上的金属称为积屑瘤，如图1-18所示。

在切削塑性金属时，当切屑流经前刀面时，对前刀面有强烈的挤压摩擦作用，使其处于高温、高压状态，同时切屑的底部和前刀面之间发生强烈的摩擦。当刀-屑接触面间达到一定温度且压力又较高时，被切材料会黏结（冷焊）在前刀面上，形成滞流层。滞流层经强烈塑性变形并发生加工硬化，黏结在前刀面上。随着切削过程的进行，连续

图1-18 积屑瘤

流动的切屑从黏在前刀面上的滞流层上流过时，如果温度与压力适当，切屑底部材料也会被阻滞在已经"冷焊"在前刀面上的金属层上，黏成一体，使黏结层逐步长大，直到该处的温度与压力不足以造成黏附为止，黏结层逐层堆积，最后形成了积屑瘤。

积屑瘤的产生及其成长与工件材料的性质、切削区的温度和压力分布有关。塑性材料的加工硬化倾向越强，越易产生积屑瘤；切削区的温度和压力很低时，不会产生积屑瘤；温度太高时，由于材料变软，也不易产生积屑瘤。在背吃刀量 a_p 和进给量 f 保持一定时，积屑瘤高度 H_b 与切削速度 v_c 有密切关系，因为切削过程中产生的热量是随切削速度的提高而增加的。图1-19中，Ⅰ区为低速区，不产生积屑瘤；Ⅱ区积屑瘤高度随 v_c 的增大而增大；Ⅲ区积屑瘤高度随 v_c 的增大而减小；Ⅳ区不产生积屑瘤。

2. 积屑瘤对切削过程的影响

积屑瘤黏附在前刀面上，可替代刀具完成切削工作，有利于减少刀具磨损，提高刀具寿命，同时使刀具工作前角增大（积屑瘤前角可达30°左右），有利于减小切削力和切削变形。但由于积屑瘤的形成过程是一个极不稳定的过程，在使用硬质合金刀具时，一旦积屑瘤发生破裂、脱落等现象，就会导致硬质合金刀具颗粒剥落，反而使磨损加剧，影响刀具寿命。积屑瘤脱落后黏附在已加工表面上，会恶化表面粗糙度，影响已加工表面质量。积屑瘤整体（或部分）脱落、再生，会导致切削力的变化和振动的产生，由它堆积成的钝圆弧刃口会造成挤压和过切现象，使切削厚度增大，加工精度降低。此外，由于积屑瘤轮廓形状不规则，切削刃上各点积屑瘤的伸出量各不相同，如图1-20所示，这样会影响零件加工的尺寸精度以及表面粗糙度。一般积屑瘤对切削加工过程的影响是不利的，在精加工时应尽可能避免积屑瘤的产生，但在粗加工时，有时可充分利用积屑瘤。切削实验和生产实践表明，切削中碳钢时，温度在300～380℃时，积屑瘤的高度最大；温度超过500～600℃时，积屑瘤消失。

图 1-19　积屑瘤高度与切削速度关系

图 1-20　积屑瘤前角与伸出量

3. 防止积屑瘤的主要方法

（1）可通过适当提高工件材料的硬度、提高刀具的刃磨质量、适当减少进给量、增大刀具前角、采用高润滑性的切削液等途径，使摩擦和黏结减少，防止积屑瘤的产生。

（2）由于切削速度是通过切削温度影响积屑瘤形成的，因此可采用低速或高速切削防止形成积屑瘤。以切削 45 钢为例，在低速（$v_c < 3$ m/min）和较高速度（$v_c \geqslant 60$ m/min）范围内，合理调节各切削参数间的关系，以防止形成中温区域，便可抑制积屑瘤的形成。

（3）采用振动切削，减少刀具与工件的接触。

四、切削变形程度的表示方法

切削变形程度有 3 种不同的表示方法，分述如下。

1. 变形系数 Λ_h

在切削过程中，刀具切下的切屑厚度 h_{ch} 通常都大于工件的切削层厚度 h_D，而切屑长度 l_{ch} 却小于切削层长度 l_c。切屑厚度 h_{ch} 与切削层厚度 h_D 之比称为厚度变形系数 Λ_{kD}（在 GB/T 12204—1990 中称为切屑厚度压缩比，用 Λ_h 表示）；而切削层长度与切屑长度之比称为长度变形系数 Λ_{kl}。切削变形系数的求法如图 1-21 所示，用公式表示为

$$\Lambda_{kD} = \frac{h_{ch}}{h_D} = \frac{\overline{OM}\sin(90° - \phi + \gamma_o)}{\overline{OM}\sin\phi} = \frac{\cos(\phi - \gamma_o)}{\sin\phi} \tag{1-13}$$

$$\Lambda_{kl} = \frac{l_c}{l_{ch}} \tag{1-14}$$

图 1-21　切削变形系数的求法

由于切削层变成切屑后，宽度变化很小，切削前、后的体积可以看作不变，故可求得

$$\Lambda_{kD} = \Lambda_{kl} = \Lambda_h \tag{1-15}$$

Λ_{kD} 和 Λ_{kl} 可统一用符号 Λ_h 表示，称为变形系数。变形系数 $\Lambda_h > 1$，Λ_h 值越大，表示切下的切屑厚度越大，长度越短，其变形也就越大。由于变形系数 Λ_h 直观地反映了切屑的变形程度，并且容易测量，故一般常用来度量切屑的变形。但变形系数不能反映切削变形的全部情况，难以进行准确的定量描述，在某些情况下（如切削速度比较高时）并不适用。

2. 相对滑移

由于切削过程中金属变形的主要形式是剪切滑移，因此使用相对滑移（剪应变）来衡量变形程度更为合理。在图 1-22 中，平行四边形 OHNM 发生剪切变形后，变为平行四边形 OGPM，其相对滑移 ε 表示为

$$\varepsilon = \frac{\Delta s}{\Delta y} = \frac{\overline{NP}}{\overline{MK}} = \frac{\overline{NK} + \overline{KP}}{\overline{MK}} = \cot\phi + \tan(\phi - \gamma_o) \tag{1-16}$$

用相对滑移 ε 的大小能比较真实地反映切削变形程度。

图 1-22 剪切变形示意图

3. 剪切角 ϕ

剪切面和切削速度方向的夹角叫作剪切角，剪切角的大小也可以反映切削变形的大小。实验证明，对于同一工件材料，用同样的刀具，切削同样大小的切削层，当切削速度高时，剪切角 ϕ 较大，剪切面积变小，如图 1-23 所示，切削比较省力，说明切屑变形较小。相反，当剪切角 ϕ 较小时，则说明切屑变形较大。

图 1-23 剪切角 ϕ 与剪切面面积的关系

在剪切面上，金属产生了滑移变形，最大剪应力就在剪切面上。图 1-24 为直角自由切削状态下切屑所受作用力的分析。图 1-24(a)为切屑受到的来自工件和刀具的作用力，图 1-24(b)是切屑作为隔离体的受力分析。上述两对力都画在切削刃的前方，就可以得到图 1-25 所示的力与角度的关系图。在直角自由切削的前提下，作用在切屑上的力有：前刀面对其作用的法向力 F_n 和摩擦力 F_f，剪切面上的剪切力 F_s 和法向力 F_{ns}，两对力的合力分别为 F_r 和 F_r'。假设这两合力相互平衡（严格地讲，这两合力不共线，有一使切屑弯曲的力矩），F_r 称为切屑形成力，ϕ 是剪切角；β 是 F_n 与 F_r 之间的夹角，称为摩擦角；γ_o 是刀具前角。切削合力 F_r 的方向就是主应力的方向。根据材料力学中的平面应力状态理论，主应力方向与最大剪应力方向的夹角应为 45°，即 F_s 与 F 的夹角应为 45°，故有

$$\phi + \beta - \gamma_o = \frac{\pi}{4}$$

$$\phi = \frac{\pi}{4} - \beta + \gamma_o \tag{1-17}$$

图 1-24 作用在切屑上的力

图 1-25 直角自由切削时力与角度的关系

分析式(1-17)可知：

(1)前角增大时，剪切角随之增大，变形减小。这表明增大刀具前角可减少切削变形，对改善切削过程有利。

(2)摩擦角增大时，剪切角随之减小，变形增大。提高刀具刃磨质量、采用润滑性能

好的切削液可以减小前刀面和切屑之间的摩擦因数，有利于改善切削过程。

五、影响切削变形的主要因素

1. 工件材料的力学性能对切削变形的影响

工件材料的力学性能不同，切削变形也就不同。材料的强度、硬度越高，切屑和前刀面的接触长度越短，这会导致切屑和前刀面的接触面积减小，前刀面上的平均正应力 σ_{av} 增大，刀屑间的摩擦因数减小，摩擦角 β 减小，剪切角 ϕ 增大，变形系数 Λ_h 将随之减小。

此外，工件材料的塑性越大，切屑与前刀面的摩擦越大，切屑越易变形，切削变形越大。图 1-26 为用不同前角 γ_o 的刀具切削不同材料时的变形系数 Λ_h。可见，在同样的切削条件下，几种材料中 10 钢的塑性最大，变形系数 Λ_h 值也最大。

图 1-26 不同前角刀具切削不同材料时的变形系数

2. 切削速度对切削变形的影响

切削塑性金属时，切削速度是通过积屑瘤的生长和消失过程来影响切削变形的。切削速度与变形系数的关系呈"驼峰曲线"，如图 1-27 所示。

图 1-27 切削速度对变形系数的关系曲线

在积屑瘤增长的速度范围内，实际工作前角不断增加，剪切角 ϕ 增大，变形系数 Λ_h 减小；在积屑瘤消失的速度范围内，实际工作前角不断减小，变形系数 Λ_h 不断上升至最大值，此时积屑瘤完全消失；在无积屑瘤生成的切削速度范围内，随着切削速度进一步增大，变形系数 Λ_h 逐渐减小。这主要是因为塑性变形的传播速度比弹性变形慢，切削速度越高，变形时间越短，切削变形越不充分，从而导致变形系数下降。此外，提高切削速度还会使切削温度增高，切屑底层材料的抗剪强度因温度的增高而略有下降，从而导致前刀面摩擦因数 μ 减小，变形系数 Λ_h 下降。当切削速度很高时，由于切削温度很高，切屑底层已微熔软化，切削速度的变化对切削变形已无明显影响。

切削铸铁等脆性材料，一般不生成积屑瘤，故随着切削速度增大，切削变形减小。

3. 进给量对切屑变形的影响

在切削层金属变为切屑的过程中，沿切屑厚度方向的变形程度是不相同的。由于切屑沿前刀面流过时，其底层与前刀面产生剧烈的挤压与摩擦，使切屑进一步变形，因而其底层的变形比外层要大。因此，当进给量 f 增大时，切削层厚度 h_D 增大，切屑的平均变形减小，变形系数 Λ_h 减小。

4. 刀具前角对切削变形的影响

刀具前角 γ_o 越大，剪切角 ϕ 将随之增大，变形系数 Λ_h 将随之减小。这是因为前角越大，刀具越锋利，切削变形越小。但 γ_o 增大后，前刀面倾斜程度加大，切屑作用在前刀面上的平均正应力 σ_{av} 减小，使刀、屑间的平均摩擦因数增大，由此促使切削变形增大。但后者的影响要比前者的影响小，所以总的来说，前角的增大，会使切削变形减小。

生产实践表明，采用大前角的刀具切削时，刀刃锋利、切屑流动阻力小，因此切屑变形小、切削省力。

第三节 切削加工条件的合理选择

一、工件材料的切削加工性

工件材料的切削加工性是指在一定加工条件下，对某种材料切削加工时的难易程度，它直接影响金属切削加工过程。在实际生产中，金属切削加工的具体情况和要求不同，切削加工的难易程度也有所不同。例如，粗加工时，要求刀具磨损慢和生产率高；而在精加工时，则要求能获得高的加工精度和较小的表面粗糙度。显然，切削加工难易的含义是不同的。此外，普通机床与自动化机床，单件/小批与成批/大量生产，单刀切削与多刀切削等，都使切削加工性的衡量标准不同。不锈钢在普通车床上加工并不难，但在自动化生产线上断屑困难，属难加工之列。因此，评价工件材料的可切削加工性只能是相对的。

1. 工件材料切削加工性的评定指标

在实际生产中，一般用相对加工性 K_r 和一定刀具使用寿命下允许的切削速度 v_T 来衡量工件材料的可切削加工性。在其他条件相同的情况下，切削某种材料允许的 v_T 越高，材料的切削加工性越好；相对加工性 K_r 通常是以 $R_m=0.637$ GPa 的 45 钢的 v_{60}（刀具寿命为 60 min 时所允许的切削速度，用 v_{60} 表示）为基准，写作 $(v_{60})_j$，将其他工件材料的 v_{60} 与之相比，其比值即为相对加工性 K_r，即

$$K_r = \frac{v_{60}}{(v_{60})_j} \tag{1-18}$$

当 $K_r>1$ 时，该材料比 45 钢容易切削，如有色金属的 $K_r>3$，属易加工材料；当 $K_r<1$ 时，该材料比 45 钢难切削，如高锰钢、钛合金的 $K_r \leq 0.5$，属难加工材料。

2. 改善工件材料切削加工性的途径

要改善工件材料的切削加工性，可通过热处理方法改变材料的金相组织和物理力学性能，调整材料的化学成分等途径来实现。实际生产中，热处理是常用的处理方法。例如：高碳钢和工具钢，采用球化退火改网状、片状的渗碳组织为球状渗碳组织；热轧中碳钢经过正火使其内部组织均匀，表面硬度降低；低碳钢通过正火或冷拔以适当降低塑性，提高硬度；铸铁件进行退火，降低表面硬度，消除内部应力，以便于切削加工。

切削加工高强度、超高强度材料时，切削力比切削加工 45 钢时的切削力要提高 20%~30%，切削温度也高，刀具磨损快、寿命低，切削加工性差。为此，可采取以下改善措施：

（1）为避免引起振动，工艺系统必须有足够的刚性，刀具的悬伸量应尽量小；

（2）选用强度大、耐热、耐磨的刀具材料；

（3）为防止崩刃，应增强切削刃和刀尖的强度，前角应选小值或负值，粗糙度应小，刀尖圆弧半径应在 0.8 mm 以上；

（4）粗加工一般应在退火或正火状态下进行；

（5）适当降低切削速度。

切削加工硬度、强度低的高塑性材料时，由于这类材料导热率大，对切削加工性有利，但塑性高，切削变形大，刀、屑接触时间长，易黏结冷焊，因此切削力也很大，并易生成积屑瘤，断屑困难，不易获得好的加工表面质量。为此，采取以下改善措施：

（1）选用适宜的刀具材料、锋利的切削刃，以减小切削变形；

（2）采用较高的切削速度和较大进给量、背吃刀量。

二、刀具材料的选择

在机械加工工艺系统中，能否充分发挥机床效率、保证加工质量、降低加工成本等均与刀具材料的切削性能直接相关。因此，根据不同的工件材料和加工条件，选配合理的刀具材料，对切削加工过程来说极为关键。在选用刀具加工难加工材料时，首先应考虑刀具材料的切削承受力、耐热性、寿命；其次应考虑刀具材料的抗弯强度、热导率；最后还要考虑刀具材料的工艺性能、成本。

刀具材料不同，刀具寿命就不同，所允许的切削速度也就不同。图 1-28 给出了用不同材料刀具切削同种工件材料（镍铬钼合金钢）的寿命曲线。在同一刀具寿命的前提下，3

种材料的刀具允许的切削速度差距较大(特别是高速钢刀具与硬质合金刀具)。在同一切削速度的前提下,陶瓷刀具的刀具寿命明显高于硬质合金刀具,因而选配新型刀具材料可大大提高生产率。

图1-28 不同材料刀具的寿命曲线

切削难加工材料时,为保证刀具寿命,不得不降低切削速度。工件材料的可切削加工性越好,允许的切削速度越高。

刀具材料主要根据工件材料,刀具形状、类型及加工要求等进行选择。低速切削刀具、复杂小型刀具选用高速钢。切削铸铁等脆性材料和有色金属,可选用YG类硬质合金。YG类硬质合金牌号中的数字表示合金中含钴量的多少,含钴量越多,表示合金的抗弯强度越高,适用于粗加工;含钴量少的适用于精加工。切削钢等塑性材料,宜选用高温硬度和耐用磨性好、抗月牙洼磨损能力强的钨钛钴类硬质合金。钨钛钴类硬质合金牌号中的数字表示Ti的含量,数字越大,表示TiC的含量越多,其高温硬度和耐磨性越好,适用于精加工;数字越小,表示TiC含量越少,Co含量越多,抗弯强度好,适用于粗加工。由于钨钛钴类硬质合金刀具材料中含有Ti;易和工件中的Ti起亲和反应,所以不宜切削含Ti元素的工件材料。切削含Ti的不锈钢及高温合金,也可选用YG类硬质合金。切削冷硬铸铁、有色金属及其合金可选用钨钽(铌)钴类硬质合金。

三、刀具几何参数的合理选择

刀具几何参数包括刀具角度、刀面的结构和形状、切削刃的型式等。在保证加工质量的前提下,能够满足使用寿命长、生产效率高、加工成本低的刀具几何参数即为合理。刀具角度的选择主要包括刀具的前角、后角、主偏角和刃倾角的选择。刀具几何参数选配是否合理,对加工精度、表面质量、生产率以及经济性等均有较大影响。

1. 刀具角度的作用及其选择

1)前角的作用及选择原则

(1)作用。前角γ_o对切削的难易程度有很大影响。增大前角能使刀刃变得锋利,切削更为轻快,切削变形减小,并减小切削力和切削热。但前角过大,刀刃和刀尖的强度会下降,刀具导热体积也会减少,影响刀具使用寿命。前角的大小对表面粗糙度、排屑和断屑等也有一定影响。合理的前角可使刀具锋利,切削温度降低,而且有足够的刀具寿命和较好的加工表面质量。

(2)选择原则。一般在保证加工质量和足够刀具寿命的前提下,应尽可能选取大的前角。具体选择时,首先应根据工件材料选配。切削塑性材料时,为减小塑性变形,在保证足够刀具强度的前提下,应尽可能选择大的前角:工件材料塑性越大,前角越大;切削铸铁等脆性材料时,应选取较小的前角。其次,应考虑刀具切削部分的材料:高速钢的抗弯强度和冲击韧性高于硬质合金,故其前角可大于硬质合金刀具;陶瓷刀具的脆性大于前两者,故其前角应最小。此外,还应考虑加工要求:粗加工时,特别是工件表面有硬皮、形状误差较大和断续切削时,前角应取小值;精加工时,前角应取大值;为减小刃形误差,成形刀具的前角应取小值。

工件材料的强度、硬度低,前角应选得大些,反之应小些;刀具材料韧性好(如高速钢),前角可选得大些,反之应选得小些(如硬质合金)。精加工时,前角可选得大些;粗加工时应选得小些。

2)后角的作用及选择原则

(1)作用。后角α_o的主要功用是减小后刀面与工件间的摩擦和后刀面的磨损,其大小对刀具寿命和加工表面质量都有很大影响。一般地,切削厚度越小,选择的刀具后角越大;加工工件材料越软,塑性越大,选择的刀具后角越大。工艺系统刚性较差时,应适当减小后角。尺寸精度要求较高的刀具,后角宜取小值。

(2)选择原则。首先,粗加工时因切削力大,容易产生振动和冲击,为保证切削刃的强度,后角应取小值;精加工时,为保证已加工表面的质量,后角应取较大值。例如,在切削45钢时,粗车取$\alpha_o=4°\sim 7°$,精车取$\alpha_o=6°\sim 10°$。其次,加工塑性和韧性大的材料时,工件已加工表面的弹性恢复量大,为减少摩擦,后角应取大值;加工脆性材料时,为保证刀具强度,一般选较小的后角。此外,高速钢刀具的后角可比同类型的硬质合金刀具后角稍大些,一般大$2°\sim 3°$。

副后角与后角可取相同值,也可略小些。

3)主偏角与副偏角的作用及选择原则

(1)作用。主偏角、副偏角的大小均影响加工表面的粗糙度、切削层的形状以及切削分力的大小和比例,对刀尖强度、断屑与排屑、散热条件等均有直接影响。

(2)选择原则。对于主偏角:粗加工时,主偏角应选大些,以减振、防崩刃;精加工时,主偏角可选小些,以减小表面粗糙度;工件材料强度、硬度高时,主偏角应取小些(切削冷硬铸铁和淬硬钢时κ_r可取15°),以改善散热条件,提高刀具寿命;工艺系统刚性好时,应取较小的主偏角;刚性差时,应取较大的主偏角。例如,车削细长轴时常取$\kappa_r \geqslant 90°$,以减小背向力。

(3)对于副偏角:在工艺系统刚性允许的条件下,副偏角常选取较小的值,一般$\kappa_r'=5°\sim10°$,最大不超过15°;精加工刀具的κ_r'应更小,必要时可磨出$\kappa_r'=0°$的修光刃。

4)刃倾角的作用及选择原则

(1)作用。刃倾角λ_s的大小会影响刀刃和刀头的强度、切屑流动的方向、切削刃的锋利性和切削分力的大小,以及工件的变形和工艺系统的振动等。

(2)选择原则。刃倾角的大小一般根据工件材料及加工要求选择。加工一般钢料或铸铁,粗加工时为保证刀具有足够的强度,通常取$\lambda_s=-5°\sim0°$,若有冲击负荷,取$\lambda_s=-15°\sim-5°$;精加工时为使切屑不流向已加工表面(避免划伤),取$\lambda_s=0°\sim5°$。如有加工余量不均匀、断续表面、剧烈冲击等现象,应选取绝对值较大的负刃倾角;进行微量精细切削时,取$\lambda_s=45°\sim75°$。切削淬硬钢、高强度钢等难加工材料时,则取$\lambda_s=-30°\sim-20°$。

四、切削用量的选择

切削用量不仅是在机床调整前必须确定的重要参数,而且其数值合理与否对加工质量、加工效率、生产成本等有着非常重要的影响。所谓"合理的"切削用量是指充分利用刀具切削性能和机床动力性能(功率、扭矩),在保证加工质量的前提下,获得高生产率和低加工成本的切削用量。

1. 制订切削用量时考虑的因素

(1)切削加工生产率。在切削加工中,生产率与切削用量三要素v_c、f、a_p均保持线性关系,其中任一参数增大,都可使生产率提高。但由于刀具寿命的制约,当任一参数增大时,其他两参数必须减小。因此,在制订切削用量时,应使三要素获得最佳组合,此时的高生产率才是合理的。

(2)刀具寿命。切削用量三要素对刀具寿命影响的大小,按顺序为v_c、f、a_p。因此,从保证合理的刀具寿命的角度出发,在确定切削用量时,应先采用尽可能大的背吃刀量;然后再选用大的进给量,最后按确定的刀具寿命按式(1-19)求出切削速度(也可查阅切削用量手册)。

(3)加工表面粗糙度。精加工时,增大进给量将增大加工表面粗糙度值,它是精加工时抑制生产率提高的主要因素。

在多刀切削或使用组合刀具切削时,应将各刀具允许的切削用量中最低的参数作为调整机床的参数。对于自动生产线加工,各工位加工工序的切削用量,要按生产节拍进行平衡。

2. 切削用量制订的步骤(以车削为例)

1)背吃刀量的选择

背吃刀量根据加工余量确定。粗加工时,尽量一次走刀切除全部余量,在中等功率机床上,背吃刀量可达$8\sim10$ mm。若遇到加工余量太大,机床功率和刀具强度不允许可;工艺系统刚性不足(如加工薄壁或细长轴工件)，加工余量极不均匀(引起很大振动);冲击较大的断续切削等情况，可分几次走刀。例如，分两次走刀时，第一次的背吃刀量可取加工余量的 2/3~3/4，第二次的背吃刀量相应取小些，以保证精加工刀具有高的刀具寿命、高的加工精度和小的表面粗糙度。半精加工时，背吃刀量可取 0.5~2 mm；精加工时，背吃刀量可取 0.1~0.4 mm。

2) 进给量的选择

粗加工时，进给量的选择主要考虑刀杆、刀片、工件以及机床进给机构等的强度、刚度的限制条件。半精加工、精加工时，主要按工件表面粗糙度的要求，根据工件材料、刀尖圆弧半径、切削速度选取进给量，具体数值可根据企业标准或查阅机械加工艺手册选择或确定。

3) 切削速度的选择

根据已选定的背吃刀量 a_p、进给量 f 和刀具寿命 T，切削速度 v_c 为

$$v_c = \frac{C_v}{T^m a_p^{x_v} f^{y_v}} K_r \tag{1-19}$$

式中：C_v、x_v、y_v 及 m 的值如表 1-1 所示，加工其他材料和用其他切削加工方法加工时的系数及指数可由切削用量手册查出；K_r 为切削速度的修正系数，是工件材料、毛坯表面状态、刀具材料、加工方式、主偏角、副偏角、刀尖圆弧半径、刀杆尺寸等对切削速度影响的修正系数的乘积，其值可由切削用量手册查出。

表 1-1 外圆车削时切削速度公式中的系数和指数

工件材料	刀具材料	进给量 f /(mm·r^{-1})	式(1-19)中的系数和指数			
			C_v	x_v	y_v	m
碳素结构钢 $R_m=0.65$ GPa	YT15 (不用切削液)	≤0.30	291.0	0.15	0.20	0.200
		0.30~0.70	242.0		0.35	
		>0.70	235.0		0.45	
	W18Cr4V W6Mo5Cr4V2 (用切削液)	≤0.25	67.2	0.25	0.33	0.125
		>0.25	43.0		0.66	
灰铸铁 190HBW	YG6 (不用切削液)	≤0.40	189.8	0.15	0.20	0.200
		>0.40	158.0		0.40	

切削速度确定后，机床转速 n 为

$$n = \frac{1000 v_c}{\pi d_w} \tag{1-20}$$

式中：n——机床转速，r/min；

d_w——工件未加工前的直径，mm。

所选定的转速按机床说明书最后确定。在实际生产中，切削速度可参考企业标准或相

关工艺手册确定。由于粗加工时的 a_p、f 比精加工时大，所以前者的 v_c 应选得比后者要小；工件材料的切削加工性越差，v_c 选得越低；刀具材料的切削性能越好，v_c 选得越高。此外，在选择切削速度时，还应考虑以下几点：

(1) 断续切削时，为减少冲击和热应力，应适当降低切削速度；

(2) 选择的切削速度应避开易发生自激振动的临界速度；

(3) 加工大件、薄壁件、细长件以及带氧化皮的工件时，应选较低的切削速度；

(4) 精加工时，切削速度的选择应尽量避免产生积屑瘤的范围；

(5) 校验机床功率后，如果超载，可采取降低切削速度的方法减小切削功率。

4) 切削用量选择举例

例 1-1 已知工件材料为 45 钢（热轧），R_m = 0.637 GPa，毛坯尺寸为 ϕ50 mm×350 mm，装夹如图 1-29 所示。加工要求为外圆车削至 ϕ44 mm，表面粗糙度 Ra = 3.2 μm，加工长度 300 mm。机床采用 CA6140 卧式车床。刀具为焊接式硬质合金外圆车刀，刀片材料为 YT15，刀杆截面尺寸为 16 mm×25 mm；几何参数为 γ_o = 15°，α_o = 8°，κ_r = 75°，κ_r' = 10°，λ_s = 6°，r_ε = 1 mm。试确定车削外圆的切削用量。

图 1-29 外圆车削示例

解 因表面粗糙度有一定要求，故按粗车、半精车工步加工。

1) 粗车工步

(1) 确定背吃刀量 a_p。因单边加工余量为 3 mm，所以粗车取 a_p = 2.5 mm。

(2) 确定进给量 f。根据工件材料、直径大小、刀杆截面尺寸及已定的粗车背吃刀量 a_p，从表 1-1 中查取 f = 0.4 ~ 0.5 mm/r。按机床操作说明书中实有的进给量，取 f = 0.51 mm/r。

(3) 确定切削速度。切削速度可由式(1-19)计算，也可根据已知条件和已确定的 a_p、f 值，从机床说明书或工艺手册中查得。经计算，v_c = 90 m/min，由式(1-20)计算机床主轴转速

$$n = \frac{1000 v_c}{\pi d_w} = \frac{1000 \times 90}{\pi \times 50} = 573 \text{ r/min}$$

按机床说明书选取实际的主轴转速 n = 560 r/min，实际切削速度

$$v_c = \frac{\pi d_w n}{1000} = 87.9 \text{ m/min}$$

(4)校验机床功率(略)

最终选配的粗车切削用量为:v_c=87.9 m/min, f=0.51 mm/r, a_p=2.5 mm。

2)半精车工步

(1)确定背吃刀量 a_p。取 a_p=0.5 mm。

(2)确定进给量 f。根据表面粗糙度 Ra=3.2 μm,刀尖圆弧半径 r_ε=1 mm,预设 v_c>50 m/min, f=0.30~0.35 mm/r,按机床说明书上实有的进给量,确定 f=0.30 mm/r。

(3)确定切削速度。根据已知条件和已确定的 a_p、f 值,查工艺手册得 v_c=130 m/min。然后计算出机床主轴转速

$$n = \frac{1000v_c}{\pi d_w} = \frac{1000 \times 130}{\pi \times (50-5)} = 920 \text{ r/min}$$

按说明书选取机床主轴实际转速为 900 r/min,故实际切削速度

$$v_c = (50-5)\pi \times 900 = 127.2 \text{ m/min}$$

最终选配的半精车切削用量为:v_c=127.2 m/min, f=0.30 mm/r, a_p=0.5 mm。

3. 提高切削用量的途径

(1)采用切削性能更好的新型刀具。例如,在 a_p=1 mm, f=0.18 mm/r 的条件下,车削 350~400 HBW 的高强度钢时,若用普通高速钢车刀,可选择切削速度 v_c=15 m/min;用硬质合金车刀,可选择切削速度 v_c=76 m/min;用涂层硬质合金车刀,可选择切削速度 v_c=130 m/min;用陶瓷刀具,可选择切削速度 v_c=335 m/min。

(2)在保证工件力学性能的前提下,改善工件材料的切削加工性。例如,在 a_p=4 mm, f=0.4 mm/r 的条件下,用硬质合金刀具车削 70~225 HBW 的中碳钢时,可选择切削速度 v_c=100 m/min;而加工同样硬度的易切钢时,可选择切削速度 v_c=125 m/min。

(3)改进刀具结构和选配合理刀具几何参数。例如,采用可转位车刀可比采用焊接式车刀提高切削速度 15%~30%,采用良好的断屑装置也是提高切削效率的有效方法。

(4)提高刀具的制造和刃磨质量。例如,采用金刚石砂轮代替碳化硅砂轮刃磨硬质合金刀具,刃磨后不会出现裂纹和烧伤,刀具寿命可提高 50%~100%。

(5)采用新型的、性能好的切削液和高效的冷却方法。例如,采用含有极压添加剂的切削液,采用喷雾冷却法等。

五、切削液

在金属切削加工过程中,合理使用切削液能有效减小切削力,降低切削温度,增加刀具寿命,减小工艺系统热变形,提高加工精度,保证加工表面质量。选用高性能切削液也是改善一些难加工材料的切削性能的重要途径。

1. 切削液的作用

(1)冷却作用。切削液通过液体的热传导作用,把切削区内刀具、工件和切屑上大量的切削热带走,以降低切削温度,减小工艺系统的热变形。

(2)润滑作用。切削液的润滑作用在于减小前刀面与切屑、后刀面与工件之间的摩擦。

它渗透到刀具、切屑和加工表面之间,其中带油脂的极性分子吸附在刀具的前、后刀面上,形成物理性润滑膜。若与添加剂中的化学物质产生化学反应,还可形成化学吸附膜,从而在高温时能减少黏结和刀具磨损,减小加工表面粗糙度,提高刀具寿命。

(3)清洗和排屑作用。切削液能对黏附在工件、刀具和机床表面的切屑和磨粒起清洗作用,在精密加工、磨削加工和自动生产线加工中,切削液的清洗作用尤为重要。深孔加工则完全是利用高压切削液排屑。

(4)防锈作用。切削液中加入防锈添加剂,使其与金属表面发生化学反应生成保护膜,起到防锈、防蚀作用。

此外,切削液还具有稳定性好、不污染环境、不伤害人体健康、配制容易、价廉等优点。

2. 切削液的分类

生产中常用的切削液可分为:水溶液、乳化液、切削油。另外,还有固体润滑剂用于改善切削条件,可以单独与切削油配合使用,这里一并介绍。

(1)水溶液。水溶液的主要成分是水,它的冷却性好,但润滑性差、易锈蚀金属。使用时必须加入一定的添加剂(硝酸钠、碳酸钠、聚二乙酸),使其具有良好的防锈性能和润滑性能。

(2)乳化液。乳化液是用乳化油加水稀释搅拌后形成的乳白色液体。乳化油由矿物油、乳化剂及添加剂配制而成,具有良好的冷却作用,常用于粗加工和普通磨削加工中;高浓度乳化液以润滑作用为主,常用于精加工和复杂刀具的加工中。

(3)切削油。切削油的主要成分是矿物油,少数采用动/植物油或复合油。纯矿物油不能在摩擦界面上形成坚固的润滑膜,润滑效果一般,常加入极压添加剂(硫、氯、磷等)和防锈添加剂,以提高其润滑性能和防锈性能。

矿物油包括机械油、轻柴油和煤油等,主要用于切削速度较低的精加工、有色金属加工和易切削钢加工。机械油的润滑作用较好,常用于普通精车和螺纹精加工中。煤油的渗透作用和清洗作用较好,常用于精加工铝合金、精刨铸铁和用高速钢铰刀的铰孔中,能减小加工表面粗糙度,提高刀具寿命。

(4)固体润滑剂。常用的固体润滑剂是二硫化钼(MoS_2)。由 MoS_2 形成的润滑膜,其摩擦因数低(0.05~0.09)、熔点高(1 185 ℃)。因此,切削时将 MoS_2 涂在刀面上或添加在切削油中,可防止黏结和抑制积屑瘤形成,减小切削力,减小加工表面粗糙度,延长刀具寿命,可用于车、钻、铰孔、深孔、螺纹、拉削和铣削加工中。

3. 切削液的选择和使用

(1)按工件材料选用。一般加工钢等塑性材料时,需要用切削液;加工铸铁等脆性材料时,不用切削液。但在精加工铸铁和铜、铝等有色金属及其合金时,可用浓度为10%~20%的乳化液,加工铸铁时还可用煤油。难加工材料可选用极压切削油或极压乳化液,能使刀具寿命提高、加工表面粗糙度减小。

(2)按刀具材料选用。由于高速钢刀具耐热性差,粗加工时应选用以冷却作用为主的切削液，以降低切削温度；在精加工时(包括铰削、拉削、螺纹加工、剃齿等)，使用润滑性能好的极压切削油或高浓度的极压乳化液，以提高加工表面质量。硬质合金刀具耐热性好，一般不用切削液，必要时也可采用低浓度乳化液或水溶液，但必须连续充分供应，否则会因冷热不均导致内应力增大、热裂效应增强。

(3) 按加工方法选用。对半封闭、封闭状态的钻孔、铰孔、攻螺纹及拉削加工，冷却与排屑是主要问题，一般选用极压乳化液或极压切削油对切削区进行冷却、润滑和冲洗切屑。磨削加工时，由于磨削区温度很高，磨屑会破坏已磨削表面质量，为此要求切削液具有良好的冷却、清洗、排屑和防锈性能，一般选用乳化液。

第四节 机械加工精度

一、机械加工质量

机械加工质量问题是本课程研究的主要内容之一。每一种机械产品都是由许多相关零件装配而成的，因此产品的质量不仅取决于装配质量，还与零件的加工质量直接相关。机械制造工艺的3个重要指标是质量、生产率和经济性，三者相互联系、相互制约。其中，质量始终是最根本的，要在保证质量的前提下，努力提高生产率、降低成本。

机械加工质量包括加工精度和表面质量两个方面，如图1-30所示。

图1-30 机械加工质量

本节主要介绍机械加工精度的有关知识。

二、加工精度的概念

机械加工后所获得的零件各表面的尺寸、形状以及各表面间的相互位置不可能绝对准确，总会存在一定的误差，这就是加工误差。机器零件经过机械加工后，各表面的实际尺寸、实际形状和实际相互位置与其理想值的接近程度称为加工精度。实际值越接近理想值，则加工精度越高，加工误差越小。

机械加工精度包括尺寸精度、几何形状精度和位置精度，其具体内容如下。

(1)尺寸精度，指加工后零件表面本身或表面之间的实际尺寸与理想尺寸之间的符合程度，如长度、宽度、高度、直径等。

(2)几何形状精度，指加工后零件各表面本身的实际形状与理想零件表面形状之间的符合程度，如平面度、直线度、圆度、圆柱度、锥度等。

(3)位置精度，指加工后零件各表面间的实际相互位置与理想零件各表面之间位置的符合程度，如平行度、垂直度、同轴度等。

通常以公差值的大小或公差等级表示零件的机械加工精度要求。

三、表面质量的概念

表面质量包括表面几何学特征和表面层材质的变化，其具体内容如下。

(1)表面几何学特征，指零件最外层表面的微观几何形状，通常用表面粗糙度、波度表示。

(2)表面层材质的变化，指在一定深度的零件表面层出现与基体材料组织不同的变质情况，主要指表面层因塑性变形引起的冷作硬化、表面层因切削热引起的金相组织变化、表面层产生的残余应力。

加工表面质量的重要性在于：它对机器零件的使用性能以及整部机械的工作性能有很大的影响。

四、获得加工精度的方法和经济加工精度

(一)获得尺寸精度的方法

机械加工中，获得零件尺寸精度的方法有试切法、定尺寸刀具法、调整法和自动控制法。

(1)试切法：先在工件加工表面上试切一小部分，测量试切所达到的尺寸，按加工要求进行适当调整，然后再试切、再测量，如此反复，当试切尺寸达到要求时，按最后试切的位置切削整个待加工表面。这种方法的加工精度取决于操作者的技术水平，不稳定、生产率低，通常只适用于单件或小批生产。

(2)定尺寸刀具法：用具有一定尺寸精度的刀具来保证工件被加工部位的尺寸，如钻孔、铰孔、拉孔和攻螺纹等。这种方法通常应用于零件的内表面加工，加工尺寸稳定、生产率高。

(3)调整法：按工件规定的尺寸，调整好刀具和工件在机床上的相对位置，并在一批零件的加工过程中保持这个相对位置不变。刀具和工件的相对位置，多用定程机构和对刀装置等进行调整，如行程开关、定程挡块、样件、样板、对刀块等。用这种方法加工，工件的尺寸是在一次调整后得到的，因此工件的尺寸稳定性好、生产率高。

(4)自动控制法：利用测量装置、进给装置和控制系统，使工件在加工过程中自动测量、进给和补偿，当工件达到要求的尺寸时，自动停止加工。具体方法有自动测量和数字

控制等，这种方法在自动加工机床和自动生产线上得到了广泛应用，且生产率高，工件的尺寸精度易于保证。

(二) 获得形状精度的方法

机械加工中获得零件形状精度的方法有轨迹法、成形法和展成法。

(1) 轨迹法：利用切削运动中刀具刀尖的运动轨迹形成工件被加工表面的形状。例如，工件的外圆车削加工中，工件做旋转主运动，刀具做轴向进给运动，刀尖相对于工件的运动轨迹即形成了工件的外圆表面。

(2) 成形法：利用成形刀具切削刃的几何形状切削出工件的形状。采用这种加工方法时，工件的形状精度与切削刃的形状精度和刀具的安装精度有关。

(3) 展成法：利用刀具和工件做展成切削运动时，切削刃在被加工表面上的包络面形成工件的加工表面。采用这种加工方法时，工件的形状精度与机床展成运动中的传动链精度有关。

(三) 获得位置精度的方法

机械加工中，零件表面的位置精度主要取决于工件的装夹定位方式。按生产批量、加工精度要求和工件大小不同，可将工件的安装方式分为：找正装夹法、用机床夹具装夹法。详情请参阅本书第四章有关内容。

(四) 经济加工精度

某种加工方法的经济加工精度，是指在正常的生产条件(机床设备、工艺装备、切削用量、工人等级、工时定额)下所能达到的公差等级。每一种加工方法的经济加工精度都与一定范围的公差等级相对应，而且经济加工精度所对应的公差等级并不是一成不变的，它随着机械加工水平的不断提高、机床和工艺装备的不断改进而逐渐提高。

每种加工方法的经济加工精度，也有相应的表面粗糙度范围。在一般情况下，尺寸公差等级和表面粗糙度是相对应的，即公差等级越高，表面粗糙度值越小。不同加工方法的经济加工精度和表面粗糙度可参考有关资料或手册。

为了获得零件的尺寸精度、形状精度和位置精度，必须分析、研究加工过程中影响加工精度的因素。

五、影响加工精度的因素

机械加工中，零件的加工精度主要取决于工件和刀具在切削成形运动中的相互位置关系，而工件和刀具安装在夹具和机床上，并受到夹具和机床的约束。因此，机械加工时，机床、夹具、工件和刀具就构成一个完整的系统，称为工艺系统。此时，加工精度问题涉及整个工艺系统的精度问题。

工件装在夹具上可能产生定位误差；夹具装在机床上可能产生安装误差；对刀(导向)装置的位置不准确，将产生对刀误差；机床的精度、刀具的精度、工艺系统的弹性变形、热变形以及残余应力等原因将引起其他加工误差。所有这些误差都将反映到被加工零件上，所以机械加工后的零件在尺寸、形状、位置等方面总存在一定的误差，不可能绝对准确。我们只能根据零件的工作要求,将加工误差控制在一定的允许范围内。

造成加工误差的工艺因素也可以分为两部分:

(1)工艺系统的原有误差,主要有原理误差、机床误差、夹具误差、安装误差、刀具误差、测量误差和调整误差等;

(2)加工过程中的误差,主要有工艺系统的受力变形、受热变形、磨损和残余应力变形等。

定位误差、安装误差和对刀误差将在第四章中讨论,本章只讨论其他加工误差产生的主要因素。

(一)加工原理误差

由于采用近似的加工方法、近似形状的刀具、近似的传动比代替理论的加工方法、刀具、传动比进行加工所带来的加工误差,称为加工原理误差或理论误差。滚齿就是一种近似的加工方法。由于滚刀的齿数是有限的,所以滚切出来的渐开线不是理想的光滑渐开线,而是多条趋近于该曲线的折线。不仅滚齿方法是近似的加工方法,滚刀也是近似形状的刀具,所以也会引起加工误差。

车螺纹时,如果螺距具有几位小数,在选择挂轮时,因为挂轮的齿数是固定的,所以往往只能得到近似的螺距。

应当指出,当包括原理误差在内的加工误差总和不超过规定的工序公差时,就可以采用近似的加工方法。采用近似方法往往比理论上精确的方法简单,加工误差的累积较少,有利于简化机床结构、降低刀具成本和提高生产率。因此,近似方法是切实可行的加工方法。

(二)机床的制造误差及磨损

机械加工中,工件相对刀具的各种成型运动是由机床来完成的,零件的加工精度在很大程度上取决于机床的精度。影响机床精度的因素主要有:机床的制造误差、磨损及其安装误差。其中,对工件加工精度影响较大的有机床导轨误差、主轴的回转误差等。下面以车床为例进行说明。

1. 机床导轨的直线度误差

如图 1-31 所示,如果车床导轨在水平面内有直线度误差 Δy,则会引起工件沿轴线方向任一截面的直径误差 $2\Delta y$。如果沿轴线方向任一截面的 Δy 值不等,还将引起工件的圆柱度误差。因此,车床导轨在水平面内的直线度误差对工件精度的影响很大,必须加以控制。

如图 1-32 所示,如果车床导轨在垂直面内有直线度误差 Δz,则刀尖由 a 点移到 b 点,并引起工件半径上的加工误差 Δy。由直角三角形 $\triangle Oab$ 知

$$\left(\frac{d}{2}+\Delta y\right)^2=\left(\frac{d}{2}\right)^2+\Delta z^2$$

则
$$d\Delta y+\Delta y^2=\Delta z^2$$

略去 Δy^2,则
$$\Delta y=\frac{\Delta z^2}{d}$$

由于 Δz 很小，所以 Δz^2 更小，故这项加工误差很小。因此，车床导轨在垂直面内的直线度误差，对工件直径的影响很小。

图 1-31　车床导轨在水平面内的直线度误差　　　图 1-32　车床导轨在垂直面内的直线度误差

2. 机床导轨与主轴轴线的平行度误差

如果机床导轨与主轴轴线在水平面内不平行，工件会被加工成锥体形。若平行度误差在长度 L 上为 a，则被加工表面的锥度

$$k = \frac{2a}{L}$$

如图 1-33 所示，如果机床导轨与主轴轴线在垂直面内不平行，刀尖运动轨迹为 AC，则工件表面被加工成双曲面回转体形。图中 Ox 为工件轴线，AC 为刀尖运动轨迹，即工件母线，它与 xOy 平面的倾斜角为 β，则 $\tan \beta = \dfrac{b}{L}$，$b$ 是机床主轴轴线与导轨在垂直面内 L 长度上的平行度误差。

图 1-33　机床与主轴轴线在垂直面内不平行

令 $x=0$ 处工件的半径为 r_0，则任意位置 x 处工件的半径

$$r_x = \sqrt{r_0^2 + x^2 \tan^2 \beta}$$

或

$$r_x = \sqrt{r_0^2 + \left(x \frac{b}{L}\right)^2}$$

如以 y 代替 r_x，则得

$$\frac{y^2}{r_0^2} - \frac{x^2}{\left(\dfrac{Lr_0}{b}\right)^2} = 1$$

这是双曲面方程式。

任意位置 x 处半径方向的加工误差

$$\Delta_r = \sqrt{r_0^2 + \frac{x^2 b^2}{L^2}} - r_0$$

3. 机床主轴旋转时轴线位置的变化

如果主轴旋转轴线的位置在加工过程中发生变化，将影响工件的圆度。

当车床主轴采用滑动轴承时，由于切削载荷使主轴的轴颈始终压紧在轴承表面的一定部位上，如图 1-34(a) 所示，则主轴轴颈的圆度就会反映到工件上，而轴承孔的误差影响很小。因此，采用滑动轴承的主轴轴颈的圆度公差一般都定得很小，普通精度的机床，此值为 3~5 μm。如果采用的是滚动轴承，则轴承的径向圆跳动必须保证严格的公差。为此，可采用精密轴承和正确的安装方法等。

如图 1-34(b) 所示，在镗床上加工时，工件不旋转，机床主轴带着镗杆和镗刀一起旋转，由于切削力的方向时刻都在改变，这时滑动轴承的圆度将反映到工件上，而主轴轴颈的圆度对工件的精度则没有影响。

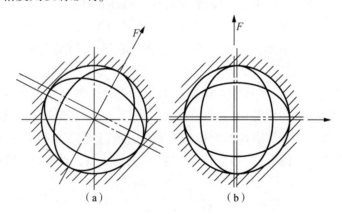

图 1-34　主轴旋转的正确性对工件形状的影响

4. 机床导轨的磨损

在使用过程中，由于各摩擦部分的磨损，机床的精度会逐渐下降。对加工精度影响最大的是机床主轴的轴颈(采用滑动轴承时)和轴承的磨损，以及床身导轨的磨损。

如图 1-35 所示，车床床身前导轨(图中 K)的磨损比后导轨(图中 M)厉害，一般大 5 倍，而前导轨本身磨损得最厉害的部位在离主轴前端 400 mm 附近，因为刀架经常在这段范围内工作。如果前导轨在床身长度上某处磨出一个深度为 a 的凹坑，而后导轨还是平直的，则当刀架移动到凹坑上时，刀尖就会在水平方向偏离距离 x，工件直径将增加 $2x$，当刀架移过了这个区段后，车刀的刀尖又回到原来的位置。刀尖偏移值为

$$x = a\frac{H}{B}$$

式中：a——床身前导轨的磨损量；

H——机床的中心高；

B——前、后导轨间的距离。

图1-35　机床导轨的磨损

5. 控制机床误差的措施

(1)减小导轨误差的方法。导轨的误差来源于导轨的制造误差、不均匀磨损和变形、机床的安装误差等，所以应合理设计导轨，以提高导轨的刚性、耐磨性。对此，近年来有精密机床采用滚动导轨、静压导轨等，以减小不均匀磨损。另外，要注意机床的正确安装，床身的水平调整，提高导轨的制造精度，加大导轨与工作台(溜板)的配合长度以均化导轨误差等。

(2)减小主轴旋转误差。机床中采用精密的主轴部件，如采用静压轴承(特别是静压球轴承，其径向和轴向跳动低至0.04 μm)或短三瓦自位轴承。选用相应等级的滚动轴承，并相应提高轴颈、支承孔、调节件的制造精度和配合质量等，都可以减小主轴回转误差。另外，主轴和装在主轴上的零件(如齿轮、带轮等)的动平衡，对减小主轴回转误差也有较大的作用。

(3)机床磨损的危害与防止。任何运动副、定位和导向元件的磨损，都会造成机床和夹具运动精度、导向精度、传动精度、位置精度以及定位精度的下降，使加工误差增大，还可能加剧机械振动的幅值使加工表面质量变坏。

防止机床磨损的措施有：施加足够的、合适的润滑剂；设置防止微粒进入界面的防护装置，并定期清除污物；采用气、液静压轴承和静压导轨；使用耐磨材料，如贴塑导轨、涂层导轨等；重载、高速运动副采用强制冷却措施等。

(三)刀具的制造误差及磨损

刀具误差也包括制造和磨损两方面。刀具误差对加工精度的影响，随刀具种类的不同而不同。

(1)定尺寸刀具，如钻头、铰刀、孔拉刀、丝锥、板牙、槽铣刀等，加工时刀具的尺寸、形状误差及磨损，直接影响工件的尺寸精度和形状精度。

(2)成形刀具,如成形车刀、成形铣刀、成形砂轮等的形状误差与磨损,将直接影响工件加工表面的形状精度。

(3)展成法加工刀具,如齿轮滚刀、插齿刀等的切削刃形状制造误差与磨损,将影响齿形的加工精度。

(4)普通刀具,如普通车刀、刨刀、面铣刀、单刃镗刀等,它们的制造误差与加工精度没有直接的关系,但其磨损对工件的尺寸和形状精度有很大的影响。

在精加工过程中,刀具磨损所引起的误差占全部加工误差的比例很大。

要注意加工表面径向的切削刃磨损量,这种磨损通常称为尺寸磨损,如图 1-36 中的 NB。刀具在这个方向上的磨损不仅影响工件的尺寸精度,还影响工件的形状精度。例如,在车床上车长轴或镗深孔时,随着车刀逐渐磨损,可能使工件上出现锥度。用成形刀具加工时,刀具的磨损会使工件的轮廓发生变化。在多刀机床上加工时,因为各刀具的磨损不可能一样,所以工件各部分的尺寸误差就不相同。

刀具的磨损分 3 个阶段(其他机器零件的磨损亦然),如图 1-37 所示。第一个阶段(Ⅰ)为初期磨损阶段,时间短(仅几分钟),磨损剧烈,切削路程不超过 1 km;第二个阶段(Ⅱ)为正常磨损阶段,磨损量与切削路程成正比,切削路程可达 30 km,刀具绝大部分工作是在这个阶段内进行的;第三个阶段(Ⅲ)为急剧磨损阶段,刀具磨损迅速,切削刃在很短时间内损坏。

刀具磨损会使切削力逐渐增大,导致机床、工件和刀具弹性变形,工件尺寸因而产生额外的变化,有时较刀具本身尺寸改变的影响更为严重。

图 1-36 后刀面磨损

图 1-37 刀具磨损量与切削路程的关系

减少刀具磨损对加工误差影响的措施如下。

(1)尺寸补偿或调整。例如,数控机床按给定补偿值控制工作台在刀具尺寸磨损方向的进给行程;采用主动控制工件尺寸的闭环控制机床,如广泛应用于汽车生产中的半自动外圆磨床;采用调整法加工并定期检测工件尺寸,调整刀具位置来补偿尺寸误差。

(2)根据工件材料选用亲和力小、耐磨性好的刀具材料,如陶瓷合金、立方氮化硼、人造金刚石、表面涂层硬质合金等。

(3)选择合适的切削液,要求切削液有较强的浸润性、润滑性、冷却性、稳定性、对环境的无害性、防锈性。

(4)砂轮的自动修整与补偿。

(5)适当减小切削用量,以提高刀具耐用度。

(四)工艺系统受力、受热变形引起的误差

1. 工艺系统的受力变形

1)基本概念

机床、夹具、工件和刀具构成的弹性系统,称为工艺系统。工艺系统在外力(切削力、夹紧力、传动力和离心力等)的作用下会产生弹性变形,包括工艺系统各组成环节本身的弹性变形,以及各组成环节配合处的位移。工艺系统的受力变形是影响加工精度的重要因素,变形的大小与工艺系统的刚度有关。在外力作用下,工艺系统抵抗变形的能力称为工艺系统刚度。

加工表面法线方向的变形,对加工误差的影响最大。因此,工艺系统刚度是指在切削分力 F_f、F_p、F_c 的综合作用下,沿加工表面法线方向上的切削分力 F_p 与切削刃在此方向上相对于工件的压移 y 之比值,即

$$J_s = \frac{F_p}{y}$$

式中:J_s——工艺系统刚度,N/mm。

工艺系统刚度对加工精度有影响,且与振动现象密切相关,若工艺系统刚度不足,还会影响加工表面质量和生产率。

2)机床的刚度及其对加工精度的影响

机床的刚度取决于各有关部件的刚度。各有关部件的刚度可以通过试验测定。知道了机床各部件的刚度,就可以计算出机床的刚度。现以车床为例讨论机床刚度的计算。图 1-38 为在车床两顶尖间加工光轴的示意图。在任意点切削分力 F_p 的作用下,主轴的位置从 A 移至 A',尾座从 B 移至 B',刀架从 C 移至 C',主轴、尾座和刀架的压移分别为 y_t、y_w、y_d。为了便于研究,设工件为刚体(即工件不变形),则工件轴线由 AB 移至 $A'B'$,在离主轴 x 处移动了 y_x,则机床压移量

$$y_j = y_x + y_d \tag{1-21}$$

而

$$y_x = y_t + K$$

图 1-38 在车床两顶尖间加工光轴的示意图

式中，K 值可由相似三角形 $\triangle A'B'D$ 和 $\triangle A'EH$ 求出

$$\frac{K}{y_w - y_t} = \frac{x}{L}$$

所以

$$K = \frac{x}{L}(y_w - y_t)$$

故

$$y_x = y_t + \frac{x}{L}(y_w - y_t) \tag{1-22}$$

设 F_A、F_B 分别为由切削分力 F_p 在主轴和尾座处所引起的压力，则有

$$F_A L = F_p(L - x)$$

$$F_B L = F_p x$$

或

$$F_A = F_p\left(\frac{L - x}{L}\right)$$

$$F_B = F_p\left(\frac{x}{L}\right)$$

因

$$y_t = \frac{F_A}{J_t}$$

$$y_w = \frac{F_B}{J_w}$$

所以

$$y_t = \frac{F_p}{J_t}\left(\frac{L - x}{L}\right)$$

$$y_w = \frac{F_p}{J_w}\left(\frac{x}{L}\right)$$

代入式(1-22)并整理，得

$$y_x = \frac{F_p}{J_t}\left(\frac{L - x}{L}\right)^2 + \frac{F_p}{J_w}\left(\frac{x}{L}\right)^2$$

将此式及 $y_d = F_p/J_d$ 代入式(1-21)得

$$y_j = \frac{F_p}{J_t}\left(\frac{L - x}{L}\right)^2 + \frac{F_p}{J_w}\left(\frac{x}{L}\right)^2 + \frac{F_p}{J_d}$$

故任意点(即离主轴为 x 处)的机床刚度

$$J_j = \frac{F_p}{y_j} = \frac{1}{\frac{1}{J_t}\left(\frac{L-x}{L}\right)^2 + \frac{1}{J_w}\left(\frac{x}{L}\right)^2 + \frac{1}{J_d}} \tag{1-23}$$

由式(1-23)可知，机床的刚度不是常数，而是车刀位置的函数。因此，由于工艺系统弹性变形的影响，工件沿轴向的直径将不是一致的。一般取刀具位于工件中点处的刚度来代表机床的刚度，即以 $x=L/2$ 代入式(1-23)，可得机床的刚度

$$J_{j\left(\frac{L}{2}\right)} = \frac{1}{\frac{1}{4}\left(\frac{1}{J_t} + \frac{1}{J_w}\right) + \frac{1}{J_d}} \tag{1-24}$$

当车刀位于主轴时，将 $x=0$ 代入式(1-24)，得

$$J_{j(0)} = \frac{1}{\frac{1}{J_t} + \frac{1}{J_d}} \tag{1-25}$$

当车刀位于尾座时，将 $x=L$ 代入式(1-24)，得

$$J_{j(L)} = \frac{1}{\frac{1}{J_w} + \frac{1}{J_d}} \tag{1-26}$$

令 $\dfrac{dJ_j}{dx} = 0$，可得刚度在 x_0 处的极值为

$$x_0 = \frac{LJ_w}{J_t + J_w}$$

又因 $\dfrac{d^2 J_j}{dx^2} < 0$，所以 J_j 有最大值，即

$$J_{j,\ max} = \frac{1}{\frac{1}{J_t + J_w} + \frac{1}{J_d}} \tag{1-27}$$

3）工件的刚度及其对加工精度的影响

工件的刚度可以近似地用材料力学中的公式计算，这时假设机床及刀具不产生变形。现以车床上常见的加工情况为例进行说明。

(1) 工件在车床两顶尖间加工。这种装夹方式近似于一根梁自由支承在两支点上。在切削分力 F_p 的作用下，如果工件是一根光轴，则工件最大挠曲发生在工件中间位置，在工作行程中，车刀所切下的切屑厚度将不相等，在工件中点处，即挠曲最大的地方切屑最薄，而两端切屑较厚，加工出的零件形状如图1-39所示。

(2) 工件在卡盘中加工。这种装夹方式近似于悬臂梁。如果工件是光轴，则最大挠曲发生在切削力作用于工件末端时，加工后的零件形状如图1-40所示。这种装夹方式一般用于长径比不大的工件。

图1-39 工件在车床顶尖间加工后的形状

图1-40 工件在车床卡盘中加工后的形状

(3) 工件装在卡盘中并用后顶尖支承加工。这种装夹方式属于静不定系统，加工后的零件形状如图1-41所示。

图1-41　工件前端夹在卡盘中，后端用顶尖支承加工后的形状

对于各种装夹方式，工件的刚度都与工件的长度有关，工件的刚度在工件全长上是变值。加工细长轴（如凸轮轴、曲轴）时，常采用中心架（或其他形式的中间支承），以减小工件的挠曲变形。

当刚度很差的工件被夹紧在夹具中，在夹紧力的作用下，工件会发生弹性变形，这对加工精度的影响很大。例如，夹紧薄壁套筒、圆环和其他类似的工件时，工件很容易变形。图1-42为三爪自定心卡盘夹紧薄壁工件的情况，这时已经加工完的孔的形状产生了误差。因此，加工薄壁零件时，夹紧力应在工件圆周上均匀分布，可采用液性塑料夹具等。

图1-42　薄壁工件三爪自定心卡盘夹紧
（a）夹紧后工件的形状；（b）内孔加工完毕后的形状；（c）卸下工件恢复后的形状

4）刀具的刚度及其对加工精度的影响

在卧式镗床上加工时，机床立柱和工作台的刚度很高，而刀具的刚度很低并对加工精度的影响较大。刀具的刚度又与主轴刚度和刀杆刚度有关。镗杆主轴的刚度在各个方向是不相等的，即主轴同一横截面内，各方向抵抗变形的能力不同。对某卧式镗床按上下前后4个方向测定刚度时，得到不同的数值，如图1-43所示，而且主轴悬伸长度越大，则刚度越小，不同方向的刚度差值也相应减小。在镗床上镗孔时，由于切削力的方向是不断变化的，所以被加工的孔将因主轴各方向刚度的差别而产生相应的圆度误差。

图1-43　镗床主轴同一截面内不同方向的刚度不相等

镗杆的刚度也可以近似地用材料力学的公式计算。例如，图1-44(a)中的镗杆刚度可以按悬臂梁近似计算；图1-44(b)中的镗杆刚度可以按一端夹紧、另一端支承的静不定梁近似计算。

现分析上述两种方式中因刀具弹性变形所引起的加工误差。图1-44(a)中，刀杆悬伸长度不变，刀尖因镗杆变形而产生的位移在孔的全长上是相等的，因此孔轴向截面的直径一致，孔与主轴同轴线，但由于主轴的刚度在各个方向不相等，所以孔的横截面形状有圆度误差。图1-44(b)中，进给运动是由镗杆移动来实现的，加工过程中，镗杆上刀尖距主轴箱端面的距离逐渐增加，刀尖受镗杆和主轴弹性变形的综合影响，被加工孔的横截面不圆，而且沿孔全长上各个横截面的圆度值也不一致。

图1-44 不同镗孔方式

镗床上常采用后导向支承或专用镗模来提高镗杆的刚度。

5) 工艺系统的刚度对加工精度的影响

如果把工艺系统中各个环节的变形都换算到同一点和同一方向上，则整个系统的变形就可以表示为

$$y_s = y_j + y_g + y_d \tag{1-28}$$

式中：y_s——工艺系统变形；

y_j——机床变形；

y_g——工件变形；

y_d——刀具变形。

根据刚度定义，式(1-28)可写成

$$\frac{F_p}{J_s} = \frac{F_p}{J_j} + \frac{F_p}{J_g} + \frac{F_p}{J_d}$$

即

$$\frac{1}{J_s} = \frac{1}{J_j} + \frac{1}{J_g} + \frac{1}{J_d} \tag{1-29}$$

有时为计算方便，令刚度的倒数为柔度w，即

$$w = \frac{1000}{J}$$

式中：J——刚度，N/mm；

w——柔度，μm/N。

则

$$w_s = w_j + w_g + w_d \tag{1-30}$$

在不同的情况下，工艺系统各环节的柔度是不同的。在车床顶尖间加工外圆时，通常只考虑机床及工件的变形，而车刀的变形可以忽略不计。这时，工艺系统就可以看作机

床-工件系统；在镗床上加工时，由于镗杆是在悬臂状态下工作的，它的变形对加工精度影响极大，而工件的变形可以忽略不计，因此，此时的工艺系统可以看作机床-刀具系统。

根据前面的分析，对车床而言，由于机床刚度和工件刚度在工件全长上都是变值，故工艺系统的刚度在工件全长上也是一个变值，因此，加工后零件各个横截面上的直径尺寸各不相同。工艺系统的刚度在工件全长上的差别越大，则零件的几何形状误差越大。

6）误差复映规律

如果在车床上加工具有偏心（或其他形状误差）的毛坯，如图1-45所示。毛坯转一转时，背吃刀量从最小值 a_{p2} 增加至最大值 a_{p1}，然后再降至最小值 a_{p2}，切削力也相应地由最小增加至最大，又减至最小。这时，工艺系统各部件也相应地产生弹性压移，切削力大时弹性压移大，切削力小时弹性压移小，所以偏心毛坯加工后所得到的表面仍然是偏心的，即毛坯误差被复映下来，只不过误差减小了，这称为误差复映规律。

图1-45 车削偏心毛坯

加工后工件直径上的误差 Δw 可按下式确定

$$\Delta w = y_1 - y_2 = \frac{F_{p1}}{J_s} - \frac{F_{p2}}{J_s} \tag{1-31}$$

式中：y_1、y_2——背吃刀量为 a_{p1}、a_{p2} 时工艺系统的弹性压移；

F_{p1}、F_{p2}——背吃刀量为 a_{p1}、a_{p2} 时工件的法向切削分力。

根据切削原理，法向切削分力 F_p 与切向切削分力 F_c 有如下关系

$$F_p = \lambda F_c$$

而
$$F_c = C_{F_c} a_p f^{0.75}$$

式中：λ——主要与刀具几何角度有关的系数，一般取0.4；

f——进给量；

a_p——背吃刀量；

C_{F_c}——与工件材料、刀具几何形状等有关的系数。

将 F_p 值代入式(1-31)得

$$\Delta w = \frac{\lambda F_{c1}}{J_s} - \frac{\lambda F_{c2}}{J_s} = \frac{\lambda}{J_s}(C_{F_c} f^{0.75} a_{p1} - C_{F_c} f^{0.75} a_{p2})$$

$$= \frac{\lambda}{J_s} C_{F_c} f^{0.75}(a_{p1} - a_{p2}) = \frac{\lambda}{J_s} C_{F_c} f^{0.75} \Delta b \tag{1-32}$$

从上式可知，当毛坯的偏心 $2e = \Delta b$（或其他形状误差）一定时，工艺系统刚度越大，加工后工件的偏心（或其他形状误差）越小，即加工后工件的精度越高。

工件加工后精度提高的程度用复映系数 ε 表示，即

$$\varepsilon = \frac{\Delta w}{\Delta b} = \frac{\lambda}{J_s} C_{F_c} f^{0.75} \tag{1-33}$$

ε 值越小，加工后零件的精度越高。

当分几次工作行程进行加工时，第一次工作行程后的复映系数为 ε_1，第二次工作行程

后的复映系数为 ε_2，第三次复映系数为 ε_3，……，则总的复映系数

$$\varepsilon = \varepsilon_1 \varepsilon_2 \varepsilon_3 \cdots \varepsilon_n$$

因为每个复映系数均小于1，故总的复映系数 ε 将是一个很小的数值。这样，经过几次工作行程后，零件上的误差比毛坯误差小得多，有可能达到允许的公差范围，从而得到所要求的精度。因此，精度要求高的表面，需要有粗加工、精加工和光整加工等多道工序。

式(1-33)也可以写成如下形式

$$J_s = \lambda C_{F_c} f^{0.75} \frac{\Delta b}{\Delta w} = \frac{\Delta F_p}{\Delta w} \tag{1-34}$$

因此，只要测量出毛坯加工前后的偏心（或半径上的误差），从切削用量手册中查出 C_{F_c}；或通过电测仪器测出 ΔF_p，则工艺系统刚度就可以确定。如果加工的工件刚性很好（工件不变形），则式(1-34)所得即为机床刚度 J_j。

7) 控制工艺系统受力变形的主要措施

控制工艺系统受力变形的主要措施有：减小切削用量、补偿工艺系统有关部件的受力变形、提高工艺系统刚度等。减小切削用量是一种比较消极的办法，而补偿受力变形也往往由于结构限制或加工调整过于复杂，而使其采用受到限制。比较彻底的解决办法是提高工艺系统的刚度，特别是提高工艺系统中薄弱环节的刚度。

(1) 提高工件加工时的刚度。对薄壁套类零件可采用另加刚性开口夹紧环或改用端面轴向夹紧等措施，如图1-46(a)所示。对薄片类零件（如摩擦片等）的磨削加工，则可采用厚橡胶支承和弹性浮动滚轮夹压，或采用环氧树脂黏结等措施，如图1-46(b)所示。对细长轴类的加工，可采用中心架、跟刀架或前后支承架等措施。

图1-46 提高低刚度零件加工时刚度的措施

(2) 提高刀具加工时的刚度。在零件加工过程中，为了提高刀具的刚度，除从刀具材料、结构和热处理等方面采取相应的措施外，还可通过采用附加支承和具有对称刃口的刀具来提高刀具在加工时的刚度。例如，镗孔时镗杆直径往往受到加工孔径的限制，从而使其刚度明显降低，因此可采用支承导向套和具有对称刃口的镗刀块代替单刀头，以提高镗

杆在加工时的刚度。

(3)提高机床和夹具的刚度。在机械加工中使用的机床和夹具,是由较多数量的零件组成的,要提高它们的刚度,除了提高其组成零件本身的刚度外,还应着重提高各有关组成零件的连接面刚度。为此,可采取如下措施:

①在设计机床或夹具时,应尽量减少其组成零件数量,以减少总的接触变形量。例如:精密丝杠车床的刀架部件,由卧式车床的5个主要组成零件(床鞍、中滑板、转盘、小滑板和方刀架)的结构,减少为3个主要组成零件(床鞍、中滑板和小滑板)的结构;高精度蜗轮加工机床,大多将一般滚齿机上的可移动刀架结构改为固定式结构。这种减少组成零件数量的措施可以大大提高刀架部件的刚度,但往往受到机床使用性能和范围的限制,因此多用于专用机床或专门化机床。

②在加工机床或夹具的组成零件时,应尽量提高有关组成零件连接表面的形状精度,并减小其表面粗糙度值,可以大大增加连接时的实际接触面积而提高机床或夹具的刚度。

③对机床或夹具上的固定连接件,装配时采用预紧措施。对机床或夹具上有关组成零件在装配时施加预紧力,会增加实际接触面积而相应提高它们的接触刚度,但有时又往往受到预紧力不能进一步增大的限制。为此,可采取减少连接面接触面积的办法,如图1-47(a)所示,以达到增大预紧力的目的。如图1-47(b)所示,增大了预紧力就可使连接面的接触刚度处于接触刚度曲线的上部(图中点2)。此外,由于预紧一段时期后有时还可能产生永久变形(蠕变),从而又引起连接面松动和接触刚度下降,因此需要在一定时期内进行多次反复预紧。

图1-47 提高连接面接触刚度的措施

2. 工艺系统的热变形

机械加工过程中,工艺系统会产生热量。工艺系统受热而引起的变形,称为热变形。热的来源主要有以下3个方面:

(1)切削热。被加工材料塑性变形以及前/后刀面摩擦而转变成的热量。由于热的传导,它主要对工件和刀具有较大的影响。

(2)摩擦热和传动热。机床运动零件的摩擦(齿轮、轴承、导轨等)转变的热量,液压传动(液压泵、液压缸等)和电动机的温升等,这类热量对机床的影响较大。

(3)环境热。外界热源和阳光辐射等。在各种精密加工中,环境热的影响特别突出,因为在这种场合下,切削力比较小,工艺系统刚度不足所引起的加工误差也比较小,而热变形引起的误差就相对较大。

1)机床热变形及其对加工精度的影响

机床受热而产生变形的情况比工件和刀具的热变形复杂,而且视机床类型不同而异。机床在运转与加工过程中,由于内、外部热源的影响,其温度会逐渐升高。由于机床各部分的热源和尺寸形状的不同,各部件的温升也不相同。温升不同将使机床各部件的相互位置和相对运动发生变化,使机床的原有几何精度遭到破坏,从而造成工件的加工误差。

机床在运转一段时间之后,当传入各部件的热量与由各部件散失的热量接近或相等时,其温度便不再继续上升而达到热平衡状态。此时,机床各部件的热变形也就不再继续而停止在相应的程度上,它们之间的相互位置和相对运动也相应地稳定下来。达到热平衡之前,机床的几何精度是变化不定的,它对加工精度的影响也变化不定。因此,一般都要求在机床达到热平衡之后,再进行精密加工。

对于车、铣、镗类机床,其主要热源是主轴箱的发热,将使箱体和床身(或立柱)发生变形和翘曲,从而造成主轴的位移和倾斜,如图1-48所示。坐标镗床为精密机床,要求有很高的定位精度,其主轴由于热变形产生的位移和倾斜将破坏机床的原有几何精度。为此,需要对机床的温升严加控制。例如,SIP-2P型单柱立式坐标镗床的立柱导轨的温升应控制在0.75 ℃左右,主轴箱的温升应控制在1.33~1.60 ℃范围内,才能保证精度要求。

图1-48 车床和立式铣床的热变形

磨床一般都是液压传动并采用高速磨头,故这类机床的热源主要是磨头轴承和液压系统的发热。轴承的发热将使磨头轴线产生热位移,当前后轴承的温升不同时,其轴线还会出现倾斜。液压系统的发热将使床身各处的温升不同,进而导致床身的弯曲变形。几种磨床的热变形情况如图1-49所示。

图1-49 几种磨床的热变形
(a)外圆磨床;(b)双端面磨床;(c)导轨磨床

对于大型机床(如导轨磨床、龙门铣床、立式车床等)来说，除内部热源会引起它们的变形之外，车间温度变化也是一个必须重视的因素。例如，导轨磨床的床身长度大，车间温度变化及其他辐射热对其影响比较显著。当车间温度变化时，地面因其热容量大而温度变化不大，而床身上部的温度则随车间的温度变化而变化，当车间温度高于地面温度时，床身呈中凸形。此外，大型机床的立柱受局部温差的影响较大，车间温度一般上高下低，机床立柱上下温差可达 4~8 ℃，由此而引起的热变形也是不可忽视的。

2) 工件热变形及其对加工精度的影响

工件所受的热主要来自切削区，切削热的分布情况如图 1-50 所示。加工精密零件或薄壁零件时，加工环境的温度变化也会对加工精度产生明显的影响。均匀的温度变化，将使工件的尺寸变化；不均匀的温度变化，会改变工件的形状。

图 1-50　切削热的分布情况

对于多刀车削轴类零件，且有多个工作行程时，可认为工件将均匀受热。此时，工件上的切削热量 Q 粗略计算式为

$$Q = F_c v_c t K \tag{1-35}$$

式中：F_c——切向切削分力；

　　　　t——切削时间；

　　　　K——切削热传入工件的百分比。

工件因传入热量引起的温升

$$\Delta t = \frac{Q}{c\rho V} \tag{1-36}$$

式中：c——工件材料的比热容；

　　　　ρ——工件材料的密度；

　　　　V——工件的体积。

由此引起工件的热变形量

$$\Delta L = a_1 L / \Delta t \tag{1-37}$$

单面加工薄片类零件时，容易引起不均匀的温度变化，从而使工件产生形状误差。如图 1-51(a) 所示的薄片长 L、厚 δ，加工时上、下表面温差 $\Delta t = t_1 - t_2$，设材料的线膨胀系数为 a_1，则由于上、下表面温差，工件向上凸起，放大后如图 1-51(b) 所示。工件中间的变

形量

$$x = \frac{L}{2}\tan\frac{\varphi}{4}$$

考虑到 φ 角很小，可近似地取

$$x \approx \frac{L\varphi}{8}$$

薄片上面的膨胀量

$$\overline{BE} = a_1\Delta tL$$

则

$$\varphi = \frac{a_1\Delta tL}{\delta}$$

代入得

$$x = a_1\Delta t\frac{L^2}{8\delta}$$

由上式可知，热变形随零件长度的增加而迅速增大。

此外，太阳光的照射、暖气装置的热量辐射，都将使工件产生不均匀的热变形。

3) 刀具热变形及其对加工精度的影响

刀具的热源主要是切削热。虽然切削热传给刀具的比例较图 1-51 所示的不均匀受热引起的少（见图 1-50），但由于刀具体积小，所以刀面上的温度还是比较高的。车刀的刀头受热后伸长，工件被加工的直径就随之减小。图 1-52 为车刀的热变形曲线，它的热变形规律与机床相似，也是按指数曲线上升和降低，只是刀体热容量小，达到热平衡的时间短得多，一般连续工作 16~20 min 就达到了。达到热平衡时，车刀热变形一般在 0.03~0.05 mm。实际工作中，刀具通常不能连续工作 16 min 以上（加工面小、切削时间短），而是有停歇的间断切削工作，这时刀具的热变形就要小些。

图 1-51 不均匀受热引起形状的变化

图 1-52 车刀热变形曲线

4)控制工艺系统受热变形的主要措施

(1)工艺措施。工艺措施通常包括以下4点。

①合理安排工艺过程。为了避免粗加工时的热变形对加工精度的影响,在安排工艺过程时,应把粗、精加工分开在两道工序中进行,并尽量延长粗、精加工之间的转换时间,以使工件粗加工后有足够的冷却时间。这样,既保证了加工精度,又满足了较高的切削生产率。在单件/小批生产中,由于粗、精加工在同一道工序进行,因此粗加工后应停机一段时间,使工艺系统冷却,并将工件松开再重新夹紧后,进行精加工。

②保持工艺系统的热平衡。机床开机工作一段时间后,由热源传入的热量与散发的热量相等时,就达到了热平衡,此时机床各部位的热变形趋于稳定。因此,在精密加工之前,应让机床先空转一段时间,等达到热平衡时再进行加工,以保证加工精度。由于机床结构和工作条件不同,机床达到热平衡时所需的时间也各不相同。一般地,车床、磨床需要 4~6 h;中小型机床为 1~2 h;大型精密机床热容量大,所需的热平衡时间也长,有的机床可达 50 h。为了缩短热平衡时间,可在机床工作初期,人为地给机床供热,以促使机床更快地达到平衡状态。

③控制环境温度。精密零件的加工和装配,应在恒温室内进行。恒温室的平均温度(温度基数)一般可取 20 ℃。恒温精度通常分为一般级(±1 ℃)、精密级(±0.5 ℃)、超精密级(±0.01 ℃),则相应的控制温度分别为(20±1)℃、(20±0.5)℃和(20±0.01)℃。由于不同季节、不同地区的温度相差很大,因此还可以根据具体情况选取相应的温度基数。例如,春、秋季取 20 ℃,冬季取 17 ℃,夏季取 23 ℃。这样做不仅减少了加工和装配中的热变形,而且可以节省恒温设备的投资和能源消耗,并有利于工人的健康。

④施加切削液。在切削区域施加充分的切削液,这也是生产中常用的工艺措施。

(2)补偿措施。当热变形不可避免时,可采取补偿措施来消除其对加工精度的影响。采用这种措施必须先掌握热变形的规律。例如,在解决 MB7650 双端面磨床主轴热伸长问题时,除改善主轴轴承的润滑条件以减少发热外,还采用了图 1-53 所示的补偿机构,即在轴承与壳体间增设一个过渡套筒,此套筒与壳体仅在前端固定而后端不接触。当磨床主轴轴承发热向前伸长时,套筒发热向后伸长,并使主轴也向后移动,从而自动补偿了主轴向前的热伸长,消除了主轴热变形对加工精度的影响。

1—壳体;2—过渡套筒;3—主轴。

图 1-53 MB7650 双端面磨床主轴热伸长的补偿机构

又如,在 JCS-013 型自动换刀数控卧式镗铣床中,滚珠丝杠是一个关键部件,工作时由于它的负荷大、转速高、散热条件不好,因此会产生热变形。为此,常采用一种所谓"预拉法"的措施,即在丝杠加工时故意将其螺距做得小一些,装配时对丝杠预先进行拉伸,使其螺距拉大到标准值。这样利用丝杠受拉后产生的内应力来吸收热应力,从而补偿了丝杠的热变形。实践证明,在装配上述机床时,用 7 848 ~ 9 810 N 的预拉力使丝杠预伸长 0.03 ~ 0.04 mm,机床工作时效果很好。

(3)改进机床结构。利用计算机设计机床时,从结构上加以改进使热变形减小,这也是很重要的措施。例如,在主轴箱的设计中将传动元件(轴、轴承及传动齿轮等)安放于对称位置,可以均衡箱壁的温升从而减少其变形。有些机床采用双立柱结构,由于左右对称,其在左右方向的热变形就比单立柱的结构要小得多。再如,高速往复运动的牛头刨床的滑枕,由于导轨部分摩擦生热,迫使整个滑枕弯曲变形。对于 B6065 型牛头刨床,设计的滑枕截面结构如图 1-54(a)所示,导轨处于最下面,故其热变形量 Δ 较大(见图 1-54(a)、(b)),最大变形量甚至可达 0.25 mm。为减少滑枕的热变形,在 B6063A 型牛头刨床上采用了如图 1-54(c)所示的导轨,由于滑枕截面中间的对称结构,滑枕工作时的热变形量 Δ 下降到 0.01 ~ 0.015 mm。

图 1-54　牛头刨床滑枕热变形及改进前后的结构

另外,在结构设计时,使关键部件的热变形只在无碍于加工精度的方向上产生,这也是从结构上解决热变形对加工精度影响的一个措施。如图 1-55(a)所示,车床主轴箱和床身连接的结构中,主轴轴线相对于装配基准而言,只产生 z 方向的热变形,此方向主轴的热位移对加工精度影响很小;而图 1-55(b)中,主轴的热位移不仅在 z 方向产生,而且在 y 方向也产生,这就直接影响了主轴轴线和刀具之间的径向位置,从而造成较大的加工误差。

图 1-55　车床主轴箱两种设计结构的热位移示意图

为减少热变形的影响,在结构设计时,还可以从材料上加以考虑。例如,对一些十分关键的零件,可采用线膨胀系数小的材料。

(五)测量误差和调整误差

1. 测量误差

测量误差是指工件实际尺寸与量具测量出的尺寸之间的差值。加工一般精度的零件时,测量误差可占工件公差的 1/10~1/5;加工精密零件时,测量误差可占工件公差的 1/3 左右。

测量误差产生的原因如下。

(1)计量器具本身精度的影响。计量器具的精度决定于它的结构、制造和磨损情况。所用的计量器具不同,测量误差的变动范围也不同。例如,用光学比较仪测量轴类零件时,误差不超过 1 μm;用千分尺测量时,误差可达 5~10μm.;而用游标卡尺测量时,误差可达 150 μm。所以,必须根据零件被测尺寸的精密程度,选择适当的计量器具。

(2)温度的影响。例如,直径为 ϕ100 mm 的钢轴在加工完毕后,温度从 20 ℃升高至 60 ℃。如果立即测量,由于材料热膨胀的原因,直径增大 0.048 mm。即使在常温条件下,车间内的温度也不是固定的,其变动范围可达 3~4 ℃。对钢件来说,在此温度变动范围内,100 mm 长度的膨胀量可达 0.003~0.004 mm。所以,进行精密零件测量时不仅应在恒温室内,还应十分注意辐射热的影响。

(3)人的主观原因。例如,零件测量值的读数误差因人而异。

为保证测量精度,除合理选择测量工具外,还必须采用正确的测量方法。

2. 调整误差

切削加工时,要获得规定的尺寸就必须对机床、刀具和夹具进行调整。在单件、小批生产中,普遍采用试切法;而在成批、大量生产中,则常采用调整法。显然,采用试切法不可避免会产生误差;而采用调整法时,对刀有误差,挡块、行程开关、行程控制阀等的精度和灵敏度都影响调整的准确性。因此,不论哪种调整方法,想获得绝对准确的尺寸是不可能的,这就产生了调整误差。不同的获得尺寸精度的调整方法,会引发不同的加工误差。

1)试切法产生调整误差的主要因素

采用试切法产生调整误差的主要因素有如下 4 个方面。

(1)由于测量带来误差,如按此含有误差的读数调整刀具相对工件的位置,势必直接造成刀具的调整误差。

(2)加工余量的影响。在切削加工中,切削刃所能切下的最小切屑厚度是有一定限度的。

锋利的切削刃可切下 7.5 μm 厚的切屑,已钝化的切削刃只能切下 20~50 μm 厚的切屑,切屑厚度再小时切削刃就切不下金属而只起挤压作用。例如,在精车外圆时,试切的最后一刀切削层总是很薄的,当刀具在工件待加工表面上不切削而只挤压而获得尺寸时就认为试切尺寸已经合格,合上纵向进给机构切削下去,则新切到的部分的背吃刀量比试切部分大,切削刃不打滑,从而多切下一些,因此最后加工出的一批工件的直径就比认为试切合格的直径小。

(3)微量进给误差。在试切最后一刀时,总要微量调整一下切削刀具相对工件的位置。

这时常会出现进给机构的爬行现象，造成切削刀具在切削方向的实际位移比手轮上转动的刻度数值偏大或偏小些，以致难于控制尺寸精度，从而造成加工误差。

(4) 判断误差的影响。由于不能准确判断加工一批工件尺寸分布的中心位置，而可能产生的刀具相对于工件的调整误差，称为判断误差。通常采用试切法只是按试切一个工件后的实测尺寸调整刀具相对工件的位置，由于进给机构的重复定位误差的存在，将造成一批工件加工后的尺寸分散，不能使这批工件的平均尺寸（即尺寸分散中心）同工序尺寸的公差带中心重合，而产生一定的偏离，即判断误差，其最大值为 6σ，这也是造成这批工件加工误差的一种调整误差。

2) 调整法产生调整误差的主要因素

采用调整法产生调整误差的主要因素有：标准样件本身制造的尺寸误差，对刀块（导套）相对于夹具上定位元件起始基准的尺寸误差，刀具调整时的目测误差，行程挡块的受力变形，电气开关、离合器、液压控制阀等的灵敏度，以及切削加工中刀具相对于工件加工表面的弹性退让等。

(六) 工件内应力（残余应力）引起的误差

工件去掉外力后，存留在工件内部的应力称为内应力（或残余应力）。当外界条件发生变化，如温度改变或工件被切除一部分金属，则原来的内应力平衡遭到破坏，工件在内应力作用下，将发生形状变化，形成新的平衡状态，这个形成新的平衡状态的过程称为内应力重新分布。内应力经过一段时间后，自发地逐渐消失，同时零件的形状发生变化，这是内应力的一个特点。

工件产生内应力的根本原因，是由于零件材料不均匀的体积变化，它来源于：

(1) 零件不均匀的加热和冷却；

(2) 零件材料金相组织的转变；

(3) 强化时塑性变形的影响。

如图 1-56 所示，不同壁厚的铸件冷却的速度是不一样的，薄壁 1 先冷却，厚壁 2 冷却收缩时受到早已冷却了的薄壁 1 的阻碍，结果在厚壁 2 中产生拉应力，而在薄壁 1 中产生压应力。壁厚不均匀且形状复杂的铸件，由于各部分冷却速度和收缩程度不一致，其中内应力很大，甚至使铸件发生裂纹。发动机缸体、变速器壳体就属于这类零件。

1—薄壁；2—厚壁。

图 1-56 不同壁厚的铸件

在有内应力的情况下对铸件进行机械加工时，切去一部分金属后，内应力将重新分布而使工件形状改变。因此，加工某些复杂铸件的重要表面（如发动机缸体的缸孔）时，在粗加工后，要经过时效处理或经过许多别的工序才能安排精加工，目的就是让内应力充分重新分布，待工件变形稳定后再进行精加工。

经过表面淬火的零件，也会产生内应力。因为这时表面层的金属组织转变了，即从原来密度比较大的奥氏体转变为密度比较小的马氏体，因此表面层的金属体积要膨胀，但受到内层金属的阻碍，从而在表面层产生压缩应力，在内层产生拉伸应力。

细长的轴类零件如凸轮轴、曲轴等，容易产生弯曲变形，在加工过程中常用冷校直的方法校正。如图 1-57(a) 所示，在室温下将工件放在 2 个支承（V 形块）上，在工件中间加

压力 F，使工件反向弯曲以校直工件。

如图 1-57(b) 所示，冷校直会在工件内产生内应力，在 ab 段产生了弹性变形区，按照胡克定律，ab 段范围内可用直线表示应力图形。在 bc 和 ad 两段产生塑性变形区，这两段内的应力将沿着类似拉伸曲线上超过比例极限外的那段曲线变化。去掉力 F 以后，工件弹性恢复，由于 bc 和 ad 段残留有塑性变形，工件原有的弯曲度减少或消除，但工件内部却产生了如图 1-57(c) 所示的内应力。因此，冷校直后的零件在进行下一步加工时，一般还处在内应力状态下，此时若从表面切去一层金属，内应力的平衡将遭到破坏，从而引起内应力的重新分布，使零件产生新的变形。

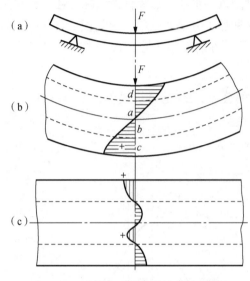

图 1-57　冷校直及产生的内应力状况
(a)零件受力图；(b)未冷校直前应力图；(c)冷校直后应力图

减小和消除内应力的工艺措施如下。

(1)改善零件结构。在机器零件的结构设计中，尽量简化零件结构，减小零件尺寸和壁厚差异，使零件壁厚均匀，提高零件的刚度等，均可以减少在毛坯制造中产生的内应力。

(2)合理安排工艺过程。在安排工艺过程时，应尽可能地将粗、精加工分开，使粗加工后有一定的时间让内应力重新分布，工件充分变形，再经过精加工加以纠正，从而减少对加工精度的影响。在加工大型零件时，粗、精加工往往在一道工序中完成，这时应在粗加工后松开工件，待其充分变形后，再用较小的夹紧力夹紧工件进行精加工。对于精度要求高的零件，在加工过程中禁止进行冷校直，必要时可用热校直代替冷校直，以减少内应力的产生。

(3)设立消除内应力的专门工序。消除内应力的专门工序主要有热处理和时效处理。例如，对铸件、锻件、焊件进行退火和回火；零件淬火后进行回火；对精度要求高的零件(如床身、丝杠、箱体、精密主轴等)在粗加工后进行时效处理等。此外，对一些要求很高的零件，如精密丝杠、标准齿轮、精密床身等，往往在每次切削加工后都要进行时效处理。常用的时效处理方法有高温时效、低温时效、冲击时效和振动时效等。

机械加工后,零件表面也会产生内应力,这将在下节介绍。

(七) 总加工误差的合成

在零件加工过程中,各种原始误差会造成不同性质的加工误差,如系统误差和随机误差。对加工误差的分析在于确定系统误差的数值和随机误差的范围,从而找出造成加工误差的主要因素,以便采取相应的措施,提高零件的加工精度。在生产中常用统计学的方法分析加工总误差。

1. 分布曲线法

分布曲线法是指通过测量一批加工后零件的实际尺寸,作出尺寸分布曲线,然后按此曲线的位置和形状判断这种加工方法产生的误差情况。图1-58为典型的尺寸分布曲线与公差带的关系。图中:$\bar{X}$是工件的理想尺寸,即公差带中心值;$\bar{x}$是所测尺寸的算术平均值,$\bar{x} = \dfrac{\sum_{i=1}^{n} x_i}{n}$;$T$是工件的公差;$\Delta_{系}$是系统误差,$\Delta_{系} = \bar{x} - \bar{X}$;$\Delta_{随}$是随机误差的分散范围,$\Delta_{随} = 6\sigma = 6\sqrt{\sum_{i=1}^{n}(x_i - \bar{X})^2 / n}$。

图1-58 典型的尺寸分布曲线与公差带的关系

一般情况下,在机床上用调整法加工一批零件时,得到的实验分布曲线与正态分布曲线相符合。因此,曲线下在$\pm\infty$范围内的面积为1,而在$\pm\dfrac{x}{\sigma}$范围内的面积可由表1-2查得。

利用图1-58和表1-2,可以:

(1) 分析系统误差的大小和方向;

(2) 指出随机误差因素对加工精度的综合影响;

(3) 分析各尺寸范围内的零件占总数的百分比;

(4) 估算产生废品的可能性及数量;

(5) 分析减少废品率的有效方法。

表1-2 正态分布概率表

$\dfrac{x}{\sigma}$	A	$\dfrac{x}{\sigma}$	A	$\dfrac{x}{\sigma}$	A	$\dfrac{x}{\sigma}$	A
0.0	0.000 0	0.3	0.235 9	1.5	0.866 4	3.0	0.997 3
0.1	0.074 6	0.5	0.383 0	2.0	0.954 2	3.5	0.999 4
0.2	0.185 6	1.0	0.682 6	2.5	0.987 6	4.0	0.999 9

2. 点图法

利用点图法能将按一定规律变化的系统误差和随机误差区分开，在一批零件的加工中能够及时发现加工误差的变化，以便采取补偿措施消除各种系统误差，使加工精度得到提高。

一批零件加工的总误差可按下式计算：

$$\Delta_{总} = \Delta_{系综} \pm \frac{1}{2}\Delta_{随综}$$

式中：$\Delta_{系综} = \sum\limits_{i=1}^{n}\Delta_{系i}$；$\Delta_{随综} = \sqrt{\sum\limits_{i=1}^{n}\Delta_{随i}^{2}}$。

第五节　机械加工表面质量

一、影响机械加工表面质量的因素

提高机械加工表面质量，应研究的主要内容如下：
(1) 表面粗糙度及其改善的工艺措施；
(2) 表面层物理、力学性能及其提高的工艺措施；
(3) 机械加工中的振动及其控制。

(一) 表面粗糙度

用金属切削刀具对零件表面进行加工时，影响加工表面粗糙度的因素包含以下几个方面。

1. 刀具结构参数的影响

如图1-59(a)所示，若车削加工主要是以切削刃的直线部分形成表面粗糙度（不考虑刀尖圆弧半径的影响），则通过几何关系可以导出

$$H = \frac{f}{\cot \kappa_r + \cot \kappa'_r}$$

式中：f——刀具的进给量，mm/r；
　　　κ_r、κ'_r——刀具的主偏角和副偏角。

图 1-59 车削加工时影响表面粗糙度的几何因素
(a)不考虑刀尖弧半径的影响；(b)背吃刀量和进给量较小的影响

若加工时的背吃刀量和进给量均较小，则加工后表面粗糙度主要是由刀尖的圆弧部分构成，其关系可由图 1-59(b)所示的几何关系导出

$$H = r_\varepsilon\left(1 - \cos\frac{\alpha}{2}\right) = 2r_\varepsilon\sin^2\frac{\alpha}{2}$$

当中心角很小时，可用 $\frac{1}{2}\sin\frac{\alpha}{2}$ 代替 $\sin\frac{\alpha}{4}$，且 $\sin\frac{\alpha}{4} \approx \frac{f}{2r_\varepsilon}$，故得

$$H \approx 2r_\varepsilon\left(\frac{f}{4r_\varepsilon}\right)^2 = \frac{f^2}{8r_\varepsilon}$$

如图 1-60 所示，虚线为按上式计算所得的 Rz 与 r_ε、f 的关系曲线，实线为实际加工所得的结果。相比较可见，计算所得与实际结果是相似的，两者在数值上的一些差别是因为 Rz 不仅受刀具几何形状的影响，同时还受表面金属层塑性变形的影响，在进给量小、切屑薄及金属材料塑性较大的情况下，这个差别就更大些。

图 1-60 Rz 与 r_ε、f 的关系

对铣削、钻削等加工，也可以按几何关系导出类似的关系式，找出影响表面粗糙度的几何因素。但对铰孔加工来说，则同用宽刃车刀精车加工一样，刀具的进给量对加工表面

粗糙度的影响不大。

为减少或消除几何因素对加工表面粗糙度的影响,可以选用合理的刀具几何角度、减小进给量和选用具有直线过渡刃的刀具。

2. 物理因素的影响

物理因素对加工表面粗糙度的影响一般比较复杂,它与切削原理中所述的加工表面形成过程有关,如在加工过程中产生的积屑瘤、鳞刺和振动等。切削过程中刀具的刃口圆角及后刀面的挤压与摩擦,使金属材料发生塑性变形而使理想残留面积挤歪或沟纹加深,因而增大了表面粗糙度。在加工塑性材料时,切削过程中出现积屑瘤和鳞刺,会使表面质量严重恶化。

1)切削用量的影响

(1)进给量 f 的影响。在粗加工和半精加工中,当 $f>0.15$ mm 时,对表面粗糙度 Rz 的影响很大,符合前述的几何因素的影响关系;当 $f<0.15$ mm 时,则 f 的进一步减少就不能引起 Rz 值明显的降低;当 $f<0.02$ m 时,就不再使 Rz 值降低,这时加工表面粗糙度主要取决于被加工表面的金属塑性变形程度。

(2)切削速度 v_c 的影响。加工塑性材料时,切削速度对表面粗糙度的影响较大。切削速度 v_c 越高,切削过程中切屑和加工表面层的塑性变形程度越轻,加工后表面粗糙度也就越小。图 1-61 为 45 钢的积屑瘤高度 h、表面粗糙度 Rz 与切削速度 v_c 的关系曲线。

图 1-61 45 钢 h、Rz、v_c 的关系曲线

当切削速度较低时,切削刃上易出现积屑瘤,它将使加工表面的表面粗糙度提高。实验证明,当切削速度下降到某一临界值以下时,Rz 值将明显提高。产生积屑瘤的临界速度将随加工材料、冷却润滑及刀具状况等条件的不同而不同。

由此可见,用较高的切削速度,既可以使生产率提高,又可以使表面粗糙度下降。所以,不断地创造条件以提高切削速度,一直是提高工艺水平的重要方向。其中,发展新刀具材料和采用先进刀具结构,常可使切削速度大为提高。

加工脆性材料时,切削速度对表面粗糙度的影响不大。一般来说,切削脆性材料比切削塑性材料更容易达到表面粗糙度的要求。

(3)背吃刀量 a_p 的影响。一般来说,背吃刀量 a_p 对表面粗糙度的影响是不明显的。但由于切削刃的刃口不可能刃磨得绝对尖锐,而是具有一定的半径,当 a_p 小到一定数值以下时,这时正常切削就不能维持,常出现挤压、打滑和周期性地切入加工表面等现象,从而使表面粗糙度提高。为改善加工表面质量,应根据刀具刃口刃磨的锋利情况选取相应的背吃刀量 a_p。

2)工件制造用材料的影响

工件材料的韧性和塑性变形倾向越大,切削加工后的表面粗糙度越高。例如,低碳钢工件加工后的表面粗糙度就高于中碳钢工件。由于黑色金属材料中铁素体的韧性好,塑性变形大,若能将铁素体-珠光体组织转变为索氏体(或托氏体)-马氏体组织,就可以减小加工后的表面粗糙度值。

工件材料金相组织的晶粒越均匀、颗粒越细,加工时越能获得较小的表面粗糙度。为此,对工件进行正火或回火处理后再加工,能使加工表面的表面粗糙度明显降低。

3)加工过程中振动的影响

机械加工时工艺系统的振动,是指刀具相对工件产生周期性的位移,在加工表面上形成波纹,如图1-62所示。

图1-62 加工表面的波纹

振动不仅会加大表面粗糙度,也会使刀具很快变钝或崩刃,机床连接处遭到破坏,限制生产率的提高。

机械加工时的振动有两种,即强迫振动和自激振动。

(1)强迫振动。由外界具有一定频率的周期性变化的激振力所引起的振动称为强迫振动。其特征是:机床振动的频率与激振力的频率一致,不会自行衰减消失。当激振力的频率接近或等于工艺系统本身的固有频率时,就会引起共振,对工艺系统危害严重。

机械加工时产生强迫振动的原因有以下几种:系统外部的周期性干扰;传动机构的缺陷;由于断续切削产生切削力周期变化而引起的振动;旋转零件的质量偏心等。

(2)自激振动。没有外界周期性激振力时所产生的振动称为自激振动。这时,激振力是由切削运动本身产生的。它的特征是:切削过程停止,激振力也就跟着消失;自激振动的频率接近于系统的固有频率;不会自行衰减。对于自激振动产生的原因,学界有各种不同的观点,请参阅有关参考书。

减轻或消除自激振动的措施为：提高工艺系统的刚度；正确选择刀具和切削用量；采用消振装置等。

(二) 表面强化和表面层残余应力

1. 表面强化

如图 1-63 所示，切削过程中，切削刃总会存在一定的钝圆半径 r_n，因此，加工表面的形成将不是沿着 bb 线而是沿着 Oc 线进行。这时，金属层 Δa 受到切削刃钝圆的强烈挤压，刀具离开后弹性恢复 H_s；后刀面又与加工表面产生强烈的摩擦，这种摩擦既包括加工表面与后刀面间的外摩擦，又包括加工表面晶粒间的内摩擦，因此表面层塑性变形严重。结果是表面层的显微组织受到破坏，晶格畸变，晶粒在变形方向被拉伸，晶界面增加，晶粒间易于咬合，这些作用使晶粒滑移困难，表面层的硬度和强度提高了，伸长率和断面收缩率降低了，从而在工件表面形成一个硬化层，这就是表面强化。

如图 1-64 所示，破坏层和硬化层的硬度都比基体金属高，而组织破坏层的硬度更高。任何一种加工方法(除电解抛光外)都能产生表面强化。例如，对钢件进行磨削可使表面硬度平均值达原工件硬度的 1.2~2 倍，强化层深度平均值可以达 0.02~0.06 mm；手工研磨时，表面仍有 3~7 μm 的硬化层，其显微硬度比基体金属高 12%~17%。

图 1-63 切削状态　　　图 1-64 加工表面的强化

另外，切削过程中伴随有切削热，它使加工表面温度升高，当温度达到某一数值时，歪扭的晶格自行复原，力学性能也部分恢复，即硬度和强度降低、塑性增加。若温度很高，则发生再结晶现象，这时表面强化完全消失，这种现象称作弱化。由于塑性变形和切削热是同时产生的，所以表面强化和弱化同时存在。一般在温度不高的情况下，表面强化占主导地位。

适度的表层硬化可使零件表面的耐磨性提高，而且可以阻碍表面疲劳裂纹的产生和扩展。但硬度过大，则金相组织会出现过大变形，影响耐磨性能，甚至出现较大的脆性裂纹而降低疲劳强度。

影响表面层加工硬化的因素从以下方面分析。

(1) 被加工工件材料的影响。硬度越低、塑性越大的材料切削后的冷硬现象越严重。

(2) 刀具的影响。刀具的前角、刃口圆角半径和后刀面的磨损对于冷硬层有很大的影响，如前角减小、刀口圆角半径增大及后刀面的磨损增加时，冷硬层深度和硬度也随之增大。

（3）切削用量的影响。切削速度增大，硬化层深度和硬度都有所减小。这是由于一方面，切削速度增大会使温度升高，有助于冷硬的回复；另一方面，切削速度增大时刀具与工件接触时间短，从而使塑性变形程度减小。进给量增大时，切削力增大，塑性变形程度也增大，因此冷硬现象增大。但在进给量较小时，由于刀具的刃口圆角在加工表面单位长度上的挤压次数增多，因此硬化现象也会增加。

2. 表面层残余应力

切削或磨削过程中加工表面层相对基体材料发生形状、体积或金相组织变化时，工件表面层与基体材料的交界处产生相互平衡的应力，称为表面层残余应力。各种机械加工方法所得到的零件表面层都存在或大或小、或拉或压的残余应力。切削加工时，被加工表面层产生表面层残余应力的原因如下。

（1）由于塑性变形使金属的组织发生变化，表面层金属的密度减小（体积增加），但受到与其相连的下面未变形金属的阻碍，因此在外表面层产生残余压缩应力，而里层产生残余拉伸应力。

（2）切除切屑时，表面层纤维被拉长，后刀面的摩擦又助长了表面层纤维的拉长，但表面层下面的未变形的金属阻碍表面层的拉长，结果在表面层产生残余压缩应力，而在下面未变形金属层产生残余拉伸应力。

（3）切削过程中产生的热，在不引起相变的情况下，使工件表面层产生残余拉伸应力，而下层产生残余压缩应力。

（4）磨削淬硬钢时，由于切削热的作用，工件表层还可能产生金相组织的变化。因为马氏体的密度比托氏体、奥氏体的密度小，故淬硬钢表面回火转变为托氏体或残留奥氏体时，表面层密度增大（体积缩小），但受到里层的阻碍，结果在表层产生残余拉伸应力。残余拉伸应力的数值随托氏体、奥氏体分量和回火层深度的增加而增加。反之，如磨削后马氏体分量占多数，而回火层的深度又不大时，则在表面层产生残余压缩应力，而在里层产生残余拉伸应力。马氏体和奥氏体分量的比例和回火层深度的大小受工件材料和磨削用量的影响。

当零件表面具有残余拉伸应力时，其疲劳强度会明显下降，特别是有应力集中的零件或在腐蚀性介质中工作的零件，残余拉伸应力对零件疲劳强度的影响更为突出。为此，机械加工中应尽可能减小残余拉伸应力，最好避免产生残余拉伸应力。表面层残余压应力则有利于零件疲劳强度的提高。

表面层残余应力是拉伸应力还是压缩应力，主要取决于上述因素中哪个因素起主要作用。例如，切削加工过程中，若切削热不大，加工表面层以冷态塑性变形为主，将产生残余压应力；若切削热较大，这时在表面层中由于局部高温产生的残余拉伸应力将与冷态塑性变形产生的残余压应力抵消一部分。磨削加工时，由于磨削热量大，常以局部高温和金相组织变化产生的拉伸应力为主，故加工后的表面层常常带有残余拉伸应力。当残余拉伸应力超过金属材料的强度极限时，在表面上就会产生裂纹。有时磨削裂纹也可能不在零件的表面上，而是在表面层下，成为难以发现的缺陷。磨削裂纹的方向大都与磨削方向垂直或呈网状，而且常与表面烧伤同时出现。为了降低磨削区温度，可以从减少磨削热的产生和加速磨削热的传出这两条途径入手予以改善。

二、表面质量对机器零件使用性能的影响

零件的耐磨性、耐疲劳性、抗腐蚀性等，都与表面质量密切相关。下面介绍表面质量对零件主要使用性能的影响。

(一) 表面质量对零件耐磨性的影响

零件的耐磨性主要与摩擦副的材料、热处理和润滑条件有关，在这些条件已经确定的情况下，零件的表面质量就起决定性的作用。

零件的磨损过程通常分为初期磨损、正常磨损、急剧磨损 3 个阶段。表面粗糙度对零件表面磨损的影响很大。一般来说，表面粗糙度越小，其耐磨性越好。但是表面粗糙度太小，不利于润滑油的贮存，接触面间会产生金属分子间的亲和力，甚至产生分子间的黏合，使摩擦阻力增大，磨损反而增加。因此，就磨损而言，存在一最优表面粗糙度。

如图 1-65 所示，当零件 1 和零件 2 配合时，它们不是在全长 L 上接触，而是在局部小段上 (l_1, l_2, …, l_n) 接触。这时，接触面积小、压强大，凸峰迅速被压平，这称为初期磨损阶段。这个阶段的磨损很快，在轻度的和中度的摩擦条件下，将使表面粗糙度减小 65% ~ 75%。此后，接触面积增大、压强减小，磨损缓慢而趋于稳定，这称为稳定磨损阶段或正常磨损阶段。

因此，表面粗糙度小，零件接触面积增加、压强小，可减小磨损的速度，这意味着较小的表面粗糙度可提高零件的耐磨性，即延长了零件的使用寿命。

但对耐磨性来说，并不是表面粗糙度越小越好，在一定摩擦条件(摩擦因数、摩擦速度及压力、润滑性质等)下，零件表面有一个最合适的表面粗糙度，一般由试验确定。图 1-66 为拖拉机发动机活塞销最合适的表面粗糙度，这时的磨损最小。

图 1-65 两表面接触情况

图 1-66 发动机活塞销最合适的表面粗糙度

零件表面层的硬化程度和硬化深度，也对耐磨性有影响。因为表面层显微硬度的提高，增强了表面层的接触刚度，减少了摩擦表面发生变形的可能性和金属咬合的现象。但也不是硬化程度越高，耐磨性就越好，在过度硬化时会使金属表面变脆，甚至发生剥落。

(二) 表面质量对零件疲劳强度的影响

在交变载荷作用下，零件表面有微观不平度时会形成应力集中，产生疲劳裂纹，导致零件的疲劳损坏，且表面越粗糙，应力集中越严重。因此，减小表面粗糙度，可以提高零件的疲劳强度。

不同材料对应力集中的敏感程度不同。一般来说，钢的极限强度越高，应力集中的敏感程度就越大，表面粗糙度对疲劳强度的影响程度也越严重。铸铁和有色金属对应力集中不敏感，所以表面粗糙度值的大小对零件的疲劳强度影响不大。

金属的表面强化有助于提高零件的疲劳强度，因为经过强化的表面层能阻碍疲劳裂纹的产生。强化过的表面层还可以显著地消除外部缺陷和表面微观不平度的有害影响；但冷硬层过大时，金属变脆，又容易产生裂纹，因此要求把冷硬层控制在一定的范围内。

零件表面层残余应力的性质和大小，会直接影响疲劳强度。表面层有残余压缩应力时，将提高零件的疲劳强度；表面层有残余拉伸应力时，将降低零件的疲劳强度。这是因为零件的疲劳破坏常常是反复的拉伸应力作用的结果，如果预先在零件的表面层造成压缩应力，就可以抵消在循环载荷下所产生的拉伸应力的作用。

为了提高零件的疲劳强度，可人为地在零件表面层造成残余压缩应力。这些方法包括：喷丸加工或滚挤压加工；表面渗碳和淬火；渗氮。

(三) 表面质量对零件抗腐蚀性的影响

零件在潮湿的空气或有腐蚀性的介质中工作时，常会发生化学腐蚀或电化学腐蚀。化学腐蚀是由于在粗糙表面的凹谷处积聚腐蚀性介质而发生化学反应。电化学腐蚀是由于两个不同金属材料的零件表面相接触时，在表面的凸峰间产生电化学作用而使凸峰被腐蚀掉。

因此，零件的表面粗糙度越大，抗腐蚀性能越差。

例如，发动机排出的废气中含有酸性物质，它凝结在气缸壁上，使缸壁发生腐蚀，加速气缸的磨损，腐蚀的程度和速度与零件的表面粗糙度有很大关系。如图1-67所示，机械加工后金属表面产生凹谷或显微裂纹，腐蚀性物质就积聚在凹谷和裂纹处，并按箭头方向产生侵蚀作用，它逐渐渗透到金属内部，使金属断裂而剥落，形成新的凹凸表面。凹谷越深，谷底半径越小，或者说显微裂纹越深，就越容易附着各种有腐蚀作用的介质，从而加速表面的腐蚀。因此，减小表面粗糙度能提高零件的抗腐蚀性能。

图1-67　表面腐蚀过程

在零件表面层造成残余压应力和一定程度的强化,能使表面的显微裂纹闭合,将有助于提高零件的耐腐蚀性能。

有些零件按其在机构中的作用,并不要求有小的表面粗糙度值,但由于工作环境的原因,要求它有较高的抗腐蚀能力,则零件的表面必须具有良好的表面质量。

(四)表面质量对零件配合性质的影响

对于机器中相配合的零件,无论是间隙配合、过渡配合还是过盈配合,若加工表面的粗糙度值过大,则必然要影响到它们的实际配合性质。

一台新机器的正常工作状态是从初期磨损后才开始的,也就是先要经过"磨合"阶段才进入正常的工作状态。若具有间隙配合的配合其表面粗糙度过大,则经初期磨损阶段后其配合间隙就会增大,从而改变了应有的配合性质,甚至可能造成新机器刚经过"磨合"阶段就因漏水、漏油或晃动而不能正常工作。为此,在配合间隙要求很小的情况下,就不仅要保证配合表面具有较高的尺寸和形状精度,还应保证其具有足够小的表面粗糙度。

在过盈配合中,如果零件的配合表面很粗糙,则在配合时,表面的凸峰很快被压平,从而使有效过盈量减少,降低了过盈配合的强度。此外,在过盈配合中,如表面强化现象严重,则强化层的金属很可能与内部金属脱离,从而破坏配合性质。

习 题

1-1 名词解释:基面、切削平面、刃倾角、剪切角、积屑瘤、单位切削力。

1-2 什么是切削用量三要素?在外圆车削中,它们与切削层参数有什么关系?

1-3 确定外圆车刀切削部分的几何形状最少需要几个基本角度?试画图标出这些基本角度。

1-4 试简述刀具标注角度和工作角度的区别。为什么车刀做横向切削时,进给量取值不能过大?

1-5 金属切削过程的本质是什么?衡量指标有哪些?它们之间有何异同?

1-6 怎样划分切削变形区?第一变形区有哪些变形特点?

1-7 什么是积屑瘤?它对加工过程有什么影响?如何控制积屑瘤的产生?

1-8 试简述影响切削变形的主要因素及影响规律。

1-9 常见的切屑形态有哪几种?它们一般都在什么情况下生成?如何对切屑形态进行控制?

1-10 试论述切削用量的选择原则。

1-11 采用夹具装夹加工一批工件的通槽,如图1-68所示。试分析在只考虑工艺系统误差影响的条件下,造成加工后通槽侧面与工件侧面基准A产生平行度误差的主要因素。

1—工件；2—定位元件；3—定向键；4—滑板；5—工作台；6—夹具。

图 1-68

1-12 在镗床上镗孔，镗床主轴与工作台面有平行度误差 α，如图 1-69 所示。问：当工作台做进给运动时，所加工的孔将产生何种误差？其值为多大？当主轴做进给运动时，该孔将产生何种误差？其值多大？

1-13 在平面磨床上采用调整法加工一批工件，如图 1-70 所示，图样要求零件厚度 $H=20^{+0.10}_{-0.02}$ mm。当本工序的均方根偏差 $\sigma=0.01$ mm，且只考虑调整误差的影响时，试通过分析计算确定采用哪种调整方法（即按试切一个工件的尺寸或按试切一组工件的平均尺寸调整）方可满足图样要求？

图 1-69   图 1-70

1-14 假设工件的刚度极大，且车床主轴、尾座刚度关系为 $K_主 > K_尾$，试分析：如图 1-71 所示的 3 种加工情况，加工后工件表面会产生何种形状误差？

图 1-71

1-15 在车床上半精镗一短套工件的内孔,加工前内孔的圆度误差为 0.4 mm,加工后要求圆度误差达到 0.01 mm。已知车床主轴刚度 $K_主$ = 40 000 N/mm,刀架刚度 $K_架$ = 3 000 N/mm,尾座刚度 $K_尾$ = 25 000 N/mm,进给量 f = 0.05 mm/r,C_{F_c} = 2 500。试分析计算:在只考虑机床刚度的影响时,一次进给圆度精度能否达到图样要求?若达不到要求,可采取何种工艺措施?

1-16 如图 1-72 所示,在外圆磨床上磨削一根带有键槽的细长轴,已知机床的几何精度很高,且机床主轴、尾架的刚度不相等($K_主 > K_尾$),试分析:在只考虑工艺系统受力变形影响下,往复磨削一次后,被磨轴颈在轴向和径向将产生何种形状误差?采取何种措施可提高加工后的形状精度?

图 1-72

1-17 如图 1-73 所示,在车床上采用调整法加工一批齿轮毛坯的外圆,图样要求尺寸为(ϕ100±0.05) mm,若已知 $K_系$ = 10 000 N/mm,f = 0.05 mm/r,C_{F_c} = 2 500,毛坯尺寸为(ϕ105±1) mm,试计算:按 ϕ100 mm 的样件准确调刀后一次进给加工,这批齿轮毛坯加工后直径尺寸的总误差为多大?

图 1-73

1-18 有一批小轴,其直径尺寸要求为 $\phi 18_{-0.035}^{0}$ mm,加工后尺寸属正态分布,测量计算得一批工件直径的算术平均值 $\bar{x}$ = 17.975 mm,均方根差 σ = 0.01 mm。试计算合格品率及废品率,分析废品产生的原因,指出减少废品率的措施。

第二章 汽车零件毛坯制造工艺基础

汽车零件在机械加工前一般需要先制造出毛坯,零件材料性能及用途不同,零件毛坯的制造方法也不同。例如,发动机缸体毛坯通常用铸造方法制造,曲轴、齿轮等零件的毛坯通常用锻造方法制造,水箱、车身及底盘框架的毛坯通常用冲压、焊接方法制造,而汽车上许多非金属配件的毛坯则用塑料成型方法制造。每种方法的工艺原理、过程都各有其特点。本章主要介绍汽车零件毛坯制造常用工艺方法,其内容也是机械加工、汽车整车制造技术的基础。

第一节 铸造工艺基础

一、概述

将熔化后的金属(含合金,下同)液浇注到铸型中,待其凝固、冷却后,获得一定形状的零件或零件毛坯的成型方法,称为铸造。铸造获得的毛坯或零件称为铸件。

(一)铸造的特点及分类

汽车用铸件的主要特点是壁薄、形状复杂、尺寸精度高、质量轻、可靠性好、生产批量大等。铸件用量一般占汽车自重的20%左右,仅次于钢材用量,居第二位。就材质而言,铸铁、铸钢、铸铝、铸铜等应有尽有,仅铸铁就有灰铸铁、球墨铸铁、蠕墨铸铁、可锻铸铁及合金铸铁等。可以说,汽车工业使各种铸造材质达到了物尽其用的地步。就所采用的各种工艺方法而言,一般习惯将铸造分成砂型铸造和特种铸造两大类。

液态金属完全靠重力充满整个铸型型腔,且直接形成铸型的原材料主要为型砂,这种铸造方法称为砂型铸造。在汽车铸件生产中,砂型铸造所生产的铸件占汽车铸件总量的90%以上。凡不同于砂型铸造的所有铸造方法,统称为特种铸造。

(二)金属的铸造性能

金属在铸造过程中所表现出来的性能统称为金属的铸造性能,主要是指流动性、收缩性、偏析和吸气性等。

1）流动性

金属的流动性是指液态金属的流动能力。液态金属的流动性好，充型能力强，能浇注形状复杂、壁薄的铸件，避免产生浇注不足、冷隔等缺陷；有利于金属液中气体和夹杂物的上浮和排除，可减少气孔、渣眼等缺陷；可使铸件在凝固及收缩过程中得到来自冒口的液态合金的补充，防止铸件产生缩孔、缩松等缺陷。影响流动性的因素很多，主要有金属成分、浇注温度、浇注压力和铸型等。

2）收缩性

金属在冷却凝固过程中，其体积和尺寸减小的现象称为收缩。金属从浇注温度冷却到室温要经过液态收缩、凝固收缩和固态收缩3个阶段。液态收缩和凝固收缩是铸件产生缩孔的基本原因。固态收缩是产生铸造应力、变形和裂纹的基本原因。影响铸件收缩的主要因素有金属成分、浇注温度以及铸型和铸件结构等。

3）偏析和吸气性

在铸件中出现化学成分不均匀的现象称为偏析。偏析会使铸件性能不均匀，严重时还会导致铸件报废。金属在熔炼和浇注时吸收气体的性能称为金属的吸气性。在金属液冷凝过程中，随着温度降低会析出过饱和气体。若这些气体来不及从合金液中逸出，将在铸件中形成气孔、针孔或非金属夹杂物（如 FeO、Al_2O_3 等），从而降低铸件的力学性能和致密性。为减少金属的吸气性，常采用缩短熔炼时间，选用烘干过的炉料；在熔剂覆盖层下或在保护性气体介质中熔炼金属；提高铸型和型芯的透气性；降低造型材料中的含水量等方法。

二、砂型铸造的造型工艺

（一）砂型铸造的工艺过程

造型工艺是指铸型的制作方法和过程，是砂型铸造工艺过程中最重要的组成部分。砂型铸造应用十分广泛，目前90%以上的铸件是用砂型铸造方法生产的。

铸造工艺过程主要由以下几个部分组成（见图2-1）：①造型；②造芯；③砂型及型芯烘干；④合箱；⑤熔炼金属；⑥浇注；⑦落砂和清理；⑧检验。但需注意，有时对某个具体的铸造工艺过程来说，并不一定包括上述全部内容，如：铸件无内壁时无须造芯，湿型铸造时砂型无须烘干等。

图2-1 砂型铸造的工艺过程

（二）造型材料和造型方法

制造铸型用的材料称为造型材料，主要指型砂和芯砂，它由砂、黏结剂和附加物等组成。造型材料应具备一定的可塑性、强度、耐火度、透气性和退让性。砂型铸造的造型方法很多，可分为手工造型和机器造型两大类。手工造型是指全部由手工或用手动工具完成的造型过程。手工造型按照起模特点可分为整模造型、挖砂造型、分模造型、活块造型、三箱造型等方法。机器造型是指用机器完成全部或至少完成紧砂操作的造型过程。

（三）铸件浇注位置和分型面的选择

铸件的浇注位置是指浇注时铸件在铸型内所处的位置；分型面是指两半铸型相互接触的表面。它们主要的选择原则是保证铸件质量和简化造型工艺。一般情况下，应先选择浇注位置，后决定分型面。但在生产中由于浇注位置的选择和分型面的确定有时互相矛盾，所以必须综合分析各种方案的利弊，选择最佳方案。

1. 浇注位置的选择原则

(1) 铸件的重要加工面应朝下。由于气孔、砂眼、夹渣、缩孔容易出现在上表面，而下部的金属比较纯净，金属的组织比较致密，所以铸件的重要加工面应朝下，如图2-2所示。当重要加工面朝下有困难时，则应尽量使其处在侧面位置。

图2-2　CA6120车床进、排气支管分型面的选取

(2) 铸件的大平面应朝下。由于浇注时的热辐射作用，铸型型腔上表面的型砂容易拱起和开裂，使铸件上表面产生夹砂和夹渣缺陷，所以大平面应朝下。

(3) 铸件薄壁部分应放在下部。薄壁部分易产生浇注不足和冷隔，放在下部可增加充型压力，提高金属充型能力。

(4) 保证铸件实现定向凝固。对于收缩性大、壁厚不均匀的铸件，应使厚度大的部分置于铸件的最上方或分型面附近，以利于安放冒口，实现定向凝固。

(5) 应便于型芯的固定、安装、排气和合型。图2-3为气缸体分型面的选取，对于卧浇生产的气缸体，分型面一般选择在缸孔中心线所在的平面上，以便砂芯定位和铸型排气。

图2-3　气缸体分型面的选取

2. 分型面的选择原则

(1) 分型面应尽量采用平面分型面,这样可以避免挖砂造型,提高生产率;即使采用机器造型,也可简化模板。

(2) 分型面数量尽量减少。如图 2-4 所示,汽车双联齿轮铸件在大批量生产时加一环状型芯,可使三箱造型改为两箱造型,提高了生产率和铸件精度,简化了操作。

图 2-4 汽车双联齿轮铸件分型面的选择

(3) 尽量使铸件全部或大部分放在同一砂型中。将铸件的全部或大部分放在同一砂型中,可提高铸件精度,铸件的清理也较容易,且易于批量生产。

(4) 应尽量减少型芯和活块的数量,这样可以简化造型、造芯工艺,提高生产率。

(四) 工艺参数的选择

铸造工艺方案确定以后,还要选择各种工艺参数。

(1) 加工余量。所谓加工余量,就是铸件上需要切削加工的表面,应预先留出一定的加工余量,其大小取决于铸造合金的种类、造型方法、铸件大小及加工面在铸型中的位置等诸多因素。铸钢件表面粗糙,变形大,加工余量大;非铁合金表面较光洁,加工余量小;铸件越大、越复杂,加工余量越大;铸件的顶面比底面和侧面的加工余量大。

(2) 起模斜度。为了使模样便于从铸型中取出,垂直于分型面的立壁上所加的斜度称为起模斜度。模样越高,斜度取值越小;内壁斜度比外壁斜度大;手工造型比机器造型的斜度大。铸件外壁斜度一般取 $0.5° \sim 4°$。

(3) 铸造圆角。为了防止铸件在壁的连接处和拐角处产生应力和裂纹,防止铸型的尖角损坏和产生砂眼,在设计铸件时,铸件壁的连接和拐角部分应设计成圆角。

(4) 型芯头。为了保证型芯在铸型中的定位、固定和排气,模样和型芯都要设计型芯头,它们之间的尺寸和形状要留有装配用的芯头间隙。

(5) 收缩余量。由于铸件在浇注后的冷却收缩,制作模样时要加上这部分收缩尺寸。一般灰铸铁的收缩余量为 0.8%~1.0%,铸钢的收缩余量为 1.8%~2.2%,铸造铝合金的收缩余量为 1.0%~1.5%。收缩余量的大小除了与合金种类有关外,还与铸造工艺、铸件在收缩时的受阻情况等有关。

三、铸件结构工艺性

铸件结构工艺性是指所设计的铸件结构不仅能保证零件使用性能的要求,而且还能适应铸造工艺和合金铸造性能的要求。铸件结构设计是否合理,对铸件质量、铸造成本和生产率有很大的影响。

(一)铸造工艺对铸件结构的要求

铸件结构的设计应尽量使制模、造型、造芯、合箱和清理等工序简化,提高生产率。

1)铸件外形的设计

(1)分型面容易使铸件产生错型,影响铸件外形和尺寸精度,因此应力求避免两个以上的分型面。

(2)铸件外形应尽量方便造型。设计铸件侧壁上的凸台、凹槽时,要考虑到起模方便,尽量避免使用活块和型芯。

2)铸件内腔的设计

(1)尽量避免不必要的型芯,造芯不仅增加铸造工时,而且在下芯和合型浇注时比较麻烦且容易形成铸造缺陷。

(2)型芯要便于固定、排气和清理。型芯在铸型中的固定必须依靠型芯头,当型芯头固定型芯有困难时必须由型芯撑辅助,但有时会因型芯撑不容易与铸件熔合而造成渗漏。因此,要求气密性好的铸件应尽量少用或不用型芯撑。

(3)铸件结构斜度的设计。铸件结构设计时,考虑到起模方便,应在垂直于分型面的不加工立壁上设计出斜度。设计斜度要比制作模样时给出的起模斜度大,以便于制作模样时不再考虑起模斜度,从而使起模方便,提高铸件精度。采用机器造型时,设计斜度取 $0.5°\sim1°$;用手工造型时,设计斜度取 $1°\sim3°$。此外,铸件内壁斜度要大于外侧面斜度。

(二)金属铸造性能对铸件结构的要求

铸件结构的设计应考虑到金属的铸造性能要求,避免产生缩孔、缩松、浇注不足、变形和裂纹等铸造缺陷。

(1)合理设计铸件壁厚。不同的金属种类、不同的铸造条件,对金属流动性的影响很大。为了获得完整、光滑的合格铸件,铸件壁厚设计应大于该金属在一定铸造条件下所能得到的"最小壁厚"。表2-1列举了在砂型铸造条件下铸件的最小壁厚。当然,铸件壁厚也不宜选择过厚。

由于铸件中心部位冷却缓慢、晶粒粗大,容易产生缩松、缩孔等缺陷,其承载能力并非按壁厚截面增加而成比例增加,所以壁厚应选择适当。

(2)铸件壁厚应尽可能均匀。铸件壁厚均匀是为了铸件各部分冷却速度接近,进而同时凝固,避免因壁厚差别而形成热节,产生缩孔、缩松,也避免薄弱环节产生变形和裂纹。

表2-1 砂型铸造条件下铸件的最小壁厚 mm

铸件尺寸	铸钢	普通灰铸铁	球墨铸铁	可锻铸铁	铝合金	铜合金
<200×200	8	4~6	6	5	3	3~5
200×200~500×500	10~12	6~10	12	8	4	6~8
>500×500	15~20	10~15	12~20	—	6	—

注:若铸件结构复杂或铸造合金的流动性差,则应取上限值。

(3)铸件壁的连接方式要合理。①铸件壁之间应有铸造圆角。如无圆角,直角处的热节大,易产生缩孔,并在内角处产生应力集中,裂纹倾向增大。②铸件壁要避免交叉和锐角连接,铸件壁连接时接头应采用图2-5所示的形式。③铸件壁厚不同的部分进行连接时,应力求平缓过渡,避免截面突变。当壁厚差别较小时,可用圆角过渡;当壁厚之比差别在两倍以上时,应采用楔形过渡。

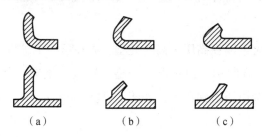

图2-5 接头结构

(a)正确;(b)许可;(c)不正确

(4)避免铸件收缩受阻。当铸件的收缩受到阻碍,产生的铸造内应力超过合金的强度极限时,铸件将产生裂纹。因此,在设计铸件时,应尽量使其能自由收缩。特别是在产生内应力叠加时,应采取措施避免局部收缩阻力过大。

(5)避免大平面。大平面受高温金属液烘烤时间长,易产生夹砂;大平面金属液中气孔、夹渣会上浮并滞留在上表面,产生气孔、渣孔;大平面不利于金属液充填,易产生浇不足和冷隔。

四、特种铸造

特种铸造是指与砂型铸造不同的其他铸造方法。在汽车用铸件中,常用的特种铸造方法有金属型铸造、压力铸造、低压铸造、离心铸造、消失模铸造和熔模铸造等,还有一些特种铸造方法目前在汽车铸件大量生产中采用较少,如挤压铸造、陶瓷型铸造、石膏型铸造、连续或半连续铸造以及真空吸铸等。

(一)金属型铸造

金属型铸造是指用重力将熔融金属浇注入金属铸型获得铸件的方法。金属型是指由金属材料制成的铸型,不能称作金属模。常用的垂直分型式金属型如图2-6所示,它由定型和动型2个半型组成,分型面位于垂直位置,浇注时先使2个半型合紧,待熔融金属凝固、铸件定型后,再利用简单的机构使两个半型分离,取出铸件。

图2-6 常用的垂直分型式金属型

金属型铸造实现了"一型多铸",克服了砂型铸造造型工作量大、占地面积大、生产率低等缺点,具有铸件精度和力学性能高的特点。在汽车行业中,铝合金缸盖、进气管及活塞等形状不太复杂的中、小铸件的大批量生产均采用金属型铸造。

(二)压力铸造

压力铸造是指将熔融金属在高压下高速充型,并在压力下凝固的铸造方法。压力铸造使用的压铸机如图 2-7(a)所示,由定型、动型、压室等组成。首先使动型与定型合紧,用活塞将压室中的熔融金属压射到型腔,如图 2-7(b)所示;凝固后打开铸型并顶出铸件,如图 2-7(c)所示。

图 2-7 压力铸造
(a)合型浇注;(b)压射;(c)开型顶件

压力铸造以金属型铸造为基础,又增加了在高压下高速充型的功能,从根本上解决了金属的流动性问题。压力铸造可以直接铸出零件上的各种孔眼、螺纹、齿形等,使铸件的组织更细密,其力学性能比砂型铸造提高 20%~40%。但是,由于熔融金属的充型速度快、排气困难,常常在铸件的表皮下形成许多小孔。这些表皮下的小孔充满高压气体,受热时容易因气体膨胀而导致铸件表皮产生突起缺陷,甚至使整个铸件变形。因此,压力铸造的铸件不能进行热处理。在汽车行业,压力铸造的零件有上百种之多,其中最复杂的铝压铸件为缸体、缸盖等,压铸时除了要很多型芯之外,对铝缸体还要将铸铁缸套压铸到缸体中。

(三)低压铸造

低压铸造是在 20~70 kPa 的压力下,使金属液压入铸型并在压力下结晶凝固的铸造方法,因其压力低,故称为低压铸造。低压铸造工艺原理如图 2-8 所示。工作时由贮气罐向保温室中送入压力为 0.01~0.08 MPa 的干燥压缩空气或惰性气体,使金属液(温度高出液相线 100~150 ℃)沿升液管从坩埚中,以 10.5~10.6 m/s 的速度压入铸型型腔中,将其充满后,仍保持一定压力(或适当增压)至型腔内金属液完全凝固。然后撤出压力,使没有凝固的金属液在重力作用下流回坩埚,保证升液管和浇口中没有凝固的金属液。最后,打开铸型取出铸件。

1—保温室；2—坩埚；3—升液管；4—贮气罐；5—铸型。
图 2-8 低压铸造工艺原理

低压铸造的压力可人为控制，故适用于各种材料的铸型（金属型、砂型、壳型和熔模铸型）。这种铸造方法的优点是：铸件在压力下凝固结晶，浇口又能起补缩作用，铸件以自上而下的顺序凝固，因此组织致密，能有效地克服铝合金的针孔等缺陷；铸件成品率高，浇口余头小，金属利用率高（可达95%）。另外，低压铸造的铸件表面粗糙度可达 $Ra12.5 \sim 3.2~\mu m$，公差等级能满足 IT14~IT12，最小壁厚为 2~5 mm。

低压铸造是介于重力铸造（靠金属液本身重力流入型腔）和压力铸造之间的一种铸造方法，可以用于生产铝、镁、铜合金和少量钢制薄壁壳体类铸件，如发动机的缸体和缸套、高速内燃机的活塞、带轮、变速箱壳体等。

（四）离心铸造

离心铸造是指将熔融金属浇入绕轴回转的铸型中，在离心力的作用下凝固成形的铸造方法，其铸件轴线与铸型回转轴线重合。这种铸造方法的铸件多是简单的圆筒形，铸造时不用型芯就可形成圆桶形内孔。离心铸造过程如图 2-9 所示。当铸型绕垂直轴线回转时，浇注入铸型中的熔融金属的自由表面呈抛物线形状，如图 2-9（a）所示；当铸型绕水平轴回转时，浇注入铸型中的熔融金属的自由表面呈圆柱形，如图 2-9（b）所示。因此，不宜用于铸造轴向长度较大的铸件，而是常用于铸造要求壁厚均匀的中空铸件。

离心铸造时，熔融金属受离心力的作用容易充满型腔；在离心力的作用下结晶能获得组织致密的铸件。但是，铸件的内表面质量较差，尺寸也不准确。离心铸造主要用于制造铸钢、铸铁、有色金属等材料的各类管状零件的毛坯。

图 2-9 离心铸造过程
(a)垂直轴线；(b)水平轴线

第二节 锻造工艺基础

一、概述

锻造是利用金属材料的可塑性，借助外力(加压设备)和工/模具的作用，使坯料或铸锭产生局部或全部变形而形成所需要的形状、尺寸和一定组织性能锻件的加工方法。

(一)锻造的生产方式

锻造按所用工具与模具的安置情况的不同分为自由锻、胎模锻、模锻等类型，如图 2-10 所示，其加工特点如表 2-2 所示。模锻按成形温度可分为热锻、温锻、冷锻、等温锻等类型，其加工特点如表 2-3 所示。随着生产技术的发展，锻造中也引入了轧、挤等方法，如用辊锻方法生产连杆，用挤压方法生产发动机气阀、汽车转向轴等。这样，扩展了锻造领域，提高了毛坯质量和生产率。

图 2-10 生产方法示意图
(a)自由锻；(b)胎模锻；(c)模锻

表2-2 不同锻造的加工特点

名称	特点
自由锻	靠固定的平砧或型砧成形
胎模锻	锻模为可移动式
模锻	锻模为固定式

表2-3 不同模锻的加工特点

名称	特点
热锻	热锻温度高于再结晶温度，工作温度高于模具温度
温锻	介于热锻和冷锻温度之间的加热锻造
冷锻	在室温进行的或低于工件再结晶温度的锻造
等温锻	模具带加热和保温装置，成形时模具与坯料等温

（1）自由锻、胎模锻、模锻都是通过金属体积的转移和分配来获得毛坯的加工方法。为使金属有较好的塑性，一般都在热态下加工。

（2）轧制。利用金属坯料与轧辊接触表面的摩擦力，使金属坯料截面积减小、长度增加的加工方法称为轧制，如图2-11所示。轧制一般为热轧，即将金属坯料加热到塑性状态进行加工，这样变形程度大、生产率高。

（3）拉拔。金属坯料在拉力作用下，通过拉拔模孔使截面缩小、长度增加的加工方法称为拉拔，如图2-12所示。

（4）挤压。将金属坯料放入挤压模内，使其受压并被挤出模孔、产生变形的加工方法称为挤压，如图2-13所示。

1—轧辊；2—金属坯料。　　1—拉拔模；2—金属坯料。　　1—凸模；2—金属坯料；3—挤压筒；4—挤压模。

图2-11 轧制示意图　　图2-12 拉拔示意图　　图2-13 挤压示意图

(二)锻造的特点

锻造的主要特点如下。

（1）金属材料经过锻压后，可改善组织、提高力学性能。铸态材料经过锻造、轧制或挤压后，可使铸态组织的一些如气孔、缩孔等缺陷压合，晶粒细化，性能提高。

（2）锻造加工主要依靠金属在塑性状态下体积的转移，不需要切除金属。因此，锻件的材料利用率高，流线分布合理，工件强度高。

(3) 用轧、拉、挤、压等加工方法制得的坯料或零件具有力学性能好、表面光洁、精度高、刚度大等特点，可做到少切削、无切削。

(4) 除自由锻外，其他锻压加工容易实现机械化、自动化，具有较高的生产率，其中轧制、拉拔、挤压等工艺最为明显。

锻压生产是使金属在固态下流动成形的，因此变形量不能太大，工件的形状不能太复杂；而且锻压设备和模具等投资较大；其中有些加工方法，如自由锻，其表面质量稍差、生产率也较低。

(三) 锻造加工的适用范围

锻造加工的锻件强度及可靠性很高，广泛应用于汽车发动机、变速器、转向器、行走部分总成的零件上，主要有以下各类。

(1) 发动机：曲轴、连杆、连杆盖、凸轮轴、进/排气阀门等。
(2) 前悬架：上悬臂架、下悬臂架、转向横拉杆球铰接头等。
(3) 前桥：转向节、转向节臂等。
(4) 转向：转向扇形轴、转向摇臂、变速器等。
(5) 后桥：后车轴、外壳末端。
(6) 驱动轴组件：驱动轴、十字轴、轴叉、TM齿轮。
(7) 差速器：主动小齿轮、环齿轮、凸缘叉。
(8) 其他零件：等速万向节、半轴齿轮轴、轴承外座圈、内轴承座圈。

(四) 金属的锻造性能

金属的锻造性能(可锻性)是衡量材料经受塑性成形加工，获得优质锻件难易程度的一项工艺性能。金属锻造性能的优劣，常用金属的塑性变形能力和变形抗力两个指标来衡量。

金属塑性变形能力高，变形抗力低，则锻造性能好；反之，则锻造性能差。影响金属塑性变形能力和变形抗力的因素主要有化学成分、金属组织、变形温度和变形速度等几个方面。

二、自由锻

自由锻锻件的形状和尺寸主要由操作工的操作技术来保证，金属受力变形在砧铁间各个方向是自由流动的，故称之为自由锻。自由锻可分为手工锻造和机器锻造。手工锻造劳动强度大，只适于少量小型锻件的生产；汽车生产中主要依靠机器锻造进行生产。

(一) 自由锻的工序

自由锻工序可分为基本工序、辅助工序及修整工序。基本工序是自由锻造的主要工序，包括镦粗、拔长、冲孔、弯曲、切割、错移和扭转等；辅助工序是为基本工序操作方便而进行的预先变形，如压钳口、钢锭倒棱和压肩等；修整工序是为提高锻件表面质量而进行的工序，如校整、滚圆、平整等。

(二) 自由锻锻件的结构工艺性

设计自由锻锻件的结构和形状时，除满足使用性能要求外，还应考虑自由锻设备和工具的特点。良好的锻件结构工艺性应以结构合理、锻造方便、减少材料与工时的消耗和提高生产率为目的加以确定，其一般原则如下。

(1) 锻件上应避免楔形、曲线形、锥形等倾斜结构，因为这类锻件加工时需要专用工具，且锻造困难，应尽量设计成圆柱形、方形结构。

(2) 圆柱体与圆柱体曲面交接处锻造很困难，改成平面与圆柱体交接或平面与平面交接较为合理。

(3) 带加强筋和表面小凸台的锻件，结构上是不允许的。可适当增加壁厚提高强度，小凸台应用沉头孔代替。

(4) 对于横截面有急剧变化或形状复杂的锻件，可将其设计成几个简单件锻制成形后，再用焊接或机械连接方式构成整体组合件。

三、模锻

模锻是使金属坯料在锻模模膛内一次或多次承受冲击力或压力的作用，而被迫流动成形的锻造方法。由于模膛对金属坯料流动的限制，最终可以得到与模膛形状相符的锻件。

模锻的主要特点：①生产率高，锻件成形快；②模锻锻件尺寸相对精确，加工余量小；③可以锻出形状比较复杂的锻件；④与自由锻相比，节省材料，切削加工工作量减少，成本降低；⑤操作简单，易于实现机械化和自动化生产。模锻的不足之处在于坯料整体变形，变形抗力较大，而且锻模制造的成本很高，仅适合中、小型锻件的大批量生产。

按使用设备不同，模锻可分为锤上模锻、胎模锻、压力机上模锻以及其他专用设备上的模锻。其中，锤上模锻的工艺通用性强，是目前最常用的模锻方法，故本书以此为例进行介绍。

(一) 锻模

如图 2-14 所示，锤上模锻用的锻模由带燕尾的活动上模 2 和固定下模 4 两部分组成，并分别用楔铁 10、7 紧固在锤头 1 和模座 5 上。上、下模合模后，其中部形成完整的模膛 9、分模面 8 和飞边槽 3。锻模模膛可分为制坯模膛和模锻模膛两大类。

1—锤头；2—活动上模；3—飞边槽；4—固定下模；5—模座；6、7、10—楔铁；8—分模面；9—模膛。

图 2-14 锻模

制坯模膛的主要作用是使坯料形状基本接近模锻件形状，合理分布金属材料，更易于充满模膛，一般有3种类型：拔长模膛，用于减小坯料某部分横截面积，增加该部分长度；滚压模膛，用于减小坯料某部分的横截面积，增大另一部分的横截面积，使金属按模锻锻件形状分布；弯曲模膛，用于弯曲杆类模锻锻件的坯料。

模锻模膛又分为预锻模膛和终锻模膛。预锻模膛的作用是使坯料变形到接近于锻件的形状和尺寸，使金属更容易充满终锻模膛，减少模膛磨损，增加模膛使用寿命。终锻模膛的形状和锻件形状相同，其设计应考虑到锻件冷却时的收缩量，使坯料最后变形到锻件所要求的形状和尺寸。

根据模锻锻件复杂程度的不同，锻模又可分为单膛锻模和多膛锻模。单膛锻模是指在一副锻模上只具有一个终锻模膛；多膛锻模是指在一副锻模上具有2个以上的终锻模膛。

(二) 锤上模锻工艺规程的制订

锤上模锻的工艺过程一般为：切断毛坯→加热坯料→模锻→切除飞边→校正锻件→锻件热处理→表面清理→检验→成堆存放。模锻生产的工艺规程包括：绘制模锻锻件图、坯料尺寸计算、确定模锻工步(选择模膛)、选择模锻设备、安排辅助及修整工序等。

1) 绘制模锻锻件图

该图是以零件图为依据按模锻工艺特点绘制的，是设计和制造锻模，计算坯料、选择模锻设备的吨位和检验锻件的依据。绘制模锻锻件图时，主要考虑如下几个问题。

(1) 确定分模面。分模面是上、下模在锻件上的分界面。确定分模面要遵循下列原则：①分模面应选在锻件最大尺寸截面处，保证锻件能从模膛中取出；②为便于发现错模，上、下模膛分界处的轮廓应一致；③尽可能使模膛深度最浅，便于制造锻模；④分模面最好为平面，且应使锻件上所加敷料最少；⑤尽可能使上、下模膛深度相等，便于脱模和金属充满模膛。

(2) 根据锻件大小、形状和精度等级选择余量、公差和敷料。一般余量为 1~4 mm，公差为±(0.3~3) mm。

(3) 模锻斜度的大小与锻件高度和设备类型有关。一般模锻锻件外壁的斜度值常取 5°~10°，内壁斜度比外壁斜度大 2°~5°。

(4) 一般凸圆角半径 r 等于单面加工余量加上零件圆角半径的值，凹圆角半径为 $(2~3)r$。

2) 确定模锻工步

模锻工步主要依据锻件的形状和尺寸确定。长轴类模锻件，如台阶轴、连杆等一般要经过拔长、滚压、弯曲、预锻和终锻等工步；而盘类模锻锻件，如齿轮、法兰盘等常选用镦粗、预锻和终锻等工步。

3) 锻件修整

锻件修整主要包括切边、冲连皮、校正、清理、精压以及锻后热处理等。

(三) 模锻锻件结构工艺性

模锻锻件结构工艺性的要求：①锻件应有合理的分模面、模锻斜度和圆角半径；②锻件的几何形状应有利于金属成形；③应尽量避免锻件上有深孔或多孔结构；④形状复杂的锻件可采用锻-焊组合工艺。

四、锻压新工艺

随着现代工业的不断发展,锻压也得到了很大程度的发展,并出现了许多新工艺和新技术,如零件的挤压、辊轧、径向锻造、摆动辗压等。

(一)零件的挤压

挤压是通过对挤压模内坯料施加强大压力,使它发生变形而获得毛坯或零件的加工方法。挤压有以下特点:①坯料在挤压模内三向受压,使金属塑性提高;②挤压零件表面质量好,一般精度可达 IT6~IT7,表面粗糙度可达 $Ra3.20~0.4~\mu m$;③挤压零件流线分布好,力学性能高;④材料利用率可高达70%,生产率高,并可制出形状复杂、薄壁、深孔零件。根据挤压时金属流动方向和凸模运动方向的关系,可将挤压分为以下4种。

(1)正挤压。挤压时,金属流动方向与凸模运动方向一致,如图2-15所示。

图2-15 正挤压
(a)挤压示意图;(b)气门嘴

(2)反挤压。挤压时,金属流动方向与凸模运动方向相反,如图2-16所示。

图2-16 反挤压
(a)挤压示意图;(b)活塞

(3)复合挤压。挤压时,金属沿凸模运动方向和相反方向均有流动,如图2-17所示。

图 2-17 复合挤压
(a)复合挤压示意图;(b)工件

(4)径向挤压。挤压时,金属流动方向与凸模运动方向呈90°,如图2-18所示。

图 2-18 径向挤压
(a)径向挤压示意图;(b)工件

挤压主要应用于生产各种轴对称形状的小型零件;对于非对称件,挤压时金属流动不均,很容易使凸模折断。

(二)零件的轧制

轧制主要用于生产型材、管材及异型钢材等原材料。近年来,轧制被成功地用于制造各种零件,应用逐渐广泛。轧制加工具有以下特点:生产率高,如辊锻的生产率要比锤上模锻高5~10倍;锻件质量好,轧制锻件可更接近零件形状,节约金属材料;工人劳动条件好,便于实现机械化、自动化;设备结构简单。零件轧制工艺主要有辊锻、环形件轧制、摆动辗压等。

(1) 辊锻。辊锻是使坯料通过装在一对轧辊上的扇形模块施压产生变形的生产方法，其工艺示意图如图 2-19 所示。扇形模块可以在轧辊上装拆更换，坯料通过辊轧，截面积减小、长度增加。目前，国内已有多家企业采用成形辊锻工艺预成形汽车前轴、连杆等较复杂的锻件。

1—轧辊；2—扇形模块；3—定位块。

图 2-19 辊锻工艺示意图

(2) 环形件轧制。环形件轧制是将坯料放置在两高速旋转的成形轧辊中加压，使环形件的截面积缩小、直径增大的加工方法，其工艺示意图如图 2-20 所示。该工艺可用于轧制齿圈、轴承套圈等环形锻件，生产率很高。

1—环形件坯料；2—底板；3—从动辊；4—主动辊；5—导向辊。

图 2-20 环形件轧制工艺示意图

(三) 摆动辗压

摆动辗压又称旋转成形，其工作原理如图 2-21 所示。上模 1 与垂直轴线成一倾斜角，上模做高频率的圆周摇摆运动，与坯料 2 顶面局部接触。同时，液压柱塞 3 推动下模 4 使坯料向上移动，对摆动的上模加压。当液压柱塞到达预定位置，锻造完毕，柱塞下降，顶杆把成形锻件顶出。摆动辗压为冷锻，其锻造压力仅为一般冷锻设备所需的 5% ~10%，这是由于模具与工件接触部分面积较小。与模锻相比，采用摆动辗压的材料变形较慢，是逐步进行的，但锻件表面光滑；锻件尺寸误差为 0.025 mm，表面粗糙度为 $Ra1.6 \sim 0.4$ μm；

辗压设备所需吨位较小，设备费用也较低。

1—上模；2—坯料；3—液压柱塞；4—下模；5—顶杆。

图2-21　摆动辗压的工作原理

摆动辗压可加工内表面或外表面有凹凸的锻件，如汽车后桥法兰半轴、后桥从动齿轮及各种饼盘、环形、带法兰的轴类零件等。

第三节　焊接工艺基础

一、概述

焊接是指通过加热或加压，或两者并用，并且用或不用填充材料，使工件达到结合的一种方法。

（一）焊接的特点

焊接与其他连接方法有着本质的区别。通过焊接，被连接的焊件不仅在宏观上建立了永久性的联系，而且在微观上建立了组织之间的内在联系。焊接能够非常方便地利用型材和采用锻-焊、铸-焊、冲压-焊等复合工艺，制造出各种大型、复杂的机械结构和零件，并可把不同材质和不同形状尺寸的坯材连接成不可拆卸的整体，从而使许多大型复杂的铸、锻件的生产过程由难变易，由不可能变为可能。

汽车制造中焊接生产具有批量大，生产速度快，自动化程度高，对被焊接零件的装配、焊接精度要求高等特点,生产中广泛采用专用自动焊机和弧焊机器人工作站。

(二)焊接方法的分类

焊接方法种类繁多,目前一般按焊接过程的不同将焊接分为三大类,如表2-4所示。

表2-4 基本焊接方法及分类

(1)熔焊:将待焊处的母材金属熔化以形成焊缝的焊接方法。实现熔焊的关键是加热热源,其次是必须采取有效的措施隔离空气以保护高温焊缝。

(2)压焊:焊接过程中,必须对焊件施加压力(加热或不加热)以完成焊接的方法。

(3)钎焊:采用比母材熔点低的金属材料作钎料,将焊件和钎料加热到高于钎料熔点、低于母材熔点的温度,利用液态钎料润湿母材、填充接头间隙并与母材相互扩散实现连接的焊接方法。

二、焊接方法

(一)焊条电弧焊

焊条电弧焊是用手工操作焊条进行焊接的一种电弧焊,具有操作简单灵活,对生产环境及焊接位置的要求的适应性强,对焊接接头装配要求低,可焊的金属材料多样的特点。由于焊条电弧焊的熔敷速度低,焊接质量受焊工水平的影响大,焊后焊渣的清理比较麻烦,因而在汽车生产线上已较少应用。

(二)电阻焊

电阻焊属于压焊的一种,是利用电流通过焊件接触面所产生的电阻热,将焊件局部加热到高塑性或半熔化状态,并在压力下结晶凝固形成焊接接头的方法。电阻焊的生产率高,焊接变形小,不需要填充金属,劳动条件好,操作简便,易于实现自动化生产;但焊接设备复杂,耗电量大,对焊件厚度和接头形式有一定限制,通常用于大批量生产。电阻焊的基本形式可分为点焊、缝焊和对焊,如图 2-22 所示。

图 2-22 电阻焊的基本形式
(a)点焊;(b)缝焊;(c)对焊

1)点焊

将装配成搭接接头的焊件置于两个圆柱形电极间,预压紧并通电加热。由于电极是通有冷却水的铜合金,电极与焊件间的电阻热会被迅速传走,而两焊件接触处热量集中,将金属局部熔化形成熔核,因此断电后,保持或增大压力会使熔核金属在压力下凝固结晶,形成组织致密的焊点。点焊是汽车焊接生产中应用最广的工艺方法,主要用于制造可以采用搭接接头、接头不要求气密性的薄板构件,如轿车车身、载货汽车驾驶室的焊接。

2)缝焊

缝焊的电极是一对旋转的圆盘(滚轮),焊件在滚轮间一边随滚轮转动而送进,一边受压通过脉冲电流,得到连续的相互重叠的焊点组成的焊缝。

缝焊时焊点互相重叠,焊件密封性好,但分流现象严重,所以焊接相同条件的焊件时,缝焊的焊接电流为点焊的 1.5~2 倍。在焊接工艺上常采用连续送进、间断通电的操作方法,以保证焊件和滚轮有足够的冷却时间和节约电能。采用缝焊焊接时,两焊点要有足够的重叠部分。缝焊只适用于 3 mm 以下要求密封性好的薄壁结构的焊接。

3)对焊

对焊是用对接方式,在整个接触面上通电产生电阻热使焊件连接在一起的焊接方法。根据焊接过程的不同,可将对焊分为电阻对焊和闪光对焊。

(1)电阻对焊。将焊件夹紧在电极钳口中并施加预压力,再通电加热,待接触面被加热到塑性状态后,加压顶锻并断电,接触面产生塑性变形而形成焊接接头。电阻对焊接头光滑、无毛刺,而且操作简单,适用于截面简单、直径小于 20 mm 的强度要求不高的焊件。

(2)闪光对焊。将焊件夹紧在电极钳口中后,先通电,再移动电极使焊件接触。因断面接触点少,在强电流和电磁力的作用下,金属迅速熔化并形成火花从接触面中飞出,形成闪光现象。闪光一段时间后,焊件端面达到所需温度即进行加压顶锻并断电,使焊件产生塑性变形而焊接成一体。闪光对焊常用于重要焊接件,如汽车发动机排气阀。

(三)气体保护焊

气体保护焊是利用外加气体保护电弧和焊缝的电弧焊。目前常用的保护气体是氩气和二氧化碳,称之为氩弧焊和 CO_2 保护焊。

1)氩弧焊

氩弧焊的保护气体氩气是惰性气体,在高温下,氩气不与金属起化学反应,并保护电弧和熔池不受空气的有害作用。氩弧焊按所用的电极不同可分为钨极氩弧焊和熔化极氩弧焊。

(1)图2-23(a)为钨极氩弧焊。钨极氩弧焊的电极常用钍钨棒或铈钨棒。钨棒的熔点很高,焊接时钨棒不熔化,仅有少量损耗。如图2-23(a)所示,焊丝从一侧送入,熔化后填充焊缝。为了尽量减少钨极损耗,焊接电流不宜过大。钨极氩弧焊常用于焊接4 mm以下的薄板。

(2)图2-23(b)为熔化极氩弧焊。焊接过程可采用自动焊或半自动焊方式,并选择较大的焊接电流,适用于焊接厚度为25 mm以下的焊件。

氩弧焊的特点:①用氩气保护使焊接过程无冶金反应,金属只进行熔化,适用于焊接非铁金属和各种合金钢,焊接质量好;②电弧在气流压缩下燃烧,热量集中,熔池小,热影响区小,所以焊后变形小;③焊接电弧稳定,金属飞溅少,焊接过程中无熔渣,焊缝美观;④可进行全方位焊接,并且明弧操作,便于观察、控制和调整;⑤氩气成本高,一般情况下不宜采用。

1—焊丝或电极;2—导电嘴;3—喷嘴;4—氩气流;5—电弧;
6—填充焊丝;7—工作台;8—进气管;9—送丝滚轮。

图2-23 氩弧焊示意图
(a)钨极氩弧焊;(b)熔化极氩弧焊

2)CO_2 保护焊

CO_2 保护焊是以 CO_2 作为保护气体,以连续送进的焊丝为电极的焊接方法。其焊接过程和装置与熔化极氩弧焊相似,可以采用自动焊或半自动焊方式进行焊接。但 CO_2 是氧化性气体,故不适用于焊接非铁金属。为了保证焊缝中合金元素的含量,应采用硅、锰含量较高的焊丝，如 H08MnSiA、H08Mn2SiA 等。

CO_2 保护焊的特点如下：①CO_2 气体来源广、价格低，其焊接成本甚至只有埋弧焊和氩弧焊的 40%～50%；②焊缝含氢量低，抗裂性能好，电弧集中，热影响区小，变形和裂纹倾向小；③焊接时电流密度大，熔深大，焊接速度快，焊后无清渣过程，所以生产率高；④可进行全方位焊接，并可焊接 1 mm 左右的薄钢板，生产中常用来焊接 30 mm 以下的低碳钢和低合金结构钢；⑤由于是氧化性气体保护，因此焊接时会造成液滴飞溅大，焊缝成形后不平滑，此外，焊接时需要采用直流电源。

(四) 钎焊

钎焊是将熔点比焊件低的钎料加热熔化后渗入固态焊件间的间隙内，将焊件连接起来的焊接方法。钎焊时，焊件常以搭接形式装配好，钎料安放在间隙旁或间隙内，加热后熔化的钎料在熔剂的作用下依靠润湿和毛细现象吸入并保持在固态焊件间的间隙内，再通过液态钎料和固态金属相互扩散而形成钎焊接头。在钎焊过程中，使用熔剂的作用是清除母材表面的氧化物和杂质，保护母材和钎料在钎焊过程中免受氧化，增加钎料的渗透能力和对母材的附着能力。根据钎料熔点的不同，可将钎焊分为硬钎焊和软钎焊。

(1) 硬钎焊。钎料熔点高于 450 ℃，接头强度较高(>200 MPa)，主要用于受力较大或工作温度较高的工件。常用的钎料有铜基、银基和镍基合金等。熔剂为硼砂、硼酸、氯化物和氟化物的各种组成物。硬钎焊主要用于受力较大的钢材、铜合金构件、刀具、工具的焊接。

(2) 软钎焊。钎料熔点低于 450 ℃，接头强度低(≤100 MPa)，主要用于受力较小或工作温度较低的工件。常用的钎料是锡铅合金(焊锡)。熔剂为松香、氯化锌或氯化铵溶液。软钎焊广泛用于受力不大的钢铁构件、铜合金构件和仪表、导电元件的焊接。

钎焊的特点是：①加热温度较低，母材组织和性能变化小，焊件应力和变形小，可以保证焊件的尺寸；②焊接接头光滑平整、无须再进行加工，可以焊接异种金属和厚薄不等的焊件；③对焊件整体加热时，可同时焊接多条焊缝，生产率很高；④设备简单，投资较少；⑤焊接强度较低，耐热能力差，对焊件清理要求严格，不适用于较重要的钢结构和重载、动载机件的焊接。

三、材料的焊接性能

(一) 金属材料的焊接性

金属材料的焊接性是指在一定的焊接工艺条件下金属材料获得优质焊接接头的难易程度。它包括两方面的内容：其一是工艺焊接性，即金属形成焊接缺陷的敏感性要小；其二是使用性能，即金属的焊接接头适应使用时的性能要求。这不仅与金属本身材质有关，也与焊接时采用的工艺条件、焊接方法有关。

(二) 碳钢及低合金钢的焊接

低碳钢的碳含量少，焊接性良好，焊接过程中不需要任何特殊的工艺措施，几乎使用所有的焊接方法都能获得优质焊接接头；中碳钢的碳含量 w_c=0.25%～0.60%，随着碳含量增加，焊接性变差，焊接时应适当进行预热；高碳钢的碳含量高，焊接性很差，一般只对高碳钢工件进行焊补，而不进行结构焊接。

合金钢中作为焊接结构使用的一般是低合金结构钢。在低合金结构钢中，$w_c<0.4\%$时，合金元素含量少，强度级别较低，焊接性良好；$w_c=0.4\%\sim0.6\%$时，合金元素含量较高，强度级别较高，焊接性较差，焊接前一般都要进行预热，焊接时的工艺措施要求严格，应选用低氢焊条及焊后进行退火处理，以避免产生裂纹和变形。

(三) 铸铁的焊补

铸铁的碳、硅含量高，塑性很差，属于焊接性很差的材料。因此，铸铁一般不考虑作为焊接结构件，而只能进行焊补。

(四) 有色金属的焊接

有色金属的焊接性较差，其主要原因是：有色金属的焊接一般均具有容易氧化、吸气性大、热导率大和线膨胀系数大等特点。例如，铝合金的焊接常用氩弧焊、气焊、点焊、缝焊和钎焊。其中，以氩弧焊质量最好，焊接时可不用熔剂，焊丝成分与母材相近，但氩气纯度要求大于99.9%。对要求不高的焊件可采用气焊。为了去除氧化膜及杂质，必须使用氯化物和氟化物等物质组成的熔剂。

四、焊接件的结构工艺性

设计焊接件时，不仅要考虑到焊件的使用性能，还要考虑焊件的结构工艺性能，使焊件生产简便、质量优良、成本低廉。焊件的结构工艺性应包括结构材料的选择、接头形式、焊缝布置等方面。

(一) 焊接结构材料的选择

在满足焊接结构件使用性能的前提下，应尽量选用焊接性良好的材料。低碳钢和普通低合金钢的焊接性良好、价格低廉、焊接工艺简单、易于保证焊接质量，应优先选用。而$w_c>0.5\%$的碳钢和$w_c>0.6\%$的合金钢焊接性不好，应尽量避免采用。在采用两种不同材料进行焊接时，应注意它们焊接性的差异。

(二) 焊接接头形式

熔化焊接接头基本形式有对接接头、搭接接头、角接接头和T形接头。接头形式的选择主要根据结构形状、使用要求和焊接生产工艺而定。图2-24为常用焊接接头的过渡形式。对接接头的应力分布均匀，接头质量容易保证，且节省材料，是用得最多的接头形式，重要的受力焊缝应尽量选用这种接头。当接头构成直角或一定角度连接时，则必须采用角接接头和T形接头。

当焊件厚度较大时，为保证焊透，接头处应根据工件厚度加工出各种坡口。坡口形式的选择主要应根据板厚和熔透要求，同时应考虑坡口加工的经济性和焊接工艺性。通常，要求焊透的重要受力焊缝应尽量采用双面焊，以利于保证质量。

图 2-24 常用焊接接头的过渡形式
(a)对接接头；(b)T形接头；(c)角接接头

(三)焊缝的布置

焊接结构件的焊缝布置对焊接质量、生产率有很大的影响，其一般的设计原则如下：①焊缝的位置应便于操作；②焊缝应避开应力最大和应力集中的部位；③焊缝布置应尽可能分散；④焊缝位置应尽可能对称；⑤焊缝位置应远离加工表面。

第四节 冲压工艺基础

一、概述

(一)冲压的特点

冲压是一种先进的金属加工方法，它建立在金属塑性变形的基础上，在常温条件下利用模具和冲压设备对板料施加压力，使板料产生塑性变形或分离，从而获得具有一定形状、尺寸和性能的零件。冲压在汽车工业有着广泛的应用。汽车车身是由覆盖件、结构件等组焊而成的全金属薄壳结构，车身本体的零件基本上是采用冲压工艺生产出来的，汽车车身对其冲压件的尺寸精度和表面质量的要求高，只有合格的冲压件才能焊装出合格的车身。冲压件的质量是汽车车身制造质量的基础，冲压是汽车车身制造中的关键技术之一。

冲压与其他金属加工方法相比，具有下述特点。

(1)生产率高，且操作简便，易实现机械化与自动化。

(2)车身零件的尺寸精度是由模具保证的，所以质量稳定，一般不需要切削加工便可用于装配。

(3)利用冲压可以获得其他金属加工方法所不能或难以加工的、形状复杂的零件。

(4)冲压一般不需加热毛坯,也不像切削加工那样需切除大量金属,所以它不但节能,而且材料利用率高。冲压工艺能获得刚度大、强度高而质量轻的零件,适用于车身零件的加工。

(5)冲压所用原材料为轧制板料或带料,在冲压过程中材料表面一般不受破坏,所以冲压后的零件表面质量较好,为后续表面处理工序(如涂装)提供了方便。

(二)冲压工序的分类

因为冲压所加工的零件形状、尺寸、精度要求、批量大小、原材料性能等不同,所以冲压工序也多种多样。冲压工序按加工性质的不同,可以分为两大类型:分离工序和成形工序。分离工序是将冲压件或毛坯在冲压过程中沿一定的轮廓使其相互分离,零件的分离断面要满足一定的断面质量要求;板料在不破坏的情况下产生塑性变形,获得所需求的形状及尺寸的工序叫作成形工序。冲压最常用的4个基本工序为:冲裁、弯曲、拉深、成形。

二、冲压件的结构工艺性

进行冲压件的结构设计时,不仅要保证其满足使用要求,还要保证其满足冲压工艺性的要求。这样,可以减少材料的消耗和工序数,使模具寿命延长、产品质量稳定、操作简单、成本降低。一般而言,对冲压件结构性影响最大的是工件的几何形状、尺寸和精度要求。

(一)冲裁件的结构工艺性

图2-25为冲裁件尺寸与厚度的关系。通过该图可以分析得到以下几个结论。

图2-25 冲裁件尺寸与厚度的关系

(1)冲裁件的外形和内孔形状应尽量简单、对称,最好是规则的几何形状或由规则的几何形状(圆弧与互相垂直的线条)组成,避免狭槽、长的悬臂,且其宽度b应大于坯料厚度S的2倍,即$b>2S$。

(2)冲裁件直线相接处均要以圆角过渡。一般圆角半径$R>0.5S$,否则会显著降低模具寿命。

(3)孔的尺寸不能过小,应保证$d>S$,避免增加孔的冲压难度。

(二)弯曲件的结构工艺性

(1)弯曲件的圆角半径不能小于最小弯曲半径,也不宜过大。圆角半径过大,受回弹影响,弯曲角度和圆角半径的精度不易保证。

(2)弯曲件的形状应尽量对称,弯曲半径应左右对称,保证板料不会因摩擦阻力不均而产生滑移。如工件不对称时,为防止板料偏移,在模具结构的设计时,可考虑增设压紧装置或定位工艺孔。

(3)弯曲边不要过短,应使弯曲边平直部分的高度 $H>2S$,如图2-26(a)所示。

(4)弯曲带孔件时,孔的位置如图2-26(b)所示,$L>(1.5~2)S$,这样可避免孔的变形。

(5)弯曲件的尺寸精度一般不应超过IT9~IT10。

图2-26 弯曲件边高与带孔的弯曲件
(a)弯曲边高;(b)带孔的弯曲件

(三)拉深件的结构工艺性

(1)拉深件形状力求简单,避免圆锥形、球面形和空间复杂曲面形,尽量采用轴对称的形状,使零件变形均匀和模具加工制造方便。

(2)应使拉深件高度尽可能减低,过高、过深的拉深件易出现废品,需要多次拉深。

(3)对于半敞开或不对称的拉深件可采用合冲工艺,即将两个或几个零件合并成对称形状,一起冲压,然后切开,以减少工序、节约材料、保证质量。

(4)带凸缘拉深件的凸缘宽度要适当。凸缘过宽,需增加拉深次数;凸缘尺寸过小,拉深时压边圈不易压住,反而容易起皱。凸缘的合理尺寸为

$$d + 12S \leq d_T \leq d + 25S$$

式中:d——拉深件内径,mm;
　　　d_T——凸缘直径,mm;
　　　S——坯料厚度,mm。

(5)拉深圆筒形件时,底与壁间的圆角半径应满足 $r_p \geq S$,凸缘与壁间的圆角半径要满足 $r_d \geq 2S$。建议 $r_p \approx (3~5)S$,$r_d \approx (4~8)S$。矩形盒角部的圆角半径 $r \geq 3S$。为减少拉伸次数,尽可能取 $r \geq 1/5H$(H 为矩形盒高)。

(6)拉深件的尺寸精度不能要求过高,其高度尺寸精度应不高于IT16,直径尺寸精度应不高于IT12。

三、冲模

冲模是冲压必需的专用工具。冲模的结构与质量对冲压生产极为重要。根据工序的复合程度，冲模可分为简单模、连续模和复合模3种。

(一) 简单模

在压力机一次工作行程中只能完成一道工序的冲模称为简单模。图2-27为一落料用简单模。凸模1用固定板6固定在上模板3上，凹模2用压板7固定在下模板4上，上模板则通过模柄5与压力机的滑块连接，因此凸模可随滑块做上、下运动。板料在凹模上沿导板9送进，碰到定位销10停止。当凸模下压时，冲下工件进入凹模孔，坯料在凸模回程时，碰到卸料板8时被推下，完成一次冲压。

1—凸模；2—凹模；3—上模板；4—下模板；5—模柄；6—固定板；
7—压板；8—卸料板；9—导板；10—定位销；11—导套；12—导柱。

图2-27 落料用简单模

(二) 连续模

在滑块一次冲压行程中，在同一冲模的不同部位上同时完成两道或数道工序的冲模称为连续模。图2-28为冲孔、落料连续模，图中左、右两凸模1、4分别用于落料、冲孔，而凹模3、5则在两凸模下的相应位置设有模孔，在落料凸模1下侧有定位销2，以便对准预先冲出的工件。

1—落料凸模；2—定位销；3—落料凹模；4—冲孔凸模；5—冲孔凹模；
6—卸料板；7—板料；8—工件；9—废料。

图2-28 冲孔、落料连续模

(三) 复合模

在压力机的一次冲程中，在模具同一部位上完成数道冲压工序的冲模叫作复合模。此种模具应用于产量大、精度高的冲压件生产。

第五节　粉末冶金基础

一、概述

粉末冶金法是以分割成很细小的金属或非金属粉末颗粒作为原料，通过固结使其成为具有一定形状制品的技术，其制品统称为粉末冶金零件或烧结零件。粉末冶金零件是机械制造工业中的一大类通用性基础零件，一般包括结构零件、减摩零件和摩擦零件。

目前，汽车工业中使用的各类粉末冶金零件占粉末冶金总产量的70%~80%。由于零部件的高强度化、高精度化以及低成本化，使粉末冶金零件在汽车上的应用越来越多，如汽车发动机的气门座、粉末冶金链轮、带轮等。

粉末冶金工艺过程包括粉料制备、粉末成形、烧结以及后续处理等工序，其工艺流程如图2-29所示。

图2-29　粉末冶金工艺流程

二、粉末的制取

制粉方法大体上可归纳为机械法和物理化学法两大类。机械法是将原材料机械地粉碎，而化学成分基本上不发生变化的工艺过程；物理化学法是借助化学的或物理的作用，改变原材料的化学成分或聚集状态而获得粉末的工艺过程。从工业规模而言，制粉应用最广泛的方法是雾化法、还原法和机械法。

(一) 雾化法

图2-30为雾化法。依靠自重从漏包中流出的金属液流被从喷嘴喷射出的喷射流体（高压气体或水）冲击，雾化成粉。喷射流体的主要作用：把熔融液流击碎成细小的液滴；通过急冷使细小的液滴凝固。

1—熔融金属；2—集气室；3—金属粉末。
图 2-30 雾化法

(二) 还原法

使氧化物和盐类发生还原反应制取粉末，称为还原法。在工业上，还原法被广泛地用来制取铁、铜、镍、钴、钨、钼等金属粉末，这是由于还原法制取粉末不仅经济，而且制粉过程比较简单，在生产时容易控制粉末的颗粒大小和形状。还原法制得的粉末还具有很好的压制性和烧结性。

(三) 机械法

机械法是指利用破碎机、锤击机或球磨机粉碎材料，生产细小颗粒的粉末。最常见的球磨机是利用回转筒内不断抛落的钢球破碎金属。

其他生产粉末的方法，如电解法、化学沉积法和高速冲击法，一般应用较少。

三、零件的成形

通常，制取粉末后，粉末冶金的工艺过程包括 3 个步骤：①粉末混合；②粉末压紧，将金属粉末制成具有一定形状、尺寸、孔隙度以及强度的预成形坯；③粉末烧结，将粉末压坯在低于熔点的适当温度中受热，使颗粒之间发生黏结，烧结体的强度增加，而且多数情况下密度也提高。如果烧结条件控制得当，烧结体的密度和其他物理、力学性能可以接近或达到相同成分的致密材料。

(一) 钢模压制

粉末压紧时，需要较高的压力使粉末成为所需形状。常用的工艺方法为钢模压制，压制时，两个方向相反的冲头挤压位于模腔中的粉末，如图 2-31 所示。压制后的工件称为预成形坯。预成形坯一般具有足够的强度，搬运时不会破裂，但远低于烧结后的工件强度。

钢模压制常用的压力设备为机械、水压或者二者的结合。根据工件的复杂程度，钢模压制的基本方式有 3 种，即单向压制、双向压制和浮动阴模压制。

在单向压制时[如图 2-31(a)]，阴模和下模冲头不动，由上模冲头单向加压，压力施加在粉末坯料的上顶部,由于粉末坯料与阴模之间的摩擦,使得预成形坯的底部和顶部的密度不均匀。使用润滑剂,可以减小粉末坯料与模壁之间的摩擦力,从而使沿高度方向的密度不均匀的程度降低。

采用双向压制[如图2-31(b)]可以减小预成形坯中密度分布的不均匀性。双向压制时,压力是同时从上、下方向施加在粉末坯料上的。对于采用双向压制所得到的预成形坯来说,与冲头接触的两端密度较高,而中间部分的密度较低。但总体来看,采用双向压制方法,可以使单向压制时的沿高度方向密度的不均匀性得到改善,适于压制较长的制品。

1—上模冲头;2—阴模;3—粉末;4—下模冲头。

图2-31 钢模压制

(a)单向压制;(b)双向压制;(c)浮动阴模压制

浮动阴模压制[如图2-31(c)]是在双向压制的基础上发展起来的粉末压制方法。浮动阴模压制时,下模冲头固定不动,阴模安放在弹簧(也可以安装在液压缸)上,使之可以浮动、当上模冲头进入模腔压制粉末时,粉末与阴模内表面之间的摩擦力使阴模克服弹簧的阻力向下运动,阴模的运动会产生与下模冲头运动相同的效果。阴模的运动方向与粉末沿高度上的位移方向是一致的,从而使得粉末预成形坯的密度沿高度分布趋于均匀。

(二)烧结

烧结是将粉末预成形坯在适当的温度和气氛条件下加热所发生的现象或过程,即把粉末预成形坯加热到低于其中基本成分熔点的温度下保温,然后以各种方式和速度冷却到室温。

在烧结过程中,发生了一系列物理和化学的变化,使粉末颗粒的聚集体变成为晶粒的聚结体,从而获得具有所需物理、力学性能的制品或材料。由于粉末冶金生产属于大批量生产,所以大多烧结炉设计成自动进料方式,一般包括3个步骤:预热、烧结和冷却。

随着粉末冶金工业的发展,粉末冶金出现了许多新工艺,并获得迅速发展,如热压成形、粉末挤压、粉末锻造、粉末扎制、等静压成形、喷射成形等。这些先进工艺的特点是:具有更高的生产率;采用加热压实,减小了成形压力,提高了压实密度并增加了制件强度;制件表面质量更高;应用范围更广等。

第六节　塑料成型工艺基础

一、概述

（一）塑料组分

塑料的主要成分是合成树脂。合成树脂是由相对分子质量小的物质经聚合反应而制得的相对分子质量大的高分子聚合物，有聚氯乙烯、聚乙烯、聚丙烯、聚苯乙烯、聚酰胺、聚碳酸酯、酚醛树脂、聚氨酯、环氧树脂等。简单组分的塑料基本上以树脂为主要成分，不加或加入少量助剂；多组分的塑料除树脂外还需加入其他一些助剂，如增塑剂、稳定剂、润滑剂、填充剂、阻燃剂、发泡剂、着色剂等，用以改善塑料的加工性能和使用性能。

（二）塑料分类

塑料的种类很多，按其使用特性可分为通用塑料、工程塑料和功能塑料。

(1) 通用塑料一般只能作为非结构材料使用，产量大、用途广、价格低，主要有聚乙烯、聚丙烯、聚氯乙烯、酚醛塑料和氨基塑料等。

(2) 工程塑料作为工程结构材料使用，力学性能优良，能在较宽温度范围内承受机械应力和在较为苛刻的化学、物理环境中使用，主要有聚酰胺、聚碳酸酯、聚甲醛、ABS、聚苯醚、聚砜、聚酯及各种增强塑料等。

(3) 功能塑料用于特种环境中，具有某种特殊性能，主要有医用塑料、光敏塑料、导磁塑料、高温耐热塑料、高频绝缘性塑料等。

（三）交联高聚物形态塑料

高聚物在成形过程中，大分子链结构由线型或支链型形成网状或立体结构的反应称为交联反应。通过交联反应制得的高聚物称为交联高聚物或体型高聚物，其力学强度、耐热性、化学稳定性和尺寸稳定性均有很大提高，因此在生产、生活中用途广泛。

二、注射成型原理和工艺过程

注射成型又称注塑成型，是热塑性塑料制件的一种主要成型方法，某些热固性塑料也可采用注射成型。注射成型所用的设备是注射机。图 2-32 为螺杆式注射机结构示意图，其工作原理为：将颗粒状或粉状塑料从注射机料斗送入高温的料筒；塑料受到料筒加热和螺杆的剪切摩擦热作用而逐渐熔融塑化，并不断被螺杆压实同时被推向料筒前端，产生一定压力，使螺杆在转动的同时，缓慢地向后移动，当螺杆退到预定位置，触及限位开关时，停止转动；然后注射活塞带动螺杆按一定的压力和速度，将积存于料筒端部的塑料黏流态熔体经喷嘴注入模腔；充满模腔的熔料经一定时间的保压冷却定型后，得到具有一定形状和尺寸的塑料制件；塑件经注射成型后，除去浇口凝料、余料和飞边毛刺；有些制件还需要进行消除应力或稳定性能的后处理。

1—机身；2—电动机及液压泵；3—注射液压缸；4—齿轮箱；5—齿轮传动电动机；6—料斗；7—螺杆；8—加热器；9—料筒；10—喷嘴；11—定模固定板；12—模具；13—拉杆；14—动模固定板；15—合模机构；16—合模液压缸；17—螺杆传动齿轮；18—螺杆花键；19—油箱。

图 2-32　螺杆式注射机结构示意图

注射成型在汽车塑料制品生产中的应用很广，如用于保险杠、通风栅格、仪表板、座椅靠背、护风圈、空调机壳等大型零件及各种开关、把手、结构件、装饰件、减摩耐磨件、轮罩、护条等小型零件的生产。

三、压缩和压注成型工艺

(一) 压缩成型工艺原理

压缩成型是将粉状、粒状或纤维状的热固性塑料放入模具加料腔内[见图 2-33(a)]，然后合模加热使其熔融，并在压力作用下使塑料流动而充满模腔[见图 2-33(b)]，同时塑料高分子发生交联固化而定型，最后脱模，即得到所需制品[见图 2-33(c)]。

1—凸模；2—上凸模；3—凹模；4—下凸模；5—凸模固定板；6—下模座。

图 2-33　压缩成型工艺原理

压缩成型主要用于热固性塑料零件的生产。热塑性塑料也可采用压缩成型,在成型前一阶段与热固性塑料相同,但由于没有交联反应,所以必须冷却固化才能脱模,因此需要模具交替加热与冷却,生产周期长,只在模压具有较大平面热塑性的塑料零件时才采用。此外,压缩成型适用于汽车大型零件的生产,如导流板、车门、门梁柱、顶盖等。

(二) 压注成型工艺原理

压注成型是在改进压缩成型的基础上发展起来的一种热固性塑料的成型方法,其工艺原理如图 2-34 所示。模具闭合后,将塑料(预压锭)加入已加热到一定温度的模具加料室中使其受热熔融,如图 2-34(a)所示。在柱塞压力作用下,塑料熔融体经过模具浇注系统注入并填满闭合的型腔,如图 2-34(b)所示。塑料在型腔内继续受热受压而固化成型,最后打开模具取出塑件,如图 2-34(c)所示。

1—柱塞;2—加料腔;3—上模板;4—凹模;5—型芯;
6—型芯固定板;7—下模板;8—浇注系统;9—塑件。

图 2-34 压注成型工艺原理

压注成型中,塑料在型腔内预先受热熔融,在压力作用下注入型腔,因此能制作成带有深孔或形状复杂的塑料零件,也可制作成带有精细嵌件的塑料零件,塑料零件的密度和强度也较高。由于塑料成型前模具已经完全闭合,因而塑料精度易保证,表面粗糙度值也较小,塑料零件上只有少许模具分型面上具有的很薄的塑料飞边。

第七节 毛坯的选择

毛坯选择是零件设计中的重要一环。合理选择毛坯的类型,会使零件制造工艺简便、生产率高、质量稳定、成本降低。为能合理选用毛坯,需要清楚地了解各类毛坯的特点、适用范围及选用原则等。

一、各种毛坯的特点

常用的汽车零件的毛坯有铸件、锻压件、焊接件以及粉末冶金件等，现简述如下。

(一)铸件

铸造是最常用的毛坯生产方法，能生产出形状复杂的各类汽车用铸件。因此，一些要求耐磨、减振、承压、价廉的零件(如活塞环、活塞、气缸套、气缸体等)，以及一些形状复杂、用其他方法难以成形的零件(如气缸盖、变速箱壳体以及进、排气支管等)，只能通过铸造生产毛坯。随着铸造技术的不断发展，铸件的应用范围持续扩大，过去普遍采用锻造生产的曲轴、连杆、齿轮等零件，也逐渐开始采用铸造生产。

为弥补砂型铸件的不足，汽车零件也常采用特种铸造方法来生产铸造毛坯，以提高生产率、改善劳动条件，获得尺寸精确、力学强度好的铸件。

(二)锻压件

锻压件是汽车零件制造业中的另一种常用毛坯，是材料塑性变形的结果，晶粒较细，没有铸件的粗大组织和内部缺陷，力学性能较好。因此，一些要求强度高、耐冲击、抗疲劳的重要零件大多采用锻造毛坯。但由于锻压件是在固态下塑性成型，因此难于获得复杂的形状，特别是一些复杂内腔的零件。锻压件广泛应用于汽车发动机、变速器、转向器、行走部分总成的零件上，常用的有自由锻件、模锻件等。

(三)焊接件

焊接件的特点是可以以小拼大，气密性好，生产周期短，不需要重型设备，可以生产有较好的强度和刚度，而且质量轻、材料利用率高的毛坯；缺点是抗振性差，易变形。因此，选用焊接件为毛坯，对一些性能要求高的汽车重要零件，在机械加工前应采用退火处理，以消除应力、防止变形。

(四)粉末冶金件

粉末冶金是一种少(无)切削工艺，可获得表面光洁、尺寸精确的零件。粉末成分可任意调整，制成任意成分的金属和合金构件以及耐高温、承受高速的构件。但粉末冶金所用的粉料生产成本高，模具费用大，对结构复杂、薄壁、锐角零件成型困难，受工艺限制，零件不能太大，仅适用于大批量生产。

二、毛坯选择原则

汽车毛坯材料的选择首先必须遵循一般的工程材料选择原则。由于材料的种类繁多，性能、作用和应用场合也各不相同，因此毛坯的选择也不同，一般应考虑以下原则。

(一)使用性原则

毛坯的使用性原则是指将毛坯最终制成满足使用要求的产品。零件的使用要求具体体现在零件的形状、尺寸、精度及工作条件、受力情况等，只有满足使用要求的毛坯，才有实际价值。因此，保证使用要求是选择毛坯的首要原则。

例如，各类机械中最常用的齿轮，虽然其结构特点与功能相同，但由于工作条件、使用要求不同，其毛坯的类别、材料和制造方法也不一样。机床中的齿轮，工作时要求传动平稳、振动小、受力稳定，在静态下变换转速，且有良好的润滑条件，工作环境较好，故常选用中碳钢或低合金钢经锻造和机械加工后，并根据需要进行不同热处理后使用。汽车齿轮速度较高在动态下进行变速，常因特殊情况，如路面不平、超载等，要承受较大冲击，这要求齿轮具有较高的耐磨性、疲劳强度、心部强度和抗冲击性，故汽车齿轮常选用合金渗碳钢或低碳合金结构钢（如 20CrMnTi）等材料。毛坯经锻造、正火、机械加工、渗碳、淬火及低温回火、喷丸、磨削加工后使用。

由上述内容可知，在确定毛坯类别时，首先应考虑零件的工作条件，根据使用时的性能及技术要求，选用合适的工艺方法和材料。

(二)经济性原则

所谓经济性原则，主要就是降低毛坯的成本。选择毛坯时，应在保证使用要求的前提下，尽量减少消耗、降低制造成本，满足市场竞争的要求。降低毛坯制造成本的主要途径如下。

(1)选择合适的毛坯生产工艺。应根据零件的生产批量及使用要求，选择合适的毛坯制造工艺，以降低废品率、提高生产率、节约工时与材料。应尽量采用先进工艺，以提高质量和生产率，降低成本。在改变毛坯生产工艺或采用先进工艺的同时，可能需添置一些新的工艺装备和设备，这些新增加的费用要作为成本由合格产品分担，所以改用新工艺时必须结合产品批量等进行综合考虑。

(2)选择合适的材料。毛坯材料是零件成本的组成部分。此外，由于材料的改变而使毛坯生产工艺改变，也会间接影响零件成本。例如，在选择轿车毛坯材料时，要求总质量轻、强度高，一般根据材料的比强度(强度/密度)来比较候选材料。在满足使用要求的前提下，应尽量选用成本低的材料，并把必须使用的贵重金属材料减少到最低限度。目前，许多高分子材料在一些场合可以替代金属材料，既降低成本，又减轻了质量。比如，采用聚甲醛替代轴承钢制造 4 t 载货汽车用底盘衬套轴承，可行驶 10 000 km 以上不用加油保养。

(3)批量和生产周期。为适应市场需求，选择毛坯时，生产批量和生产周期对选定毛坯的种类有很大影响。一般单件、小批量生产，而且生产周期短时，应选用常用材料、通用设备和工具、低精度和低生产率的毛坯生产方法。这样，毛坯制造方便，生产周期短，成本低。在大批量生产条件下，应选用专用设备和工具及高生产率的毛坯生产方法。大批量生产零件，需精心设计、仔细考虑整个工艺过程，虽然用了专用设备和工具增加了费用，但其材料消耗与切削加工量等会大幅度降低，使生产率提高，所以总体成本还是较低的。

(三)实际生产条件

根据使用要求和经济性所确定的毛坯生产方案是否能实现，还必须考虑企业的实际生产条件。只有实际生产条件能够实现毛坯的生产，这个方案才是切实可行的。

所谓实际生产条件，主要是指本企业的设备条件、技术水平、厂房情况及原材料供应情况等。如这些条件不能满足生产要求，就应考虑选用其他的零件毛坯生产制造方法。

综上所述，所谓毛坯选择，主要是指在选择毛坯种类、毛坯材料以及毛坯生产制造工艺等时，需综合考虑的一些原则，如使用要求、经济性和实际生产条件等，这些因素是相互联系又相互制约的。因此，在确定毛坯选择方案时，应在保证零件使用要求的前提下，从本企业的实际出发，力求做到高效、优质、低成本。

习 题

2-1 什么是金属的铸造性能？它包含哪些内容？这些内容对铸件的质量影响如何？

2-2 铸件浇注位置和分型面选择的主要原则是什么？

2-3 设计铸件结构时，应考虑哪些问题？为什么？

2-4 金属型铸造、压力铸造、低压铸造、离心铸造与普通砂型铸造相比，有何优缺点？

2-5 什么是锻压？锻压有何特点？适于生产何种汽车零件？

2-6 什么是模锻？模锻有何特点？锤上模锻工艺规程如何制订？

2-7 什么是焊接？焊接与铸造、锻压相比有何特点？根据焊接过程的不同可将焊接分为几大类？各类的特点如何？

2-8 电阻焊、气体保护焊、钎焊等焊接方法的特点是什么？各应用于汽车生产的哪些部件？

2-9 设计焊接结构应考虑哪些方面？焊缝布置的一般设计原则有哪些？

2-10 什么是冲压？与锻造相比有哪些异同？适用于汽车生产的哪类零件？

2-11 冲模有几种？各适用于汽车生产的哪类零件？

2-12 简述粉末冶金的工艺过程和特点。

2-13 简述注射成型的原理和工艺过程。

2-14 简述压注成型和压缩成型的原理和工艺过程。它们各有何特点？

2-15 简述选择毛坯的原则及其相互关系。

2-16 大批量生产汽车用内燃机缸体、曲轴、连杆和正时齿轮等主要零件时应采用何种毛坯？为什么？

第三章 汽车零件机械加工工艺设计

汽车零件的机械加工工艺过程是借助于不同形式的加工方法和不同性能的加工设备，将零件的毛坯按一定顺序依次通过各道工序，改变其形状、尺寸、相互位置关系，使其成为满足设计图样要求的零件的过程。机械加工工艺设计主要是工艺规程的设计，包括加工中使用的各种工艺文件，如工序卡、工艺过程卡等，用于直接指导生产加工。工艺规程设计的质量直接影响到产品质量、加工效率和经济性。

第一节 机械加工工艺过程与规程

一、机械加工工艺过程的组成

机械加工工艺过程主要分为工序、安装、工位、工步、走刀等工作内容。

1. 工序

工序是工艺过程的基本组成单元，它是指一个(或一组)工人在一台设备上对一个或同时对几个零件所连续完成的那一部分加工过程。在生产过程中，区分一道工序的依据是什么呢？就是分析零件加工进程中工作的场地或设备是否发生变更，加工过程是否连续。为什么要划分工序呢？其一，因为零件表面具有不同的形状、精度，而这些表面一般不可能在一台机床上全部加工完成；其二，划分工序可以提高生产效率，降低生产成本。

2. 安装

同一道工序中，零件在加工位置上装夹一次所完成的那一部分工序，称为安装。一道工序中可以有一次或多次安装。如图3-1所示，在车削发动机活塞外圆面、端面和活塞环槽的工序里，车削裙部外圆 A 和端面 B 所进行的安装称为安装1；车削活塞顶部 C 和切削活塞环槽 D 所进行的安装称为安装 2。所以，在这道工序中包括了 2 次安装。

图 3-1 活塞裙部和活塞环槽加工
(a)安装 1；(b)安装 2

在一道加工工序中，应尽量减少安装次数。这是因为安装次数增多，不仅影响生产效率，而且由于多次安装，安装位置改变，势必影响被加工部位间的精度。例如，上述活塞外圆面的加工采用了两次安装，可能造成活塞裙部外圆与环槽外圆同轴度精度降低，以致裙部端面与活塞顶面不平行。因此，同一工序中，为提高生产效率和零件位置精度，应尽量减少安装次数。

3. 工位

采用转塔加工设备或转位工作台进行零件加工时，零件 1 次安装后，零件(或刀具)相对于机床有多个不同位置。零件在每个位置上完成一部分加工过程，零件占据的每一个位置称为 1 个工位。

图 3-2 为零件在二轴组合钻、铰设备上的加工情况。零件安装在回转工台上，从装卸位置 1 到铰零件孔位置 3，零件相对于刀具位置发生了 3 次改变，3 次位置改变的完成即表示零件在该工序的加工内容结束，而零件每转 1 个位置，则是 1 个工位，所以该工序为 3 个工位。另外，应注意：如果零件安装在固定的工作台上，而加工刀具安装在转塔刀架上，这时刀架的每 1 次转动，零件相对于刀具的位置也发生 1 次改变，这也是 1 个工位。

多工位零件加工方法减少了安装次数，提高了生产效率，特别适合汽车零件的加工生产。

4. 工步

零件在一次安装中，在加工表面、加工刀具、切削用量(转速及进给量)不变的情况下，所连续完成的那一部分工序内容称为工步。如图 3-1 中，车削活塞顶部 C 和切削活塞环槽 D 的工序中，由于加工表面、刀具、切削用量都不同，所以它们属于不同的工步。在汽车的零件加工生产中，为了提高生产效率，常在一次安装条件下，利用多个刀具同时加工多个待加工表面，作为 1 个工步，称其为复合工步。如图 3-3 所示，在车床上用 2 把车刀、1 把钻头同时车削外圆台阶表面和钻油孔，即为 1 个复合工步。

5. 走刀

零件 1 次安装后，在 1 个工步内，被加工表面余量较大时，需要进行多次切削。每进行 1 次切削，称为 1 次走刀。

图 3-2 零件在二轴组合钻、铰设备上的加工情况　图 3-3 复合工步——通油螺塞及外圆表面加工

图 3-4 为三通螺钉零件设计图，通过表 3-1 的描述，可以方便地分清工序、安装、工位、工步、走刀之间的关系。

图 3-4 三通螺钉零件设计图

表 3-1 三通螺钉加工工艺过程

工序	安装次数(夹具)	工步	工位/个	走刀/次
Ⅰ 车	1 次 (三爪自定心卡盘)	(1)车端面 (2)车外圆(ϕ_2) (3)车外圆(ϕ_1)	1	1
		(4)倒角($C1.5$)	1	1
		(5)车螺纹(M)	1	3
		(6)钻孔(ϕ_4) (7)切断	1	1

续表

工序	安装次数(夹具)	工步	工位/个	走刀/次
Ⅱ车	1次 (三爪自定心卡盘)	(1)车端面	1	1
		(2)车球体($S\phi$)	1	3
Ⅲ铣	1次(组合夹具)	(1)铣扁	2	1
Ⅳ钻	1次(V形块)	(1)钻孔(ϕ_3) (2)倒角($C1$) (3)倒角($C1$)	1	1

二、机械加工工艺规程

所谓机械加工工艺规程，即规定零件制造、装配工艺过程和操作方法有关内容的工艺文件。合理、科学的工艺规程是根据生产实践和科学实验，结合具体生产条件而制定出来的，并随着生产实践、科学技术的进步不断完善。

工艺规程是生产组织、生产管理的基本依据。例如，每当产品投产之前，工艺技术管理部门就必须根据工艺规程，进行有关的工艺技术准备，为零件的加工准备工艺装备；工厂的计划和调度部门按工艺规程和生产计划要求，下达零件的投料时间、数量及任务计划，调整设备负荷，保证整个生产按照工艺规程要求，有条不紊地进行。

工艺规程不仅科学地制定了每一工序的加工方法、具体的操作内容，而且严格地规定了各工序的顺序、生产用工艺装备，从而使整个生产优质、高效、低成本、安全地进行。汽车生产中，由于生产类型不同，工艺文件的形式灵活多样，工艺规程的内容也不尽相同，总结起来，主要有以下几种工艺文件。

(1)工艺过程卡，又称工艺路线卡或工艺流程卡。其主要作用是：以工序为单位，清晰表明零件加工经过的车间(分厂)、工段、所用机床设备、工艺装备及时间定额等。这种卡片在生产过程中的主要使用者是工厂的生产管理人员，帮助生产调度、计划人员集中地、迅速地掌握生产情况。

(2)工序卡。工序卡是用于指导操作工人进行生产的文件，是为每道工序编制的工艺文件。在卡片上，一般附有工序简图。简图上以粗实线标明本工序要加工的部位，并按规定要求标注定位基准、尺寸、公差、表面粗糙度、形状与位置误差要求，以及其他技术要求等。另外，还必须写明工步的顺序、使用设备、工艺装备、切削用量、时间定额等。

(3)调整卡。某些工序加工零件尺寸时，常需要对设备进行调整，以保证夹具相对于机床有正确位置，保证刀具相对于被切削零件有正确进给轨迹等，因此需要对这些工序制定专门的技术文件，帮助和指导操作工人或专门的设备维护人员进行工作。一般下列情况需要制定调整卡：①机床调整复杂，如齿轮、凸轮等零件的加工；②加工过程复杂，如采用多工位加工中心(MC)加工零件时,刀具在机床上的排列和布置。

(4)检验卡,或称检验工序卡。零件在生产加工过程中,可能会因为某些影响因素而造成零件的某一尺寸或某几个尺寸未达到设计图样的要求。为了保证所生产的零件是合格品,及时发现生产过程中工序的加工是否正常,需要为产品质量检验人员制定专门用于零件质量检验的卡片。在生产制造一个零件的工艺文件里,至少要有一份检验卡。对于复杂和精度要求高的零件,有时按生产阶段或加工工序的要求有若干份检验卡;针对特殊工序还有专用的检验卡。检验卡内容包括:检验内容,检验所用的夹具、量检具,每一批次零件抽检零件数等。

上述各种工艺卡片样式可参照本章第六节中的案例。

三、机械加工工艺规程的制订步骤

准确、科学、合理地编制零件的加工工艺规程,一般要经过以下步骤。

(一)准备

(1)全面了解零件功能和使用要求。首先应根据部件图和总装图,了解零件的作用,及其对整机性能的影响。这对编制零件工艺规程,确定关键、重要工序有极大的帮助。

(2)熟悉和了解生产纲领及现有生产条件。生产纲领确定后,就基本确定了生产的类型,投产批量、批次、工艺手段、设备、工艺装备等。在编制工艺时,需要充分利用现有的生产条件,这样可以减少投资,缩短生产准备的时间。但是,为了使所编制的工艺规程具有先进性,提高产品的加工质量、生产效率,工艺人员还应该尽量采用新工艺、新方法、新材料、新技术。特别是对多品种产品生产,更应该积极采用成组技术、柔性加工等先进加工方法。

(二)工艺分析

对被加工零件进行工艺分析是工艺规程制订最主要的步骤之一。通过工艺分析,工艺人员不仅要充分领会,而且应严格执行零件设计图提出的要求。更重要的是要进行工艺分析,并在保证使用性能的前提下,提出有利于提高加工质量、提高生产效率、降低成本等好的建议,使加工零件既有良好的实用性能,又有良好的工艺性。工艺分析内容包括以下几项。

(1)检验图样的完整性与正确性。例如,检查是否有足够的视图、尺寸是否标注齐全、技术要求是否合理等。同时,应用尺寸链原理,对有关尺寸和公差进行校核。若有错误或遗漏,应提出修改意见。

(2)审查零件的结构工艺性。分析零件的结构形状、尺寸大小、形状位置误差、表面粗糙度要求等,其目的是明确零件的主要工艺特点及主要加工方法。

通过结构形状分析,可以将零件分为以下几类:①有回转中心的轴类零件,如汽车前、后桥的传动轴,发动机气阀和曲轴、凸轮轴等,这类零件主要以两端中心孔定位,采用车削、磨削为主要的加工方式;②盘类零件,如法兰盘、轴端盖盘状齿轮等,加工时主要以内孔、端面为基准,以车削加工为主;③箱体类零件,如发动机的缸盖、缸体、变速箱体等，这类零件的结构复杂，外形尺寸和质量较大，壁薄而又不均匀，断续平面和孔的加工较多，零件在加工过程中易产生变形，加工时，主要以零件上的某一平面和与该平面垂直的两个销孔定位，加工方式以铣平面、镗孔、钻铰孔为主。

通过零件工艺分析，找出尺寸及公差、形状与位置误差等设计不合理的要求，以及不合理的结构设计，在保证零件使用性能的前提下，与产品设计人员一起研究，进行必要的修改。

通过表面粗糙度分析，为满足某些特殊部位的表面粗糙度要求，决定是否采用研磨、珩磨等超精加工方法。

(3) 分析零件所用材料和技术要求。零件材料选用应尽量立足国产，使用我国资源丰富的材料。同时，根据技术要求，分析热处理要求，以便在工序流程中合理安排对零件的热处理。如果材料选择不当，不仅会使热处理工序安排不合理，增加零件的制造成本，而且可能使整个工艺规程的制订发生改变。

(三) 毛坯的选用

毛坯的选材，是由零件的使用性能和结构等因素所决定的。毛坯的制造方式则取决于产品的生产纲领、零件材料、零件的结构形状等要求。

毛坯选择的合理性，在于保证零件的质量要求和尽可能地节约材料、降低成本。实践证明，材料消耗、工序数量、加工时间等在很大程度上取决于所选的毛坯。在条件可能的情况下，应尽可能采用新技术、新工艺、新材料。例如，采用精密铸造、精锻、粉末冶金、冷轧、冷挤压等先进工艺，以及异型钢材、工程塑料等新材料，来制造高精度毛坯。这样，不但可以节约原材料，而且还可以减少劳动量，降低能源消耗，改善经济性。当然，在具体选择毛坯时，要遵从产品的生产纲领，特别是企业本身所具有的毛坯生产条件。在汽车零件生产社会化、专业化的今天，最好通过厂际协作，委托专业化的毛坯制造厂提供毛坯，这样才能达到保证毛坯质量、降低成本的目的。

(四) 工艺路线的拟订

所谓拟订工艺路线，就是确定零件从毛坯制造到成品制成所经历的工序的先后顺序，其主要内容包括：①确定工序的集中与分散程度，确定安装方式、定位基准，确定各个表面的加工方法和划分加工阶段等；②根据加工内容及产品图样要求绘制必要的夹具草图，并对拟订的加工顺序做必要的修改。拟订工艺路线是制订工艺规程具有决定性意义的步骤，好的工艺路线往往是在多个方案的比较选择中产生的。

(五) 确定各工序所用设备及其工艺装备

(六) 确定各工序的加工余量、工序尺寸及公差

(七) 确定切削用量、时间定额

(八) 确定关键、重要工序的技术检验要求及检验方法

(九) 填写工艺文件

步骤(五)~(九)涉及的具体内容、方法较多，将在本章第四节和第六节详细介绍或通过工艺规程制订的案例来说明。

第二节 工件定位及加工工艺基准

在学习工艺规程制订方法前,还必须掌握几个工序设计相关的几个重要概念——定位与基准。工件在加工中占据正确的位置——定位,是保证加工精度的重要环节之一。在加工过程中必须参照相应的基准才能保证加工中工序、定位、测量、装配、对刀等得到相应正确的尺寸。

一、工件定位的六自由度规则

在空间直角坐标系中的一个自由刚体,有 6 个方向活动的可能性,即沿 3 个坐标轴方向(水平面内由左向右为 x 轴方向,由后向前为 y 轴方向,垂直向上为 z 轴方向,在没有特别声明时,本书均采用此坐标轴方向)的移动,分别用符号 $\vec{x}$、$\vec{y}$ 和 $\vec{z}$ 表示,和绕 3 个坐标轴方向的转动,分别用符号 $\hat{x}$、$\hat{y}$ 和 $\hat{z}$ 表示。自由刚体在空间的位置不同,这 6 个参数的值也不同,刚体在空间的位置与 6 个参数是一一对应的。习惯上,把刚体在空间坐标系中某个方向活动的可能性称为一个自由度,即空间的一个自由刚体共有 6 个自由度。

工件可近似地看成处在空间的自由刚体,要使工件在某个方向有确定的位置,就必须限制该方向的自由度。反过来说,如果在 3 个相互垂直的平面上,按一定规律分布 6 个定位点(支承钉)就可以限制工件的全部自由度,如图 3-5 所示。上述用 6 个定位点确定工件唯一确切位置的规则,称为六自由度(或六点定位)规则。

图 3-5 工件在空间的六点定位

二、工件正确定位应限制的自由度

所谓工件的正确定位,就是根据加工要求,限制工件的某几个(或全部)自由度,以达到加工要求。在用调整法加工一批工件的过程中，刀具相对于机床和夹具的位置是调整好的，刀具的运动轨迹也是一定的。为了保证工件被加工表面相对于机床的刀具有正确位置，用来确定被加工表面位置的工序基准就必须具有正确的位置。因此，工件的定位问题，可以转化为在空间直角坐标系中限制工件工序的基准自由度来分析。工件定位时应限制哪些自由度（方向和数量），完全由工件在该工序中的加工要求和工序基准的结构性质来决定的。下面结合实例加以说明。

如图3-6所示，有6个待加工工件。其中，图3-6(a)为要在球体工件上加工平面，且有如图所示的工序尺寸要求。那么，应该限制哪些自由度呢？对于这样的工件和加工要求，3个转动自由度不必限制，因为被加工平面在球体上的加工部位没有要求；x、y轴方向的移动无尺寸要求，也无须限制，故只要限制z方向的移动自由度，即球体铣平面（通铣），只需限制1个自由度$\vec{z}$。同样地，图3-6(b)为要在球体上钻孔，只需限制$\vec{x}$、$\vec{y}$这2个自由度；图3-6(c)为要在长方体上通铣平面，只需限制$\vec{x}$、$\vec{y}$、$\vec{z}$这3个自由度；图3-6(d)为要在圆柱上通铣键槽，只需限制$\vec{x}$、$\vec{z}$、$\hat{x}$、$\hat{z}$这4个自由度；图3-6(e)为要在长方体上通铣键槽，只需限制$\vec{x}$、$\vec{z}$、$\hat{x}$、$\hat{y}$、$\hat{z}$这5个自由度；图3-6(f)为要在长方体上铣不通键槽，则6个自由度都需限制。

由上述实例分析可见，从保证加工要求（尺寸、平行度、垂直度等）的角度来看，工件的正确定位，并不是对工件的6个自由度都要加以限制，这是因为有些自由度并不影响加工要求。因此，不影响加工要求的自由度，就不一定加以限制。在考虑工件定位方式时，首先要找出哪些自由度会影响加工要求（尺寸和位置公差），哪些自由度与加工要求无关。前者称为第一类自由度，后者称为第二类自由度。对于第一类自由度，工件定位时必须全部限制，不能遗漏，这是因为它对加工要求有直接影响。至于第二类自由度是否应加以限制，应考虑加工系统所承受的切削力、夹紧力和定位方案的方便实现等因素，决定限制还是放弃。

由前述分析可知，球体上通铣平面只需限制1个自由度，这是从定位分析角度得出的结论，但是在决定定位方案的时候，为了使得定位系统能够实现，承受切削力、夹紧力，方便安排定位元件等原因，往往考虑限制2个自由度[见图3-7(a)]，或限制3个自由度[见图3-7(b)]。在这种情况下，对第二类自由度也加以了限制，不仅是允许的，而且是必要的。

在这里要特别注意的是定位与夹紧的区别。工件夹紧后在空间的6个自由度上基本都无法活动，那么是否可以认为定位系统限制了工件的全部自由度呢？不对。定位和夹紧是两个完全不同的概念，起作用的时域也不同。定位是解决工件在夹紧前位置是否正确、是否到位的问题；而夹紧是解决工件在加工过程中，受到切削力、重力等外力的作用下，是否能稳定地保持在定位位置的问题。也就是说，定位是解决工件的位置定不定的问题，而夹紧是解决工件受力后位置动不动的问题，一定要搞清楚两者的区别。

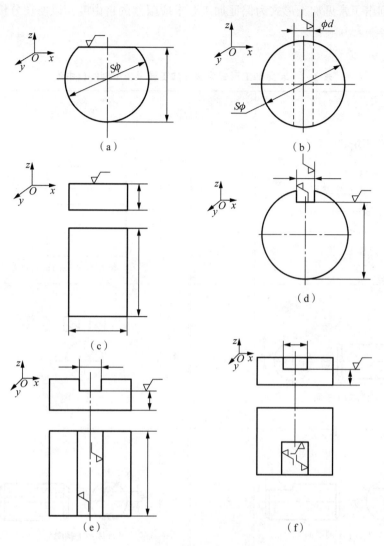

图 3-6 工件应限制自由度实例

(a)球体上铣平面；(b)球体上钻孔；(c)长方体上通铣平面；
(d)圆轴上通铣键槽；(e)长方体上通铣键槽；(f)长方体上铣不通键槽

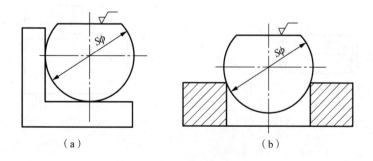

图 3-7 球体加工定位方案

(a)限制2个自由度；(b)限制3个自由度

表3-2列出了常见加工形式为保证加工要求应限制的自由度,以便在分析工件第一类自由度时参考。

表3-2 常见加工形式为保证加工要求应限制的自由度

序号	加工要求	第一类自由度	序号	加工要求	第一类自由度
1	球体加工平面	$\vec{z}$	2	长方体加工平面	$\vec{z}$、$\hat{x}$、$\hat{y}$
3	柱体加工平面	$\vec{z}$、$\hat{y}$	4	板、垫类工件钻孔	$\vec{x}$、$\vec{z}$、$\hat{x}$、$\hat{y}$
5	柱体加工不通平面	$\vec{y}$、$\vec{z}$、$\hat{x}$、$\hat{z}$	6	柱体加工轴向通孔	$\vec{x}$、$\vec{z}$、$\hat{x}$、$\hat{y}$、$\hat{z}$
7	柱体铣通键槽	$\vec{x}$、$\vec{z}$、$\hat{x}$、$\hat{z}$	8	长方体加工通孔	$\vec{x}$、$\vec{y}$、$\hat{x}$、$\hat{y}$、$\hat{z}$

续表

序号	加工要求	第一类自由度	序号	加工要求	第一类自由度
9	长方体加工通键槽	$\vec{x}$、$\vec{z}$、$\hat{x}$、$\hat{y}$、$\hat{z}$	10	条形板加工通孔	$\vec{x}$、$\vec{y}$、$\hat{x}$、$\hat{y}$、$\hat{z}$
11	圆板上加工盲孔	$\vec{x}$、$\vec{y}$、$\vec{z}$、$\hat{x}$、$\hat{y}$	12	长方体加工盲孔	$\vec{x}$、$\vec{y}$、$\vec{z}$、$\hat{x}$、$\hat{y}$、$\hat{z}$

三、基准的概念

一个零件是由若干要素(点、线、面)组成的,各要素之间都有一定的尺寸和位置公差要求。用来确定工件(零件)上几何要素间的几何关系所依据的那些点、线、面就被称作基准。按作用的不同,可将基准分为两大类,如表3-3所示。

表3-3 基准的分类

(一)设计基准

设计基准是设计图样上所采用的基准。如图3-8所示的阶梯轴,端面1是端面3、4的设计基准;中心线2是外圆面ϕd_1和ϕd_2的设计基准。

1、3、4—端面；2—轴线。
图 3-8 设计基准举例

另外，在设计图样上常常标注有形位公差。图 3-8 中，规定了端面 A 与 ϕd_1 轴线 2 的垂直度要求，轴线 2 是端面 A 形位公差的设计基准。从上述实例的分析可知，设计基准就是设计图样上确定几何要素之间相互位置关系的那些点、线、面，它们既可以是实际存在的(如图 3-8 中的表面 1、3、4)，也可以是假想的(如图 3-8 中的轴线 2、对称面等)；而且对那些有直接尺寸关系的表面之间，可以互称设计基准，如图 3-8 中，也可以说端面 3 是端面 1 的设计基准。

(二)工艺基准

工艺基准是在工艺过程中采用的基准，它可分为工序基准、装配基准、定位基准、测量基准、对刀基准等。

1. 工序基准

在工序图上用来确定本工序被加工表面加工后的尺寸、位置和形状的基准，称为工序基准。图 3-9 为法兰盘车削加工的工序图。端面 F 为端面 1 和 2 的工序基准，端面 1 和 2 通过尺寸 L_1、L_2 及平行度公差与工序基准 F 相联系。外圆 ϕd 和内孔 ϕD 的工序基准是轴线。联系被加工表面与工序基准之间的尺寸，是这道工序应直接保证的尺寸，称为工序尺寸，如图 3-9 中的 L_1、L_2、ϕd、ϕD 等。因此，工序基准也就是工序图上工序尺寸、位置公差标注的起始点。工序尺寸是有方向性的，即由工序基准指向被加工表面。

1、2、6、F—端面；3、4、5—圆柱面。
图 3-9 法兰盘车削加工的工序图

从上述分析可知，工序基准可以是实际存在的，也可以是假想的。零件加工时，应尽量使工序基准与设计基准重合，否则就要进行尺寸换算。

2. 装配基准

装配时用来确定零件或部件在产品中的相对位置所采用的基准，称为装配基准。例如，齿轮的轴孔和端面就是齿轮的装配基准（轴孔是径向装配基准，齿轮轮毂端面是轴向装配基准）。

3. 定位基准

工件在机床上或夹具中装夹时，使工件占有正确位置所采用的基准，称为定位基准。作为定位基准的点、线、面可以是实际存在的，也可以是假想的。假想的定位基准是由实际存在的表面来体现的，这些体现定位基准的表面称为定位基面。如图3-9所示，工件装夹在三爪自定心卡盘中，工件外圆面5与卡爪接触，端面6靠在卡盘端面上，从而实现了工件的定位。就是说，工件的定位基准是外圆面5的轴线和端面6，而端面6是实际存在的定位基准，它用于确定工件轴向位置；轴线是假想的定位基准，它用于确定工件径向位置，由外圆柱面5来体现，外圆柱面5是定位基面。

在机械加工过程中，应尽量使定位基准、工序基准和设计基准重合，否则将产生基准不重合误差。基准不重合误差问题将在后面的章节中详细介绍。

工件首次加工所使用的定位基准（面）都是未经加工过的表面，这样的定位基准被称为粗基准；采用已加工过的表面作为定位基准（面），这种定位基准称为精基准；纯粹为机械加工工艺的需要，而专门在工件上设计制造出来的定位基准称为辅助基准（如轴类零件端面上的中心孔等）。

4. 测量基准

测量时所采用的基准，即用来确定被测量尺寸、形状和位置的基准，称为测量基准。如图3-9中，以端面F为基准，用深度卡尺测量端面1、2的尺寸L_1、L_2，端面F就是端面1、2的测量基准。用卡尺测量外圆面4的直径尺寸，卡尺量爪与外圆面接触的两点就是测量基准。又如，将阶梯轴两端中心孔支承在两顶尖上，测量各外圆面的径向圆跳动，两中心孔模拟（体现）轴的轴线，轴线即为测量基准，而中心孔为测量基面。

5. 对刀基准

在加工过程中，调整刀具与机床夹具相对位置所采用的基准就叫对刀基准。例如，车床的主轴轴线就是对刀基准。

以上所述只是介绍了一些常用基准的概念。基准在加工工艺过程当中是很重要的概念，望大家认真学习，真正搞清楚它们的含义。

工艺过程中常用的基准之间的关系如图3-10所示。从图中可以看出，有些几何要素，由于其作用不同而有着不同的基准名称，这在工艺学上称为基准重合。基准重合是产品设计人员和工艺人员都应遵循的基本原则。例如，产品设计时，应尽量把装配基准作为零件图样上的设计基准，以便直接保证装配精度要求；零件加工时，应使工序基准与设计基准重合，以便能直接保证加工精度要求；设计机床夹具时，应使工件的定位基准、工序基准与夹具的对刀重合，避免产生基准不重合误差，提高加工精度。同时，基准重合还可以避免进行复杂的尺寸换算(原因将在后面介绍)。

1—设计基准；2—工序基准；3—定位基准；4—测量基准。

图 3-10　基准之间的关系

(a)零件图；(b)、(c)、(d)、(e)定位简图；(f)、(g)、(h)测量简图

第三节　机械加工路线的制订

在制订工艺路线时，工艺人员必须在充分掌握信息(如生产纲领、现有生产条件等)的基础上，从所提出的各种方案中，通过分析比较，选择最佳方案，并在生产实践中不断完善，制订出比较合理的工艺路线。

一、定位基准的选择

拟订零件加工工艺方案的首要任务是选择基准，这对于在加工过程中保证零件表面之间相对位置精度是非常重要的。在零件加工的第一道工序中，只能使用毛坯的表面来定位，这种定位基准称为粗基准。在以后的每道加工工序中，均采用已经加工过的表面作为定位基准，这种定位基准称为精基准。由于粗基准和精基准的作用和用途不相同，所以在选择粗基准和精基准时，所考虑问题的侧重点也不同。下面分别予以详细讨论。

1. 粗基准的选择

选择粗基准时，所考虑的侧重点为：如何保证各加工面有足够的加工余量；非加工表面的尺寸、位置误差如何能满足设计图样要求。具体选择原则如下。

(1)零件上某个表面不需要加工，则应该选择这个不需要加工的表面作为粗基准，这

样可以提高非加工表面与加工表面的相对位置精度。以图3-11所示的轴承密封端盖的加工为例，该密封端盖在装配使用时端部露于发动机外，不需加工。因此，为了保证壁厚均匀，应选择露于发动机外的非加工表面为粗基准。

(2)如果零件上有多个非加工表面，则应该选择其中有较高精度要求的表面作为粗基准。如图3-12(a)所示，变速器壳体以轴承座孔作为粗基准，加工接合面。在这一工序中，变速器体被两同轴线的锥形定位销和一轴线与之平行的菱形销所定位。当再次以被加工好的接合面作为定位基准[见图3-12(b)]，加工同轴的两轴承座孔时，可以保证轴承座孔具有足够且均匀的加工余量，有利于提高变速器壳体轴承座孔的精度。

图3-11 轴承密封端盖的加工

图3-12 变速器壳体加工的粗基准选择
(a)加工接合面；(b)加工轴承孔

(3)零件的表面若全部需要加工，而且毛坯比较精确，则应选择加工余量最少的表面作为粗基准。如图3-13所示，某小型柴油机柱塞偶件的柱塞加工中，毛坯表面ϕA的余量$<\phi B$的余量$<\phi C$的余量，所以选用ϕA部分的毛坯表面作为粗基准。

图3-13 柱塞加工粗基准选择

(4)选择重要表面、加工面积最大表面作为粗基准，这样可以保证这些重要表面加工余量的均匀性和保护这部分重要表面的表层质量。例如，发动机缸盖的表面加工中，因缸盖与缸体的接合面的加工精度要求高，该表面的铸层质量好，加工余量要求均匀，所以选择接合面作为粗基准加工缸盖上平面，如图3-14(a)所示。然后，再以上端面为基准加工接合面及其他尺寸,如图 3-14(b)所示。

图 3-14 缸盖加工的粗基准选择
(a)加工上平面;(b)加工接合面

(5)尽量选择平整、没有冒口与飞边和其他表面缺陷的毛坯表面作为粗基准,以保证定位准确,夹紧可靠。

(6)同一尺寸方向上,粗基准一般只选择使用一次。因为粗基准是毛坯表面,表面粗糙、精度低,重复使用可能使定位误差变得很大。

2. 精基准的选择

选择精基准主要考虑减少定位误差,保证加工精度和装夹方便、准确,因此精基准的选择原则有以下几个。

(1)基准重合原则。就是选择被加工表面的设计基准作为该加工表面的定位基准,这样可以避免由于基准不重合而引起的定位误差。

图 3-15(a)为某产品零件设计图。在加工获得尺寸 $L_0^{+\delta_2}$ 的方法中,有 2 种方案可选。

方案 1:如图 3-15(b)所示,以 C 平面作为定位基准,加工 B 平面,直接保证尺寸 L。由于定位基准与设计基准重合,影响加工精度的因素只有加工 B 平面时的加工误差,这样只要使工序尺寸 $L_0^{+\delta_2}$ 的工序公差 $\delta_b \leq \delta_2$,零件的设计尺寸 $L_0^{+\delta_2}$ 即可得到保证。

方案 2:如图 3-15(c)所示,以 A 平面作为定位基准,加工 B 平面,得到 $K_{-\delta_c}^0$ 这一尺寸。由于定位基准与设计基准不重合,因此 $L_0^{+\delta_2}$ 的精度是间接保证的。从工序尺寸链分析,本加工方案中 L 为封闭环,则 $L=H-K$;$ES_L=\delta_1+\delta_c$;$EI_L=0$;故有 $T_L=\delta_1+\delta_c$。分析看出:影响尺寸 L 的精度,除了尺寸 K 的加工误差 δ_c 外,还有尺寸 H 的加工误差 δ_1。而误

差 δ_1 影响的引入，正是由于工序基准与设计基准不重合而引起的。因此，要满足保证尺寸 $L_0^{+\delta_2}$ 的要求，必须严格控制尺寸 H 和 K 的误差，即满足不等式 $\delta_2 \geq \delta_c + \delta_1$。但是，假设设计图中已经给定公差 $\delta_1 > \delta_2$，则上述不等式不能成立。在这样的情况下，为了达到设计图尺寸 $L_0^{+\delta_2}$ 的要求，实际编制工序卡时，往往采取压缩尺寸 H 的工序公差。即在加工尺寸 H 时，所采用的工序公差小于设计要求 δ_1，这样最终结果虽然保证了不等式 $\delta_2 \geq \delta_c + \delta_1$ 成立，但却加严了尺寸 H 的加工精度，增大了尺寸 H 的制造难度。

图 3-15 应用基准重合原则选择精基准

(a) 零件设计图；(b) 以 C 平面作为定位基准；(c) 以 A 平面作为定位基准

（2）基准统一原则。在各工序中，所用工序基准应尽可能一致。例如，发动机进、排气凸轮轴及曲轴等轴类零件加工时，采用两端中心孔作为定位基准；齿轮等盘类零件加工时，采用中孔加上与中孔轴线垂直的端面作为定位基准加工齿坯外圆及齿形；发动机缸体、缸盖等箱体零件加工时，采用一面两孔作为工序基准，完成尽可能多的加工工序。采用基准统一原则的意义在于：既可减少由于基准转换引起的误差，又减少了加工工艺过程中夹具设计、制造的种类、数量，有利于提高各加工表面间的位置精度和降低生产成本。

（3）互为基准原则。对于 2 个有位置要求的表面，如果这 2 个表面的相互位置精度、形状精度及其自身的尺寸精度要求都很高，则可利用这两个表面互为基准，反复多次加工，达到设计图样的要求。例如，高精度齿轮高频感应加热淬火后，为消除淬火变形，提高齿面与轴孔的精度，常以齿面定位加工内孔，再以内孔定位磨削齿面，如此反复多次，即可保证轴孔与齿面有高的相互位置精度。

（4）自为基准原则。对于某些精加工或光整加工工序，由于这类加工的加工余量小而且均匀，所以常常选择加工表面自身作为定位基准。例如，利用浮动镗刀加工发动机气缸套内孔，或利用珩磨工艺珩磨缸体上的气缸内壁等。

（5）辅助基准。某些零件由于结构不规则，很难以零件自身表面作为定位基准，因此常常在零件上专门设计制造出特定部位作为定位基准。这些在零件上为了工艺需要而专门设计制造的定位基准称为辅助基准。如图 3-16 所示的某大型柴油机高压油泵柱塞，为了加工的需要，在柱塞的尾部设计增加一小凸台，利用台阶和柱塞头部上的中心孔作为柱塞加工基准，待加工完毕后，再将小凸台切除掉，以满足设计图样的要求。

图 3-16 柴油机高压油泵柱塞加工的辅助基准

二、表面加工方法的选择

选择表面加工方法时,一般应先根据设计图纸上要求的表面加工精度和表面粗糙度,选定最终加工方法,然后再确定精加工前的准备工序的加工方法,依次类推到毛坯加工的要求;反过来就是从毛坯到成品的加工方案。由于获得同一精度和同一粗糙度的方案有好几种,因此选择时要考虑零件的结构形状、尺寸大小、材料和热处理要求及企业的生产装备条件。此外,还要考虑生产率和经济性。

任何一种加工方法可以获得的加工精度和表面粗糙度均有一较大的范围。例如,精细的操作,选择低的切削用量,可以获得较高的精度,但又会降低生产率,提高成本;反之,通过增大切削用量来提高生产率,虽然降低了成本,但精度也降低了。所以一种加工方法只有在一定的精度范围内才是经济的,这一定范围的精度是在正常的加工条件下(采用符合质量标准的设备、工艺装备和标准技术等级的工人,合理的加工时间)所能达到的精度,称为经济精度,相应的表面粗糙度称为经济粗糙度。表3-4、3-5、3-6分别为外圆柱面、内孔和平面等典型加工方法和加工方案能得到的经济精度和经济粗糙度(经济精度以公差等级表示)。表3-7为各种方法加工轴线平行孔系的位置精度(用距离误差表示)。各种加工方法所能达到的经济精度和经济粗糙度,在机械加工的各种手册中均能查到。选择加工方法时,应尽可能根据该加工方法所能达到的经济精度和经济粗糙度等级确定。

表3-4 外圆柱表面加工方法的经济精度、经济粗糙度及其适用范围

序号	加工方法	经济精度 (公差等级表示)	经济粗糙度 $Ra/\mu m$	适用范围
1	粗车	IT11~IT13	50.0~12.5	适用于淬火钢以外的各种金属
2	粗车-半精车	IT8~IT10	6.3~3.2	
3	粗车-半精车-精车	IT7~IT8	1.6~0.8	
4	粗车-半精车-精车-滚压(或抛光)	IT7~IT8	0.200~0.025	

续表

序号	加工方法	经济精度 (公差等级表示)	经济粗糙度 $Ra/\mu m$	适用范围
5	粗车-半精车-磨削	IT7~IT8	0.8~0.4	主要用于淬火钢,也可用于未淬火钢,但不宜加工有色金属
6	粗车-半精车-粗磨-精磨	IT6~IT7	0.4~0.1	
7	粗车-半精车-粗磨-精磨-超精加工(或轮式超精磨)	IT5	0.100~0.012 (或 Rz 0.1)	
8	粗车-半精车-精车-精细车(金刚车)	IT6~IT7	0.400~0.025 (或 Rz 0.1)	主要用于要求较高的有色金属加工
9	粗车-半精车-粗磨-精磨-超精磨(或镜面磨)	IT5 以上	0.025~0.006 (或 Rz 0.05)	主要用于极高精度的外圆面加工
10	粗车-半精车-粗磨-精磨-研磨	IT5 以上	0.100~0.006 (或 Rz 0.05)	

表 3-5 内孔加工方法的经济精度、经济粗糙度及其适用范围

序号	加工方法	经济精度 (公差等级表示)	经济粗糙度 $Ra/\mu m$	适用范围
1	钻	IT11~IT13	12.5	加工未淬火钢及铸铁的实心毛坯,也可用于加工有色金属。孔径小于15~20 mm
2	钻-铰	IT8~IT10	6.3~1.6	
3	钻-粗铰-精铰	IT7~IT8	1.6~0.8	
4	钻-扩	IT10~IT11	12.5~6.3	加工未淬火钢及铸铁的实心毛坯,也可用于加工有色金属。孔径小于15~20 mm
5	钻-扩-铰	IT8~IT9	3.2~1.6	
6	钻-扩-粗铰-精铰	IT7	1.6~0.8	
7	钻-扩-机铰-手铰	IT6~IT7	0.4~0.2	
8	钻-扩-拉	IT7~IT9	1.6~0.1	大批、大量生产(精度视拉刀的精度而定)

续表

序号	加工方法	经济精度（公差等级表示）	经济粗糙度 Ra/μm	适用范围
9	粗镗（或扩孔）	IT11~IT13	12.5~6.3	除淬火钢外的各种材料,毛坯有铸出孔或锻出孔
10	粗镗（粗扩）-半精镗（精扩）	IT9~IT10	3.2~1.6	
11	粗镗（粗扩）-半精镗（粗扩）-精镗（铰）	IT7~IT8	1.6~0.8	
12	粗镗（粗扩）-半精镗（粗扩）-精镗-浮动镗刀精镗	IT6~IT7	0.8~0.4	
13	粗镗（扩）-半精镗-磨孔	IT7~IT8	0.8~0.2	主要用于淬火钢,也可用于未淬火钢,但不宜用于有色金属
14	粗镗（扩）-半精镗-粗镗-精磨	IT6~IT7	0.2~0.1	
15	粗镗（扩）-半精镗-粗镗-精细镗（金刚镗）	IT6~IT7	0.40~0.05	主要用于精度要求高的有色金属加工
16	钻-（扩）-粗铰-精铰-珩磨；钻-（扩）-拉-珩磨；粗镗-半精镗-精镗-珩磨	IT6~IT7	0.200~0.025	主要用于精度要求很高的孔加工
17	以研磨代替16中的珩磨	IT5~IT6	0.100~0.006	

表3-6 平面加工方法的经济精度、经济粗糙度及其适用范围

序号	加工方法	经济精度（公差等级表示）	经济粗糙度 Ra/μm	适用范围
1	粗车	IT11~IT13	50.0~12.5	端面
2	粗车-半精车	IT8~IT10	6.3~3.2	
3	粗车-半精车-精车	IT7~IT8	1.6~0.8	
4	粗车-半精车-磨削	IT6~IT8	0.8~0.2	
5	粗刨（或粗铣）	IT11~IT13	25.0~6.3	一般不淬硬平面（端铣表面粗糙度较小）
6	粗刨（或粗铣）-精刨（或精铣）	IT8~IT10	6.3~1.6	

续表

序号	加工方法	经济精度（公差等级表示）	经济粗糙度 $Ra/\mu m$	适用范围
7	粗刨（或粗铣）-精刨（或精铣）-刮研	IT6～IT7	0.8～0.1	精度要求较高的不淬硬平面，批量较大时宜采用宽刃精刨方案
8	以宽刃精刨代替7中的刮研	IT7	0.8～0.2	
9	粗刨（或粗铣）-精刨（或精铣）-磨削	IT7	0.8～0.2	精度要求高的淬硬平面或不淬硬平面
10	粗刨（或粗铣）-精刨（或精铣）-粗磨-精磨	IT6～IT7	0.400～0.025	
11	粗铣-拉	IT7～IT9	0.8～0.2	大量生产，较小的平面（精度视拉刀精度而定）
12	粗铣-精铣-磨削-研磨	IT5以上	0.100～0.006（或 Rz 0.05）	高精度平面

表3-7 轴线平行孔系的位置精度（经济精度） μm

加工方法	工具的定位	两孔轴线间的距离误差或从孔轴线到平面的距离误差	加工方法	工具的定位	两孔轴线间的距离误差或从孔轴线到平面的距离误差
立钻或摇臂钻上钻孔	用钻模	0.1～0.2	卧式镗床上镗孔	用镗模	0.05～0.08
	按划线	1.0～3.0		按定位样板	0.08～0.20
立钻或摇臂钻上镗孔	用镗模	0.03～0.05		按定位器的指示读数	0.04～0.06
车床上镗孔	按划线	1.0～2.0		用块规	0.05～0.10
	用带有滑磨的角尺	0.1～0.3		用内径规或用塞尺	0.05～0.25
坐标镗床上镗孔	用光学仪器	0.004～0.015		用程度控制的坐标装置	0.04～0.05
金刚镗床上镗孔		0.008～0.020		用游标卡尺	0.2～0.4
多轴组合机床上镗孔	用镗模	0.03～0.05		按划线	0.4～0.6

三、加工阶段的划分

(一)加工阶段划分原则

大多数零件,一般都不能在一个工序内完成所有尺寸的加工,而整个加工过程所经历的工序较多。一些精度要求较高的零件加工更是如此。如何安排整个加工过程,在实际生产中,已总结出一系列的指导性原则。把加工过程划分成几个阶段,每个阶段分别完成不同的加工内容,达到不同的加工目的,就是其中之一。

(1)粗加工阶段:主要任务是除去大部分多余的金属层,使半成品零件从形状和尺寸上尽量接近成品的形状和设计图样的尺寸的要求,以提高零件生产率。

(2)半精加工阶段:为精加工做准备,以及满足设计图样中零件的部分精度要求。

(3)精加工阶段:保证零件加工后,各主要表面达到产品设计图样规定的精度要求,最终获得零件设计图所需要的表面质量、设计尺寸和规定的技术要求。

(4)光整加工阶段:对于精度要求特别高,表面粗糙度值特别小的表面,通过光整加工进一步提高精度,改善表面质量。

(二)加工阶段划分的意义

(1)保证加工质量。工件粗加工时,由于加工余量大,因此加工时背吃刀量和进给量都大,产生的切削力及切削热也大,从而引起工艺系统受力变形、热变形也大,所以从加工的方式可以看出,粗加工不可能得到高的精度和小的表面粗糙度值,必须要有后续的、更高级的加工手段,逐步改变切削用量、减少加工误差,最终满足零件的设计要求。

存在残余应力的毛坯,粗加工后,其内应力重新分布,从而造成新的变形。划分加工阶段,在毛坯粗加工后,增加人工时效处理,可避免由于内应力引起的变形对精加工的影响。如果零件表面粗、精加工没有按阶段而交替进行,那么极可能由于粗加工的作用,导致已完成加工并达到产品设计图样要求的零件表面精度的破坏。

(2)合理使用机床设备。加工过程按阶段划分后,可合理使用设备,充分发挥粗、精加工设备的各自特点,使设备得到合理的使用。这样既可使粗加工机床的效率得到充分发挥,又可让精加工机床在较小的切削力作用下工作,从而有利于长期保持设备的精度。

(3)方便安排热处理工序和及时发现毛坯缺陷。在加工过程中,如果零件需要热处理,则加工过程至少需要划分为两个阶段。因为精密零件粗加工后,一般应安排一次去应力时效处理,以减少内应力对精加工的影响。此外,零件表面强化处理(如淬火、渗氮等)一般安排在半精加工之后,这样不但可以消除表面强化处理引起的变形,而且可满足零件表面强化的技术要求。

零件的加工分阶段后,毛坯表面先进行粗加工,可及早发现零件内部缺陷(如疏松、缩孔等),及时采取措施,避免造成更多的人力、物力、能源浪费。

必须指出:加工过程阶段的划分不是绝对的,主要根据工件在加工过程中的变形对精度的影响程度来决定。例如,对高质量的毛坯,加工余量小;加工精度要求低,而刚性又好的零件,则可以不划分阶段。又如,某些单件或小批量重型零件的加工,零件的运输、装夹费力、费时，则常常在一台机床上完成该零件某些表面的全部粗、精加工。只有这样，才能叫合理、科学地利用了加工阶段划分原则，而非机械地按上述原则划分零件加工阶段。

四、加工顺序的安排

(一) 机械加工工序的安排

(1) 为了为后续的工序提供合适的定位基准，往往在加工过程的开始阶段，首先加工出精基准。例如，轴类零件(发动机曲轴，进、排气凸轮轴等)加工，加工工序的前两道工序就是以轴的外径为粗基准铣端面和打中心孔，确定零件在以后加工中定位用的精基准；箱体零件(发动机缸体、变速器壳体等)的加工，一般先加工定位平面及与定位平面垂直的每个工艺孔，作为加工箱体零件上其他尺寸的精基准。

(2) 首先安排加工表面的粗加工，然后安排半精加工，最后安排精加工、光整加工。一般精度要求高的表面安排在加工过程的最后，避免受其他表面加工的影响。

(3) 根据零件功能和技术要求，一般将零件加工表面区分为主要表面和次要表面，以主要表面的加工顺序安排为重点，将次要表面加工穿插于主要表面的加工工序中间，这样有主有次、相得益彰。

(4) 先面后孔。对于支架、底座支承、箱体、连杆类零件，先加工平面，后加工孔，这样可借助平面接触面积较大、平整、安装定位可靠的特点，以平面作精基准加工孔等尺寸，从而得到好的平面与孔的位置精度。

(5) 对于单件、小批量生产的零件，当工厂(车间)的设备按机床功能门类布置时，为了避免零件往返搬运费时、碰伤、碰坏的可能，应考虑加工工序集中安排。例如，前面工序均为车削加工，中间工序为铣削或钻削加工，最后为磨削加工等。

(二) 热处理工序的安排

零件在加工过程中的热处理按其目的不同，一般分为预备热处理和最终热处理两种。

(1) 预备热处理。所谓预备热处理，就是以改善零件毛坯材料组织性能、切削性为目的的热处理。通常 $w_c<0.3\%$ 的中、低碳钢采用正火，中碳钢采用退火，高碳钢采用球化退火，而综合力学性能要求高的零件则采用调质处理。预备热处理一般安排在机械加工之前进行。

(2) 最终热处理。所谓最终热处理，就是为获得所需的组织结构与性能而对零件进行的热处理。最终热处理一般安排在零件精加工前进行，主要方式有淬火、调质、表面处理等。

一些结构较复杂的铸件，由于各部分的厚薄分布不均匀，因此各部分的冷却速度不同，结果造成铸件中产生内应力。为了减少因加工后内应力重新分布而引起的变形，故在粗加工之后、精加工之前安排人工时效处理。对于高精度的零件，甚至可安排两次人工时效，即铸造→粗加工→第一次人工时效→半精加工→第二次人工时效→精加工。有时在粗加工之前，还常常将铸件毛坯长时间存放于自然环境之中，先进行自然时效，然后再进行加工制造。

整体淬火的目的是提高零件材料整体的硬度和强度。在汽车生产中，整体淬火常见于某些受大负荷、冲击、相对运动速度较高的摩擦副处的销轴零件的热处理。例如，柴油机喷油器中针阀偶件中的针阀、燃油泵中出油阀偶件的出油阀等零件的热处理。整体淬火变形大，一般安排在精加工之前进行。

表面处理的目的是提高零件表面的硬度和耐磨性，主要方式有：表面淬火、渗碳淬火、渗氮、碳氮共渗等。在汽车生产中，表面处理常见于齿轮、连接轴、转动零件的轴颈、有相对运动的零件配合表面等。其中，低碳钢零件常用渗碳淬火，中碳钢、铸铁件常用表面淬火，热处理工序安排在精加工前进行；而渗氮等热处理工艺主要用于一些重要零件，如柴油机柱塞偶件的柱塞套筒。零件经渗氮后变形小，因此渗氮工序可以安排在精加工后、最终加工工序前进行。

淬火前，必须安排去毛刺工序，仔细去掉零件表面的毛刺，否则毛刺经淬火后硬度很高，难以去除，会影响后续加工质量。

(三) 辅助工序的安排

零件的检验工序是加工过程中的辅助工序。为了保证产品零件的质量，除了在加工过程中设置操作者的自检、操作者之间的互检外，各关键、重要工序。零件从一个车间(工段)转向另一个车间(工段)前后(特别是热处理前后)、粗精加工之间，以及零件全部加工完成后，还必须设立由检验人员进行的专检工序。

在汽车生产过程中，有时需要对零件基体内部质量进行检查，如：发动机曲轴、凸轮轴、连杆的磁力探伤；缸体、缸盖的超声波探伤等。这类特种检验根据检验手段的不同，其工序安排的顺序也不同。例如，磁力探伤和荧光检验通常安排在精加工阶段，超声波探伤一般安排在粗加工后进行，而密封性、平衡性等检验则视加工过程的需要和方便灵活安排。例如，发动机缸盖的水道、柴油机油泵体的高压油道的密封性检查，应安排在水道、油道加工完毕后即刻进行，以便及时发现问题；但是，汽车油箱的密封性则常常安排在油箱的终检中进行，发动机曲轴的动平衡性试验也是如此。

需要指出的是，零件的终检是非常重要的，但终检的内容却不是对每一个零件按设计图样要求从头到尾进行一次彻底的检验。在大批量生产情况下，一般按规定要求，只抽取一定比例的零件，并只对部分主要尺寸进行检查。

零件表面经过切削后，飞边、毛刺出现是一种必然现象。飞边、毛刺的存在，在加工过程中，既影响零件的加工精度，还容易造成对操作者的伤害，装配时又极易划伤配合件表面而影响装配精度。因此，在加工过程中，应适时安排零件去飞边、毛刺工序。另外，主要尺寸加工和精加工、光整加工前，必须安排去除飞边、毛刺工序，为后继工序做准备。一些结构复杂的零件加工完毕后，入库之前，还常常专门设置去飞边，毛刺工序，对零件的飞边和毛刺进行最后一次彻底清理。

表面保护，如表面涂镀、发蓝等表面处理工序，一般安排在加工过程的最后进行；清洗、防锈工序，根据需要布置在各道工序之间、检验结束后或零件装配之前进行。

五、工序的集中与分散

选定了一个零件的加工工艺方案，并划分了加工阶段之后，在一定条件下，可以根据零件加工的工艺特点和生产加工过程组织方式，使零件加工工序的数目不同。这种不同，正是应用工序集中与工序分散两种不同的原则，对工序进行不同的组合来实现的。

所谓工序分散，就是将零件的加工分散在较多的工序内完成。其工艺特点为：每道工序所包含的加工内容较少，工序数目较多，工艺路线长；每道工序的工装夹具比较简单，调整、维护方便，生产准备工作量少；涉及的设备数量、种类较多，操作人员需求量大，生产占用面积广。

所谓工序集中，就是将零件的加工集中在少数几道工序内完成。其工艺特点为：每道工序所包含的加工内容较多，工序数目少，工艺路线短；减少了零件装夹次数，一次装夹即可完成多个表面的加工，全面提高了零件生产加工的劳动生产率；减少了工序间的运输，减少了生产设备数量，有利于使用高生产率的先进技术和专用设备，从而减少了生产工人的数量和生产占用的面积。但工序集中，使设备、工艺装备更加复杂，投资可能更大。

由上述分析可以看出，工序集中的优点正是工序分散的缺点；反之，工序分散的优点正是工序集中的缺点。因此，拟订工艺规程时，应根据零件的生产量、零件的结构特点、技术要求、现有机床设备等生产条件予以综合考虑。从现代生产的发展趋势来看，更强调工序集中，如小批量生产时，为简化生产管理工作，让普通通用设备能尽可能多地完成加工内容，减少工序数目；多品种、中小批量生产时，更多采用数控机床、加工中心等高效、自动化设备，从而使一台生产设备也尽可能多地完成加工内容，从而达到工序集中的目的。但是，对一些精度要求高，且形状复杂的零件来说，应根据零件结构特点，对加工工序合理分散，以便使用通用设备和结构简单的工装夹具组成流水生产线，生产出高质量的产品。

第四节 工序具体内容的确定

工艺路线拟订后，还必须明确每道工序的内容。这些内容包括：加工余量、工序尺寸、设备选择、切削用量与时间定额规定等。

一、加工余量的概念

在零件的加工过程中,为了获得某一表面所要求的形状、尺寸和表面质量,必须从该零件的毛坯表面上切除多余的金属层,称为加工余量。加工余量分为总余量和工序余量。其中,零件某一表面相邻两道工序尺寸之差称为工序余量,而该表面所有工序余量之和等于加工总余量,即

$$Z_T = \sum_{i=1}^{n} Z_i$$

式中:Z_T——加工总余量;
$\quad\quad Z_i$——工序余量;
$\quad\quad n$——工序数目。

工序余量按加工表面形状不同,分为单边余量和双边余量或对称余量。

在图3-17(a)所示的平面加工中,$Z_i = L_{i-1} - L_i$;在图3-17(b)所示的槽底加工中,$Z_i = L_i - L_{i-1}$(L_i是本工序名义尺寸;L_{i-1},是上工序名义尺寸),均属于单边余量。

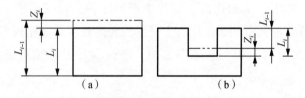

图3-17 单边余量

(a)平面加工;(b)槽底加工

加工旋转表面(孔和外圆)和同时加工相对的两平面时的加工余量称为双边余量或对称余量,如图3-18(a)、(b)所示。

对于轴[见图3-18(a)]: $\quad 2Z_i = \phi_{i-1} - \phi_i$

对于孔[见图3-18(b)]: $\quad 2Z_i = \phi_i - \phi_{i-1}$

式中:ϕ_i——本工序名义尺寸;
$\quad\quad \phi_{i-1}$——上工序名义尺寸。

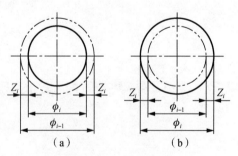

图3-18 双边余量

(a)轴的加工;(b)孔的加工

无论是加工总余量还是工序余量,在加工过程中,由于工序尺寸有公差,实际切除的余量是变化的,因此加工余量又可以分为基本余量Z_i、最大余量$Z_{i\max}$、最小余量$Z_{i\min}$。

下面按内表面、外表面两种情况分别进行讨论。

图 3-19 为外表面基本余量、最大余量、最小余量关系图。由图可得

$$Z_{i\,max} = L_{i-1\,max} - L_{i\,min} = L_{i-1} - (L_i - \delta_i) = (L_{i-1} - L_i) + \delta_i = Z_i + \delta_i$$

$$Z_{i\,min} = L_{i-1\,min} - L_{i\,max} = (L_{i-1} - \delta_{i-1}) - L_i = (L_{i-1} - L_i) - \delta_{i-1} = Z_i - \delta_{i-1}$$

$$\delta_Z = Z_{i\,max} - Z_{i\,min} = \delta_{i-1} + \delta_i$$

图 3-19 外表面基本余量、最大余量、最小余量关系图

图 3-20 为内表面基本余量、最大余量、最小余量关系图。由图可得

$$Z_{i\,max} = L_{i\,max} - L_{i-1\,min} = (L_i + \delta_i) - L_{i-1} = (L_i - L_{i-1}) + \delta_i = Z_i + \delta_i$$

$$Z_{i\,min} = L_{i\,min} - L_{i-1\,max} = L_i - (L_{i-1} + \delta_{i-1}) = (L_i - L_{i-1}) - \delta_{i-1} = Z_i - \delta_{i-1}$$

$$\delta_Z = Z_{i\,max} - Z_{i\,min} = \delta_i + \delta_{i-1}$$

上述各式中，δ_i 为本工序尺寸公差；δ_{i-1} 为上工序尺寸公差；δ_Z 为本工序余量公差。

图 3-20 内表面基本余量、最大余量、最小余量关系图

计算结果表明：无论是外表面还是内表面，本工序余量公差总是等于本工序尺寸公差与上工序尺寸公差之和。

正确确定加工余量，是制订工艺规程的主要任务之一。首先应确保最小加工余量能够将具有各种缺陷和误差的金属层去除掉，然后保证加工表面的加工精度和表面质量。反之，如果加工余量过大，既费工又费时，还增加刀具损耗，浪费材料，甚至破坏需要保存的表面金属层。

影响加工余量确定的因素有：①上工序的表面质量。②上工序的形状误差，特别是对于一些不包括在尺寸公差范围内的形状误差。例如，零件轴线的直线度误差，假若上工序加工后留下的轴线的直线度误差为 Δt，则本工序必须相应增加加工余量 $2\Delta t$，才能保证消除零件上道工序留下的直线度误差。③上工序的位置误差，在确定本工序加工余量时，必须考虑上一工序不包括尺寸公差范围内的位置误差的影响。④工件在本工序中的定位误差及夹具本身的制造误差都将直接影响本工序的加工余量。

在实践生产中，确定加工余量的方法主要有分析计算法、经验估算法、查表修正法。其中，查表修正法本身就是在无数次科学实践的基础上总结出来的，并经过无数次实践检验得到先进、科学的数据，使用时既方便又可靠，所以此法应用最广。

二、工序尺寸及其公差的确定

当零件的设计基准与工序基准重合时,由最终尺寸逐步向前推算,便可以得到每一工序的工序尺寸,最后得到毛坯尺寸。当设计基准与工艺基准不重合时,每一工序的工序尺寸则必须通过工艺尺寸链的换算得到。

工序尺寸的公差一般都按"入体原则"进行标注,毛坯尺寸则往往采用双向公差进行标注。

图 3-21 为一轴套零件,轴套材料为 HT250。现在以轴套孔的加工为例,采用查表法确定轴套孔的加工余量,以及各加工工序(工步)的经济精度和相应公差值。

图 3-21 轴套孔加工

首先,选择工艺路线为:粗镗→半精镗→精镗→浮动镗。然后,采用最终尺寸逐步向前推算,查表确定各工序(工步)的加工余量,并计算出各工序的工序尺寸,按"入体原则"标注出各工序的经济精度及相应的公差值。

(1)浮动镗加工后,应达到零件设计图上的尺寸要求,故

$$\phi_5 = 100H7(^{+0.035}_{0})\text{mm}$$

(2)精镗加工后,孔径尺寸及经济精度、相应偏差值为

$$\phi_4 = 99.9H8(^{+0.054}_{0})\text{mm}$$

(3)半精镗加工后,孔径的基本尺寸及经济精度、相应偏差值为

$$\phi_3 = 99.4H10(^{+0.14}_{0})\text{mm}$$

(4)粗镗加工后,孔径的基本尺寸及经济精度、相应偏差值为

$$\phi_2 = 97H12(^{+0.36}_{0})\text{mm}$$

(5)毛坯孔径的基本尺寸及相应偏差值为

$$\phi_1 = (92 \pm 1.5)\text{mm}$$

各工序尺寸确定后,常常需对每道工序的加工余量进行验算。验算时,应画出所验算工序的尺寸链图,并把加工余量作为封闭环。

三、机床设备、工艺装备的选择确定

机床设备、工艺装备选择是否正确、恰当,直接影响零件的加工质量、生产效率以及零件生产的成本。生产实践中如何选好机床设备及工艺装备?首先,应熟悉了解各种加工

设备的性能、精度，各种刀具的规格、种类；然后，根据生产规模合理选用。具体的做法可以按以下方法进行。

(一) 机床设备的选择

(1) 机床的加工尺寸范围应与零件的外廓尺寸相适应。

(2) 机床的工作精度与所加工零件工序尺寸的精度要求相适应，避免精加工设备用于零件的粗加工，这样既容易损坏设备的精度，又不能提高生产效率。在中、小批量生产规模下，考虑工序集中时，不排除少量粗加工工序使用高精度设备。

(3) 零件的生产规模与机床设备的生产效率相适应，否则某些工序必然会成为加工过程的"瓶颈"，加重这些工序加工设备的超负荷运转，从而影响零件的加工质量、设备的使用寿命。

(4) 机床设备的选择应考虑工厂、车间现有条件，尽量采用现有机床设备或对现有的机床设备进行简单技术改造以满足使用要求。切忌盲目购买或使用高、精、尖设备，应充分根据零件的精度要求，仔细分析，紧紧抓住零件关键、重要尺寸及技术要求，以满足达到设计要求为第一目的，以免造成超限使用高级设备，造成设备资源浪费。

(二) 工艺装备的选择

所谓工艺装备，是指零件加工时所用的刀具、夹具、量检具、模具等各种工具的总称。如何合理选择使用工艺装备，可以从以下方面加以考虑。

(1) 刀具的选择主要取决于工序所用的加工方法，加工表面的尺寸大小、精度、表面粗糙度以及零件材料、生产率、经济性等要素。一般条件下，尽可能采用标准刀具，这样可以直接降低生产成本。必要时采用高生产效率的复合刀具、专用刀具。

(2) 对于单件、小批量生产，应尽量选用通用夹具、组合夹具。在大批量生产时，应按工序加工内容要求设计、制造、使用专用夹具。

(3) 量检具选择的依据是零件生产规模和加工精度。单件、小批生产时，应尽量选用通用量具、量仪，如游标卡尺、千分尺、百分表等；大批量生产时，应选用各种量规，如专用环规、塞规等，以及高效率的检验仪器和检验用夹具等。

四、切削用量的确定

切削用量是制订工艺规程的基本参数。为提高机械加工的生产效率，应采用尽可能大的切削用量，但在实际的生产中，这一要求受到诸如刀具的寿命、机床设备的工作动力性能、零件毛坯制造的方法，以及零件材料的切削性能等多种因素的限制。因此，确定切削用量时，应综合考虑多方面因素，在保证零件加工质量的前提下，以获得高生产率和低加工成本为原则。

(1) 粗加工切削用量的确定。粗加工的目的是切除零件表面多余的金属层，为精加工做好准备。一般来讲，对加工质量要求不高的工件，主要考虑提高零件的生产效率和保证刀具有长的使用寿命，因此，背吃刀量 a_p 的取值可选择等于该工序的加工余量。如果发现该工序加工余量太大或刀具的硬度不足，也可分2次或多次完成。只不过应注意，这时第一次进给时背吃刀量选择应尽可能大一些,以后依次减小。另外,对材料硬度过高的零件,或者以断续切削进行加工时,为避免刀具的磨损和撞击,可适当减小背吃刀量。

当背吃刀量 a_p 选择确定后,作为加工的进给量 f,可以方便地根据机床设备、刀具和工件所能承受的切削力(进给力)选择确定。

对于切削速度的确定,主要考虑两方面的影响因素:一是机床设备的动力性能(功率、转矩);二是刀具的使用寿命。通常情况下,车刀的使用寿命为 60 min;高速钢麻花钻的使用寿命为 80~120 min;硬质合金面铣刀的使用寿命为 120~180 min;齿轮刀具的使用寿命为 200~300 min。在确定了背吃刀量 a_p、进给量 f 和刀具使用寿命后,可以根据切削用量对刀具寿命 T 影响的计算公式,计算出切削速度 v_c,即

$$v_c = \frac{C_v}{60^{1-m} T^m a_p^{x_v} f^{y_v}} K_v$$

式中:T——刀具寿命;

C_v——刀具寿命系数,它与刀具材料、工件材料和切削条件有关;

x_v、y_v、m——各种切削用量时刃具寿命影响程度的系数;

K_v——修正系数。

以上各系数可根据参考文献[15]查表确定。

(2)精加工切削用量的确定。精加工时,选择切削用量考虑的主要因素为零件的加工精度和表面粗糙度。精加工时,零件的加工余量小,背吃刀量 a_p 一般取工序加工余量。另外,考虑零件设计对表面粗糙度的要求,所以进给量 f 也不宜选取过大。在选取背吃刀量 a_p 和进给量 f 后,切削速度 v_c 应尽可能选择大一些,以提高精加工的生产效率。实际生产中,可根据具体零件的技术要求,从相关资料中查取切削用量。

表3-8为汽车行业机械加工切削速度国内平均水平与国际领先水平的比较。随着机械加工技术的发展,切削用量也将不断提高,以满足生产效率不断提高的要求。

表3-8 汽车行业机械加工切削速度国内平均水平与国际领先水平的比较　　　m/s

项　目	国内平均水平	国际领先水平
车削速度	1.5~2.0	2.5~3.3
铣削速度	1.2~3.0	2.5~4.2
磨削速度	50	60~80
拉削速度	0.10~0.15	0.25~0.45
滚齿速度	0.5~0.8	1.5~2.0
钻削速度	0.35~0.50	1.2~1.5
大平面拉削速度	0.45~0.60	0.85

五、时间定额的确定

每个生产企业根据自身的生产条件,对每一种零件生产的每一道工序都规定了所需耗

费的时间,称为时间定额。它是零件制造成本的重要组成部分,是企业进行经济核算、安排生产计划的重要依据,也是添置生产设备、扩大生产规模、增减生产人员的重要依据。合理制定时间定额,不仅可以提高生产效率、产品质量,而且能够充分挖掘生产工人的积极性、创造性。在生产实践中,一般采取实测与计算相结合的方法来确定时间定额。

完成一个零件加工的某道工序所耗用的时间,称为单件时间定额 T_t,它由以下各部分组成。

(1) 基本时间 T_b:就是直接用于改变工件的尺寸、形状和表面质量等工艺过程所消耗的时间,它包括刀具的切入、切削、切出等时间,又称为机动时间。不同加工方式,其基本时间 T_b 的计算方法不同,可以根据参考文献[18]查取。以车外圆为例,基本时间 T_b 的计算式为

$$T_b = \frac{L}{v_c} = \frac{L}{nf}i = \frac{L_i + L_w + L_o + L_3}{nf}i$$

式中:L——工作行程;

L_i——刀具切入行程,一般 $L_i = a_p/\tan \kappa_r + (2\sim3)$,mm;

L_w——工件加工长度,mm;

L_o——刀具切出行程,一般 $L_o = 3\sim5$ mm;

L_3——单件小批量生产时的试切附加长度,对大批量汽车零件加工时,一般取 $L_3 = 0$;

i——进给次数,当加工余量为双边余数时,$i = Z/2a_p$,当加工余量为单边余量时,$i = Z/a_p$;

n——机床主轴转速,r/min。

图 3-22 表示了零件外圆车削加工时以上各参数的几何意义。

(2) 辅助时间 T_a:就是为完成一道工序的加工,必须进行的各种辅助动作所消耗的时间,它包括开、停机床;装、卸工件;进刀、退刀;测量工件尺寸等所用的时间。

基本时间 T_b 和辅助时间 T_a 之和,统称为作业时间 T_w。辅助时间既可以根据相关资料、手册查取,也可实际测取,最好的办法是在二者综合基础之上得到。对大批量生产的汽车来说,常常按基本时间的百分比进行估算,并在生产实践中不断总结、修改,最终得到合理的时间。

图 3-22 零件外圆车削加工基本时间的相关参数

(3) 布置工作地时间 T_s：为保证生产加工活动正常进行，工人应该对生产场地定期进行整理，如：清理铁屑；检查、润滑机床；更换、修磨刀具；调校量检具等。这些由于工人管理工作场地所消耗的时间，称为布置工作地时间。该时间一般按工序作业时间的百分比 s 来进行估算，一般取 $s=2\%\sim7\%$。

(4) 休息与生理需要时间 T_r：工人在工作时间内为恢复体力和满足生理上的需要所消耗的时间，一般按工序作业时间的百分比 r 来估算，一般取 $r=2\%\sim4\%$。

因此，单件工时定额计算表达式为

$$T_t = T_b + T_a + T_s + T_r = (T_a + T_b)\left(1 + \frac{s+r}{100}\right)$$

(5) 准备与终结时间 T_e：对成批、大量生产来讲，还必须考虑工人在加工一批零件的开始和结束时，必须进行准备工作和结束工作所花费的时间。这些工作包括：借还和熟悉工艺文件；借还工、夹、量、刀具；领取零件毛坯；安装工艺设备；调整机床；送检、清点、下传零件成品或半成品等。假设每批零件数为 N，则每个零件平均的准备与终结时间为 T_e/N。因此，成批生产的零件单件工时定额为

$$T_d = T_t + T_e/N = (T_a + T_b)\left(1 + \frac{s+r}{100}\right) + T_e/N$$

批次中零件数目越多，则 T_e/N 越小。在汽车零件生产过程中，该项时间往往忽略不计，即取 $T_e/N=0$。

第五节 工艺方案的经济性评价及降低加工成本的措施

工艺规程的制订，一要保证产品的质量，二要提高劳动生产率，降低生产成本。后者的实施，意味着新技术的使用、先进的生产管理体系的实施，以及合理的零件单件时间定额的制订。

一、工艺方案的经济性评价

加工零件时，一般会制订几种加工工艺方案，这些方案都能满足零件的加工要求，但其经济性或者说其加工成本却不尽相同。这时，应在首先满足设计要求的前提下，通过对不同工艺方案的经济分析，从中选出一个最经济合理方案。一般工艺方案的经济性评价有以下方法。

1. 按技术经济指标进行分析对比

这种评价方法，是按规定的技术经济指标对加工工艺方案进行评价分析。这些指标一

一般包括：每个产品(零件)所需的劳动量(工时或台时)；每个工人的年产量(吨/人或件/人)；每平方米生产面积的年产量等。

2. 按工艺成本进行分析和对比

制造零件或产品所需要的一切费用总和称为生产成本。它包括两大类费用：一是与工艺过程有直接关系的费用，称为工艺成本；二是与工艺过程无关的费用，如行政管理人员的工资，厂房的折旧、维护费用，取暖、照明等费用。在生产条件不变的情况下，后者大体上是不会变化的，因此一般在进行工艺方案的经济性分析时不予考虑，而只对工艺成本进行分析评价。在工艺成本中，又包括与产量有关且与之成比例的可变费用 V，如零件材料及毛坯费用，操作人员工资，通用机床设备的维护及折旧费，通用工艺装备的维护及折旧费，机床设备能耗及刀具等费用；与年产量无直接关系的不变费用 C，如专用机床设备、专用夹具、刀具的折旧、维护费用，调整工人工资等。

设：零件的年工艺成本为 E(元/年)，则其表达式为

$$E = NV + C$$

所以，单个零件工艺成本 e(元/件)为

$$e = V + C/N$$

式中：E——零件的年工艺成本，元/年；

V——可变费用，元/件；

e——单个零件工艺成本，元/件；

N——年产量，件；

C——年不变费用，元。

图 3-23 为以年工艺成本 E 为纵坐标、年产量 N 为横坐标，绘制出的年工艺成本、年产量关系图。

图 3-24 为以单件工艺成本 e 为纵坐标、年产量 N 为横坐标，绘制出的单件工艺成本、年产量关系图。

图 3-23 年工艺成本、年产量关系图

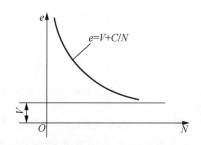

图 3-24 单件工艺成本、年产量关系图

通过图 3-23 和图 3-24 可分别看出，年工艺成本 E 与年产量 N 呈线性关系，年工艺成本的变化量 ΔE 与年产量的变化量 ΔN 成正比；而单件工艺成本 e 与年产量 N 呈双曲线

关系，单件工艺成本 e 随年产量 N 的增加而减少，当年产量 N 超过无穷大时，e 接近于可变费用 V。

(1) 假设 2 种工艺方案基本投资相近，或均采用现有设备进行生产，那么可用工艺成本作为评价它们经济性的重要依据。

①如果 2 种工艺方案只有少数工序有差异，则用单件工艺成本作为依据进行分析评价。年产量 N 一定时，根据单件工艺成本计算式得

$$e_1 = V_1 + C_1/N$$
$$e_2 = V_2 + C_2/N$$

若 $e_1 > e_2$，则第二种工艺方案的经济性好。

年产量 N 为一变量时，根据单件工艺成本计算式分别在同一坐标系中绘制出 e_1、e_2 的曲线图，如图 3-25 所示。随着 N 的变化，曲线 e_1 与 e_2 必相交于 A 点，A 点所对应的产量 N_k，称为临界产量。对两种工艺方案来说，当 $N > N_k$ 时，此时 $e_2 > e_1$，则方案 1 的经济性较好；当 $N < N_k$ 时，此时 $e_2 < e_1$，则方案 2 的经济性占优。

令 $e_2 = e_1$，则可求得临界产量

$$N_k = \frac{C_2 - C_1}{V_1 - V_2}$$

②若 2 种工艺方案差异较大，可采取对该零件的年工艺成本进行分析评价，从而找出经济性好的方案。

设 2 种工艺方案年工艺成本分别为

$$E_1 = NV_1 + C_1$$
$$E_2 = NV_2 + C_2$$

如图 3-26 所示，在同一坐标系中分别绘出 E_1-N、E_2-N 曲线图，随着 N 的变化，两直线相交于点 A，点 A 所对应的产量也称为临界产量 N_k。当 $N > N_k$ 时，宜采用方案 2；当 $N < N_k$ 时，则应采用方案 1；当 $N = N_k$ 时，方案 1 与方案 2 经济性相当，可任选其一。

图 3-25　2 种工艺方案单件工艺成本比较图

图 3-26　2 种工艺方案全年工艺成本比较图

(2) 假如各工艺方案的基本投资相差较大，在进行经济性分析评价时，不仅要考虑工艺成本，而且还必须比较基本投资回收期限。例如，在方案 1 中，使用价格较高的、高效率的机床设备及工艺装备，则其基本投资 K_1 必然较大，但工艺成本 E_1 则较低；方案 2 使用价格便宜的一般机床设备，其基本投资 K_2 小，但工艺成本 E_2 则较高。在这种情况下，如果单纯只对其工艺成本进行比较，则分析评价是不全面和不客观的，而必须额外考虑 2

种方案的基本投资回收期限。投资回收期 τ(年)是指 1 种方案的投资，需要多少时间才能由于工艺成本降低而收回。投资回收期 τ 越短，经济性就越好；反之，τ 越长，则经济性越差。投资回收期 τ 计算式为

$$\tau = \frac{K_1 - K_2}{E_2 - E_1} = \frac{\Delta K}{\Delta E}$$

式中：ΔE——2 种方案基本投资差额，元/年；

ΔK——当年工艺成本收益额，元。

在计算投资回收期时应注意：τ 应小于基本投资设备的使用年限和市场对所生产的产品预计需求年限，同时还必须满足规定的标准回收时限。

二、降低加工成本的措施

提高劳动生产率是每一个企业降低生产成本、获得高额利润的有效手段，它涉及企业的方方面面，包括产品的设计、企业的管理、生产的组织等。譬如，现代企业生产组织、管理的"定置"管理方法，就是对生产现场机床设备的布置、工艺装备的摆放、待加工零件的搁置，以及在制品的传递等方面，都严格制定有关的方法和措施，这样既保证了生产有条不紊地进行，又尽可能地减少了生产过程中非生产性时间的浪费，让生产高速、有节奏地进行。而在生产的组织中，改进工艺方案，采用先进的生产设施、科学合理的加工方案来提高劳动生产率，往往是人们最先想到并使用的方法。

(一) 缩短单件时间定额

单件时间定额的压缩，是使整批零件加工时间缩短的基础。根据单件时间定额的组成来分析，缩短单位时间定额可以从以下方面入手。

1) 压缩基本时间 T_b

(1) 提高切削用量，即提高切削速度 v_c、进给量 f、背吃刀量 a_p，达到缩短单件时间定额的目的。随着加工技术的发展，高速、强力切削已成为切削加工的主要发展方向，在机床设备加工能力允许的前提条件下，硬质合金刀具车、铣普通钢件的切削速度可达 8.3 ~ 11.7 m/s；陶瓷刀具车削灰铸铁的速度可达到 16.7 ~ 25 m/s；高速磨削速度超过 120 m/s。可以看到，切削速度的大幅提高，使基本时间的压缩成为现实。另外，使用精铸、精锻毛坯，可减少加工余量，也为缩短基本时间提供了保证。

(2) 采用多刀切削、多件加工、合并工步等方法，同时加工一个表面或多个表面，缩短刀具工作行程，从而缩短基本时间。

图 3-27(a)、(b) 分别为多刀车削零件外圆和多刀镗孔加工，在这种情况下，原本需要多次进给才能完成的加工，现在只要 1 次进给即可完成，从而大大缩短了加工时间，提高了生产效率。

图 3-28 为多件加工，如汽车变速齿轮的加工。在刀具进给方向将待加工的齿轮坯一个接一个有顺序地叠放装夹。加工时，可减少刀具的切入和切出时间。

图 3-27 多刀切削加工

(a)多刀车削零件外圆；(b)多刀镗孔

图 3-28 多件加工顺序

采用复合工步(见图 3-3)，工件一次安装后，同时实现通油螺塞外圆多个台阶车削和油孔的钻削加工，从而大大缩短了加工时间。

2)缩短辅助时间 T_a

辅助时间是零件加工作业时间的另一主要组成部分，它主要受加工设备、工艺装备的影响。广泛使用高度自动化的设备及工艺设备，让辅助时间与基本时间部分重合或全部重合，是压缩辅助时间的最有力措施。

(1)在大批量生产中，采用气动、液压、电磁等快速、高效自动化专用夹具；在中、小批量生产中，特别是多品种小批量生产条件下，采用成组工艺、成组夹具、组合夹具等工艺装备来缩短零件加工的辅助时间。

(2)如图 3-2 所示的三工位二轴钻、铰孔加工，由于采用多工位同转夹具，因此可实现几个工件的同时动作。图 3-29 为发动机连杆大、小头两端面的粗铣加工，由于连杆在回转工作台上连续进给，连杆毛坯装夹、粗铣加工顺序进行，使辅助时间与基本时间重叠，因此在连杆加工过程中无须停机，从而大大减少了作业时间，使生产效率得以大大提高。

图 3-29 发动机连杆大、小头两端面的粗铣加工

(3)采用加工机床上装备在线自动检测装置。在加工过程中，这些装备自动检测、自动调整加工设备的切削用量，并及时告诉操作者具体的尺寸数据，可节省停机调整、测量所花费的辅助时间。

3）减少布置工作地时间 T_s

减少布置工作地时间 T_s，保证生产的顺利进行，是每一操作者必须进行的工作，使用耐磨刀具和各种快速换刀、自动换刀装置，实行刀具安装尺寸线(机)外调整是缩短布置工作地时间的有效措施。

4）减少准备与终结时间 T_e

对于大批量的汽车零件生产，可扩大零件的生产数量，使平均分摊到每一零件上的准备与终结时间减少，缩短准备与终结时间 T_e，从而获得高的生产效率。而对于中、小批量的零件生产来讲，首先应加强零件的标准化设计，在保证使用前提下，按相似性成组原理对同类零件进行设计，使中、小批量的零件生产也能采用大批、大量生产的先进工艺，实现产品设计、制造工艺和生产管理的合理化、科学化，最终实现减少每个零件所占用的准备与终结时间的目的。

(二)采用先进制造工艺

在生产过程中采用先进的制造工艺方法，不仅可以取得事半功倍的效果，而且可以在提高效率的前提下提高产品的质量。对于像汽车这类批量较大的产品生产来讲，常用的方法有以下两种。

(1)采用效率高的自动化生产技术和装备。大批量、少品种的汽车生产，一直以来都是采用生产效率较高的自动化流水线生产方式。但是，随着科学技术的飞速发展，社会需求的多样性，以及汽车市场竞争的日益白热化，迫使汽车生产必须从过去的大批量、少品种的生产方式中走出来，采用更为灵活并更具有竞争能力的自动化生产技术和装备。成组技术(GT)、计算机辅助制造(CAM)、数控加工(NC)、柔性制造系统(FMS)与计算机集成制造系统(CIMS)等现代制造技术，必将给汽车制造带来新的变革。

(2)使用先进的毛坯制造技术。精度好、强度高的毛坯，不仅使零件加工更加精密，而且使机械加工技术更趋于简化，并大大提高了材料的利用率。粉末冶金、精密铸造、精密锻造、快速成型、热挤压等新型毛坯加工制造方法，已广泛应用于汽车零件的加工制造，特别是非金属材料成形技术的应用(如注塑技术)，为汽车的轻量化开辟了一条新路。

第六节　汽车零件机械加工工艺规程制订实例

本节以发动机关键零部件连杆为对象，介绍汽车零件机械加工工艺规程的制订方法与过程。发动机连杆制造的质量直接影响发动机的整机性能和可靠性。随着汽车行业的飞速发展，连杆的需求量在不断增加，各国的内燃机制造业对连杆的加工都非常重视，许多新的制造加工工艺也在不断应运而生。所以，发动机连杆加工新工艺的研究和发展具有重要的意义。

一、发动机连杆工艺设计目标

某发动机连杆如图 3-30 所示，要求分析掌握发动机连杆的结构特点和技术要求，设计确定发动机连杆的生产工艺过程及精镗曲轴孔及活塞销孔工序的夹具设计，本次设计的技术要求是：

(1) 连杆的年生产纲领为 50 万件；
(2) 连杆废品率为 0.02%；
(3) 连杆毛坯件为粉末冶金件，硬度为 21～30 HRC；
(4) 连杆生产环境恒温(26 ℃左右)；
(5) 加工连杆两孔夹具的定位方式是定大小孔中心压紧平面。

图 3-30　某发动机连杆

二、对发动机连杆工艺设计的要求

由于机械加工工艺规程是指导生产的重要技术文件,因此其必须满足如下基本要求。

(1)应保证零件的加工质量达到设计图纸上提出的各项技术要求。在保证质量的前提下,能尽量提高生产率和降低消耗。同时,要尽量减轻工人的劳动强度。

(2)在充分利用现有生产条件的基础上,尽可能采用国内外的先进工艺技术。

(3)工艺规程的内容应正确、完整、统一、清晰。工艺规程编写应规范化、标准化。工艺规程的格式与填写方法以及所用的术语、符号、代号等应符合相应标准、规定。

三、发动机连杆工艺规程设计分析

1. 连杆的生产类型和生产规模

该发动机连杆的年生产纲领为 50 万件,作为轿车轻型零件,根据现有的生产工艺和经验,生产规模更适合于连杆自动流水线的大批、大量生产。

2. 连杆的结构功能分析

连杆是发动机中的主要传动部件之一,其功用是将活塞承受的力传给曲轴,并将活塞的往复运动转变为曲轴的旋转运动。连杆小头与活塞销连接,同活塞一起做往复运动;连杆大头与曲柄销连接,同曲柄一起做旋转运动。因此,在发动机工作时连杆做复杂的平面运动,运动过程中连杆组主要受压缩、拉伸和弯曲等交变负荷。

分析连杆的工作条件得出,连杆应该具有足够的抗疲劳强度和结构刚度,质量应该尽可能小。若强度不足,则连杆螺栓、连杆盖甚至连杆体都可能断裂。若刚度不够,则可能由于大头变形而使连杆螺栓弯曲;由于大头孔失圆而使连杆轴承的润滑遭到破坏;由于杆身弯曲而造成活塞与气缸壁、连杆轴承与曲轴销偏磨,气缸漏气和窜机油等弊病。

连杆主要由小头、杆身和大头组成。大头为分开式结构,连杆体与连杆盖用螺栓连接,并与曲轴装配在一起。连杆的大头孔内装有金属轴瓦,可减小连杆大头孔和曲轴连杆轴颈之间的摩擦且便于维修。在连杆大头和连杆盖之间有一组垫片,可以用来补偿轴瓦的磨损。连杆小头用活塞销与活塞连接,小头孔内压入青铜衬套,大头孔和小头孔内分别安装轴瓦和衬套,以减少活塞销和连杆小头孔的磨损,同时便于在磨损后进行修理和更换。为了减轻质量且使连杆具有足够的强度和刚度,连杆杆身一般都采用从大头到小头逐步变小的工字形截面形状,其外表面不进行机械加工。

汽油发动机的连杆都是以垂直于杆身轴线的平面作为连杆体和连杆盖的接合面,称为平切口连杆。平切口连杆体大端的刚度较大,因此大头孔受力变形较小,而且平切口连杆制造费用较低。而有些柴油发动机由于曲柄销直径较大,因此连杆大头的外形尺寸相应较大,欲在拆卸时能从汽缸上端取出连杆体,必须采用接合面与连杆轴线成 30°~60°夹角的斜切口连杆。该发动机连杆采用平切口连杆。

连杆的大头和小头端面,一般与杆身对称。结构上有工艺凸台、中心孔等,可作为机械加工时的辅助基准。

3. 连杆的结构工艺性分析

连杆的结构形式直接影响机械加工工艺的可靠性和经济性。该发动机连杆为大批量生产，因此在结构工艺方面应有很高的合理性。影响连杆结构工艺性的因素，主要有以下方面。

1）连杆盖和连杆体的连接方式

该发动机连杆在连杆盖与连杆体的连接方式上采用了连杆螺栓，并采用了连杆裂解加工技术，这样产生的结合断面凸凹不平，连杆盖与连杆体再组装时的装配位置具有唯一性，这样既简化了连杆的加工工艺，保证了两者之间高精度配合；又由于连杆盖与连杆体之间没有去掉金属，金属纤维是连续的，从而保证了连杆的强度。

2）连杆大、小头厚度

为提高生产率、便于加工，并且考虑到加工时的定位、加工中的输送等要求，连杆大、小头特意设计成相等厚度。对于不等厚度的连杆，为了加工定位和夹紧的方便，也常在工艺过程中按等厚度加工，最后再将连杆小头加工至所需尺寸。该发动机连杆大、小头采用相等厚度。

3）连杆杆身油孔的大小和深度

一般连杆小头的顶端设有油孔或油槽用以润滑。该发动机连杆在小头处铣两斜面，并在衬套上设有油口，当发动机工作时，依靠曲轴的高速转动，把气缸体下部的润滑油飞溅到小头衬套的油孔内，以润滑连杆小头衬套与活塞销之间的摆动运动副。某发动机连杆的润滑方式主要采用了飞溅润滑。

4. 分析连杆的主要技术要求

作为发动机的重要零部件，连杆的加工精度将直接影响发动机的性能，而工艺的选择又是直接影响精度的主要因素。连杆上需要进行机械加工的主要表面为：大、小头孔及其两端面。反映某发动机连杆总成精度的主要技术要求见表3-9。

表3-9 某发动机连杆的主要技术要求

技术要求项目	具体要求或数值	满足的主要性能
大、小头孔尺寸精度	大头孔尺寸公差等级为IT6，表面粗糙度$Ra \leq 1.6\ \mu m$；小头孔尺寸公差等级为IT8，表面粗糙度$Ra \leq 0.8\ \mu m$	保证与轴瓦良好配合
大、小头孔中心距	(147.38±0.05)mm	气缸的压缩比
大、小头孔轴线在两个互相垂直方向上的平行度	大、小头孔轴线所在平面内平行度为100：0.021；在垂直大、小头孔轴线所在平面内的平行度为100：0.04	使气缸壁磨损均匀和减少曲轴颈边缘的磨损
大头孔两端面对其轴线的垂直度	100：0.05	减少曲轴颈边缘的磨损
连杆组内各连杆质量差	4g	保证运转平稳

四、确定连杆毛坯

1. 毛坯材料和制造方法

发动机连杆是大批量生产的安全件,在竞争激烈的市场上只有可靠性高、综合成本低的生产方法或新材料才会获得工业应用。连杆在工作中承受多向交变载荷的作用,要求具有很高的强度。因此,连杆的材料一般采用高强度碳钢和合金钢,如45钢、55钢、40Cr、40CrMnB等。近年来也有采用球墨铸铁、粉末冶金材料的零件,粉末冶金零件的尺寸精度高、材料损耗小、成本低。随着粉末冶金锻造工艺的出现和应用,粉末冶金的密度和强度大为提高。因此,采用粉末冶金的方法制造连杆已得到广泛的应用。

连杆毛坯制造方法,主要根据生产类型、材料的工艺性(可塑性和可锻性)及零件对材料的组织性能要求、零件的形状及其外形尺寸、毛坯车间现有生产条件及采用先进的毛坯制造方法的可能性来确定。

2. 毛坯尺寸的确定

分析连杆上的主要加工表面,所有加工表面的粗糙度值都大于 $0.8~\mu m$,如图 3-30 所示。

由于粉末冶金锻造的优越性,连杆的毛坯尺寸只需要将零件的设计尺寸加上所查取的加工余量值即可。根据李旦卷《机械加工工艺手册》(参考文献[16]第一卷中的表 7.3.2-25、表 7.3.2-26 和表 7.3.2-27),具体确定的毛坯主要尺寸及偏差数据如表 3-10 所示。

表 3-10 毛坯的参数要求　　　　　　　　　　　　　　　　　　　mm

主要加工面	总加工余量	成品尺寸及偏差	毛坯尺寸及偏差
平面	0.6	24.0	24.6
小头孔	2.215	$\phi 22.215 \pm 0.030$	$\phi 20.000 \pm 0.180$
大头孔	2.136	$\phi 52.126 \pm 0.006$	$\phi 49.990 \pm 0.160$
毛坯的制造方法	粉末锻造		

3. 绘制连杆毛坯图

根据粉末冶金毛坯件的特点以及确定的毛坯尺寸,绘制连杆的毛坯图,如图 3-31 所示。

图 3-31 某发动机连杆毛坯图

五、制订连杆机械加工工艺过程

1. 定位基准的选择

正确地选择定位基准是设计工艺过程的重要内容，也是保证零件加工精度的关键。选择定位基准时，既要考虑零件的整个加工工艺过程，又要考虑零件的特征、设计基准及加工方法。根据粗、精基准的选择原则，合理选定零件加工过程中的定位基准。

定位基准分为精基准、粗基准及辅助基准。在最初加工工序中，只能用毛坯上未经加工的表面作为定位基准（粗基准）；在后续工序中，则使用已加工表面作为定位基准（精基准）。在该发动机连杆的机械加工工艺过程中，由于端面的面积大，定位比较稳定，用大头孔定位可直接控制大、小头孔的中心距。这样，各工序中的定位基准统一起来，减少了定位误差。因此，大部分工序选用连杆的一个指定的端面和大头孔作为主要基面，并用小头处的外表面作为另一基面。为了不断改善基面的精度，基面的加工与主要表面的加工要适当配合：即在粗加工大、小头孔前，粗磨端面，在精镗大、小头孔前，精磨端面。

(1) 粗基准的选择：以连杆的一端面和大头孔为主要的定位粗基准，以小头处外表面为辅助粗基准。

(2) 精基准的选择：考虑要保证零件的加工精度和装夹准确方便，依据"基准重合"原则和"基准统一"原则，以粗加工后的连杆端面和大头孔为主要的定位精基准，以小头处外表面为辅助精基准。

2. 拟订连杆加工工艺路线

制订工艺路线的出发点，应当是使零件的几何形状、尺寸精度及位置精度等技术要求能得到合理的保证。由于该发动机连杆的加工为大批量生产，应该采用先进工艺和高生产率的专用机床，实现机械加工、连杆盖和连杆体装配、称重、检验、清洗和包装等工序自动化。除此以外，还应考虑经济效果，以便降低生产成本。加工工艺路线考虑的因素可归纳为表3-11。

表3-11 加工工艺路线考虑的因素

序号	因 素
1	连杆是大批量生产
2	实现工序自动化，尽量使工序集中来提高生产率
3	合理地保证零件的几何形状、尺寸精度及位置精度等技术要求
4	考虑生产的经济性，降低生产成本

考虑如上因素，再根据机加工顺序原则"先粗后精、先主后次，先面后孔、基面先行"对连杆加工进行合理的工艺路线的设计，主要是确定加工工序及其内容，同时根据机床设备及相关工艺装备的选择方法选择合适的加工设备与相应的工艺装备。连杆加工工艺流程如图3-32所示，其工艺路线(含工序内容及选择的加工设备)如下。

工序10：接收毛坯。

工序20-1：曲轴孔倒角，粗镗活塞销孔并倒角；选用8工位转台式连杆专机。

工序20-2：钻螺栓半孔；选用8工位转台式连杆专机。

工序20-3：精铣螺栓孔平面；选用8工位转台式连杆专机。

工序20-4：钻螺纹底孔通孔；选用8工位转台式连杆专机。

工序20-5：铰螺栓孔和螺纹底孔；选用8工位转台式连杆专机。

工序20-6：攻螺纹；选用8工位转台式连杆专机。

工序20-7：精镗活塞销孔；选用8工位转台式连杆专机。

工序20-8：尺寸检验，测量活塞销孔。

工序30-1：胀断，清理分离面；选用4工位转台式连杆装配专机。

工序30-2：安装螺栓，预拧紧；选用4工位转台式连杆装配专机。

工序30-3：松螺栓，清理分离面，安装螺栓；选用4工位转台式连杆装配专机。

工序30-4：压衬套；选用4工位转台式连杆装配专机。

工序40：精磨曲轴孔两端面；选用数控卧式双端面磨床。

工序50-1：铣活塞销孔两斜面并倒角；选用4工位连杆自动加工线。

工序50-2：铣轴瓦止口槽，镗曲轴孔；选用4工位连杆自动加工线。

工序50-3：精镗曲轴孔及活塞销孔；选用4工位连杆自动加工线。

工序50-4：尺寸检验，测量曲轴孔及活塞销孔。

工序60-1：珩磨曲轴孔及活塞销孔；选用连杆珩磨专机。

工序60-2：测量曲轴孔和活塞销孔。

工序70：清洗，漂洗，吹干；选用连杆专用高清洁度清洗机。

工序80-1：最终检测；选用连杆专用测量称重打标分组专机。

工序80-2：称重，打编号，分拣；选用连杆专用测量称重打标分组专机。

工序90：上油，入库。

图3-32 某发动机连杆加工工艺流程

六、完成连杆加工工艺的计算及工艺文件

(一) 连杆机械加工余量、工序尺寸的确定

根据上述分析，分别确定各主要加工表面的机械加工余量、工序尺寸。各主要加工表面的工序余量用查表法和经验估算法综合确定。因毛坯总余量已由毛坯在设计阶段定出，故粗加工工序余量由总余量减去精加工、半精加工余量之和得出。工序尺寸由后续加工的工序尺寸加上名义工序余量简单求得。

1. 两平面的工序余量及工序尺寸

查陈宏钧《实用机械加工工艺手册》(参考文献[17]，下同)，确定两平面的工序余量及工序尺寸，如表3-12所示。

表3-12 两平面的工序余量及工序尺寸

工序名称	工序基本余量/mm	工序尺寸/mm	表面粗糙度/μm
毛坯	—	24.6	3.2
精磨	0.6	24.0	1.6

2. 小头孔的工序余量及工序尺寸

查《实用机械加工工艺手册》,确定小头孔的工序余量及工序尺寸,如表3-13所示。

表3-13 小头孔的工序余量及工序尺寸

工序名称	工序基本余量/mm	工序尺寸/mm	表面粗糙度/μm
毛坯	—	$\phi 20\pm0.18$	3.2
粗镗	1.6	$\phi 21.6\pm0.18$	1.6
精镗	0.615	$\phi 22.215\pm0.03$	0.8

3. 大头孔的工序余量及工序尺寸

查《实用机械加工工艺手册》,确定大头孔的工序余量及工序尺寸,如表3-14所示。

表3-14 大头孔的工序余量及工序尺寸

工序名称	工序基本余量/mm	工序尺寸/mm	表面粗糙度/μm
毛坯	—	$\phi 449.99\pm0.16$	6.3
粗镗	1.51	$\phi 51.5\pm0.10$	3.2
精镗	0.58	$\phi 52.08\pm0.006$	1.6
珩磨	0.046	$\phi 52.126\pm0.006$	1.6

(二)切削用量的选择原则

正确地选择切削用量,对提高切削效率、保证必要的刀具耐用度和经济性、保证加工质量具有重要的作用。

1. 粗加工时切削用量的选择原则

粗加工时,加工精度与表面粗糙度要求不高,毛坯余量较大。因此,选择粗加工的切削用量时,要尽可能保证较高的单位时间金属切削量(金属切除率)和必要的刀具耐用度,以提高生产效率和降低加工成本。

1)背吃刀量的选择

粗加工时,背吃刀量应根据工件的加工余量和由机床、夹具、刀具及工件组成的工艺系统的刚性来确定。在保留半精加工、精加工必要余量的前提下,应当尽量将粗加工余量一次切除。只有当总加工余量太大,一次切不完时,才考虑分几次走刀。

2) 进给量的选择

粗加工时限制进给量提高的因素主要是切削力。因此，进给量应根据工艺系统的刚性和强度来确定。选择进给量时应考虑机床进给机构的强度、刀杆尺寸、刀片厚度、工件的直径和长度等。

3) 切削速度的选择

粗加工时，切削速度主要受刀具耐用度和机床功率的限制。背吃刀量、进给量和切削速度三者共同决定了切削功率，在确定切削速度时必须考虑机床的许用功率，如超过了机床的许用功率，则应适当降低切削速度。

2. 精加工时切削用量的选择原则

精加工时，加工精度和表面质量要求较高，加工余量要小且均匀。因此，选择精加工的切削用量时应先考虑如何保证加工质量，并在此基础上尽量提高生产效率。

1) 背吃刀量的选择

精加工时，背吃刀量应根据粗加工留下的余量确定。通常希望精加工余量不要留得太大，否则，当背吃刀量较大时，切削力增加较显著，影响加工质量。

2) 进给量的选择

精加工时，限制进给量提高的主要因素是表面粗糙度。进给量增大时，虽有利于断屑，但残留面积高度增大，切削力上升，表面质量下降。

3) 切削速度的选择

切削速度提高时，切削变形减小，切削力有所下降，而且不会产生积屑瘤。一般应选用切削性能高的刀具材料和合理的几何参数，尽可能提高切削速度。只有当切削速度受到工艺条件限制而不能提高时，才选用低速，以避开积屑瘤产生的范围。

由此可见，精加工时应选用较小的背吃刀量 a_p 和进给量 f，并在保证合理刀具耐用度的前提下，选取尽可能高的切削速度 v_c，以保证加工精度和表面质量，同时满足生产率的要求。

(三) 计算切削用量

1. 工序 20-1：粗镗活塞销孔 $\phi(21.6\pm0.18)$ mm

采用硬质合金镗刀，镗刀直径 $d_0=20$ mm，孔深 $l=24.6$ mm，机床采用 8 工位转台式连杆专机。

(1) 背吃刀量：单边余量 $z=0.8$ mm，可一次切除，则 $a_p=0.8$ mm。

(2) 进给量：根据《实用机械加工工艺手册》表 8-87 查得 $f=0.2\sim0.6$ mm/r，初步选定 0.6 mm/r。

(3) 切削速度：由《实用机械加工工艺手册》表 8-87 查得 $v_c=2.2\sim5.0$ m/s，初步选为 3.0 m/s。

(4)主轴转速：按式(1-1)计算主轴转速
$$n=1000v_c/\pi d_0=1000\times3.0/(\pi\times20)=47.75 \text{ r/s}$$
根据机床说明书，取 $n=45$ r/s。故实际切削速度
$$v_c=\pi d_0 n/1000=\pi\times20\times45/1000=2.83 \text{ m/s}$$

2. 工序 20-2：钻螺栓半孔 $\phi(9.05\pm0.114)$ mm

采用硬质合金钻头，钻孔直径 $d_0=9.05$ mm，孔深 $l=29.65$ mm，机床采用 8 工位转台式连杆专机。

(1)背吃刀量：$a_p=d_0/2=9.05/2=4.525$ mm。

(2)进给量：根据《实用机械加工工艺手册》表 8-70 查得 $f=0.18\sim0.22$ mm/r；由于 $l/d_0=29.65/9.05=3.28$，故允许进给量需乘以修正系数 $K=1.0$；故 $f=0.18\sim0.22$ mm/r；根据机床说明书，初步选定 $f=0.20$ mm/r。

(3)切削速度：根据《实用机械加工工艺手册》表 8-72 查得 $v_c=1.21\sim0.90$ m/s，初步选定 $v_c=1.20$ m/s。

(4)主轴转速：按式(1-1)计算主轴转速
$$n=1000v_c/\pi d_0=1000\times1.20/(\pi\times9.05)=42.21 \text{ r/s}$$
根据机床说明书，取 $n=45$ r/s。故实际切削速度
$$v_c=\pi d_0 n/1000=\pi\times9.05\times45/1000=1.28 \text{ m/s}$$

3. 工序 20-3：精锪螺栓孔平面

采用硬质合金刀具，刀具直径 $d_0=20$ mm，孔深 $l=2$ mm，机床采用 8 工位转台式连杆专机。

(1)背吃刀量：$a_p=d_0/2=20/2=10$ mm。

(2)进给量：根据《实用机械加工工艺手册》表 8-80 查得 $f=0.15\sim0.30$ mm/r；根据机床说明书，初步选定 $f=0.27$ mm/r。

(3)切削速度：根据相关表查得 $v_c=2.5\sim4.08$ m/s，初步选定 $v_c=3.0$ m/s。

(4)主轴转速：按式(1-1)计算主轴转速
$$n=1000v_c/\pi d_0=1000\times3.0/(\pi\times20)=47.75 \text{ r/s}$$
根据机床说明书，取 $n=45$ r/s。故实际切削速度为
$$v_c=\pi d_0 n/1000=\pi\times20\times45/1000=2.83 \text{ m/s}$$

4. 工序 20-4：钻螺纹底孔通孔 $\phi(7.7\pm0.114)$ mm

采用硬质合金钻头，钻孔直径 $d_0=7.7$ mm，孔深 $l=16.94$ mm，机床采用 8 工位转台式连杆专机。

(1)背吃刀量：$a_p=d_0/2=7.7/2\approx3.85$ mm。

(2)进给量：根据《实用机械加工工艺手册》表 8-70 查得 $f=0.13\sim0.17$ mm/r；由于 $l/d_0=16.94/7.7=2.2$；故允许进给量需乘以修正系数 $K=1.0$，故 $f=0.13\sim0.17$ mm/r；

根据机床说明书,初步选定 $f=0.15$ mm/r。

(3)切削速度:根据《实用机械加工工艺手册》表 8-72 查得 $v_c=1.21\sim0.90$ m/s,初步选定 $v_c=1.1$ m/s。

(4)主轴转速:按式(1-1)计算主轴转速

$$n=1000v_c/\pi d_0=1000\times1.1/(\pi\times7.7)=45.47 \text{ r/s}$$

根据机床说明书,取 $n=45$ r/s。故实际切削速度

$$v_c=\pi d_0 n/1000=\pi\times7.7\times45/1000=1.09 \text{ m/s}$$

5. 工序 20-5:铰螺栓孔和螺纹底孔 $\phi(9.22\pm0.04)$ mm

采用硬质合金铰刀,铰刀直径为 $d_0\approx9.22$ mm,孔深为 $l=33.74$ mm,机床采用 8 工位转台式连杆专机。

(1)背吃刀量:$a_p=(9.22-9.05)/2$ mm $=0.085$ mm。

(2)进给量:根据《实用机械加工工艺手册》表 8-85 查得 $f=0.7\sim1.1$ mm/r;根据机床说明书,初步选定 $f=0.8$ mm/r。

(3)切削速度:根据《实用机械加工工艺手册》表 8-85 查得 $v_c=1.5$ m/s。

(4)主轴转速:按式(1-1)计算主轴转速

$$n=1000v_c/\pi d_0=1000\times1.5/(\pi\times9.22)=51.78 \text{ r/s}$$

根据机床说明书,取 $n=45$ r/s。故实际切削速度

$$v_c=\pi d_0 n/1000=\pi\times9.22\times45/1000=1.30 \text{ m/s}$$

6. 工序 20-7:精镗活塞销孔 $\phi(22.22\pm0.03)$ mm

采用硬质合金镗刀,镗刀直径 $d_0=22.215$ mm,机床采用 8 工位转台式连杆专机。

(1)背吃刀量:$a_p=\Delta d_0/2=(22.215-21.6)/2=0.31$ mm。

(2)进给量:根据《实用机械加工工艺手册》表 8-90 查得 $f=0.04\sim0.08$ mm/r;根据机床说明书,初步选定 $f=0.06$ mm/r。

(3)切削速度:根据《实用机械加工工艺手册》表 8-90 查得 $v_c=3.33\sim10$ m/s,初步选定 $v_c=3.4$ m/s。

(4)主轴转速:按式(1-1)计算主轴转速

$$n=1000v_c/\pi d_0=1000\times3.4/(\pi\times22.215)=48.72 \text{ r/s}$$

根据机床说明书,取 $n=45$ r/s。故实际切削速度

$$v_c=\pi d_0 n/1000=\pi\times22.215\times45/1000=3.14 \text{ m/s}$$

7. 工序 40:精磨曲轴孔两端面

采用砂轮两端面精磨,砂轮直径 $d_0=800$ mm,砂轮宽度 $b_0=30$ mm,机床采用数控卧式双端面磨床。

(1)背吃刀量:单面余量 $z=(24.6-24)/2=0.3$ mm,则 $a_p=0.3$ mm。

(2)进给量:根据《实用机械加工工艺手册》表 8-129 查得 $f=0.0038$ mm/r。

(3)切削速度：根据《实用机械加工工艺手册》表 8-129 查得 $v_c=0.67$ m/s。

(4)主轴转速：根据机床说明书，取 $n=15$ r/s。

8. 工序50-1：铣活塞销孔两斜面

采用硬质合金面铣刀，面铣刀直径 $d_0=36$ mm，机床采用4工位转台式连杆专机。

(1)背吃刀量：对于面铣刀确定背吃刀量，因为加工余量小于6 mm，可取 $a_p=5.53$ mm，一次走刀即可完成。

(2)进给量：根据《实用机械加工工艺手册》表 8-96 查得 $f=0.2 \sim 0.3$ mm/r；根据机床说明书，初步选定 $f=0.3$ mm/r。

(3)切削速度：由《实用机械加工工艺手册》表 8-99 查得，切削速度 $v_c=6 \sim 10$ m/s，初步选为 6 m/s。

(4)主轴转速：按式(1-1)计算主轴转速

$$n=1000v_c/\pi d_0=1000\times6/(\pi\times36)=53.05 \text{ r/s}$$

根据机床说明书，取 $n=55$ r/s。故实际切削速度

$$v_c=\pi d_0 n/1000=\pi\times36\times55/1000=6.22 \text{ m/s}$$

9. 工序50-2：铣轴瓦止口槽，镗曲轴孔 $\phi(51.5\pm0.1)$ mm

1)铣轴瓦止口槽

采用硬质合金三面刃铣刀，铣刀直径 $d_0=30$ mm，齿数 $Z=3$，机床采用4工位转台式连杆专机。

(1)背吃刀量：$a_p=3.185$ mm。

(2)进给量：根据《实用机械加工工艺手册》表 8-98 查得 $f=0.10 \sim 0.18$ mm/r，初步选为 0.14 mm/r。

(3)切削速度：由《实用机械加工工艺手册》表 8-99 查得 $v_c=6 \sim 10$ m/s，初步选为 6 m/s。

(4)主轴转速：按式(1-1)计算主轴转速

$$n=1000v_c/\pi d_0=1000\times6/(\pi\times30)=63.66 \text{ r/s}$$

根据机床说明书，取 $n=60$ r/s。故实际切削速度

$$v_c=\pi d_0 n/1000=\pi\times30\times60/1000=5.65 \text{ m/s}$$

2)镗曲轴孔 $\phi(51.5\pm0.1)$ mm

采用硬质合金镗刀，镗刀直径 $d_0=51.5$ mm，机床采用4工位转台式连杆专机。

(1)背吃刀量：单边余量 $z=1.51/2=0.755$ mm，则 $a_p=0.755$ mm。

(2)进给量：根据《实用机械加工工艺手册》表 8-90 查得 $f=0.04 \sim 0.08$ mm/r，初步选为 0.06 mm/r。

(3)切削速度：由《实用机械加工工艺手册》表 8-90 查得 $v_c=3.33 \sim 10$ m/s，初步选为 9.5 m/s。

(4)主轴转速:按式(1-1)计算主轴转速
$$n = 1000v_c/\pi d_0 = 1000 \times 9.5/(\pi \times 51.5) = 58.72 \text{ r/s}$$
根据机床说明书,取 $n=60$ r/s。故实际切削速度
$$v_c = \pi d_0 n/1000 = \pi \times 51.5 \times 60/1000 = 9.71 \text{ m/s}$$

10. 工序50-3:精镗曲轴孔 $\phi(52.08\pm0.006)$ mm 及活塞销孔 $\phi(19.99\pm0.006)$ mm

1)精镗曲轴孔 $\phi(52.08\pm0.006)$ mm

精镗曲轴孔采用硬质合金刀具,刀具直径 $d_0=52.08$ mm,孔深 $l=24$ mm,机床采用4工位连杆自动加工线。

(1)背吃刀量:单边余量 $z=0.58/2$ mm $=0.29$ mm,则 $a_p=0.29$ mm。

(2)进给量:根据《实用机械加工工艺手册》表8-90查得 $f=0.04\sim0.08$ mm/r,初步选为0.05 mm/r。

(3)切削速度:由《实用机械加工工艺手册》表8-90查得 $v_c=3.33\sim10$ m/s,初步选为9.5 m/s。

(4)主轴转速:按式(1-1)计算主轴转速
$$n = 1000v_c/\pi d_0 = 1000 \times 9.5/(\pi \times 52.08) = 58.06 \text{ r/s}$$
根据机床说明书,取 $n=60$ r/s。故实际切削速度
$$v_c = \pi d_0 n/1000 = \pi \times 52.08 \times 60/1000 = 9.82 \text{ m/s}$$

2)精镗活塞销孔 $\phi(19.99\pm0.006)$ mm

活塞销孔镗衬套的加工刀具采用金刚石,刀具直径 $d_0=19.99$ mm,孔深 $l=24$ mm,机床采用4工位连杆自动加工线。

(1)背吃刀量:单边余量 $z=0.225$ mm,则 $a_p=0.225$ mm。

(2)进给量:根据《实用机械加工工艺手册》表8-90查得 $f=0.02\sim0.04$ mm/r,初步选为0.04 mm/r。

(3)切削速度:由《实用机械加工工艺手册》表8-90查得 $v_c=4\sim5.83$ m/s,初步选为4 m/s。

(4)主轴转速:按式(1-1)计算主轴转速
$$n = 1000v_c/\pi d_0 = 1000 \times 4/(\pi \times 19.99) = 63.69 \text{ r/s}$$
根据机床说明书,取 $n=60$ r/s。故实际切削速度
$$v_c = \pi d_0 n/1000 = \pi \times 19.99 \times 60/1000 = 3.77 \text{ m/s}$$

11. 工序60-1:珩磨曲轴孔 $\phi(52.126\pm0.006)$ mm 及活塞销孔中 (20.012 ± 0.004) mm

1)珩磨曲轴孔 $\phi(52.126\pm0.006)$ mm

采用硬质合金刀具,刀具直径 $d_0=52.126$ mm,孔深 $l=24$ mm,机床采用连杆珩磨专机。

(1)背吃刀量:$a_p = \Delta d_0/2 = (52.126-52.08)/2 = 0.023$ mm。

(2)进给量：根据《实用机械加工工艺手册》表 8-90 查得 $f = 0.04 \sim 0.08$ mm/r，初步选为 0.06 mm/r。

(3)切削速度：由《实用机械加工工艺手册》表 8-90 查得 $v_c = 3.33 \sim 10$ m/s，初步选为 5.5 m/s。

(4)主轴转速：按式(1-1)计算主轴转速

$$n = 1000v_c/\pi d_0 = 1000 \times 5.5/(\pi \times 52.126) = 33.59 \text{ r/s}$$

根据机床说明书，取 $n = 35$ r/s。故实际切削速度

$$v_c = \pi d_0 n/1000 = \pi \times 52.126 \times 35/1000 = 5.73 \text{ m/s}$$

2)珩磨活塞销孔 $\phi(20.012 \pm 0.004)$ mm

采用硬质合金刀具，刀具直径 $d_0 = 20.012$ mm，孔深 $l = 24$ mm，机床采用连杆珩磨专机。

(1)背吃刀量：$a_p = \Delta d_0/2 = (20.012 - 19.99)/2 = 0.011$ mm。

(2)进给量：根据《实用机械加工工艺手册》表 8-90 查得 $f = 0.04 \sim 0.08$ mm/r，初步选为 0.06 mm/r。

(3)切削速度：由《实用机械加工工艺手册》表 8-90 查得 $v_c = 2.5 \sim 6.66$ m/s，初步选为 2.5 m/s。

(4)主轴转速：按式(1-1)计算主轴转速

$$n = 1000v_c/\pi d_0 = 1000 \times 2.5/(\pi \times 20.012) = 39.76 \text{ r/s}$$

根据机床说明书，取 $n = 35$ r/s。故实际切削速度

$$v_c = \pi d_0 n/1000 = \pi \times 20.012 \times 35/1000 = 2.2 \text{ m/s}$$

(四)编写工艺过程卡和工序卡

1. 工艺过程卡

工艺过程卡也称工艺路线卡。工艺过程卡中应简要写明连杆各道工序的加工内容、工艺设备、工时定额等内容，供生产管理使用。某发动机连杆的工艺过程卡如表 3-15 所示。

表 3-15 某发动机连杆的工艺过程卡

机械加工工艺过程卡			材料	零件号	零件名称
			粉末冶金	××	连杆体
工序号	工序名称	工序内容	设备		工时
OP10	上料	接收毛坯			
OP20-1	粗镗	曲轴孔倒角，粗镗活塞销孔并倒角	8 工位转台式连杆专机		
OP20-2	钻	钻螺栓半孔	8 工位转台式连杆专机		
OP20-3	精锪	精锪螺栓孔平面	8 工位转台式连杆专机		
OP20-4	钻	钻螺纹底孔通孔	8 工位转台式连杆专机		

续表

		机械加工工艺过程卡		材料	零件号	零件名称
				粉末冶金	××	连杆体
工序号	工序名称	工序内容		设备		工时
OP20-5	铰	铰螺栓孔和螺纹底孔		8工位转台式连杆专机		
OP20-6	攻	攻螺纹		8工位转台式连杆专机		
OP20-7	精镗	精镗活塞销孔		8工位转台式连杆专机		
OP20-8	检测	尺寸检验,测量活塞销孔				
OP30-1	胀断	胀断,清理分离面		4工位转台式连杆装配专机		
OP30-2	钳	安装螺栓,预拧紧,预拧紧力矩为32N·m,4工位转台式连杆装配专机				
OP30-3	钳	松螺栓,清理分离面,安装螺栓拧紧至26 N·m+100°,4工位转台式连杆装配专机				
OP30-4	压	压衬套,4工位转台式连杆装配专机				
OP40	精磨	精磨曲轴孔两端面		数控卧式双端面磨床		
OP50-1	铣	铣活塞销孔两斜面并倒角		4工位连杆自动加工线		
OP50-2	铣、镗	铣轴瓦止口槽,镗曲轴孔		4工位连杆自动加工线		
OP50-3	精镗	精镗曲轴孔及活塞销孔		4工位连杆自动加工线		
OP50-4	检测	尺寸检验,测量曲轴孔及活塞销孔				
OP60-1	珩磨	珩磨曲轴孔及活塞销孔		连杆珩磨专机		
OP60-2	检测	测量曲轴孔和活塞销孔				
OP70	洗、吹	清洗,漂洗,吹干		连杆专用高清洁度清洗机		
OP80-1	检测	最终检测		专用测量称重打标分组专机		
OP80-2	打标	称重,打编号,分拣		专用测量称重打标分组专机		
OP90	入库	上油,入库				
设计		指导		签字		日期

2. 工序卡

为每个工序所编制的卡片称为工序卡。工序卡是指导工人进行生产的更为详细的工艺文件,在大批量生产的关键工序才使用。表3-16~表3-18为连杆机械加工工序卡示例。

表 3-16 机械加工工序卡示例 1

生产区	名称	连杆加工线
	编号	8工位转台式连杆专机 071839-03
设备	名称	
	代号	
夹具	名称	
	代号	
夹辅具	名称	
	代号	
	顶紧力	
工具	名称	
	代号	
工位器具	名称	
	代号	
冷却液	名称	
	浓度	

刀具刀辅具	代号	名称

工步	内容	主轴转速 /(r·min⁻¹)	进给转速 /(r·min⁻¹)	切削速度 /(r·min⁻¹)	走刀量 /(r·min⁻¹)	切削深度 /mm

| 装夹 | | | | | | |

某连杆/曲轴孔倒角、粗镗销孔并倒角

	会签	编制	校对	审核
	标准化			
	批准			

××××大学 机械加工工序卡 OP20-1

版本标记	B	III	共1页
			共1页

标记	处数	更改单号	签名	日期

表 3-17 机械加工工序卡示例 2

×××大学	机械加工工序卡		某连杆铰螺栓孔和螺纹底孔		版本标记	OP20-5		
					Ⅲ	共1页		
			B			共1页		
工步	内容	主轴转速 /(r·min⁻¹)	进给转速 /(r·min⁻¹)	切削速度 /(r·min⁻¹)	走刀量 /(r·min⁻¹)	切削深度 /mm	刀具刀辅具	
							代号	名称
装夹								
	编制			会签				
	校对			标准化				
	审核			批准				
标记	处数	更改单号	签名	日期				

生产区 名称：连杆加工线
设备 名称：8工位转台式连杆专机 编号：071839-03
夹具 名称／代号
夹辅具 代号
工具 顶紧力／名称／代号
工位器具 名称／代号
冷却液 名称／浓度

表 3-18 机械加工工序卡示例 3

生产区	名称	连杆加工线
		4 工位转台式连杆装配专机
设备	名称	
	编号	071839-03
夹具	名称	
	代号	
夹辅具	名称	
	代号	
	顶紧力	
工具	名称	
	代号	
工位器具	名称	
	代号	
冷却液	名称	
	浓度	

胀断前 / 胀断后

分断面须无碎屑,允许2个 1×1mm的崩口缺陷

工步	内容	主轴转速 /(r·min⁻¹)	进给转速 /(r·min⁻¹)	切削速度 /(r·min⁻¹)	走刀量 /(r·min⁻¹)	切削深度 /mm	刀具刀辅具	
							代号	名称
装夹								

某连杆/胀断,清理分离面

编制		版本标记	Ⅲ	×××大学
校对				机械加工工序卡
审核			B	
会签				
标准化				共1页
批准				OP30-1 共1页

标记	处数	更改单号	签名	日期

习 题

3-1 机械加工工艺过程由哪些过程组成？制订机械加工工艺规程的步骤有哪些？

3-2 何谓六自由度定位原则？

3-3 定位系统中，工件的定位有几种情况？哪些是允许的？哪些是不允许的？为什么？

3-4 定位系统中，如限制的自由度不超过6个，就不会出现过定位；凡是限制的自由度少于6个的，就一定是欠定位。这两种说法对吗？为什么？

3-5 何谓基准？基准分哪几类？各种基准之间有何关系？

3-6 什么是定位粗基准、精基准和定位基面？

3-7 机械加工一般划分为哪几个阶段？划分加工阶段有什么意义？

3-8 何谓工序集中？何谓工序分散？影响工序集中、工序分散的主要因素有哪些？

3-9 何谓加工余量？影响加工余量的因素有哪些？

3-10 如何安排零件的机械加工顺序？在机械加工过程中，如何安排热处理工序？

3-11 何谓粗基准？其选择原则是什么？

3-12 何谓精基准？其选择原则是什么？

3-13 分析下列加工过程的定位基准：

(1) 浮动铰刀铰孔；

(2) 浮动镗刀精镗孔；

(3) 珩磨孔；

(4) 无心磨削外圆；

(5) 磨削发动机缸体与缸盖接合面；

(6) 精加工发动机曲轴轴颈；

(7) 珩磨发动机连杆大头孔；

(8) 拉削发动机缸体曲轴。

3-14 一直径为 $\phi30f6$ mm、长度为 240 mm 的光轴，在成批生产条件下，试求：加工外圆表面各道工序的工序尺寸及其公差。其加工顺序为：毛坯(棒料)→粗车→半精车→粗磨→精磨。各工序的加工余量分别为：粗车 3 mm；半精车 1.1 mm；粗磨 0.3 mm；精磨 0.1 mm。公差分别为 0.39 mm、0.16 mm、0.062 mm，精磨后达到设计要求，公差 f_6。

3-15 如图 3-33 所示的液压缸筒加工，缸筒材料为 HT250，请按下述要求制订工艺路线：

(1) 单件小批量生产；

(2) 成批生产。

3-16 如图 3-34 所示的小轴加工，小轴材料

图 3-33 液压缸筒加工

为45钢；方头部分淬火硬度为35 HRC，请按下述要求制订工艺路线：

(1) 单件小批量生产；

(2) 成批生产。

图 3-34 小轴加工

第四章 尺寸链原理及其应用

在汽车及机械产品的设计、制造过程中,尺寸链的应用非常普遍。首先,产品设计工程师要根据产品、部件或总成的使用性能以及特殊要求,规定必需的装配精度(技术要求),以此确定零件的基本尺寸及公差(或极限偏差);其次,机械加工工艺设计人员通过尺寸链换算,确定各工序尺寸及其偏差;最后,装配工艺工程师要根据装配要求确定合适的装配方法。因此,对产品设计工程师以及装配工艺工程师来说,尺寸链计算是必须掌握的重要理论之一。

第一节 尺寸链的基本概念

一、尺寸链的定义、特征及尺寸链图

(一)尺寸链的定义

在机器设计、装配及零件加工过程中,一组互相联系且按一定顺序排列的封闭尺寸组合,称为尺寸链。

图 4-1(a) 为发动机曲轴第一主轴颈与轴承装配结构图,轴向间隙 C_0 为设计时确定的装配精度,它取决于主轴颈长度 C_1、锁止垫片宽度 C_3、C_4 及轴瓦宽度 C_2。由尺寸 C_1、C_2、C_3、C_4、C_0 按一定顺序形成的封闭尺寸组合,即为尺寸链。

图 4-1　发动机曲轴第一主轴颈与轴承装配结构图

图 4-2(a) 为轴加工工序简图。由于对 A 面的要求较高，因此 A 面加工作为最后一道工序。图示 A 面为设计基准，从 A 面标注的尺寸 C_1 与 C_0，在最后加工 A 面时，要得到同时保证。但是，由于 C_1 的尺寸精度高于 C_0，因此加工过程中，C_1 直接加工得到，C_0 间接保证。如图 4-2(b) 所示，由 C_1、C_2、C_0 形成的封闭尺寸组合，即为尺寸链。

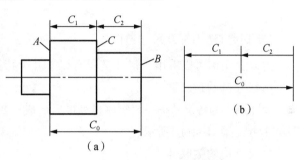

图 4-2　轴加工工序简图

图 4-3(a) 为拖拉机制动器轴承套结构简图。图中要求端面 A 对外圆 C 轴线的垂直度误差在直径 $\phi240$ mm 处不大于 0.05 mm，端面 B 对外圆 C 轴线的垂直度误差在直径 $\phi120$ mm 处不大于 0.05 mm。在加工过程中，直接保证端面 B 对端面 A 的平行度 α_1 和端面 A 对基准 C 的垂直度 α_2 的要求，间接保证端面 B 对基准 C 的垂直度 α_0 的要求，且 α_0 取决于 α_1 与 α_2 的大小。由此，α_1、α_2 和 α_0 组成了位置公差尺寸链。

图 4-3　拖拉机制动器轴承套结构简图

图 4-4(a)为轴零件设计图。图中尺寸 C_1、C_2、C_3 是采用链式标注直接标注的，但 C_0 的尺寸取决于 C_1、C_2 和 C_3 的大小，因此，C_1、C_2、C_3 和 C_0 形成了一封闭的尺寸组，即为尺寸链。

图 4-4 轴零件设计图

(二)尺寸链特征及尺寸链图

由以上实例可以看出，尺寸链具有以下几个特征。

1)尺寸链的封闭性

尺寸链中的各尺寸按一定顺序排列最后形成一封闭的图形，如图 4-1(b)、图 4-2(b)、图 4-3(b)、图 4-4(b)所示。

2)尺寸链的关联性

尺寸链中任何一个尺寸的变化都会引起其他尺寸的变化。例如，图 4-1(b)中，C_1、C_2、C_3 或 C_4 任何一个尺寸的变化都将引起 C_0 的变化；图 4-2(b)中，C_1 或 C_2 任何一个尺寸的变化都会引起 C_0 变化；图 4-3(b)中，α_1 或 α_2 任何一个角度量的变化都会引起 α_0 的变化。

3)尺寸链至少由 3 个或 3 个以上的尺寸组成

例如，4-1(b)中有 5 个尺寸；图 4-2(b)中有 3 个尺寸；图 4-3(b)中有 3 个角度量；图 4-4(b)中有 3 个尺寸。

上述 4 个实例中，图 4-1(b)、图 4-2(b)、图 4-3(b)、图 4-4(b)称为尺寸链图，尺寸链图主要是为了分析与计算尺寸链时方便，并不画出具体结构，只是按照具体结构的组成顺序，用一个尺寸或一个角度量来表示实际结构的尺寸或角度量。例如，图 4-1(b)中，用 C_1 表示第一主轴颈的长度，用 C_2 表示轴瓦宽度，用 C_3 与 C_4 分别表示左、右锁止垫片宽度，只是在简化过程中所画出的尺寸链图，不一定按照严格的比例，但必须保持尺寸对应的实际结构间的相互关系。

二、尺寸链的组成

尺寸链中的每一个尺寸或角度量称为环，环又分为封闭环与组成环。

1. 封闭环

尺寸链中封闭环是由组成环尺寸所决定的，它是依赖于组成环而间接形成的，且在零件加工或机械产品装配过程中，最后自然形成(间接获得)这一尺寸。一个尺寸链中只有一个封闭环。例如，图 4-1(b)中的 C_0，它代表的是装配精度；图 4-2(b)的中 C_0，它代表加工中间接获得的尺寸；图 4-3(b)中的 $α_0$，它代表间接获得的垂直度；图 4-4(b)中的 C_0，它代表间接获得的轴的长度尺寸。

封闭环的特点是：其他环的误差必然累积在这个环上，因此封闭环误差是所有各组成环误差的综合。

2. 组成环

尺寸链中，除封闭环以外的其他环都称为组成环，每一个组成环的变动必然引起封闭环的变动，它是在加工或装配中直接获得的尺寸。例如，图 4-1(b)中，尺寸 C_1、C_2、C_3 及 C_4 是装配时直接保证的；图 4-2(b)中，尺寸 C_1 与 C_2 是加工时直接保证的；图 4-3(b)中，角度 $α_1$ 与 $α_2$ 是加工时直接保证的；图 4-4(b)中，尺寸 C_1、C_2 与 C_3 是设计时直接标注的。

根据组成环对封闭环影响的不同，又把组成环分为增环与减环。

(1)增环。尺寸链中，某组成环的变动将引起封闭环的同向变动，则称该环为增环。所谓同向变动，是指组成环增大，封闭环也增大，组成环减小，封闭环也减小，如：图 4-1(b)中的 C_1，图 4-2(b)中的 C_1 与 C_2，图 4-4(b)中的 C_1、C_2 与 C_3。

(2)减环。尺寸链中，某组成环的变动将引起封闭环的反向变动，则称该组成环为减环。反向变动是指组成环增大，将引起封闭环减小，组成环减小，将引起封闭环增大，如图 4-1(b)中的 C_2、C_3 与 C_4。

(3)增环与减环的判定。分析与计算尺寸链时，首先判断尺寸链中各组成环是增环还是减环。如图 4-5 所示，在图中各环尺寸线标注单箭头，箭头方向沿着封闭图形的一个方向流动，包括封闭环在内与组成环一样标注（可以在封闭图形内画出一封闭回路，并在回路上标注箭头或是方向，然后尺寸线箭头标注沿该方向或反方向进行）。凡是各组成环尺寸线箭头方向与封闭环尺寸线箭头方向相反的(相同的)为增环(为减环)。例如，图 4-1(b)中，C_2、C_3、C_4 与 C_0 箭头方向相同为减环，C_1 与 C_0 箭头方向相反为增环；图 4-5 中，C_1、C_2、C_3 与 C_0 箭头方向相同为减环，C_4、C_5 与 C_0 箭头方向相反为增环。

图 4-5 判断增、减环的方法

三、尺寸链分类

尺寸链有各种不同的分类方法，这是因为尺寸链的构成随各种机械产品的结构或零件结构不同而有所差异。并且，用尺寸链来解决问题的目的不一样，其应用场合也不一样。下面根据不同的分类原则，介绍尺寸链类型。

(一)按构成尺寸链各环的几何特征分类

(1) 长度尺寸链：全部环为长度尺寸的尺寸链；或者组成环既有长度尺寸又有角度量而封闭环为长度尺寸的尺寸链。前者称为纯长度尺寸链，如图4-1(b)、4-2(b)、4-4(b)均为纯长度尺寸链。

(2) 角度尺寸链：全部环为角度量的尺寸链；或者组成环既有角度量又有长度尺寸而封闭环为角度量的尺寸链。例如，图4-6所示的具有公共顶角的封闭角度图形，是最简单的角度尺寸链；图4-3(b)则为由位置公差平行度和垂直度组成的较复杂的角度尺寸链。因为平面或轴线间要求平行，相当于0°或180°的角度关系；而垂直度相当于90°的角度关系。因此，由平行度与垂直度要求组成的尺寸链是角度尺寸链。

图4-6 角度尺寸链

(二)按尺寸链的作用分类

(1) 装配尺寸链：全部组成环为不同零件的设计尺寸所形成的尺寸链。例如，图4-1(b)所示的尺寸链即为装配尺寸链，轴向间隙C_0是装配精度，为封闭环，它由第一主轴长度C_1，左、右锁止垫片宽度C_3、C_4，以及轴瓦宽度C_2所确定。

(2) 零件设计尺寸链：全部组成环为同一零件的设计尺寸所形成的尺寸链。如图4-4(b)所示，C_1、C_2、C_3是设计给定的，即为组成环，而C_0是由C_1、C_2、C_3间接确定的，为封闭环。在零件设计尺寸链中，标注的尺寸为组成环，未标注的尺寸为封闭环。

(3) 工艺尺寸链：全部组成环为同一零件的工艺尺寸所形成的尺寸链。如图4-2(b)所示，工序尺寸C_1、C_2是加工中直接保证的，即为组成环，C_0是间接保证的，为封闭环。在工艺尺寸链中，直接保证的工艺尺寸为组成环，间接保证的工艺尺寸为封闭环。

(三)按构成尺寸链各环的空间位置分类

(1) 直线尺寸链：全部组成环平行于封闭环的尺寸链，亦称为线性尺寸链，是尺寸链的基本形式。例如，图4-1(b)、4-2(b)、4-4(b)所示的尺寸链均为直线尺寸链，其特征是各环均在同一平面上，且相互平行。

(2) 平面尺寸链：全部组成环位于一个或几个平行平面上，但可能某些组成环不平行于封闭环的尺寸链。例如，一平板上加工孔A与孔B，两孔中心间的距离用尺寸C_1与C_2间接保证，即中心距C_0，如图4-7(a)所示。由直线尺寸C_1、C_2和C_0以及角度量α_1与α_2组成平面尺寸链，如图4-7(b)所示。

平面尺寸链可转换成直线尺寸链。如图4-7(b)所示，将各组成环投影到与封闭环平行的直线上，即 C'_1、C'_2 与 C'_0 组成直线尺寸链，其中 C'_1、C'_2 都是增环。

(3) 空间尺寸链：组成环位于几个不平行平面内的尺寸链。空间尺寸链可用投影的方法，先转化为平面尺寸链，然后再将平面尺寸链转化为直线尺寸链。

图 4-7　平面工艺尺寸链

(四) 按尺寸链间相互关系分类

(1) 独立尺寸链：指组成环与封闭环只属于同一尺寸链，不属其他任何尺寸链。

(2) 并联尺寸链：由若干个独立尺寸链通过一个(或几个)共存于 2 个(或以上)独立尺寸链的环相互联系起来的联系形式称为并联尺寸链，共存于独立尺寸链中的环称为公共环，组成环与封闭环都有可能成为公共环。并联尺寸链的特点是：组成并联尺寸链的各独立尺寸链间通过公共环相互联系、相互影响。

如图 4-8(a) 所示，B、C 尺寸链为并联尺寸链，C_4 与 B_0 同为公共环，且 $C_4 = B_0$，但分别存在于两独立尺寸链中，在 B 尺寸链中，公共环为封闭环 B_0，在 C 尺寸链中，公共环为组成环 C_4。

C 尺寸链的方程式为

$$C_0 = C_1 + C_2 - (C_3 + C_4)$$

B 尺寸链的方程式为

$$B_0 = B_3 - (B_1 + B_2)$$

因为

$$B_0 = C_4$$

则

$$C_0 = C_1 + C_2 + B_1 + B_2 - (C_3 + B_3)$$

图 4-8　相关尺寸链

(a) 并联尺寸链；(b) 串联尺寸链

由以上分析可知：通过中间代换，可将一多环尺寸链分解为 2 个(或 2 个以上)的并联尺寸链，以使复杂的问题简单化。

如图4-8(a)所示，将多环尺寸链C_1、C_2、C_3、C_0和B_1、B_2、B_3、B_0代换为B_1、B_2、B_3、B_0和C_1、C_2、C_3、C_0两并联尺寸链；反之，也可以将两并联尺寸链代为一多环尺寸链。

在装配尺寸链与工艺尺寸链中，经常存在并联尺寸链，即一个尺寸往往存在于多个尺寸链中。求解时，可以将多环尺寸链分解为并联尺寸链，也可以将并联尺寸链代换为一多环尺寸链，视具体情况而定。在工艺尺寸链中，余量为封闭环，常常是以余量作为中间变量进行代换。

并联尺寸链中增、减环的判断，依然采用独立尺寸链的原则，若公共环为组成环，有可能在一个尺寸链中是减环(或增环)、在另一个尺寸链中是增环(或减环)。按照独立尺寸链的判断原则，公共环的判断不易出错。

(3) 串联尺寸键：如图4-8(b)所示，每一个后继尺寸链是从前面一个尺寸链的基面开始的，即每两个相邻尺寸链有一个共同基面。当B尺寸链内任何一个环大小有变化时，尺寸链的基面(OO)位置随即改变。

四、尺寸链的计算

1. 公差校核计算

已知组成环，求封闭环。根据各组成环基本尺寸及公差(或偏差)，来计算封闭环的基本尺寸及公差(或偏差)，亦称为尺寸链的正计算。这种计算主要用于审核图样，验证设计的正确性。如图4-1(a)所示，曲轴第一主轴颈与轴承装配后，要求右端锁止垫片与主轴颈右轴肩之间的间隙为C_0，该尺寸可查设计图样中主轴颈长度C_1，左、右锁止垫片宽度C_3、C_4，以及轴瓦宽度C_2进行校核，或者先检验C_1、C_2、C_3与C_4各零件的实际尺寸，就可预知C_0的实际尺寸是否合格。

2. 公差设计计算

已知封闭环，求组成环。根据设计要求的封闭环基本尺寸及公差(偏差)，反过来计算各组成环基本尺寸及公差(偏差)，亦称为尺寸链的反计算。这种计算一般用于汽车或机械产品设计或工艺设计。如图4-1(a)所示，在设计过程中根据相关要求规定右锁止垫片右端面与第一主轴右端轴肩之间的间隙为C_0，即装配精度(或封闭环)，并根据它合理地确定各组成环第一主轴颈长度C_1，左、右锁止垫片宽度C_3、C_4，以及轴瓦宽度C_2的尺寸及公差(或偏差)。

3. 中间计算

已知封闭环及部分组成环，求其余组成环。根据封闭环和其他组成环的基本尺寸及公差(偏差)来计算尺寸链中某一组成环的基本尺寸及公差(偏差)，其实质属于反计算的一种，称为尺寸链的中间计算。这种计算在工艺设计上应用较多，如基准的换算、工序尺寸的确定等。如图4-2(a)所示，C_1与C_0是设计尺寸，C_1由加工直接保证，C_0由C_1与C_2间接保证，C_0是封闭环，C_1是组成环。C_2是前面加工要获得的工序尺寸，它是组成环，且此工序尺寸未知，要根据C_1与C_0解出C_2的基本尺寸及公差(偏差)。

五、尺寸链计算的基本公式

由上述分析可知,尺寸链的分析计算主要有:正计算、反计算与中间计算。在不同计算类型问题中,所给的已知条件不一样,求解的结果要求也不一样,因此需要按不同的公式进行计算。例如,尺寸链中的每一环可以是基本尺寸与公差表达,也可以是基本尺寸及极限偏差表达,还可以用最大与最小尺寸或中间尺寸和中间偏差来表达。

(一) 直线尺寸链的计算

尺寸链的计算方法有:极值法与概率法。这里主要给出直线尺寸链的计算公式。因直线尺寸链与右公共顶角的角度尺寸链的计算方法相同,所以直线尺寸链的计算公式也适用于具有公共顶角的角度尺寸链。

1. 封闭环基本尺寸计算

图 4-9(a) 为尺寸链计算简图,封闭环的基本尺寸等于所有增环的基本尺寸之和减去所有减环的基本尺寸之和,即

$$C_0 = \sum_{z=1}^{k} C_z - \sum_{j=k+1}^{n-1} C_j \tag{4-1}$$

式中:C_0——封闭环基本尺寸;
C_z——增环基本尺寸;
C_j——减环基本尺寸;
k——增环数;
n——尺寸链总环数。

(a)

(b)

图 4-9 尺寸链计算简图
(a) 直线尺寸链;(b) 角度尺寸链

图 4-9(b) 为具有公共顶角的角度尺寸链,其封闭环基本尺寸

$$\alpha_0 = \sum_{z=1}^{k} \alpha_z - \sum_{j=k+1}^{n-1} \alpha_j \tag{4-2}$$

式中:α_0——封闭环角度量;
α_z——增环角度量;
α_j——减环角度量。

2. 极值法

所谓极值法,是指按组成环的尺寸同为极限尺寸的条件来计算封闭尺寸的方法。

(1) 封闭环极限尺寸。封闭环最大尺寸等于所有增环最大尺寸之和减去所有减环最小

尺寸之和，即

$$C_{0\max} = \sum_{z=1}^{k} C_{z\max} - \sum_{j=k+1}^{n-1} C_{j\min} \quad (4-3)$$

式中：$C_{0\max}$——封闭环最大尺寸；
$C_{z\max}$——增环最大尺寸；
$C_{j\min}$——减环最小尺寸。

封闭环最小尺寸等于所有增环最小尺寸之和减去所有减环最大尺寸之和，即

$$C_{0\min} = \sum_{z=1}^{k} C_{z\min} - \sum_{j=k+1}^{n-1} C_{j\max} \quad (4-4)$$

式中：$C_{0\min}$——封闭环最小尺寸；
$C_{z\min}$——增环最小尺寸；
$C_{j\max}$——减环最大尺寸。

(2) 封闭环公差等于所有各组成环公差之和，由式(4-3)减去式(4-4)得

$$T_{C0} = C_{0\max} - C_{0\min} = \sum_{z=1}^{k} T_{Cz} + \sum_{j=k+1}^{n-1} T_{Cj} = \sum_{i=1}^{n-1} T_{Ci} \quad (4-5)$$

式中：T_{C0}——封闭环公差；
T_{Cz}——增环公差；
T_{Cj}——减环公差；
T_{Ci}——各组成环公差。

(3) 封闭环极限偏差。上偏差等于所有增环上偏差之和减去所有减环下偏差之和，由式(4-3)减去式(4-1)得

$$ES_{C0} = C_{C\max} - C_0 = \sum_{z=1}^{k} ES_{Cz} + \sum_{j=k+1}^{n-1} EI_{Cj} \quad (4-6)$$

下偏差等于所有增环下偏差之和减去所有减环上偏差之和，由式(4-4)减去式(4-1)得

$$EI_{C0} = C_{C\min} - C_0 = \sum_{z=1}^{k} EI_{Cz} + \sum_{j=k+1}^{n-1} ES_{Cj} \quad (4-7)$$

式(4-6)、(4-7)中：ES_{C0}、EI_{C0}——封闭环的上、下偏差；
ES_{Cz}、EI_{Cz}——增环的上、下偏差；
ES_{Cj}、EI_{Cj}——减环的上、下偏差。

(4) 封闭环实际误差。在零件制造加工过程中，当各环的实际误差不等于各环公差时，此时封闭环的实际误差等于所有组成环的实际误差之和，即

$$\Delta_{C0} = \sum_{i=1}^{n-1} \Delta_{Ci} \quad (4-8)$$

式中：Δ_{C0}——封闭环误差；
Δ_{Ci}——组成环误差。

(5) 封闭环中间尺寸 C_{0m} 和中间偏差 Δ_0。图4-10表明了各尺寸、公差及偏差间的关系。中间尺寸是指最大与最小尺寸之和的平均值，即

$$C_{im} = \frac{C_{i\max} + C_{i\min}}{2} \quad (4-9)$$

式中：C_{im}——组成环的中间尺寸；

$C_{i\max}$、$C_{i\min}$——组成环的最大、最小尺寸。

图 4-10 尺寸、公差、偏差间的关系

封闭环的中间尺寸等于所有增环中间尺寸之和减去所有减环中间尺寸之和，即

$$C_{0m} = \sum_{z=1}^{k} C_{zm} - \sum_{j=k+1}^{n-1} C_{jm} \tag{4-10}$$

式中：C_{0m}——封闭环中间尺寸；

C_{zm}——增环中间尺寸；

C_{jm}——减环中间尺寸。

所谓中间偏差，是指上、下偏差的平均值，也称为公差带中心坐标。组成环的中间偏差

$$\Delta_i = \frac{ES_{Ci} + EI_{Ci}}{2} \tag{4-11}$$

封闭环的中间偏差等于所有各增环中间偏差之和减去所有各减环中间偏差之和，即

$$\Delta_0 = \sum_{z=1}^{k} \Delta_z - \sum_{j=k+1}^{n-1} \Delta_j \tag{4-12}$$

式中：Δ_0——封闭环中间偏差；

Δ_z、Δ_j——增、减环的中间偏差。

(6) 中间偏差、公差及极限偏差间的关系。

组成环：

$$ES_{Ci} = \Delta_i + \frac{1}{2} T_{Ci} \tag{4-13}$$

$$EI_{Ci} = \Delta_i + \frac{1}{2} T_{Ci} \tag{4-14}$$

封闭环：

$$EI_{C0} = \Delta_0 + \frac{1}{2} T_{C0} \tag{4-15}$$

$$ES_{C0} = \Delta_0 + \frac{1}{2} T_{C0} \tag{4-16}$$

极值法的优点是计算简单，不必考虑其他因素的影响；缺点是在组成环较多且封闭环

精度要求较高的情况下，组成环的精度要求很高，不论是装配尺寸链还是工艺尺寸链，其零件的加工难度大、成本高。因此，极值法一般用于封闭环精度高但组成环的环数少，封闭环精度低但组成环的环数较多，或是具有调整环或修配环的装配尺寸链的计算中。

3. 概率法

在极值法计算中，认为所有的组成环都同时达到极限尺寸。但是在实际生产过程中，出现这种现象（即工件尺寸同时是极限尺寸）的可能性很小。根据概率理论，组成环尺寸同时达到极限尺寸的概率应等于各组成环出现极限尺寸概率的乘积。因此，采用概率原理来对尺寸链进行解算更合理、更科学，人们也把这种计算尺寸链的方法称为概率法。

在大批量生产中，一尺寸链中的各组成环尺寸的获得，相互间并无联系，因此可将它们看成是相互独立的随机变量，各组成环尺寸的误差，是由这些随机变量合成的。经大量实测数据后，从概率统计的观念出发来看，任何一环都有2个明显的特征数：①平均尺寸（算术平均值），它表示尺寸分布的集中位置；②均方根偏差（标准差）σ，它表示实际尺寸分布相对于算术平均值的离散程度。

由概率论原理可知，独立随机变量之和的均方差 σ_0，与这些随机变量相应的 σ_i 值之间的关系为

$$\sigma_0 = \sqrt{\sum_{i=1}^{n-1} \sigma_i^2}$$

上式是用概率法解算尺寸链时，封闭环误差与组成环误差间的基本关系式。采用概率法解算尺寸链，封闭环基本尺寸计算与极值法一样（见式(4-1)）。

(1) 封闭环公差 T_{c0} 的计算。由概率原理知：当各组成环的误差分布都遵循正态分布规律时，则其封闭环也将符合正态分布规律。正态分布情况下，组成环尺寸 C_i 误差分散范围与均方根偏差间的关系若为 $\Delta_{Ci} \pm 3\sigma_i$，则取公差带宽 $T_{Ci} = 6\sigma_i$，此时封闭环的公差 T_{c0} 与各组成环公差的关系为

$$T_{c0} = \sqrt{\sum_{i=1}^{n-1} T_{Ci}^2} \tag{4-17}$$

式(4-17)说明，当各组成环公差均为正态分布时，封闭环公差等于各组成环公差平方和的平方根。

当各组成环公差不为正态分布时，封闭环公差的计算，需引入"相对分布系数 k_i"的概念，即需要对式(4-17)进行修正。

正态分布 $\qquad T_{Ci} = 6\sigma_i; \quad \sigma_i = \dfrac{T_{Ci}}{6}$

非正态分分布 $\qquad \sigma_i = k_i \dfrac{T_{Ci}}{6}$

故 $\qquad T_{c0} = \sqrt{\sum_{i=1}^{n-1} k_i^2 T_{Ci}^2} \tag{4-18}$

相对分布系数是以正态分布曲线作为比较基准（正态分布 $k_i = 1$）来说明非正态分布曲线相对正态分布曲线的差别程度。表4-1给出了几种非正态分布曲线的相对分布系数 k_i 和相对不对称系数 e_i 的参考值。

表 4-1　不同曲线的相对分布系数 k_i 和相对不对称系数 e_i

分布特征	正态分布	三角分布	均匀分布	平顶分布
分布曲线				
e_i	0	0	0	0
k_i	1	1.22	1.73	1.1~1.5

分布特征	瑞利分布	偏态分布	
		外尺寸	内尺寸
分布曲线			
e_i	−0.28	0.26	−0.26
k_i	1.14	1.17	1.17

若令各组成环公差相等，即 $T_{Ci}=T_{av.l}$ 时，则可求得各环的平均公差

$$T_{av.l}=\sqrt{\frac{T_{C0}^2}{n-1}}$$

与极值法比较（其 $T_{av.l}=\frac{T_{C0}}{n-1}$），在计算同一尺寸链时，用概率法求解可将组成环公差扩大 $\sqrt{n-1}$ 倍。但实际上，各组成环未必都呈正态分布，因此 $k_i>1$，故实际扩大倍数小于 $\sqrt{n-1}$。

应指出的是：用极值法求解尺寸链时，$T_{C0}=\sum_{i=1}^{n-1}T_{Ci}$ 包括了封闭环变动尺寸一切可能出现的值，即尺寸出现在 T_{C0} 范围的概率为 100%。而用概率法时，$T_{C0}=\sqrt{\sum_{i=1}^{n-1}k_i^2T_{Ci}^2}$ 是正态分布，取尺寸分布范围为 6σ，即尺寸出现在该范围的概率为 99.73%，而超出 6σ 范围的概率为 0.27%。因为值很小，故取 6σ 作为封闭环尺寸变动范围是合理的。这就是概率法比极值法所求得的封闭环公差会小的原因所在，而且组成环数目越大，由概率法求得的 T_{C0} 缩小的程度也越大。由此可以推断，在同样的封闭环公差的条件下，进行反计算，用概率法比用极值法求解得到的组成环公差会大一些，这样可方便加工。

(2) 封闭环中间尺寸 C_{0m}。所谓中间尺寸，是指公差带中心位置的尺寸，而平均尺寸则是指尺寸分布中心位置处的尺寸，二者具有本质的区别，其意义与计算方法都是不同

的。当尺寸分布曲线对称时，各环的尺寸分布中心与公差带中心位置相同，故各环中间尺寸与平均尺寸相等。如图4-11所示，各环中间尺寸

$$C_{im} = C_i + \Delta_i \tag{4-19}$$

图4-11 正态分布时尺寸、公差、偏差间的关系

封闭环中间尺寸为

$$C_0 + \Delta_0 = \sum_{z=1}^{k}(C_z + \Delta_z) - \sum_{j=k+1}^{n-1}(C_j + \Delta_j) \tag{4-20}$$

当组成环尺寸分布曲线不对称时，平均尺寸相对中间尺寸产生偏差量，其值为 $e_i \dfrac{T_{Ci}}{2}$，如图4-12所示，故式(4-12)修正为

$$\Delta_0 = \sum_{z=1}^{k}\left(\Delta_z + e_z \frac{T_{Cz}}{2}\right) - \sum_{j=k+1}^{n-1}\left(\Delta_j + e_j \frac{T_{Cj}}{2}\right) \tag{4-21}$$

式中：e_z、e_j——增、减环的相对不对称系数。

图4-12 非正态分布时尺寸、公差、偏差间的关系

相对不对称系数表示尺寸分布的不对称度。当尺寸分布曲线对称时 $e_i=0$；当尺寸分布

曲线不对称时 $e_i \neq 0$，中间尺寸为 $C_i + \Delta_i$，平均尺寸为 $C_i + \Delta_i + e_i \dfrac{T_{Ci}}{2}$。

(3)封闭环上、下偏差。封闭环上、下偏差按式(4-15)与式(4-16)计算。虽然概率法较极值法是一种更科学、更合理的方法，但由于计算复杂，k_i 与 e_i 不易确定，使概率法在应用上受一些限制。在组成环的环数较少时，通常采用简便的极值法；而在尺寸链环数较多时，应该采用概率法。

(4)概率法的近似计算。在采用概率法计算时，若尺寸分布为非正态曲线，必须首先确定相对分布系数 k_i 与相对不对称系数 e_i。一般情况下，常用实验法确定 k_i 与 e_i：对既定的加工工艺所加工的零件进行测量，然后将所测结果进行统计处理，即可求得 k_i 与 e_i；也可以根据成熟的经验统计数据，确定 k_i 与 e_i。在缺乏资料或不能预先确定零件的加工条件时，便只能假定一些 k_i 与 e_i 值来近似计算，其计算方法是：首先假设各组成环的误差分布曲线为对称的，且公差带等于分布范围。此外，由于不能确定各组成环的分布规律，可以综合地考虑取一平均相对分布系数 k，其取值范围为 $1.2 \sim 1.7$，通常取 $k = 1.5$，将式(4-17)简化为

$$T_{C0} = k \sqrt{\sum_{i=1}^{n-1} T_{Ci}^2} \tag{4-22}$$

必须指出，概率近似估算法中，式(4-22)的应用范围是有条件的，即要求组成环的环数较多；组成环的环数不多时，则要求各环的误差值不能相差太大。例如，取 $k = 1.5$ 时，若组成环为 2 个，则所求得的 T_{C0} 反而比极值法求得的大。显然，这时利用近似估算法就无意义了。因此，在组成环的环数为 $(n-1) \geq 3$ 时，要求各环误差不能相差太大，而环数越多，概率近似估算法的实用性越高。

(二)平面和空间尺寸链的计算

平面尺寸链与空间尺寸链的计算方法相似。下面主要介绍平面尺寸链的计算方法。

平面尺寸链的各环按角度关系排列在一个或几个平行平面内，实质上是线性尺寸链和角度尺寸链的组合，它是直线尺寸链的扩展，直线尺寸链是平面尺寸链的特例。

平面尺寸链的解算方法有：①投影法，将平面尺寸链通过投影转换成为直线尺寸链来解算。②图解法，将尺寸链几何图形，按一定比例关系放大作图，然后从图中直接量取所求的封闭环尺寸。下面介绍投影法。

平面尺寸链封闭环是组成环的非线性函数，转换为直线尺寸链时，通过投影得到的组成环尺寸，含一维性尺寸和角度量。并且，转换后的直线尺寸链与单独的直线尺寸链或角度尺寸链是不相同的，除在计算时需要引入传递系数外，还要考虑线性尺寸公差和角度公差对封闭环的影响。

传递系数表示组成环对封闭环的影响程度和方向，用 ξ 表示，其为正值时，表明该环为增环，反之为减环。

1. 封闭环基本尺寸

$$C_0 = \sum_{z=1}^{k} \xi_z C_z + \sum_{j=k+1}^{n-1} \xi_j C_j \tag{4-23}$$

式中：ξ_z、ξ_j——增、减环传递系数。

2. 封闭环公差

1）极值法

$$T_{C0} = \sum_{i=1}^{n-1} |\xi_i| T_{Ci} \tag{4-24}$$

2）概率法

正态分布

$$T_{C0} = \sqrt{\sum_{i=1}^{n-1} \xi_i^2 T_{Ci}^2} \tag{4-25}$$

非正态分布（引入相对分布系数 k_i）

$$T_{C0} = \sqrt{\sum_{i=1}^{n-1} \xi_i^2 k_i^2 T_{Ci}^2} \tag{4-26}$$

第二节 工艺尺寸链、装配尺寸链的应用

正确地绘制、分析和计算工艺尺寸链，是编制工艺规程的重要步骤，否则，会在机械加工过程中造成各种困难甚至出现废品，带来不必要的损失。正确地建立并计算装配尺寸链是汽车与机械产品设计与制造的重要过程，否则，会造成设计的产品达不到性能要求及制造出废品。因此，尺寸链原理在工艺尺寸链及装配尺寸链中的应用是产品设计与工艺设计人员必须掌握的。本节主要介绍一些工艺尺寸链及装配尺寸链的应用。

一、工序尺寸计算

在汽车及机械产品的制造过程中，大多数零件的尺寸与形状的获得，都要通过机械加工；只有最终加工与按设计尺寸及形状直接加工的情况下，工序尺寸才与设计尺寸一致。除此之外，工序尺寸与设计尺寸是不同的，它包括间接保证设计尺寸，为后续工序保证足够的余量以及其他工艺尺寸（定位尺寸与基准尺寸）的确定等。确定这些尺寸及公差，必须应用尺寸链原理。

工艺尺寸链封闭环有 2 种基本形式：一是以工序尺寸为组成环，间接保证某一尺寸，封闭环就是要保证的尺寸；二是以工序尺寸为组成环，确定加工余量，封闭环就是余量（但也有例外，靠火花磨削加工，余量是组成环，工序尺寸是封闭环）。

工艺尺寸链的分析计算，首先要确定封闭环；其次建立工艺尺寸链；最后利用尺寸链

计算公式解算工艺尺寸链。

(一)定位基准、工序基准、测量基准与设计基准重合时工序尺寸的确定

定位基准、工序基准、测量基准及设计基准重合,是工序尺寸确定最简单的情况。这种情况下,工序尺寸的计算是以最终工序开始,反算到第一道工序。工序尺寸是组成环,加工余量是封闭环。下面举例加以说明。

例 4-1 图 4-13 为活塞零件工序尺寸,尺寸 C_1、C_2 为设计尺寸,其中 C_1 为活塞顶面到底面的尺寸,C_2 为顶面到销孔轴线间的尺寸。为了保证设计尺寸 C_1,顶面加工顺序为:粗车顶面→精车顶面。粗车顶面时,以底面为定位基准;精车顶面时,也是以底面为定位基准。因此,在加工活塞顶面的过程中,工艺基准与设计基准重合,各工序的工序尺寸为

精车顶面 $\quad\quad\quad\quad C_1' = C_1$(与设计尺寸相同)

粗车顶面 $\quad\quad C_1'' = C_1 + Z_1$(设计尺寸加上精车余量,精度为粗车精度)

式中:C_1'——精车工序尺寸;

C_1''——粗车工序尺寸;

Z_1——精车余量。

图 4-13 基准重合原则的应用

例 4-2 图 4-14 为某汽车机械式有级变速器中间轴第三速齿轮简图。其中,$D = 58_0^{+0.03}$ mm,$L = 62.6_0^{+0.25}$ mm,加工工艺过程:扩孔→拉孔→磨孔。因为工艺基准与设计基准重合,各工序的工序尺寸计算如表 4-2 所示。

图 4-14 汽车变速器中间轴第三速齿轮简图

表4-2 工序尺寸及公差的计算　　　　　　　　　　　　　　　　　　　　mm

工序名称	工序余量	工序尺寸	工序公差	工序尺寸公差
磨孔	0.25	58	0.03	$\phi 58^{+0.03}_{0}$
拉孔	1.05	58−0.25=57.75	0.025	$\phi 57.75^{+0.0025}_{0}$
扩孔	6.7	57.75−1.05=56.7	0.12	
毛坯孔		50	3	

通常情况下，外圆、内孔、盘及套类零件的工艺基准与设计基准基本上是重合的。由以上实例可以看出，只要基准重合，可通过下述步骤确定工序尺寸：

(1)确定各加工工序的加工余量；

(2)从终了加工工序开始，即从设计尺寸开始，到第一道加工工序，逐次加上每道加工工序余量，可分别得到各工序基本尺寸；

(3)除终了加工工序以外，其他各加工工序按各自所用加工方法的加工经济精度确定工序尺寸公差(终了加工工序的公差按设计要求确定)。

(二)定位基准、工序基准、测量基准与设计基准不重合时工序尺寸的确定

当工艺基准与设计基准不重合时，在加工过程中往往不能直接保证设计尺寸，而只能间接地保证。因此，在进行加工工艺设计时，相关的工序尺寸，必须经过尺寸链换算来获得。下面以实例说明基准不重合时工序尺寸的确定。

1. 定位基准与设计基准不重合

在工艺设计过程中，所选择的定位基准与设计基准不重合，则零件的设计尺寸就不能由加工直接获得，而是由几个工序尺寸予以间接保证，此时应用尺寸链原理计算有关的工序尺寸，以保证设计尺寸的精度要求。

例4-3 如图4-13(a)所示，在精镗活塞销孔工序，选活塞底面作为定位基准，但销孔的设计基准为活塞顶面，因此工序基准与设计基准不重合。为保证尺寸C_2，工序尺寸按选定的工序基准调整确定为C_2'，如图4-13(b)所示。现在要确定工序尺寸C_2'的大小及公差应控制在什么范围内才能保证设计尺寸C_2。

首先确定封闭环。由于C_2为间接保证的设计尺寸，所以C_2为封闭环，C_2'与C_1为组成环。

计算工序尺寸C_2'。由式(4-1)有

$$C_2' = C_1 - C_2 = 106 - 56 = 50 \text{ mm}$$

工序尺寸C_2'的公差计算。因为$T_{C_1} = 0.23$ mm，$T_{C_2} = 0.1$ mm，而C_2为封闭环，由式(4-5)知：$T_{C_2} \geq T_{C_1} + T_{C_2'}$。但尺寸链中，组成环$C_1$的公差已大于封闭环的公差，即使$C_2'$的公差为0也不能保证$C_2$的尺寸公差。为此，必须调整$C_1$的公差。假如取$T_{C_1}=0.06$ mm，则可求出$T_{C_2'}$为0.04 mm，公差调整之后$C_1 = 106^{\ 0}_{-0.06}$ mm，该尺寸加工精度明显提高，加工难度增大。

C_2'的上、下偏差计算。由式(4-6)有

$$EI_{C'_2} = ES_{C1} - ES_{C2} = 0 - 0.05 = -0.05 \text{ mm}$$

由式(4-7)有

$$ES_{C'_2} = EI_{C1} - EI_{C2} = -0.06 - (-0.05) = -0.01 \text{ mm}$$

故

$$C'_2 = 50_{-0.05}^{-0.01} \text{ mm}$$

2. 测量基准与设计基准不重合

在零件加工中,有时会遇到一些表面加工之后,按设计尺寸不便直接测量,需要另选一合适的表面作为测量基准进行加工,以间接保证设计尺寸的要求的情况,这时必须进行工序尺寸的计算。

例 4-4 图 4-15(a)为某套筒零件工序尺寸,端面 A 为尺寸 $10_{-0.36}^{0}$ mm 及尺寸 $50_{-0.17}^{0}$ mm 的设计基准,在加工过程中,端面 A 及 C 已加工完毕达到设计尺寸,本工序加工孔及端面 B。因为加工时设计尺寸 $10_{-0.36}^{0}$ mm 不便直接测量,而改用游标深度尺以端面 B 为基准直接测量大孔的深度来间接保证设计 $10_{-0.36}^{0}$ mm。由于设计基准为端面 A,而测量基准为端面 B,因此基准不重合,这就需要采用尺寸链原理对工序尺寸 C_2 进行计算。如图 4-15(b)所示,对大孔深度进行计算,为此应建立工艺尺寸链。首先,确定封闭环,封闭环应为间接保证的设计尺寸 10,用 C_0 表示;其次,查明与大孔深度尺寸 C_2 有关的尺寸;再次,画出尺寸链图,尺寸链中 C_0 为封闭环,C_1 为增环,C_2 为减环。最后,求得 $C_1 = 50_{-0.17}^{0}$ mm,$C_0 = 10_{-0.36}^{0}$ mm,C_2 待求。

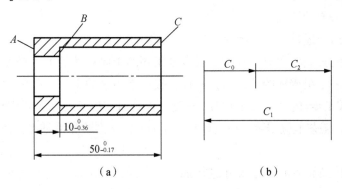

图 4-15 某套筒零件工序图

C_2 基本尺寸计算。由(式 4-1)有

$$C_2 = C_1 - C_0 = 50 - 10 = 40 \text{ mm}$$

C_2 尺寸上、下偏差计算。由式(4-6)有

$$EI_{C2} = ES_{C1} - ES_{C0} = 0 - 0 = 0$$

由式(4-7)有

$$ES_{C2} = EI_{C1} - EI_{C0} = -0.17 - (-0.36) = 0.19 \text{ mm}$$

故

$$C_2 = 40_{0}^{+0.19} \text{ mm}$$

由于 $T_{C0} > T_{C1}$,因此可以按上述步骤进行计算。若 $T_{C0} \leq T_{C1}$,则不能按上述步骤进行计算。因为封闭环之公差小于等于尺寸链中某一组成环之公差,那么其余组成环公差之和应小于或等于 0。由于机械制造中零件公差等于 0 或是负公差是不可能的,因此必须根据工

艺可能性重新决定各组成环的公差，即缩小它们的制造公差，提高其加工精度。解决这类问题，一般有以下几种方法。

(1) 按等公差值的原则分配封闭环公差，即

$$T_{Ci} = \frac{T_{c0}}{n-1}$$

这种方法在计算上比较简单，但从工艺上讲不够合理，可以根据实际情况判断是否使用此方法。

(2) 按等公差等级的原则分配封闭环的公差，即首先确定公差等级，然后按各组成环的基本尺寸在公差表中查到相应尺寸的公差等级，确定各组成环的公差，使各组成环的公差之和小于或等于封闭环公差，即

$$T_{c0} \geqslant \sum_{i=1}^{n-1} T_{Ci}$$

最后加以调整。

这种方法相对来说比较合理，但其缺陷是所选用的各种加工方法所能达到的加工经济精度并不一定是相同的公差等级。

(3) 各组成环的公差亦可根据具体情况来分配。采用此法与工艺设计人员的工作经验及技术水平有关，但实质上仍是从工艺观点出发。

必须指出的是，无论采用何种方法确定组成环公差，都应遵循各组成环的公差之和小于或等于封闭环公差的原则。

由前文可看出，通过尺寸链换算来间接保证封闭环的精度，必须要提高组成环的尺寸精度。当封闭环的公差较大时，只需要提高本工序的工序尺寸的加工精度；当封闭环的公差等于甚至小于一个组成环的公差时，不仅要提高本工序的工序尺寸的加工精度，而且还要提高前工序(或工步)的工序尺寸的加工精度。提高加工精度，会导致制造成本增加、制造难度加大。因此，工艺上应尽量选择设计基准作为定位基准或测量基准，以便消除基准不重合误差。

应该指出，按换算后的工序尺寸进行加工，以间接保证原设计尺寸的要求时，还存在"假废品问题"。例如，按图4-15(b)所示的尺寸链计算的工序尺寸 $C_2 = 40^{+0.19}_{0}$ mm 进行加工时，测量一批零件中的某一零件的实际尺寸 $C_2 = 39.9$ mm，即比工序尺寸的最小极限尺寸还小0.1 mm，从工序尺寸上看，此件应为废品。但将该件的 C_2 实际尺寸再测量一下，如果 $C_1 = 49.85$ mm，则封闭环尺寸 $C_0 = 49.85 - 39.9 = 9.95$ mm，仍然符合设计尺寸 $10^{0}_{-0.17}$ mm 的要求，这就是经过工序尺寸换算，从工序尺寸上看是废品，但产品仍然合格的所谓"假废品"问题。

(三) 一次加工同时保证多个设计尺寸时工序尺寸的确定

零件图上，有时几个设计尺寸具有同一设计基准，而往往又是在终了加工这个设计基准时，才同时保证这几个设计尺寸的设计要求。它们可能都是被间接保证的；也可能其中有一个直接获得，而其余是间接保证的。这取决于工艺方案的制订。

例4-5 图4-16(a)所示的零件，其工艺过程如图4-16(b)所示：车削端面 A 和钻

孔 E，保证工序尺寸 $51_{-0.4}^{0}$ mm；车削端面 B 和 C，保证工序尺寸 $50_{-0.34}^{0}$ mm 及工序尺寸 $C_1 = 10.4_{-0.1}^{0}$ mm；钻孔 D，保证工序尺寸 $C_2 = (14.6 \pm 0.1)$ mm；磨削端面 B，保证工序尺寸 $C_3 = 10_{-0.1}^{0}$ mm 及间接保证 $C_0 = (15 \pm 0.2)$ mm。

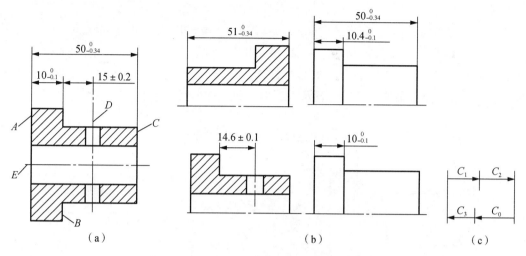

图4-16 多个尺寸同时保证工序及尺寸链图

从上述工艺过程分析可以看出，最后磨削端面 B 的工序中，要同时保证设计尺寸 C_3 和 C_0。

首先，确定封闭环。因为 $C_3 = 10_{-0.1}^{0}$ mm，$C_0 = (1.5 \pm 0.2)$ mm，即 C_3 的精度高于 C_0，所以直接保证精度较高的设计尺寸 C_3，而精度较低的 C_0 尺寸间接保证，即 C_0 为封闭环。

其次，查明与保证设计尺寸 C_3 与 C_0 有关的各工序尺寸，并画出工艺尺寸链图，如图4-16(c)所示。

C_1 与 C_2 为前面工序所得到的工序尺寸，故为组成环，且为增环。C_3 尺寸的设计基准为面 A，在磨削面 B 获得此尺寸时，若采用调整法，本着基准重合原则，选面 A 为定位基准，则尺寸 C_3 为加工表面 B 与定位基准或测量基准面 A 之间的尺寸，所以 C_3 为组成环，且为减环。

(1) 尺寸链正计算。校核各工序尺寸是否能保证两设计尺寸的要求。校核如下。

基本尺寸校核。由式(4-1)得

$$C_0 = C_1 + C_2 - C_3 = 10.4 + 14.6 - 10 = 15 \text{ mm}$$

上、下偏差的校核。由式(4-6)得

$$ES_{C0} = ES_{C1} + ES_{C2} - EI_{C3} = 0 + 0.1 - (-0.1) = +0.2 \text{ mm}$$

由式(4-7)得

$$EI_{C0} = EI_{C1} + EI_{C2} - ES_{C3} = (-0.1) + (-0.1) - 0 = -0.2 \text{ mm}$$

故 $C_0 = (15 \pm 0.2)$ mm

(2) 尺寸链反计算。在工艺设计过程中，可通过尺寸链解算确定工序尺寸 C_2，其计算过程如下。

C_2 基本尺寸确定。由式(4-1)有

$$C_2 = C_3 + C_0 - C_1 = 10.4 \text{ mm}$$

C_2 的上、下偏差确定。由式(6-6)有

$$ES_{C2} = ES_{C0} + EI_{C3} - ES_{C1} = 0.2 + (-0.1) - 0 = 0.1 \text{ mm}$$

由式(4-7)有

$$EI_{C2} = EI_{C0} + ES_{C3} - EI_{C1} = -0.2 + 0 - (-0.1) = -0.1 \text{ mm}$$

故 $C_2 = (10.4 \pm 0.1)$ mm

例4-6 如图4-17所示，一轴套零件的加工工艺过程如下：车削大端端面与大外圆→车削小端端面与小外圆→镗内孔及内端面→热处理→磨小端面。

图4-17 轴套零件加工工序及工艺尺寸链图

因最终磨削需同时保证设计尺寸 $40_{-0.1}^{0}$ mm 与 $25_{0}^{+0.5}$ mm，因此，必须控制工序尺寸 C_1 及 C_2 的基本尺寸及偏差。下面从工艺尺寸链入手，分析如何对 C_1 及 C_2 进行控制。

由前述工艺分析可知，C_1 及 C_2 工序尺寸在前3道工序中已经直接获得，而淬火后磨削小端面时，既要保证 $40_{-0.1}^{0}$ mm，又要保证 $25_{0}^{+0.5}$ mm；在编制工序卡时，要求直接加工精度较高的设计尺寸 $40_{-0.1}^{0}$ mm，另一个设计尺寸 $25_{0}^{+0.5}$ mm 间接保证。

如图4-17(b)所示，因为设计尺寸 $40_{-0.1}^{0}$ mm 直接保证，因此，加工余量 $0.5_{-0.2}^{0}$ mm 为封闭环，工序尺寸 C_1 为组成环，且为增环，设计尺寸 $40_{-0.1}^{0}$ mm 为组成环，并为减环。

(1) 工序尺寸 C_1 的基本尺寸计算。由式(4-1)有

$$C_1 = 40 + 0.5 = 40.5 \text{ mm}$$

(2) 工序尺寸 C_1 的上、下偏差计算。由式(4-6)有

$$ES_{C1} = 0 - 0.1 = -0.1 \text{ mm}$$

由式(4-7)有

$$EI_{C1} = 0 - 0.2 = -0.2 \text{ mm}$$

故 $C_1 = 40.5_{-0.2}^{-0.1}$ mm

如图4-17(c)所示，$25_{0}^{+0.5}$ mm 为间接保证尺寸，因此，设计尺寸 $25_{0}^{+0.5}$ mm 为封闭环，而加工余量为组成环，且为减环，工艺尺寸 C_2 为组成环，且为增环。

(1) 工序尺寸 C_2 的基本尺寸计算。由式(4-1)有

$$C_2 = 25 + 0.5 = 25.5 \text{ mm}$$

(2)工序尺寸 C_2 的上、下偏差计算。由式(4-6)有

$$ES_{C_2} = 0.5 - 0.2 = 0.3 \text{ mm}$$

由式(4-7)有

$$EI_{C_2} = 0 + 0 = 0 \text{ mm}$$

故

$$C_2 = 25.5^{+0.3}_{0} \text{ mm}$$

(四)对称度、同轴度为设计要求时工序尺寸的确定

工件加工通常应满足几何要素(尺寸及其公差)、几何形状(理想几何形状及公差)、几何要素间的相互关系(位置公差)的要求,进行相应的工艺设计时,必须同时考虑这几个方面的工艺问题。对于有同轴度及对称度要求的工件,工序尺寸的确定应遵守独立原则或相关要求原则。所谓独立原则,是指工件加工中,尺寸公差和形位公差不相关而独立应用。所谓相关要求原则,是指工件加工中应用包容要求、最大实体要求和最小实体要求。这里主要讨论独立原则下工序尺寸的确定。形位公差则以一独立环进入工艺尺寸链,其特点是基本尺寸为0,公差为形位公差,其公差相对基准要素对称分布,该环可表示为 $C_i = 0 \pm \dfrac{T_{Ci}}{2}$,且为封闭环,在尺寸链图中,可以画在基准要素的任意一侧。

例4-7 如图4-18所示,以磨削汽车传动轴的十字轴端面为例,分析以对称度为要求的工序尺寸的确定。

已知十字轴各轴颈已加工完毕,轴的两端已经过半精加工,该工序为精磨端面 A、B。先磨端面 A(第一工位),然后磨端面 B(第二工位),要求保证工序尺寸 $C_2 = 107.96^{0}_{-0.035}$ mm,对 $O—O$ 中心线对称度公差要求为 0.1 mm。已知 $d = \phi 24.98^{0}_{-0.02}$ mm,试确定磨削端面 A 时的工序尺寸 C_1。

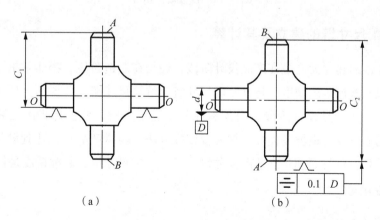

图4-18 磨十字轴端面工序图

首先,建立尺寸链。如图4-19(a)所示,C_1 为所要确定的工序尺寸,C_2 为终了工序尺寸。要满足图样要求,$C_2/2$ 应为 $53.98^{0}_{-0.0175}$ mm,此尺寸是端面 A 或 B 到实际中心线 $O'—O'$ 的距离。d 是轴颈终了尺寸,要满足图样要求,$d/2$ 应为 $12.49^{0}_{-0.01}$ mm。因为对称度在加工过程中不能直接保证,而是间接保证的,因此是封闭环。从封闭环的左、右两端去

找在该工序影响封闭环尺寸的相关尺寸,直到左、右两端找到同一尺寸为止。从右端有 $C_2/2$、C_1,从左端有 $d/2$、C_1,建立如图 4-19(b)所示的尺寸链图,C_0 画在图 4-19(a)的基准要素 $O—O$ 任意一侧均可。最后,计算尺寸链。

图 4-19 磨十字轴端面工艺尺寸链图

在图 4-19(b)中,只有 C_1 是未知的,由式(4-1)有

$$C_1 = \frac{C_2}{2} + \frac{d}{2} + C_0 = 53.98 + 12.49 + 0 = 66.47 \text{ mm}$$

按式(4-6)与式(4-7)有

上偏差

$$ES_{C1} = ES_{C0} + EI_{C_2/2} + EI_{d/2} = 0.05 + (-0.0175) + (-0.01) = 0.0225 \text{ mm}$$

下偏差

$$EI_{C1} = EI_{C0} + ES_{C_2/2} + ES_{d/2} = -0.05 + 0 + 0 = -0.05 \text{ mm}$$

故

$$C_1 = 66.47^{+0.0225}_{-0.05} \text{ mm}$$

二、装配尺寸链的建立及其计算

装配尺寸链的建立无论是在产品设计阶段,还是在制造阶段,都非常重要。首先,在产品设计阶段,根据装配精度,建立装配尺寸链及解算尺寸链,并据此合理地确定各零件的公差;其次,在产品设计阶段,当各零件公差确定之后,校核是否满足装配精度;最后,在产品制造阶段,根据零件加工精度及装配方法,验算产品是否达到设计要求。无论是进行何种计算,首先必须建立装配尺寸链。建立装配尺寸链,装配精度是依据。

(一)装配精度

1. 装配精度的概念

装配精度是指零件经装配后在尺寸、相对位置及运动等方面所获得的精度。装配精度也是为满足机械产品(或汽车产品)及部件的使用性能,在设计过程中规定的技术要求。因此,装配精度不但影响机械产品(汽车)或部件的工作性能,而且影响其使用寿命。合理地确定装配精度,是产品设计的重要环节之一,它不仅关系到产品质量,也关系到产品的制造难易程

度和经济性。装配精度既是制订装配工艺规程的主要依据,也是确定零件加工精度的依据。

在汽车部件或总成装配中,存在各种各样的装配精度要求。例如,图 4-1(a)所示的汽车发动机曲轴主轴颈轴肩与气缸体止推垫片端面间的轴向间隙 C_0;图 4-20 所示的离合器分离杆端部与分离轴承间间隙 C_0,且要求各分离杆端必须在一个平面上。

1—分离杆;2—分离轴承。

图 4-20 离合器分离杆端部与分离轴承间的间隙要求

2. 装配精度与零件精度间的关系

汽车或机械产品由零件组成,所以汽车或机械产品的装配精度与相关零部件的加工精度直接相关。零件的加工精度是保证装配精度的基础,在一般情况下,零件精度越高,装配精度也越高。例如,图 4-1(a)所示的汽车发动机曲轴主轴颈轴肩与缸体止推垫片端面间的轴向间隙 C_0,此精度与主轴颈、止推垫片、轴瓦等零部件的尺寸 C_1、C_3、C_4、C_2 的加工精度直接相关。若合理地确定这些零件的加工精度,使它们的累积误差不超出装配精度要求,那么这些零件装配后就一定能保证所要求的装配精度。但是,装配精度并非完全取决于零件加工精度,装配中可以采用不同的装配方法来实现产品装配精度要求。因此,装配精度可由零件的加工精度与装配方法来同时保证。

(二)汽车产品常见的装配精度

汽车制造不仅要保证每个零件的加工精度,还要使零件能正确地进行装配,达到规定的装配精度。汽车的装配精度包括:零件或部件间的尺寸精度,如间隙或过盈量;位置精度,如平行度、垂直度和同轴度等;相对运动精度,即在相对运动中保证有关零件或部件相对位置的准确度及各个配合表面的接触精度等。具体内容主要体现在以下方面:

(1)轴与孔的配合间隙或过盈量;

(2)零件、部件间的位置公差;

(3)相邻旋转零件与固定零件的轴向间隙;

(4)往复运动件的行程范围;

(5)滚动轴承端面与轴承盖间的轴向间隙或过盈量;

(6)联轴器所连接的两轴轴线同轴度;

(7) 滑动轴承中轴类零件的轴肩(或端面)与止推轴承间的轴向间隙;

(8) 性能参数,如发动机的压缩比等;

(9) 机械变速器中滑动齿轮在啮合状态时,齿轮没有进入啮合部的宽度;齿轮分离状态时,轮齿分离的间隙值;

(10) 锥齿轮传动副中,为保证齿侧间隙和接触区要求,所规定的锥齿轮副锥顶的位移值;

(11) 为保证齿轮副或蜗轮副能正常啮合,齿轮副或蜗轮副的啮合中心距。

(三) 装配尺寸链的封闭环与组成环

装配尺寸链是机械产品(汽车)的装配过程中,由相关零件的有关尺寸(表面或轴线间距离)或相互位置关系(平行度、垂直度或同轴度等)以及形状要求所组成的尺寸链。装配过程中最后形成的一环,也是相关零件的尺寸或相互位置误差积累的一环,此环作为装配精度要求,也是装配尺寸链的封闭环;其他影响装配精度的那些零件的尺寸、形状和位置公差,是组成环。如图 4-1(b)所示,C_0 为封闭环,C_1、C_2、C_3、C_4 为组成环。

(四) 装配尺寸链建立方法

正确建立装配尺寸链是保证装配精度及装配尺寸链计算的基础,对于产品或部件,必须根据其性能要求,正确、完全地建立装配尺寸链,才能使产品达到性能要求。装配尺寸链的建立归纳起来有以下方面。

(1) 熟悉产品或部件、总成装配图。

(2) 确定封闭环。如前所述,装配精度为封闭环。要正确地确定封闭环,必须深入了解产品的性能要求及各部件的作用,以及设计人员所提出的装配技术要求等。

(3) 确定组成环。装配尺寸链的组成环是对产品或部件装配精度直接影响的环节。一般查找方法是取封闭环两端为起点,以装配基准为联系线索,在装配精度方向沿着相邻零件由近及远地查找影响封闭环的有关零件,直至找到同一基准零件的两装配基准或同一基准表面为止,查找到的所有有关零件的尺寸就是装配尺寸链的全部组成环。当封闭环精度较高,而采用独立原则时,则尺寸公差与形位公差是分别控制的,形位公差应作为组成环进入尺寸链。

(4) 画出尺寸链图,进行增、减环判定。

(5) 满足尺寸链最短路线原则。

(6) 列出尺寸链方程。

必须指出,每一部件或总成中有许多装配精度要求,建立装配尺寸链时,必须依据装配精度,逐一建立装配尺寸链,形成装配尺寸链系统。由于有多个装配尺寸链存在,因此同一零件尺寸可能会同时在几个装配尺寸链中出现,这就是前面叙述过的并联尺寸链。

下面以实例说明装配尺寸链的建立。

例 4-8 图 4-21 为汽车主减速器中主动锥齿轮轴承座的装配图。根据装配技术要求,轴承必须有一定的预紧度,应是一项装配精度。下面具体分析建立与预紧度有关的装配尺寸链。

1—左轴承；2—轴承座；3—右轴承；4—主动锥齿轮；5—调整垫片。

图 4-21 汽车减速器中主动锥齿轮轴承座的装配图

虽然轴承预紧度要求不是具体的尺寸数值，也不能直接作为封闭环，但是预紧度应该是预紧力大小的反映。预紧力的大小又和轴承内圈与外圈的轴向相对位置关系有关。因此，为了保证预紧度(保证预紧力)，轴承内圈与外圈在轴向必须有一定的过盈量，此过盈量就是装配精度，即封闭环。图 4-22 为轴承的预紧状态，图中实线表示轴承内圈与外圈处于无间隙和无过盈量状态，虚线表示预紧状态。

如图 4-21 所示，假定轴向过盈量都集中在轴承的内圈上，过盈量 C_0 或为 HG 封闭环，从封闭环 C_0 的左、右两端开始，查找对封闭环 C_0 有影响的组成环(零件尺寸)。从 C_0 的右端开始，第一个零件是调整垫片，其宽度为 C_k，对 C_0 有影响，为组成环。C_k 的右边是主动锥齿轮，两个支承端面的尺寸为 C_4，对 C_0 有影响，为组成环。主动锥齿轮左支承端面与右轴承右端面接触，右轴承的宽度 C_3 也影响 C_0，为组成环。右轴承的左端面与轴承座的右端面接触，至此，查找到基准零件的一个基准——轴承座的右端。从封闭环右端暂查到此。又从封闭环 C_0 左端开始查找，第一个零件尺寸是轴承在未预紧前轴承内、外圈右端面之间的距离 C_1，此尺寸对 C_0 也有影响，是组成环。之后是左轴承的右端面与轴承座的左端面接触，此时遇到同基准零件的另外一个基准——轴承座的左端。这样，找到了同一基准零件的两个基准(轴承座的左、右支承端面)，用轴承座左、右支承端面的尺寸 C_2 把尺寸连成封闭图形，组成以 C_0 为封闭环的装配尺寸链，如图 4-23(b)所示。用回路法判别增、减环，其中 C_1、C_2、C_3 是增环，C_4、C_k 为减环。

图 4-22 轴承的预紧状态

图 4-23 汽车主减速器中主动锥齿轮轴承座装配尺寸链图

按式(4-1)列出尺寸链方程式为

$$C_0 = C_1 + C_2 + C_3 - (C_4 + C_k)$$

式中：C_0——左轴承内、外圈轴向过盈量，即封闭环；

C_1——左轴承未预紧时内、外圈右端面之间的距离；

C_2——轴承座左、右支承端面间距；

C_3——右轴承宽度；

C_4——主动锥齿轮左、右支承端面间距。

例 4-9 图 4-24 为汽车变速器第一轴和第二轴的组件装配图及其装配尺寸链。图中有许多装配精度要求，即装配尺寸链的封闭环。下面仅讨论 3 项装配精度要求：①第二轴 8 上的五速齿轮 15 要能在轴上自由转动，其端面间隙为 C_0；②第二轴 8 上的三速齿轮 14 也要能在轴上自由转动，其端面间隙为 B_0；③第一轴 4 的右端面和第二轴上四、五速固定齿座 5 的左端面间要求有一定的轴向间隙 A_0（当前、后轴承 3 和 9 的外圈端面紧靠在前、后盖止口端面上时）。按上述 3 项要求，分别建立装配尺寸链。

1—前纸垫；2—前盖；3—前轴承；4—第一轴；5—四、五速固定齿座；6—衬套；
7—五速齿轮止推环；8—第二轴；9—后轴承；10—后盖；11—后纸垫；12—变速器壳体；
13—三速齿轮止推环；14—三速齿轮；15—五速齿轮。

图 4-24 汽车变速器第一轴和第二轴的组件装配图及其装配尺寸链

先分析前装配精度要求 C_0 和 B_0。它们分别是五速齿轮 15 和三速齿轮 14 装在第二轴 8 上以后间接形成的。C_0 是三环装配尺寸链的封闭环，其尺寸链图如图 4-24(b) 中的 (3) 所示，尺寸链方程式为

$$C_0 = C_6 - C_{15}$$

式中：C_6——衬套 6 的宽度；

C_{15}——五速齿轮 15 的宽度。

B_0 是四环装配尺寸链的封闭环，其尺寸链图如图 4-24(b) 中的 (2) 所示，尺寸链方程式为

$$B_0 = B_8 - B_{13} - B_{14}$$

式中：B_8——第二轴 8 上 E、F 两端面间的距离；

B_{13}——三速齿轮止推环 13 的宽度；

B_{14}——三速齿轮 14 的轮毂宽度。

在第二轴 8 上，三速齿轮 14 在两止推环 7 和 13 之间相对转动，止推环 7 压紧在第二轴 8 的端面 E 上，所以止推环 7 的右端面和第二轴 8 的端面 E 是重合的。

前两个装配尺寸链比较简单，很容易从装配图上确定。第三个装配尺寸链比较复杂。A_0 是在第一轴组件和第二轴组件装入变速器壳体后最后形成的，所以 A_0 是封闭环。查找以 A_0 为封闭环的装配尺寸链时，首先以 A_0 两端的两零件为起点，然后沿封闭环尺寸方向从任意一边开始，查找影响 A_0 的组成环。现从 A_0 的左边开始查找，第一个零件是第一轴 4，第一轴右端面到装配基准间的尺寸 A_4 对 A_0 有影响，A_4 是尺寸链的组成环。A_4 的左边为前轴承 3，其两端面（装配基准）间的宽度尺寸 A_3，也影响 A_0。轴承左端面与前盖止口平面接触，前盖 2 上的尺寸 A_2 也影响 A_0。前盖通过前纸垫 1 和变速器壳体 12 相接触，所以前纸垫 1 的厚度尺寸 A_1 也影响 A_0。至此，查找到尺寸 A_4、A_3、A_2 和 A_1 都是组成环。由于查找到基准零件——变速器壳体 12 的左端，故可暂不再继续查找。然后从 A_0 的右端查找，查找方法同前。向右第一个零件是四、五速固定齿座 5，其尺寸 A_5 对 A_0 有影响。依次继续向右为衬套 6 的宽度 A_6、止推环 7 的宽度 A_7、第二轴 8 上的尺寸 A_8、后轴承 9 的宽度 A_9、后盖 10 上的尺寸 A_{10} 以及后纸垫 11 的厚度 A_{11}，都对 A_0 有影响，所以尺寸 A_5、A_6、A_7、A_8、A_9、A_{10} 和 A_{11} 都是组成环。至此，也遇到基准零件——变速器壳体 12，用壳体两端面尺寸 A_{12} 把尺寸连成封闭的图形，这就是以间隙 A_0 为封闭环的装配尺寸链，如图 4-24(b) 中的 (1) 所示。

用回路法判别 A_3、A_4、A_5、A_6、A_7、A_8 和 A_9 是减环；A_1、A_2、A_{10}、A_{11} 和 A_{12} 是增环。在查找时，为了使装配尺寸链最短，第一轴 4 上的尺寸 A_4 和第二轴 8 上的尺寸 A_8 要直接加入到上述尺寸链中去，因其是决定该零件在结构中的位置及两装配基准间的尺寸。不希望用该零件上的几个尺寸来代替这些尺寸。换句话说，就是在标注这些零件的尺寸时，应该把 A_4 和 A_8 直接标注在相应的零件图上。

最后，按式(4-1)列出这个装配尺寸链的方程式为

$$A_0 = A_1 + A_2 + A_{10} + A_{11} + A_{12} - (A_3 + A_4 + A_5 + A_6 + A_7 + A_8 + A_9)$$

上述几个尺寸链均未考虑形位公差对轴向间隙的影响。实际上，采用独立原则时，形位公差也影响轴向间隙，因而也是组成环，如零件端面的平行度和垂直度等形位公差就会影响轴向间隙的大小。在装配精度要求较低的尺寸链中，如采用包容原则时，形位公差控制在尺寸公差范围内，因此不作为尺寸链的组成环，而只考虑尺寸公差。

(五) 装配尺寸链计算

装配尺寸链的计算分为正计算与反计算。已知影响装配精度的有关零件的基本尺寸与偏差，计算装配精度，称为正计算，用于对设计图样进行校核验算，以及验算产品是否满足设计装配精度；反之，已知规定的装配精度，计算影响该装配精度有关零件的基本尺寸及其偏差，称为反计算，用于产品设计过程中确定各有关零件的尺寸与加工精度(公差)。

必须指出，装配尺寸链的计算与所选择的装配方法有关，当采用的装配方法不同时，所采用的计算方法也不同。

习 题

4-1 图4-25所示为齿轮传动装置简图，其轴向装配间隙要求 $A_0 = 0.082 \sim 0.430$ mm。若设计图样规定：双联齿轮3轮毂宽度 $A_3 = 48_{-0.119}^{-0.080}$ mm，垫片2、4的厚度 $A_2 = A_4 = 1.5_{-0.04}^{0}$ mm。试分别用极值法和统计法(假设各组成环尺寸均按正态分布)计算箱体1两内平面间的基本尺寸、公差及极限偏差。

4-2 如图4-26所示，在镗床上镗削活塞销孔，要求保证尺寸(41 ± 0.02) mm 和 (50 ± 0.05) mm，主要定位面为平面1和内孔2，试确定尺寸 B 及其上、下偏差。

1—箱体；2、4—垫片；3—双联齿轮。

图4-25 齿轮装置组成环尺寸的计算

1—平面；2—内孔。

图4-26 镗削活塞小孔

4-3 图4-27(a)为一零件图(图中只标注部分尺寸)，在大批量生产条件下其有关工艺过程如下：①铣顶面[图4-27(b)]；②钻孔[图4-27(c)]；③磨底面，磨削余量为 0.5 mm

[图 4-27(d)]。试计算工序尺寸 A、B、C 及其上、下偏差。

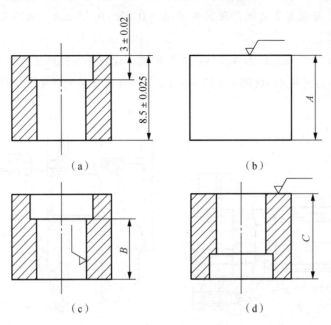

图 4-27 零件加工工艺过程

4-4 如图 4-28(a)所示的零件采用大批量生产,加工工艺过程为:①车大外圆,工序尺寸 $A_1 = \phi 38_{-0.5}^{0}$ mm;②钻 $\phi 8$ mm 孔,孔位置尺寸 $A_2 = 19_{-0.25}^{0}$ mm[图 4-28(b)]。加工后发现不能很好地保证对称度公差,试问如何解决这一质量问题。

4-5 图 4-29 为汽车发动机曲轴第一主轴颈与缸体轴承装配简图。设计要求装配间隙 $A_0 = 0.05 \sim 0.25$ mm。若两个止推垫片厚度 $A_2 = A_4 = 25_{-0.04}^{0}$ mm,缸体轴承座宽度 $A_3 = 38.5_{-0.07}^{0}$ mm。试分别用极值法和统计法(假设各组成环尺寸均按正态分布)计算第一主轴颈长度 A_1 的基本尺寸、公差及极限偏差。

图 4-28 解决零件加工过程中的质量问题

1—曲轴;2、4—止推垫片;3—缸体轴承座;5—正时齿轮。

图 4-29 汽车发动机曲轴第一主轴颈与缸体轴承装配简图

4-6　图 4-30 为某拖拉机转向蜗杆装配图。为保证正常运转，设计要求：装配时应保证圆锥滚子轴承 1 与端盖 2 之间的轴向间隙 $A_0 = 0.05 \sim 0.15$ mm。试建立保证该装配精度要求的装配尺寸链。

4-7　图 4-31 为二级减速器第二轴组件装配图。设计要求：保证圆锥滚子轴承 1 与左轴承端盖 2 之间的轴向间隙 $A_0 = 0.05 \sim 0.15$ mm。试建立保证该装配精度要求的装配尺寸链。

1—圆锥滚子轴承；2—端盖。

图 4-30　某拖拉机转向蜗杆装配图

1—滚子轴承；2—左轴承端盖。

图 4-31　二级减速器第二轴组件装配图

4-8　图 4-32 为某汽车后桥主减速器装配图，设计规定大、小锥齿轮锥顶应分别与小、大锥齿轮回转轴线重合，其锥顶位移分别要求为 A_0、B_0，试建立保证装配精度的尺寸链。

图 4-32　某汽车后桥主减速器装配图

4-9　图 4-33 为变速器第一轴轴承外圈、锁环和前盖的局部装配图。图上有装配精度要求：①当前盖 2 紧固在纸垫 1 和变速器壳体 5 上时，前盖 2 上的 D 面和锁环 4 间有轴向间隙 B_0；②前盖 2 上的 E 面和轴承外圈 3 间有轴向间隙 A_0；③锁环 4 在轴承外圈 3 的止动槽中要有间隙 C_0，保证锁环 4 可以方便地装入轴承外圈 3 的止动槽中。试分别建立上述 3 个间隙为封闭环的装配尺寸链。

1—纸垫；2—前盖；3—轴承外圈；4—锁环；5—变速器壳体。

图 4-33　变速器第一轴轴承外圈、锁环和前盖的局部装配图

第五章 装配工艺基础

汽车装配是汽车制造的最后一个阶段,汽车的质量最终由装配来保证。因此,装配质量对汽车使用性能和使用寿命的影响很大,如果装配不当,即使所有的零件都合格,也难以获得符合质量要求的产品;反之,如果零件的加工质量不是很好,往往可以通过采用适当的装配方法使产品合格。

此外,由于装配所花费的劳动量很大,占用的时间很多,对整个汽车生产任务的完成、劳动生产率的提高、产品的成本和资金周转等都有直接影响。特别是近年来,在毛坯制造和机械加工方面实现了高度的机械化和自动化,产品成本不断降低,使装配工作在整个汽车制造过程中所占劳动量的比重和成本的比重越来越大,影响就更加突出。因此,只有不断提高装配工作的技术水平和劳动生产率,才能适应整个汽车工业的发展。

本章主要介绍如何保证装配精度,分析装配工艺与机械加工工艺的关系,分析制订装配工艺规程的有关问题。

第一节 概　述

一、装配的概念

任何机器都是由若干零件、组件和部件组成的。根据规定的装配精度要求,将零件结合成组件和部件,并进一步将零件、组件和部件结合成机器的过程称为装配。

零件与零件的组合过程称为组装,其成品为组件;零件与组件的组合过程称为部装,其成品为部件;零件、组件和部件的组合过程称为总装,其成品为机器或产品。

二、装配工作的主要内容

(1)清洗。进入装配的零件必须先进行清洗,以除去在制造、储存、运输过程中所黏附的切屑、油脂、灰尘等。部件或总成在运转磨合后也要清洗。清洗对于保证和提高装配质量、延长产品的使用寿命有着重要意义。保证清洗的质量,主要靠合理选用清洗液、清洗方法及工艺参数。零件在清洗后,应具有一定的防锈能力。

(2)平衡。旋转体的平衡是装配过程中的一项重要工作。特别是转速高、运转平稳性要求高的机器的零、部件平衡要求更为严格,其平衡工作更为重要。旋转体的平衡有静平衡和动平衡两种方法。对于盘状旋转体零件,如带轮、飞轮等,一般只进行静平衡;对于长度大的零件,如曲轴、传动轴等,必须进行动平衡。

旋转体内的不平衡质量可用加工去除法进行平衡,如钻、铣、磨、锉、刮等;也可用加配质量法进行平衡,如螺纹连接、铆接、补焊、胶接、喷涂等。

(3)过盈连接。机器中的轴孔配合,有很多采用过盈连接。对于过盈连接件,在装配前应保持配合表面的清洁。常用的过盈连接装配方法有压入法和热胀(或冷缩)法。压入法是在常温下将工件以一定压力压入装配,有时会把配合表面微观不平度挤平,影响过盈量。压入法适用于过盈量不大和要求不高的情况。重要的、精密的机械以及过盈量较大的连接处,常用热胀(或冷缩)法装配,即采用加热孔件或冷却轴件的办法,使得缩小过盈量或达到有间隙后进行装配。

(4)汽车结构广泛采用螺纹连接。对螺纹连接的要求是:
①螺栓杆部不产生弯曲变形,螺栓头部、螺母底面与被连接件接触良好;
②被连接件成均匀受压,互相紧密贴合,连接牢固;
③根据被连接件形状、螺栓的分布情况,按一定顺序逐次(一般为2~3次)拧紧螺母。螺纹连接的质量除受有关零件的加工精度影响外,还与装配技术有很大关系。例如,拧紧的次序不对、施力不均,零件将产生变形,降低装配精度,造成漏油、漏气、漏水等。运动部件上的螺纹连接,若拧紧力达不到规定数值,将会松动,从而影响装配质量,严重时还会造成事故。因此,对于重要的螺纹连接,必须规定拧紧力的大小。

(5)校正。所谓校正,是指各零部件本身或相互之间位置的找正及调整工作,这也是装配时常常要做的工作。

除上述基本的装配工作外,部件或总成以至整个产品装配中和装配后的检验、试运转、涂装、包装等也属于装配工作,在编制装配工艺时,应充分考虑予以安排。

第二节 保证装配精度的装配方法

汽车制造中常用的保证装配精度的装配方法有互换装配法、选择装配法、调整装配法和修配装配法,其中互换装配法又分为完全互换装配法和大数互换装配法(不完全互换装配法)。

一、互换装配法

互换装配法是在装配时,各配合零件不经选择、调整或修理即可达到装配精度的方法。互换装配法的实质就是通过控制零件的加工误差来保证装配精度。

采用互换装配法,有关零件的公差按下述原则来确定。

(1)各有关零件公差之和应小于或等于装配公差,用公式表示为

$$T_0 \geqslant \sum_{i=1}^{n} T_i = T_1 + T_2 + \cdots + T_n \tag{5-1}$$

式中：T_0——装配公差；

T_i——各有关零件的制造公差；

n——组成尺寸链各有关零件数。

显然,在这种装配中,零件是可以完全互换的,因此又称为完全互换法。

(2)各有关零件公差值平方和的平方根小于或等于装配公差,用公式表示为

$$T_0 \geqslant \sqrt{\sum_{i=1}^{n} T_i} = \sqrt{T_1 + T_2 + \cdots + T_n} \tag{5-2}$$

显然,与式(5-1)相比,按式(5-2)计算时零件的公差可以放大一些,从而使加工变得容易而经济,同时仍能保证装配精度要求。但式(5-2)的应用是有条件的。由于其原理是概率理论,所以只适用于大批、大量生产,当符合一定条件时,能够达到完全互换法的效果。否则,会使一部分装配达不到装配精度要求,此时称为不完全互换装配法。

完全互换装配法的优点是：可保证零、部件的互换性,便于组织专业化生产；备件供应方便；装配工作简单、经济,生产率高；便于组织流水线装配及自动化装配,对装配工人的技术水平要求不高；易于扩大再生产。由于有这些优点,完全互换装配法成为保证装配精度的先进的装配方法,被广泛应用于各种生产类型的汽车装配中。

汽车的部件或总成的装配精度,是由设计人员根据其使用性能规定的。设计人员在绘制零件图时,必须合理地确定零件有关设计尺寸的公差和极限偏差,这种计算属于公差设计计算。在进行公差设计计算时,由于组成环环数多于两个,所以式(5-1)为不定方程,其解不是唯一确定的。工程上确定组成环公差有相等公差法和相同等级法等多种方法,其中常用的是相等公差法。

相等公差法,是按照各组成环公差相等的原则来分配封闭环公差的方法,即假设各组成环公差相等,求出组成环平均公差 $T_{\text{av},l}$。按极值法求得

$$T_{\text{av},l} = \frac{T_{c0}}{n-1} \tag{5-3}$$

式中：n——总环数(包括封闭环)；

T_{c0}——封闭环公差。

采用相等公差法,虽然计算简便,但没有考虑各组成环的尺寸大小和获得尺寸精度的难易程度,因此各组成环公差规定相等的值是不合理的。通常,根据上述公式计算出 $T_{\text{av},l}$ 后,按各组成环的尺寸大小和加工难易程度,将其公差做适当调整。但调整后的各组成环公差之和仍不得大于封闭环要求的公差。此外,调整时还要考虑以下几点。

(1)轴承等标准件的尺寸公差,应采用其标准规定的数值。

(2)大尺寸或难加工的尺寸,公差应取较大值；反之,取较小值。

(3)调整后(n-2)个组成环的公差值应尽可能符合 GB/T 1800.2—2009 中的公差值。

(4)(n-2)个组成环的公差采用标准公差值后,另一组成环公差就有可能不是标准公差值。此时,可将这个组成环的公差值与其他各组成环公差协调,使组成环公差之和等于或小于封闭环要求的公差。协调环公差

$$T_{Cx} = T_{C0} - \sum_{i=1}^{n-2} T_{Ci} \tag{5-4}$$

协调环的极限偏差,按计算极限偏差的公式(式(4-6)、(4-7)或式(4-13)、(4-14))计算。

例 5-1 图 4-24(b)中的(2)是汽车变速器第二轴上的三速齿轮组件装配尺寸链。为保证空套在二轴上的三速齿轮旋转灵活,规定轴向装配间隙为(0.1~0.5) mm $[B_0 = O{+0.4 \atop +0.1}$ (mm)$]$。已知:二轴 E 和 F 两端面距离 $B_8 = 39$ mm,止推环宽度 $B_{13} = 4$ mm,三速齿轮轮毂宽度 $B_{14} = 35$ mm。试确定各组成环公差和极限偏差。

解 (1)验算各环基本尺寸。按式(4-1)得

$$B_0 = B_8 - (B_{13} + B_{14}) = 39 - (4 + 35) = 0 \text{ mm}$$

(2)求各组成环平均公差。按式(5-3)计算各组成环平均公差

$$T_{av,\,l} = \frac{T_{B0}}{n-1} = \frac{0.4}{3} = 0.133 \text{ mm}$$

(3)调整各组成环公差。选择 B_8 为协调环,调整 B_{13}、B_{14} 的公差为

$$T_{B13} = 0.075 \text{ mm}(\text{IT11})$$

$$T_{B14} = 0.16 \text{ mm}(\text{IT11})$$

按式(5-4)计算协调环 B_8 的公差

$$T_{B8} = T_{B0} - (T_{B13} + T_{B14}) = 0.4 - (0.075 + 0.16) = 0.165 \text{ mm}$$

(4)确定各组成环极限偏差。偏差按"入体原则"标注,组成环 BB_{13}、B_{14} 的极限偏差分别为

$$B_{13} = 4_{-0.075}^{\;0} \text{ mm}; \quad B_{14} = 35_{-0.16}^{\;0} \text{ mm}$$

按式(4-6)、式(4-7)计算协调环 B_8 的极限偏差

$$ES_{B8} = ES_{B0} + (EI_{B13} + EI_{B14}) = 0.5 + (-0.075 - 0.16) = 0.265 \text{ mm}$$

$$EI_{B8} = EI_{B0} + (ES_{B13} + ES_{B14}) = 0.1 + (0 + 0) = 0.1 \text{ mm}$$

所以

$$B_8 = 39_{+0.100}^{+0.265} \text{ mm}$$

二、选择装配法

选择装配法是在成批或大量生产中,将产品配合副经过选择进行装配,以达到装配精度的方法。在成批或大量生产条件下,若组成零件数不多而装配精度很高时,如果采用完全互换法,会使零件的公差值过小,不仅会造成加工困难,甚至会超过加工的实现可能性。这种情况下,就不能只依靠零件的加工精度来保证装配精度,可以采用选择装配法,将配合副中各零件的公差放大,然后通过选择合适的零件进行装配,以保证规定的装配精度。

选择装配法按其形式不同可分为：直接选配法、分组装配法和复合选配法。

1. 直接选配法

直接选配法即在装配时，由装配工人直接从待装配的零件中选择合适的零件进行装配，以满足装配精度的方法。例如，发动机活塞环的装配，为了避免其工作时在环槽中卡死，装配工人凭经验直接挑选合适的活塞环进行装配，来保证装配精度。

直接选配法的优点是：装配简单。缺点是：装配质量在很大程度上取决于装配工人的技术水平，而且工时分配不稳定，不适用于生产节拍要求严格的流水线装配。

2. 分组装配法

分组装配法是在成批或大量生产中，将产品配合副的零件按实测尺寸分组，装配时按组进行互换装配以达到装配精度的方法。对于装配精度要求很高的情况，各组成零件的加工精度也很高，使得加工很不经济或很困难，甚至无法满足加工要求。例如，发动机活塞销和销孔的配合，技术要求规定，在冷态装配时应有 $0 \sim 0.005\,0$ mm 的过盈量。若用完全互换法装配，则活塞销和销孔各自的加工公差分配非常小，若按平均分配，则销和孔的公差仅为 $0.002\,5$ mm，这将给机械加工造成极大困难，也不经济。在实际生产中，采用分组装配法，即把活塞销和销孔的公差放大到 0.015 mm，然后对这些零件进行测量分组，按分组顺序，对各组的零件进行装配，以保证装配精度的要求。

分组装配法的优点是：降低了零件加工精度的要求，仍能获得很高的装配精度，同组内的零件具有完全互换的优点；缺点是：增加了零件的测量、分组工作，增加了零件存储量，并使零件的储存、运输工作复杂化。

分组装配法只适用于大批、大量生产中，组成件数目少而装配精度要求高的场合。柴油机中的柱塞偶件、针阀偶件、出油阀偶件等精密偶件都采用分组装配法，大量生产的滚动轴承也采用此种装配法。

采用分组装配法时应注意如下事项：

(1) 配合件的公差应相等，公差增大应同一方向，增大的倍数就是分组组数；

(2) 配合件的表面粗糙度、形位公差必须保持原设计要求，即不应随着配合件公差的放大而降低要求；

(3) 保证零件分组装配中都能配套，若产生某一组零件过多或过少而无法配套时，必须采取措施，避免造成积压或浪费；

(4) 所分组数不宜过多，以免管理复杂。

3. 复合选配法

复合选配法是前述方法的复合，即先把零件测量分组，装配时再在对应组零件中直接选择装配。

复合选配法吸取了前述两种装配法的优点，既能较快地选择合适的零件进行装配，又能达到理想的装配质量。发动机气缸孔与活塞的装配大都采用这种装配方法。

例 5-2 某汽车发动机活塞销和销孔的基本尺寸为 $\phi 28$ mm，装配技术要求中规定，在冷态装配时要求有 $0 \sim 0.005\,0$ mm 的过盈，用分组装配法保证装配精度，试确定活塞销和活塞销孔的公差。

解 若采用互换装配法装配，则活塞销和销孔所分配的公差为

$$T_{Ci} = \frac{T_{C0}}{n-1} = \frac{0.0050}{2} = 0.0025 \text{ mm}$$

这样小的公差值，会使制造很困难也很不经济，故生产中多采用分组装配法。

(1) 确定组成环的公差。根据活塞销和销孔所选用加工方法的加工经济精度，确定公差为 $T_{A销} = T_{A孔} = 0.015$ mm，则公差放大倍数（即分组组数）$= \frac{0.015}{0.0025} = 6$。

(2) 画分组公差带位置分布图。为了清楚地表示配合件的分组尺寸，绘制出分组公差带位置分布图，如图 5-1 所示。绘制时，首先确定基准件。通常取活塞销为基准件，其制造尺寸为 $\phi 28^{+0.0075}_{-0.0075}$ mm（或 $\phi 28^{0}_{-0.015}$ mm），将其分成 6 组。为保证最小过盈量为 0，最大过盈量为 0.0050 mm，则得活塞销孔的尺寸为 $\phi 28^{+0.005}_{-0.010}$ mm。

图 5-1　分组公差带位置分布图

(3) 分组表及标记。按上述公差制造的零件，为保证装配精度和便于装配，零件加工后要进行测量分组，并将各组零件涂上不同的颜色作为标记，同组（同种颜色）的零件装配在一起，如表 5-1 所示。

表 5-1　活塞销及活塞销孔尺寸分组及标记　　　　　　　　　　　　mm

标记	组别	活塞销 $\phi 28^{+0.0075}_{-0.0075}$	活塞销孔 $\phi 28^{0.050}_{-0.010}$	配合情况 最小过盈	配合情况 最大过盈
粉红	Ⅰ	28.0075 ~ 28.0050	28.0050 ~ 28.0025	0	0.0050
绿	Ⅱ	28.0050 ~ 28.0025	28.0025 ~ 28.0000		
蓝	Ⅲ	28.0025 ~ 28.0000	28.0000 ~ 27.9975		
红	Ⅳ	28.0000 ~ 27.9975	27.9975 ~ 27.9950		
白	Ⅴ	27.9975 ~ 27.9950	27.9950 ~ 27.9925		
黑	Ⅵ	27.9950 ~ 27.9925	27.9925 ~ 27.9900		

三、调整装配法

调整装配法是通过改变可调整零件的相对位置或选用合适的调整件来达到装配精度的方法。根据调整件的不同,可将调整装配法分为可动调整装配法和固定调整装配法。组成件数比较多,而装配精度要求又高的场合,宜采用调整装配法。

调整装配法的优点是:能获得很高的装配精度;在采用可动调整时,可达到理想的精度,而且可以随时调整由于磨损、热变形或弹性变形等原因所引起的误差;零件可按加工经济精度确定公差。它的缺点是:应用可动调整装配法时,往往要增大机构体积,当机构复杂时,计算烦琐,不易准确;应用固定调整装配法时,调整件需要准备几档不同的规格,增加了零件的数量,增加了制造费用;调整工作繁杂,费工费时,装配精度在一定程度上依赖工人的技术水平。

1. 可动调整装配法

可动调整装配法是通过改变预先选定的可调整零件(一般为螺钉、螺母等)在产品中的相对位置来达到装配精度的要求。如图 5-2 所示,发动机的气门间隙就是通过调整螺钉来保证要求的。

图 5-2 发动机气门间隙的调整

2. 固定调整装配法

固定调整装配法需预先设置几档定尺寸调整件,装配时根据需要选择相应尺寸的调整件装入,以达到所要求的装配精度。汽车主减速器中主动锥齿轮轴承预紧度的调整,就是通过选用不同厚度的调整垫片来保证要求的。

调整装配法虽然多用了一个调整件,增加了部分调整工作量和一些机械加工量,但就保证整个汽车生产的装配质量来说,却是非常重要的,所以在汽车装配中被广泛采用。

采用固定调整装配法时,计算装配尺寸链的关键是确定补偿环的组数和各组的尺寸。

(1) 确定补偿环的组数。首先要确定补偿量 F。采用固定调整装配法时，由于放大了组成环公差，装配后的实际封闭环的公差必然超出设计要求的公差，其超差量需用补偿环补偿。补偿环为减环时的补偿原理及分组尺寸的计算图解如图 5-3 所示。补偿量 F 等于超差量，可用下式计算：

$$F = \sum_{i=1}^{n-1} T_{Ci} - T_{C0} \tag{5-5}$$

式中：$\sum_{i=1}^{n-1} T_{Ci}$ ——实际封闭环的极值公差（含补偿环）；

T_{C0} ——封闭环公差的要求值。

图 5-3 补偿环为减环时的补偿原理及分组尺寸的计算图解

其次，要确定每一组补偿环的补偿能力 S。若忽略补偿环的制造公差 T_{Cf}，则补偿环的补偿能力 S 就等于封闭环公差要求值 T_{C0}；若考虑补偿环的公差 T_{Cf}，则补偿环的补偿能力

$$S = T_{C0} - T_{Cf} \tag{5-6}$$

当第一组补偿环无法满足补偿要求时，就需用相邻一组的补偿环来补偿。所以，相邻组别补偿环基本尺寸之差也应等于补偿能力 S，以保证补偿作用的连续进行。因此，分组数 Z 可表示为

$$Z = \frac{F}{S} + 1 \tag{5-7}$$

计算得到分组数 Z 后，要圆整至邻近的较大整数。

(2)计算各组补偿环的尺寸。由于各组补偿环的基本尺寸之差等于补偿能力 S,所以只要先求出某一组补偿环的尺寸,就可推算出其他各组补偿环的尺寸。比较方便的办法是先求出补偿环的中间尺寸,再求其他各组的尺寸。

补偿环的中间尺寸可先由各环中间偏差的关系式,求出补偿环的中间偏差后再求得。

当补偿环的组数 Z 为奇数时,求出的中间尺寸就是补偿环中间一组尺寸的平均值,其余各组尺寸的平均值相应增加或减小各组之间的尺寸差 S 即可。

当补偿环的组数 Z 为偶数时,求出的中间尺寸是补偿环的对称中心,再根据各组之间的尺寸差 S 安排各组尺寸。

补偿环的极限偏差也按"入体原则"标注。

下面通过实例,说明固定调整装配法在生产中的具体应用。

例 5-3 图 5-4(a)为车床主轴齿轮组件的装配示意图。按照装配技术要求,当隔套(尺寸 A_2)、齿轮(尺寸 A_3)、垫圈(尺寸 A_F)和弹性挡圈(尺寸 A_4)装在主轴(尺寸 A_1)上后,齿轮的轴向间隙 A_0 应在 0.05~0.20 mm 范围内。已知:$A_1=115$ mm,$A_2=8.5$ mm,$A_3=95$ mm,$A_4=2.5$ mm,$A_F=9$ mm。

图 5-4 车床主轴齿轮组件的装配示意图及装配尺寸链图
(a)装配示意图;(b)装配尺寸链图

建立以轴向间隙 $A_0 = 0.05 \sim 0.20$ mm 为封闭环的装配尺寸链, 如图 5-4(b) 所示。其中, 组成环有: A_1 为增环, $\xi_1 = +1$; A_2、A_3、A_4 和 A_F 均为减环, $\xi_2 = \xi_3 = \xi_4 = \xi_F = -1$。若采用完全互换装配法, 则各组成环的平均公差按极值法求取, 由式(5-3)得

$$T_{\text{av}, l} = \frac{T_{A_0}}{n-1} = \frac{0.2 - 0.05}{5} = 0.03 \text{ mm}$$

显然, 由于组成环的极值法平均公差太小, 加工困难, 因此不宜采用完全互换装配法, 现采用固定调整装配法。

(1) 选择补偿环。组成环 A_F 为垫圈, 形状简单, 制造容易, 装拆也方便, 故选择 A_F 为补偿环。

(2) 确定各组成环的公差和偏差。根据各组成环所采用的加工方法的加工经济精度, 确定其公差为

$T_{A_1} = 0.15$ mm, $T_{A_2} = 0.1$ mm, $T_{A_3} = 0.1$ mm, $T_{A_4} = 0.12$ mm, $T_{A_F} = 0.03$ mm

按"入体原则"确定除补偿环外各组成环的极限偏差: $A_1 = 115^{+0.15}_{0}$ mm, $A_2 = 8.5^{0}_{-0.1}$ mm, $A_3 = 95^{0}_{-0.1}$ mm, $A_4 = 2.5^{0}_{-0.12}$ mm。

计算各环的中间偏差

$$\Delta_{A_0} = \frac{0.2 + 0.05}{2} = +0.125 \text{ mm}$$

$$\Delta_{A_1} = \frac{0.15}{2} = +0.075 \text{ mm}$$

$$\Delta_{A_2} = \frac{-0.1}{2} = -0.05 \text{ mm}$$

$$\Delta_{A_3} = \frac{-0.1}{2} = -0.05 \text{ mm}$$

$$\Delta_{A_4} = \frac{-0.12}{2} = -0.06 \text{ mm}$$

(3) 计算补偿量 F 和补偿环的补偿能力 S。按式(5-5)可得

$$F = \sum_{i=1}^{n-1} T_{A_i} - T_{A_0} = (0.15 + 0.1 + 0.1 + 0.12 + 0.03) - 0.15 = 0.35 \text{ mm}$$

按式(5-6)可得

$$S = T_{A_0} - T_{A_F} = 0.15 - 0.03 = 0.12 \text{ mm}$$

(4) 确定补偿环的组数 Z。按式(5-7)可得

$$Z = \frac{F}{S} + 1 = \frac{0.35}{0.12} + 1 = 3.92 \approx 4$$

(5) 确定各组补偿环的尺寸。

① 计算补偿环的中间偏差和中间尺寸。中间偏差 Δ_{A_F} 和中间尺寸 A_{FM} 分别为

$$\Delta_{A_F} = \Delta_{A_1} - \Delta_{A_0} - (\Delta_{A_2} + \Delta_{A_3} + \Delta_{A_4})$$
$$= 0.075 - 0.125 - (-0.05 - 0.05 - 0.06)$$
$$= +0.11 \text{ mm}$$

$$A_{\text{FM}} = 9 + 0.11 = 9.11 \text{ mm}$$

②确定各组补偿环的尺寸。因补偿环的组数为偶数，故求得的 A_{FM} 就是补偿环的对称中心，各组尺寸差 $S=0.12$ mm。各组尺寸的平均值分别为

$$A_{\text{F1M}} = 9.11 + 0.12 + \frac{0.12}{2} = 9.29 \text{ mm}$$

$$A_{\text{F2M}} = 9.11 + \frac{0.12}{2} = 9.17 \text{ mm}$$

$$A_{\text{F3M}} = 9.11 - \frac{0.12}{2} = 9.05 \text{ mm}$$

$$A_{\text{F4M}} = 9.11 - \frac{0.12}{2} - 0.12 = 8.93 \text{ mm}$$

因此，各组尺寸分别为：$A_{\text{F1M}}=(9.29\pm0.015)$ mm，$A_{\text{F2M}}=(9.17\pm0.015)$ mm，$A_{\text{F3M}}=(9.05\pm0.015)$ mm，$A_{\text{F4M}}=(8.93\pm0.015)$ mm。

按"入体原则"标注补偿环的极限偏差可得：$A_{\text{F1M}}=9.305_{-0.03}^{0}\approx9.3_{-0.03}^{0}$ mm；$A_{\text{F2M}}=9.185_{-0.03}^{0}\approx9.19_{-0.03}^{0}$ mm；$A_{\text{F3M}}=9.065_{-0.03}^{0}\approx9.07_{-0.03}^{0}$ mm；$A_{\text{F4M}}=8.945_{-0.03}^{0}\approx8.95_{-0.03}^{0}$ mm。

四、修配装配法

修配装配法是指在装配时修去指定零件上预留的修配量以达到装配精度的方法。各装配件按各自正常生产条件下的经济加工精度制造，在装配时，通过修去指定零件上预留修配量或就地配制，从而保证装配精度。

修配装配法和调整装配法在原则上是相似的，都是通过调整件来补偿累积误差，区别在于具体的实施方法不同。修配装配法一般适用于产量小的场合，如单件、小批生产或产品的试制。当装配件数量不多但装配精度要求很高，或装配件数量多且装配精度要求也很高，采用修配装配法时，关键是正确选择补偿环和确定其尺寸及极限偏差。

选择补偿环一般应满足以下要求。

(1)为便于装拆、易于修配，应尽量选择形状比较简单、修配面较小的零件。

(2)尽量不选公共环。因为公共环难以同时满足多个装配要求，所以应选择只与一项装配精度有关的环。

实际生产中，修配的方式较多，常见的有以下3种。

(1)单件修配法。这种方法是在多环装配尺寸链中，选定某一固定的零件做修配件（补偿环），装配时用去除金属层的方法改变其尺寸，以满足装配精度的要求，在生产中应用最广。例如，齿轮和轴装配中以轴向垫圈为修配件，来保证齿轮与轴的轴向间隙。

(2)合并加工修配法。这种方法是将2个或更多的零件合并在一起再进行加工修配，多用于单件、小批生产中。合并后的尺寸可看作一组成环，这样就减少了装配尺寸链中组成环的环数，并可以相应减少修配的劳动量，但由于零件合并后再加工和装配，需对号入座，因而给组织装配生产带来很多不便。

(3)自身加工修配法。在机床制造中，有些装配精度要求较高，若单纯依靠限制各零

件的加工误差来保证，势必使各零件的加工精度都很高，甚至无法加工，而且不易选择适当的修配件。此时，在机床总装时，用自己加工自己的方法来保证这些装配精度更方便，这种装配法称为自身加工法。例如，在牛头刨床总装后，用自刨的方法加工工作台面，可以较容易地保证滑枕运动方向与工作台面的平行度要求。

总的来说，因为汽车多是大批、大量生产，所以修配装配法在这一领域的应用不如前述3种装配方法广泛。

第三节 装配工艺规程

一、概述

规定产品的装配工艺过程和装配方法的工艺文件，称为装配工艺规程。它是指导装配工作的技术文件，也是制订装配生产计划和技术准备的依据。装配工艺规程对保证装配质量、提高装配生产效率、缩短装配周期、减轻工人的劳动强度、缩小装配占地面积和降低成本等都有重要的影响。

1. 制订装配工艺规程的基本原则

制订装配工艺规程的基本原则是：保证产品的装配质量要求；装配劳动量尽量小，钳工装配工作尽量少；装配周期尽量短，保证对装配的生产率要求；占用的生产面积尽量小。

在装配工艺规程制订中，必须采取各种技术措施和组织措施，即合理地确定以下所述的装配工艺规程各项内容，以实现上述各项基本原则。

2. 装配工艺规程的内容及制订的依据

装配工艺规程的内容包括：

(1) 产品装配的工艺过程，包括装配工艺系统图、装配方法和工艺规程卡片；

(2) 装配的组织形式；

(3) 装配设备和工、夹具；

(4) 各个装配工序的技术条件和检查方法；

(5) 制品的运输方法和运输工具。

制订装配工艺规程的依据，即所需的原始资料为：

(1) 产品装配图及重要件的零件图；

(2) 产品的技术条件；

(3) 生产纲领。

由产品特征及生产纲领决定装配的生产类型，不同生产类型的装配工作具有不同的工艺特征,如表5-2所示。

表5-2 各种生产类型装配工作的工艺特征

项目	不同生产类型装配工作的工艺特征		
	单件/小批生产	中批生产	大批/大量生产
产品变换	产品经常变换,生产周期一般较长	几种产品分期交替投产,或同时投产	产品固定,长期重复生产,生产周期较短
装配方法	以修配法及调整法为主,完全互换法占一定的比例	主要采用完全互换法,也采用其他方法,以便节省加工费用	按完全互换法装配,允许少量调整及分组互换装配
工艺过程	工艺过程的划分较粗、工序内容可适当调整	工艺过程的划分要与批量大小相适应	工艺过程的划分很细,各工序尽量均衡
设备、工装	一般采用通用设备及工、夹、量具	采用通用设备及工、夹、量具较多,但也采用一定数量专用的设备及工、夹、量具	采用专用、高效设备及工艺装备,易于实现机械化、自动化
生产组织形式	多用固定式装配	根据批量不同,采用固定式装配或流水线装配	流水线装配,还可采用自动装配机或自动装配线
手工操作	手工操作的比重很大,要求工人技术水平高	手工操作占一定的比重,对工人技术水平要求较高	手工操作比重较小,对工人技术水平要求较低
举例	重型机床、重型汽车、汽轮机、大型内燃机等	机床、机车、中小型锅炉、矿山采掘机械、某些汽车、拖拉机等	汽车、拖拉机、内燃机、滚动轴承、手表、缝纫机、自行车、电气开关等

3. 制订装配工艺规程的步骤

(1)分析产品的技术要求、尺寸链及结构工艺性。
(2)确定装配工艺过程。
(3)确定装配组织形式。
(4)编写装配工艺文件。

装配的组织形式一般分为固定式装配和移动式装配。固定式装配是在地面上或者在装配台架上进行,又可分为集中式和分散式。移动式装配是在小车上或输送带上进行,分为连续移动式和间歇移动式两种。

二、装配工艺过程

1. 划分装配单元

将产品划分为可进行独立装配的单元是制订装配工艺规程中最重要的步骤,这对于大批、大量生产,结构复杂的机器的装配尤为重要。只有划分好装配单元,才能合理地安排装配顺序和划分装配工序,以便组织装配工作的平行、流水作业。

产品或机器是由零件、合件、组件、部件等独立装配单元经过总装而成。零件是组成机器的基本单元,且一般预先装配成合件、组件和部件后才安装到机器上,直接进入机器的零件并不多。合件是由若干零件永久连接(铆或焊)而成或连接后再经加工而成的,如装配式齿轮、发动机连杆小头孔压入衬套后再经精镗。组件是指一个或几个合件与零件的组合,没有显著完整的作用,如主轴箱中轴与其上的齿轮、套、垫片、键和轴承的组合件。部件是若干组件、合件及零件的组合体,并具有一定完整的功用,如柴油机上的喷油泵、喷油器、增压器、调速器等。汽车则是由上述各种具有完整、独立功能的装配单元结合而成的整体。

2. 选择装配基准件

无论哪一级的装配单元,都要选定某一零件或比它低一级的装配单元作为装配基准件。

装配基准件通常应是产品的基体或主干零部件。基准件应有较大的体积和质量,并应有足够的支承面,以满足陆续装入零、部件时的作业要求和稳定性要求。例如,发动机缸体是发动机缸体组件的装配基准件;汽车车架分总成是非承载式车身汽车的装配基准件。基准件补充加工量应最少,尽可能不再有后续加工工序。另外,基准件的选择应有利于装配过程的检测,有利于工序间的传递运输和翻身、转位等作业。

3. 确定装配顺序,绘制装配系统图

在划分装配单元、确定装配基准件后,即可安排装配顺序。往往需要通过尺寸链分析才能合理地确定装配顺序,并以装配系统图的形式表示出来。对于结构比较简单,组成的零部件少的产品,可以只绘制产品装配系统图,如图5-5所示。

图5-5 装配系统图
(a)产品装配系统;(b)部件装配系统图

对于结构复杂,组成的零、部件很多的产品,除绘制产品装配系统图外,还要绘制各装配单元的装配系统图,如图5-6所示。

图5-6 装配单元系统合成图

装配系统图有多种形式,图5-5和图5-6只是其中的2种。装配系统图的绘法如下。

(1)首先画一较粗的横线,横线右端箭头指向表示装配单元(或产品)的长方格,横线左端为基准件的长方格。再按装配顺序,从左向右依次将装入基准件的零件、合件、组件和部件。表示零件的长方格画在横线上方;表示合件、组件和部件的长方格画在横线下方。每一长方格内,上方注明装配单元名称,左下方填写装配单元的编号,右下方填写装配单元的件数。

(2)在装配单元系统图上加注所需的工艺说明,如焊接、配钻、配刮、冷压、热压和检验等,这样就形成了一较详细的装配工艺系统图。

装配工艺系统图比较清楚而全面地描述了装配单元划分、装配顺序和装配工艺方法,它是装配工艺规程制订中主要的文件之一,也是划分装配工序的依据。

4. 划分装配工序

装配顺序确定后,就可将装配工艺过程划分为若干工序。主要工序如下:

(1)确定工序集中与分散的程度;

(2)划分装配工序,确定各工序的内容;

(3)制订工序的操作规范,如过盈配合所需的压力、变温装配的温度值、紧固螺栓连接的预紧扭矩以及装配环境要求等;

(4)选择设备和工艺装备,若需要专用设备和工艺装备,则应提出设计任务书;

(5)制订各工序装配质量要求及检测项目;

(6)确定工时定额,并协调各工序内容,在大批、大量生产时,要平衡工序的节拍,均衡生产,实现流水线装配。

5. 确定装配顺序应注意的事项

(1) 预处理工序在前。装配前先安排零件的预处理工序，如零件的倒角、去毛刺与飞边、清洗、防锈、防腐、涂装、干燥等。

(2) 先下后上。首先进行基础零部件的装配，使机器重心在装配过程中处于最稳定的状态。

(3) 先内后外。先装配机器内部的零部件，以保证先装部分不成为后续装配作业的障碍。

(4) 先难后易。在开始装配时，基准件上有较开阔的安装、调整、检测空间，有利于零、部件的装配。

(5) 先进行能破坏后续工序装配质量的工序。有些装配工序需施加较大装配力或高温，这样容易破坏以后装配工作的质量。例如，冲击性质装配、压力装配、加热装配、补充加工工序等应尽量安排在装配初期进行，以保证整台机器的装配质量。

(6) 及时安排检验工序。在完成对机器装配质量有较大影响的工序后，必须及时安排检验工序，检验合格后方可进行后续装配工序，以保证装配精度和装配效率。

(7) 集中安排使用相同设备、工艺装备以及具有共同特殊环境的工序，这样可以减少装配设备和工艺装备的重复使用，以及产品在装配地的迂回。

(8) 处于基准件同一方位的装配工序应尽可能集中连续安排，以防止基准件的多次转位和翻身。

(9) 电线、油(气)管路的安装应与相应工序同时进行，以防止零部件的反复拆装。

(10) 易燃、易爆、易碎、含有毒物质的零部件的安装，尽可能放在最后，以减少安全防护工作量，保证装配工作顺利完成。

第四节 汽车总装配

汽车总装配是将各种汽车零、部件按一定的技术要求，通过各种手段进行组合、调试，最后成为性能合格的汽车的过程。国内各汽车制造厂汽车总装配的工艺过程大致可以分为装配、调整、路试、装箱、重修、入库等环节。

(1) 装配：按一定的技术要求，将各种汽车零部件进行组合。同时，对于需润滑的部位加注润滑剂，对冷却系加注冷却液，基本达到组合后的汽车可以行驶。

(2) 调整：通过调整，消除装配中暴露的质量问题，使整机、整车处于最佳工作状态。

(3) 路试：调整合格的汽车要经过 3~5 km 的路面行驶试验，完成在实际运行情况下的各种试验以充分暴露质量问题，以便及时消除。

(4) 装箱：路试合格的汽车即可装配车箱，完成汽车的最终装配。

(5)重修：如调整和路试中暴露出的质量问题不能在其各自的生产节奏时间内消除，则要进行重修。所谓重修，不是采用特殊工艺对有质量问题的零部件进行修复，一般都是更换新的零部件。

(6)入库：经以上各环节并最终鉴定合格的汽车，即可入库待发。

一、汽车总装配的一般技术要求

(1)装配的完整性：按工艺规定，所有零部件和总成必须全部装上，不得漏装。

(2)装配的完好性：按工艺规定，所装零部件和总成不得有凹痕、弯曲、变形、机械损伤及生锈现象。

(3)装配的紧固性：按工艺规定，凡螺栓、螺母、螺钉等连接件，必须达到规定的力矩要求，不允许有松动或过紧现象。

(4)装配的牢靠性：按工艺规定，凡螺栓、螺母、螺钉等连接件，必须装好，不允许有松脱现象。

(5)装配的润滑性：按工艺规定，凡润滑部位必须加注定量的润滑油或润滑脂。

(6)装配的密封性：按工艺规定，气路、油路接头不允许有漏气、漏油现象，补气气路接头必须涂胶密封。

(7)装配的统一性：各种变型车按生产计划进行配套生产，不允许有误装、错装现象。

二、汽车总装配的工艺路线

载货汽车总装配，普遍采用先将车架反放在装配线上，待前桥、后桥、传动轴等总成装配后再翻转车架的装配方案。若车架一开始就正放，势必造成一些总成、零部件装配困难。

为解决地面运输的问题和杜绝各分、总成在运输过程中的磕碰伤，主要分、总成一般采用输送链运输，如前桥输送链、后桥输送链、发动机输送链、车头输送链、驾驶室输送链、车轮输送链等，通过输送链将主要分、总成直接输送到总装配线上进行装配。

图5-7为某载货汽车总装配的工艺流程，从图中可以看出，载货汽车从装配主体——车架总成——上装配线开始，各分、总成的装配顺序。

图5-7 某载货汽车总装配的工艺流程

汽车装配后要进行路试。为解决由于汽车产量增加而带来的路试工作量增加的问题，并有效监测产品质量，汽车制造厂引进了汽车检测线，通过该检测线的在线检查,应基本能完成要求的路试项目。检测线主要检测项目为:汽车怠速排放物的检测;前轮左、右转向角的检测;前照灯光束的检测;前、后轮侧滑量的检测;前、后轮制动力的检测及磨合试验等。检测线的所有检测数据由仪表显示,由计算机处理并打印存档。

三、主要装配工艺介绍

1)汽车总装配中的螺纹连接

汽车总装配中,螺纹连接很多,既有一般的连接,又含有特殊要求的连接。对于关键部位的连接,都有拧紧力矩值的要求。

汽车行业为统一质量标准,对某些松脱后可能造成重大交通事故,从而导致人身伤亡的关键部位的拧紧力矩值都做了具体规定。各企业结合自己的产品也都制订了相应的质量保证措施。

2)汽车制动系统的装配

汽车的制动系统直接关系着汽车的行驶安全。在对制动系统装配时,应采取如下几项工艺措施:

(1)为保证空气管路连接的密封性,采用密封加涂胶的办法。

(2)在制动系统装配后,以 588 kPa 的压力充气,用肥皂水对各连接点逐个检查,确保整个系统的密封性。

3)转向系统的装配

汽车的转向系统同样关系到汽车的安全行驶,装配时应满足如下工艺要求:

(1)转向盘紧固螺母先以气动扳手拧紧,再用扭力扳手进行复检。装配后,转向盘的自由转动量在 0°~15°范围内。

(2)按规定的拧紧力矩用定扭力扳手拧紧转向器的转向臂固定螺母,垂臂与轴的标记应对准,误差不大于一个齿。

(3)转向纵拉杆球头销及转向横拉杆球头销装配时,紧固螺母要达到规定的力矩值,并用开口销锁紧。

四、主要装配设备和工艺装备

(1)底盘翻转器。载货汽车的装配普遍采用先将车架反放在装配线上,待前桥、后桥、传动轴等总成装配后再翻转的工艺方案。车架的翻转由底盘翻转器来完成。图5-8为底盘翻转器的结构示意图。

底盘翻转器由升降机构和可以旋转的前悬挂和后悬挂组成。前、后悬挂间的距离通过调节前悬挂的前、后位置获得,以便适应不同车架长度的需要。底盘翻转器可以沿装配链方向前后移动,以便在翻转过程中不影响汽车底盘在装配链上的均匀摆放。

(2)润滑油加油器。汽车总装配时,车上的发动机、变速器、后桥、转向器等均需定量加注润滑油,因此需要有定量加油装置。图5-9为气动定量加油装置。该装置通过调压阀3、5改变压缩空气压力,达到调节润滑油的流速的目的;通过可调限位块9,可改变气缸工作行程,获得不同的加油量。

1—升降电动机；2—移动减速器；3—升降滚筒；4—横梁；5—平衡块；6—后悬挂；7—翻转电动机；8—翻转减速器；9—翻转器后夹具；10—翻转器前夹具；11—前悬挂；12—调整位置定位器。

图 5-8　底盘翻转器结构示意图

1—油缸；2—换向阀；3、5—调压阀；4—手动控制开关；6—气缸；7—行程开关；8—上限位块；9—可调限位块；10—下限位块；11—油箱。

图 5-9　气动定量加油装置

（3）总装配输送链。总装配输送链由高出地面的桥式链、与地面持平的板式链等组成，如图5-10所示。桥式链与板式链由一调速电动机驱动，输送链的速度由减速器2控制，以便根据需要获得不同的速度。

1—板式链；2—减速器；3—调速电动机；4—桥式链。

图5-10　总装配输送链示意图

五、汽车总装配工艺过程举例

某装载质量为5 000 kg的载货汽车的总装配工艺过程如下：

吊车架→装后钢板弹簧软垫总成→装后桥→装储气筒及湿储气筒支架→装储气筒→装湿储气筒→装供气三通管→装制动系统的三通管及支架→装制动阀→装挂车制动阀→装前、后制动管路空气管→装挂车制动管路空气管→装蓄电池框架→装消声器前、后支架→装传动轴及中间传动轴支承→装汽油箱托架→装脚踏板托架→装蓄电池搭铁线→装前桥→装滑脂嘴→翻转底盘→装驾驶室左、右前悬置支架→装转向机和滑动叉万向节总成→装减振器→装转向纵拉杆→底盘补漆→装左、右后灯托架→将发动机送到总装配带上→装发动机→装中间传动轴与手制动盘→装消声器进气管及消声器→装离合器踏板轴支架→装铭牌→往后桥、转向机、变速器及发动机内加入润滑油→用油枪注入润滑脂→装制动阀至前围与管接头的空气管→装后电线束总成→装挂车插销座→装速度表软轴→装分离开关支架→装分离开关及连接头总成→装电扇护风罩总成→装散热器和百叶窗→装扭杆支架→装前照灯及车头至车架间搭铁总成→将车头送到分装线上→装前照灯罩→装喇叭→装车头悬置支座总成扭力杆机构→装车头总成于车架上→装前保险杠和前、后拖钩→装备胎升降器→装离合器操纵机构及制动操纵机构→装雾灯→装空气压缩机到储气筒的空气管→装蓄电池于框架中→装起动机到蓄电池的电线总成→装分电器至火花塞及点火线圈的高压线→装下连接轴总成→装倒车灯总成→装倒车蜂鸣器→检验制动系统并消除漏气→装车轮→紧固散热器悬置，连接制动灯开关电线及气压警报开关电线→装转向柱与上转向轴总成→装转向盘、转向开关→装转向传动轴和万向节总成→将驾驶室送到装配带上→装驾驶室→装气压调节器空气管、制动阀至前围管接头胶管→装左、右后灯、牌照灯总成→装汽油箱、汽油油量表感应器并接通电线→装汽油滤清器及汽油管→装散热器拉杆→装左、右脚踏板轴→装后橡胶挡泥板→装空气滤清器连接管→装制动踏板和离合器踏板→装加速踏板→连接手节气门与手风门操纵线→连接百叶窗拉线→连接电线→轮胎螺母力矩检测→连接速度表软轴→装驾驶员和乘员坐垫、靠背总成→气制动系统充气→连接蓄电池搭铁，装蓄电池防护罩→加防冻液、燃油→装暖风装置及导水管。

习 题

5-1 图5-11为某拖拉机变速箱倒挡齿轮装置简图。设计要求齿轮端面与垫片间的轴向间隙 $A_0 = 0.1 \sim 0.4$ mm。设计规定 $A_1 = 42.6$ mm，$A_3 = 38$ mm，垫片采用厚度为高精度（J级）的碳素结构钢带冲压而成，其尺寸 $A_2 = A_4 = 2.3$ mm，该尺寸的 J 级厚度的极限偏差为 $2.3_{-0.06}^{0}$ mm，若采用完全互换装配法保证装配精度，试确定各有关零件的公差和极限偏差。

图 5-11 某拖拉机变速器倒挡齿轮装置简图

5-2 图5-12为齿轮箱部件装配简图。根据使用要求，齿轮轴肩与轴承端面间的轴向间隙应在 1~1.75 mm 范围内。若已知各零件的基本尺寸为：$A_1 = 101$ mm，$A_2 = 50$ mm，$A_3 = A_5 = 5$ mm，$A_4 = 140$ mm。若采用完全互换装配法装配，试确定这些尺寸的公差及极限偏差。

图 5-12 齿轮箱部件装配简图

5-3 图 5-13 为滑动轴承、轴承套零件图及装配图。组装后滑动轴承外端面与轴承套内端面间要保证尺寸 $87_{-0.3}^{-0.1}$ mm。但按两零件图上标注的尺寸加工($5.5_{-0.16}^{0}$ mm 及 $81.5_{-0.35}^{-0.20}$ mm 为该尺寸链的组成环),装配后此距离为 $87_{-0.51}^{-0.20}$ mm,不能满足装配要求。该组件属于成批生产,拟采用完全互换法或分组互换装配法装配,试确定各组成环的尺寸。

图 5-13 滑动轴承、轴承套零件图及装配图

5-4 某拖拉机分配器回油阀中回油阀芯和回油阀套孔直径为 $\phi 10$ mm,装配精度要求:阀芯外圆和阀套孔间隙值 $X = 0.006 \sim 0.012$ mm。若将两零件直径尺寸的制造公差均放大到 0.015 mm,试:

(1)确定分组数 Z 和两零件直径尺寸的极限偏差。

(2)用公差带位置图表示出各组的配合关系。

5-5 图 5-14 为一齿轮传动装置简图。装配精度要求保证轴向间隙 $A_0 = 0 \sim 0.25$ mm。已知:$A_1 = 430_{0}^{+0.25}$ mm,$A_2 = 80_{-0.12}^{0}$ mm,$A_3 = 100_{-0.14}^{0}$ mm,$A_4 = 190_{-0.185}^{0}$ mm,$A_5 = 58_{-0.12}^{0}$ mm。如采用固定调整装配法保证装配精度要求,调整垫片初定为 $A_F = 2$ mm,制造公差为 $T_{A_F} = 0.04$ mm,试计算调整垫片组数 Z、各组调整垫片尺寸及极限偏差。

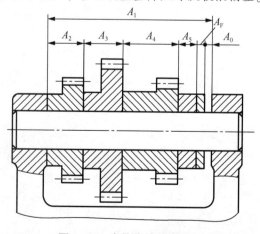

图 5-14 齿轮传动装置简图

5-6 图 5-15 为齿轮部件装配简图,轴是固定的,齿轮在轴上回转。齿轮端面与挡环之间应有间隙:0.10~0.35 mm。已知:$A_1=30$ mm,$A_2=5$ mm,$A_3=43$ mm,$A_4=3_{-0.05}^{0}$ mm(标准件),$A_5=5$ mm。现采用固定调整法装配,试计算确定调整件的分组数及尺寸系列。

图 5-15 齿轮部件装配简图

第六章 结构工艺性

结构工艺性是指所设计的零件在满足使用要求的前提下，制造、维修该零件的可行性和经济性。结构工艺性与零件的生产类型和生产条件相关，同时随着机械制造技术的发展而发展变化。零件机械加工、装配的结构工艺性还是一项重要的技术经济指标，其研究的内涵和影响因素涉及生产批量、工艺路线、加工精度、加工方法、工艺装备等许多方面。如果脱离具体生产规模和环境，脱离材料、技术、设备和工艺，结构工艺性的研究也就失去了意义。作为一名机械设计人员，必须掌握制造工艺的理论和知识，做到对设计方案的全面考虑和综合分析，使所设计的产品能符合制造、使用、维护等方面的要求。零件结构工艺性可以分为零件结构的切削工艺性和装配工艺性，下面分别介绍。

第一节 零件机械加工的结构工艺性

在设计机械零件时，除了要满足零件的使用性能要求外，还应满足制造工艺的要求，即结构工艺性的要求。零件在一定的生产条件和保证使用性能的前提下，能以高的生产率和低的成本制造出来，就称其结构工艺性较好。

零件结构工艺性要求与零件生产和使用的全过程相关，包括材料选择、毛坯生产、机械加工、热处理、机器装配、机器使用、维护，甚至报废、回收和再利用等。因此，零件结构工艺性的优劣对产品的设计、制造具有至关重要的影响。

评价零件机械加工的结构工艺性优劣的条件有很多，对具体的零件结构而言，主要有加工精度和表面质量、标准化、加工效率等。在零件设计之初，设计人员要充分重视结构的优化。在满足零件使用要求的前提下，零件的结构设计应做到：①有利于零件达到加工质量的要求；②有利于使用高效机床和先进加工工艺；③有利于减少零件的机动工时；④有利于减少加工过程中的辅助工时；⑤有利于使用标准刀具和量具。

评价零件的结构工艺性，可以从以下方面进行。

一、提高零件的标准化程度

标准化是组织现代化生产的重要手段之一。零件结构要素的标准化程度高,既可以简化零件的设计工作,又可以减少零件生产准备工作量,使零件的生产准备周期大大缩短,降低零件的生产成本。

零件结构要素的标准化主要包括螺纹、中心孔、空刀槽、砂轮越程槽、锥度与锥角、莫氏锥度、零件倒圆与倒角、球面半径、T型槽、锯缝尺寸等,这些结构的设计和尺寸标注应符合国家标准和行业标准。

二、结构设计方便零件加工和检测

(一)结构设计方便零件加工

方便零件加工的结构设计如表6-1所示。

表6-1 方便零件加工的结构设计

要点与说明	不合理的结构(A)	改进后的结构(B)
钻孔的入端和出端应避免斜面。在斜面上钻孔时,钻头存在水平分力,钻头易引偏甚至折断,钻孔精度不高,影响生产率		
应避免深孔加工,尽量缩短孔的加工长度		
被加工孔的轴线应避免倾斜。B结构可简化夹具结构,几个平等孔便于同时加工		
被加工孔的位置不能距壁太近。B结构可采用标准刀具、辅具,提高加工精度		

续表

要点与说明	不合理的结构(A)	改进后的结构(B)
车削内表面时,为了简化刀具结构,方便刀具进、退,应将内部不需要加工的尺寸设计得大一些		
应尽量避免箱体内壁的平面加工,因加工箱体内壁时刀具不便进入。B结构在箱体侧壁有一较大的孔,便于刀具进入加工。$\phi D > \phi A$		
大直径锥孔加工困难,应避免		
加工螺纹时应有退刀槽。退刀槽应符合相关标准,以方便加工,提高生产率		
内螺纹在孔口应有倒角,便于正确引导螺纹刀具		
零件沟槽的表面不应与其他加工表面重合。B结构可改善刀具工作条件,保护已加工表面不被破坏		$h > 0.3 \sim 0.5$
在套筒上插削键槽时,应在键槽的顶端设置一孔,用于让刀		

(二) 结构设计方便零件检测

方便零件检测的结构设计如表 6-2 所示。

表 6-2　方便零件检测的结构设计

要点与说明	不合理的结构(A)	改进后的结构(B)
零件的尺寸标注应便于加工和测量。A 结构中的 100 ± 0.1 不便于加工和测量		
B 结构便于锥度的加工和检测		
被测尺寸应避免多次换算的情况，以便于检测		
应多用实际的表面作为测量基准，不要或尽量少用隐蔽基准（即虚基准）作为测量基准（如 A 结构中的 L_4）		

224

续表

要点与说明	不合理的结构(A)	改进后的结构(B)
对弯曲或拉伸件，应从实际表面或轮廓素线标注尺寸，不要从零件轴线标注		

三、方便零件在夹具中的安装、定位、夹紧

方便零件在夹具中安装、定位与夹紧的结构设计如表6-3所示。

表6-3 方便零件在夹具中安装、定位、夹紧的结构设计

要点与说明	不合理的结构(A)	改进后的结构(B)
以圆柱面定位夹紧，容易实现并且可靠。B结构在圆锥面前设一段圆柱面，方便工件的定位夹紧		
加工面应有支承面较大的基准，以便加工时定位、测量和夹紧。B结构设置了工艺凸台A，下方的大平面既可使定位可靠，又可作为电器箱箱盖面。加工后可根据需要，将工艺凸台A去掉		

续表

要点与说明	不合理的结构(A)	改进后的结构(B)
增加夹紧边缘或工艺孔,使工件加工时能可靠地夹紧		
锥度心轴的外锥面需在车床和磨床上加工,应在工件上设置安装卡箍,以便在车床或磨床上定位	$Ra\ 0.4$ 1:7 000	$Ra\ 0.4$ 1:7 000
电动机端盖上的许多表面要在一次安装中完成加工,应在端盖弧面 A 上设置 3 个均布的工艺凸台 B,以便于工件的装夹	$\sqrt{\ }=\sqrt{Ra\ 1.6}$	$\sqrt{\ }=\sqrt{Ra\ 1.6}$
工件定位表面应有足够大的面积,使定位、夹紧稳定可靠		
应使工件有可靠的主要定位基准面。例如,B 结构中 a、b、c 处于同一平面上		

四、提高生产效率、保证产品质量

(一)尽量减少零件的装夹和机床的调整次数

尽量减少零件装夹和机床调整次数的结构设计如表6-4所示。

表6-4 尽量减少零件装夹和机床调整次数的结构设计

要点与说明	不合理的结构(A)	改进后的结构(B)
对同一零件上的同一种结构要素,为了减少刀具的种类,减少换刀等辅助时间,应尽量使其一致		
为了减少换刀和装夹次数,应尽可能使同一轴上的键槽宽度一致,且在同一侧。但当键槽较多时,应交错排列,以免降低轴的强度		
倾斜加工表面和斜孔会增加工件的装夹次数。B结构加工时只需装夹1次		
零件上两处螺纹的螺距值应尽可能一致。A结构的两处螺纹的螺距不一致,加工时需要调整2次机床		
A结构需从两端进行加工,B结构则可从一端1次完成加工		

续表

要点与说明	不合理的结构（A）	改进后的结构（B）
A 结构需要两次装夹并进行磨削，B 结构只需 1 次装夹即可完成磨削		
零件在同一方向的加工面，高度尺寸相差不大时，应尽可能使其等高，以减少机床的调整次数		
应尽可能在一次装夹中完成内外圆柱面的加工，既可以减少装夹次数，又可以提高内外圆柱的同轴度		
B 结构改为通孔后，既可以减少安装次数，又可以提高孔的同轴度。若需淬火，还可以改善热处理工艺性		
合理采用组合件或组合表面，可大大降低零件的加工难度，提高零件的加工精度		

续表

要点与说明	不合理的结构(A)	改进后的结构(B)
箱体上的螺纹孔种类应尽量少，以减少钻头和丝锥的种类	3×M10　4×M12　4×M16　3×M8	8×M16　6×M10

(二)尽量减少零件的加工面积

尽量减少零件加工面积的结构设计如表6-5所示。

表 6-5　尽量减少零件加工面积的结构设计

要点与说明	不合理的结构(A)	改进后的结构(B)
部分支承面设计成台阶面，既减少了加工面积，也提高了底面的接触刚度和定位的准确性	Ra 3.2	Ra 3.2
接触面改为环形面，可大大减少切削加工面积		
箱体类零件的接合面，应尽量减少其磨削和刮削的面积		

续表

要点与说明	不合理的结构(A)	改进后的结构(B)
长径比较大、有配合要求的孔，不应在整个长度上都精加工。B结构更有利于保证配合精度		
减少切削加工的表面数。B结构可在1次装夹中加工出来		
若轴上仅一小部分长度的轴径有严格的公差要求，应将零件设计成阶梯轴，以减少磨削工时		
齿轮常常多件加工。B结构可减少刀具的空行程时间，同时提高了工件的刚性，可采用大的背吃刀量		

续表

要点与说明	不合理的结构(A)	改进后的结构(B)
A结构中安放螺母的平面必须逐个加工。B结构可将毛坯排列成行，多件连续加工		
被加工面应敞开。B结构有利于加工，并提高加工精度和生产率		
被加工面应位于同一水平面上。B结构有利于加工，生产率较高，可多件连续加工，简化检验工作	$Ra\ 12.5$ $Ra\ 12.5$ $Ra\ 12.5$	$Ra\ 12.5$
应尽量避免斜面的加工，以保证1次装夹后同时加工出各平面		
A结构工件底部为圆弧形，只能单件垂直进给加工。B结构底部为平面，可多件同时加工		

续表

要点与说明	不合理的结构(A)	改进后的结构(B)
应避免不通的花键孔和键槽孔。因花键孔常采用拉削加工这样的高生产率工艺		

第二节 产品结构的装配工艺性

机器都是由许多零部件装配而成的。零部件结构的装配工艺性，是指所设计的零部件在满足产品使用性能要求的情况下，其装配连接的可行性和经济性，或者说机器装配的难易程度。

零部件的装配工艺性将直接影响装配工作的效率和质量，它主要取决于零件的结构设计。所以，在设计零件时，应充分考虑零件的装配工艺性，使零件不仅方便进行机械加工，而且便于装配，容易保证装配精度，降低装配所消耗的劳动量、装配周期、装配成本等。

产品结构的装配工艺性主要从以下几个方面进行考虑。

一、产品能方便分解成独立装配的装配单元

汽车是由许多零件组成的，零件是汽车的最小单元。为了有效地组织装配工作，在汽车的生产过程中，常常将汽车划分为若干个独立的装配单元，以便组织平行的流水线装配，缩短装配周期。因此，产品能否合理地划分为若干独立的装配单元是评价产品结构装配工艺性最重要的指标之一。

人们将能进行独立装配的部分叫作装配单元，一般可以将产品的装配单元划分为五级，即零件、合件、组件、部件和产品。任何机器都是由若干个装配单元组成的，如汽车可以分为前、后桥、发动机、变速箱、车身等部件，每个部件作为一个独立的装配单元。

部件由许多组件组成，而每个组件也是独立的装配单元，它又由若干合件组成。合件是由两个或两个以上的零件结合成的不可拆卸的整体件，它也是独立的装配单元。这样，有利于装配时的组织生产、管理，有利于企业之间的协作和产品的配套，有利于组织专业化生产，这种生产方式在汽车的大批量生产中被广泛采用。图6-1为装配单元系统图。

图 6-1 装配单元系统图

二、有正确的装配基准

零件在装配单元上的正确位置，是由零件装配基准间的配合来实现的。为了使零件能正确地定位，必须有正确合理的装配基准。此外，零件在装配时同样应符合六点定位原则，不许出现过定位或欠定位现象。有正确合理的装配基准的结构设计如表 6-6 所示。

表 6-6 有正确合理的装配基准的结构设计

要点与说明	不合理的结构（A）	改进后的结构（B）
2 个有同轴度要求的零件连接时，应有正确的装配基准。B 结构通过止口定位，简便合理		
不能用螺纹连接作为装配基准。A 结构螺纹连接不能保证装配后的同轴度。B 结构用圆柱面作为装配基准面，加工方便，也减少了选配和调整的工作量	靠螺纹定位	用柱面定位 装配基面

续表

要点与说明	不合理的结构(A)	改进后的结构(B)
互有位置要求的零件应尽量采用同一定位基准。A 结构中齿轮 1 和 2 不能保证全齿都啮合。B 结构中齿轮轴用两卡环定位,使两根轴由同一箱体壁定位,可保证齿轮有正确的啮合位置		
A 结构中两锥齿轮轴 1 和 2 与箱体间有游隙,两齿轮不能正确啮合。B 结构设置了正确的装配基准		

三、便于装配

要使装配工作能顺利进行,首先应将零件顺利地装配成合件、部件,最后装配成产品,然后进行调整、检验和试车。便于装配的结构设计如表 6-7 所示。

表 6-7 便于装配的结构设计

要点与说明	不合理的结构(A)	改进后的结构(B)
在配合要求的零件端部应有倒角,以便于装配		
装配时形成的密封腔处应有排气通道,以便于装配能顺利进行	(a)	(b)

续表

要点与说明	不合理的结构(A)	改进后的结构(B)
轴与轴套相配合的部分较长时,应在轴或轴套上设置空刀槽		
紧固件应尽量布置在易于拆装的位置		
应有足够放置螺钉的高度空间和扳手的活动空间	装配基面	装配基面
在大底座上安装机体时,应使螺栓连接能方便地装配。A 结构中螺栓很难进入装配位置。B 结构中用双头螺柱或螺钉直接拧入底座,装配便利	$D_1 < D_2$	$D_1 > D_2$
与轴承孔配合的轴径不要太长,以免装配困难。B 结构轴承右侧的轴径减小,既方便了装配,也降低了轴的加工成本		

续表

要点与说明	不合理的结构(A)	改进后的结构(B)
相互配合的零件在同一方向上的接触面只能有一对,即零件装配时应有明确的定位		
2个及2个以上表面配合时,应避免同时入孔装配。A结构中两面外圆表面同时与壳体两孔配合,不易同时对准,装入较困难。B结构使两段外圆表面先后装入,同时右圆柱外径略小于左圆柱外径,轴端倒角15°~30°,装配顺利		
避免箱体内装配。A结构中齿轮直径大于箱体支承孔径,齿轮需在箱体内装配,然后再装轴承,很不方便。B结构中左支承孔径大于齿轮外径,轴上零件可在组装后一次装入箱体		
尽可能组成独立的部件或装配单元。B结构将传动齿轮组成单独的齿轮箱,便于分别装配,既提高装配效率,也便于维修		(a) (b)

四、方便易损零件的拆除和维修

产品在设计时,既要考虑零件便于装配,又要考虑组件、合件便于拆卸,特别是易损件的维修和更换。当发现有问题时，如零件精度不够、运动副运转不良、配合零件的配合性质不好等，就需要拆卸、修配或重新更换零件进行装配。方便易损零件拆除和维修的结构设计如表 6-8 所示。

表 6-8 方便易损零件拆除和维修的结构设计

要点与说明	不合理的结构(A)	改进后的结构(B)
A 结构中轴承座台肩内径等于轴承外径，轴承内圈外径等于轴颈轴肩直径，轴承内、外圈均无法拆卸。B 结构中轴承座台肩内径大于轴承外圈内径，轴颈轴肩直径小于轴承内圈外径；或在轴承座台肩处设 2～4 个缺口，便于轴承内外圈拆卸		(a)　　(b)
因轴承端盖与箱体支承孔有配合要求，为便于拆卸端盖，在端盖上应设计出 2～4 个螺孔，拆卸时拧入螺钉即可将端盖顶出		顶钉孔
为了便于拆卸过盈配合的连接件，应配置拆卸螺钉或采用具有拆卸功能的锥销	连接件	

五、减少装配时的修配和机械加工工作量

装配时，对零件进行手工修配费时费力，还会增加装配车间的加工设备投入，容易引起装配工序的混乱。同时，零件修配过多，加上操作者技术参差不齐，会影响装配质量。一般情况下，只有合件和组件的装配精度要求很小时，才采用修配法保证装配精度。减少装配时的修配和机械加工工作量的结构设计如表 6-9 所示。

表 6-9 减少装配时的修配和机械加工工作量的结构设计

要点与说明	不合理的结构(A)	改进后的结构(B)
A 结构中，轴套装上后需要钻孔、攻螺纹。B 结构避免了装配时的切削加工		
A 结构中后压板与导轨之间的间隙用修配法保证。B 结构中可用调整法，装配效率高		
A 结构需在活塞上配钻销孔。B 结构用螺纹连接，装配时省去了机械加工，装配效率高		
A 结构中间齿轮 1 与花键轴 3 用 2 个锁紧螺钉 2 固定，装配时需在花键轴上配钻锁紧螺钉孔。B 结构用对开环 4 轴向定位，避免了机械加工		

六、正确选择装配方法

为保证产品的质量，应根据产品的技术要求、结构特点、生产类型和生产条件等，采用不同的装配方法。生产中常用的方法有：互换装配法、选择装配法、修配装配法和调整装配法等。具体内容请参见第七章相关内容。

习 题

从切削加工的结构工艺性考虑，试改进图 6-2 所示的零件结构。

图 6-2 零件结构

第七章 汽车车身制造工艺

汽车车身制造工艺是一类较为特殊的生产工艺。尽管有许多新的材料、技术在车身制造中得到应用(如碳纤维、铝合金等),但目前汽车覆盖件生产中主要应用的还是薄钢板。本章以薄钢板为主材介绍车身的制造工艺,内容包括使用模具进行覆盖件的成形;使用焊接设备进行钣金件的焊接,从而获得满足碰撞法规要求的安全车身;使用涂装设备对覆盖件进行表面处理,进而获得耐用和美观的车身。

第一节 汽车车身冲压材料

汽车工业和冶金技术的发展推动了汽车车身覆盖件材料的发展,要求汽车车身覆盖件材料既要在使用上保证有足够的强度和刚性,又必须在生产上满足冲压工艺的要求。覆盖件冲压材料的质量是冲压工艺中一个非常重要的因素,其好坏将直接影响汽车产品的质量和成本。选择覆盖件冲压材料时应考虑两方面:一是选择能适应冲压过程变形要求的材料,这就要求材料较好,使成本相应增加;二是通过改进冲压件的结构工艺性来完善材料的变形条件,降低对材料的要求。解决问题的方法是尽量使用一些先进的专业软件(如达索公司的CATIA)进行设计,科学评价材料的冲压性能,在保证冲压件具有合理结构和性能的前提下,降低对材料的质量要求,以降低制造成本。

汽车车身覆盖件总的特点是形状复杂但受力不大,要求钢板具有良好的冲压性能和绝对良好的表面质量,多采用冷轧深冲低碳薄钢板(通常厚度为0.6~2.0 mm)。冲压性能好的薄板料应满足便于加工、生产效率高和模具磨损小的工艺要求。

一、汽车冲压用钢板的特点

(1)质量要求高。作为汽车车身覆盖件,在其生产制造过程中,为保证产品质量,一般应检查以下项目。

①汽车覆盖件的轮廓尺寸、孔位尺寸、局部形状的各种尺寸必须有很好的尺寸精度，确保装焊的准确性、互换性，实现车身装焊的自动化。

②保证覆盖件具有足够的刚性。

③覆盖件在成形过程中，材料应能进行足够的塑性变形，具有良好的工艺性。

④外覆盖件(尤其是乘用车)表面不允许有任何缺陷，曲线应圆滑，过渡应均匀，具有极好的表面质量。

⑤要求外覆盖件与车身造型设计一致，必须具有很高的形状精度，与主模型吻合。

(2)品种多。汽车覆盖件一般采用冷轧薄钢板，按冲压级别分为超深冲拉深级(IF)、最复杂拉深级(ZF)、很复杂拉深级(HF)、复杂拉深级(F)、最深拉深级(Z)、深拉深级(S)和普通拉深级(P)。根据强度的不同，可分为软钢和高强度钢系列。另外，还有涂层钢板、复合材料板等。

(3)性能要求。在常规生产中，各种零部件、总成和车身是由众多的冲压件焊接而成的，所以要求汽车冷冲压用钢板应具有良好的焊接性。为了获得美观的车身外观质量和提高车身耐腐蚀性能(高档汽车采用单面或双面镀锌钢板)，要求钢板具有良好的涂装性能。为提高车身外表件的抗凹陷性，可采用烘烤硬化钢板生产外覆盖件的方法，以达到使用要求。

近年来，汽车冷冲压用钢板发展很快：一是向深冲性和超深冲性方向发展，满足汽车车身造型、冲压工艺性和结构工艺性的要求；二是满足碰撞法规的要求及减轻车重，对材料性能方面提出的要求就是提高钢材的强度；三是为进一步提高汽车的耐腐蚀性，大量应用镀层钢板生产车身冲压件；四是发展新的制造技术，如激光拼焊技术(将不同强度级别和不同厚度以及镀层与非镀层钢板通过激光焊接技术拼焊成一种毛坯板)和液压成形技术。

二、汽车冲压用钢板类型和成形性能

(一)汽车冲压用钢板的类型

1)按钢板的拉深级别分类

(1)厚度小于 2 mm 的深冲压用冷轧薄钢板和钢带一般用于冲压汽车车身的复杂覆盖件，其拉深级别分为 3 级：ZF——冲制拉深最复杂的零件；HF——冲制拉深很复杂的零件；F——冲制拉深复杂的零件。

(2)厚度小于 4 mm 的冷轧薄钢板的拉深级别分为 3 级：Z——最深拉深级；S——深拉深级；P——普通控深级。

综合起来看，上述两类钢板的拉深级别从高到低的排列顺序为：ZF→HF→F→Z→S→P。例如，车门内板需选用 ZF 级的钢板进行拉深。

2)按钢板的表面质量分类

钢板的表面质量分为 4 组：Ⅰ——特别高级的精整表面(表面分为无光泽和有光泽)；Ⅱ——高级的精整表面；Ⅲ——较高级的精整表面；Ⅳ——普通的精整表面。

3) 按钢板轧制尺寸精度(厚度公差)分类

钢板的尺寸精度或厚度公差为：A——高级精度；B——较高级精度；C——一般精度。

另外，深冲压用冷轧薄钢板分为 A、B 两级；优质钢板分为 A、B、C 三级；普通钢板分为 B、C 两级。按边沿状态分为 Q(切边)和 BQ(不切边)。按轧材的供货形态分为钢板、钢带(卷钢)和扁钢。

国家标准要求的标注格式示例："钢板$\dfrac{A-1.2-GB/T\ 708-2019}{08Al-I-ZF-GB/T\ 711-2017}$"，该格式表示轧材的供货形态为钢板，分母表示材料为 08Al，表面质量为 I 级，拉深级别为 ZF；分子表示尺寸精度为 A，板料厚度为 1.2 mm。按该格式写在图纸的材料栏内，零件图上则无须再标注板料厚度尺寸。

(二)汽车冲压用钢板系列

汽车冲压用钢板系列如表 7-1 所示。

表 7-1 汽车冲压用钢板系列

(1)冷轧双相钢板，此类钢板的牌号主要有：Sx540 和 Sx590，冷轧双相钢板具有铁素体与马氏体或铁素体与微小珠光体复合金相组织，在表 7-1 中属于普通冲压级。

冷轧双相钢板最初经热轧而成，然后在酸洗槽中除去氧化皮。冷轧后，紧接着在大约 750 ℃的环境中软化退火，这样可重新获得原先的可塑性能。冷轧双相钢板具有连续屈服、屈强比低、加工硬化高及高强度和高塑性兼备的特点，抗拉强度与屈服点呈正相关，与伸长率呈负相关，在冲压加工时较软，便于加工。冷轧双相钢板还具有较好的烘烤硬化性，烤漆后屈服点可增加 15 N/m^2，其 BH(低温硬化性)值可达 30 N/m^2 以上。冷轧双相钢板主要用于汽车车门加强板、后货厢盖板、保险杠和车轮等零件形状复杂、拉深性好，强度要求又高的冲压零件。

(2) 冷轧铝镇静钢板。此类钢板的牌号主要有：08Al、St12、St13、St14 和 St15，其化学成分和性能如表 7-2 所示。冷轧铝镇静钢板具有一定的强度和较好的塑性，冷轧退火钢板具有最佳的塑性，是目前汽车（特别是微型车）上用量最大的冷轧钢板。其中，St13、St14 和 St15 为非时效钢板。

对冷轧钢板进行质量检查时应着重检查"脆裂线"（与钢板轧制方向垂直的一组等距条线）和"折摺线"（当紧卷退火时造成钢板黏结，开卷时已黏结的冷轧钢板被撕开而形成与轧向垂直的条线）。"脆裂线"和"折摺线"是在冲压前就存在的表面缺陷，都垂直于轧制方向，条线是平直的。此外，冲压成形后应检查是否存在"滑移线"（凹凸不平的溢流状条纹），滑移线的存在会严重影响零件的表面质量。冷轧铝镇静钢板在基础钢中加入了铝，对钢中的氮进行固定，钢板冲压成形后，零件表面不产生滑移线，故冲压后表面质量较好。表 7-2 所示为冷轧铝镇静钢板的化学成分和性能。

表 7-2　冷轧铝镇静钢板的化学成分和性能

牌号	冲压级别	厚度/mm	化学成分/%						屈服点 R_{eL}/(N·mm^{-2})	抗拉强度 R_m/(N·mm^{-2})	伸长率 A/%
			w_C	w_{Si}	w_{Mn}	w_P	w_S	w_{Al}			
08Al	ZF	全部	≤0.08	≤0.03	≤0.40	≤0.020	≤0.030	0.02~0.07	≤195	255~335	≥44
	HF								≤205	255~335	≥42
08Al	F	>1.2	≤0.08	≤0.03	≤0.40	≤0.020	≤0.030	0.02~0.07	≤215	255~345	≥39
		0.2							≤215	255~345	≥42
		<1.2							≤135	255~345	≥42
08Al	Z	全部	0.05~0.12	≤0.03	0.25~0.65	≤0.035	≤0.035	0.015~0.065	—	275~390	≥32
	S								—	275~410	≥30
	P								—	275~410	≥28
St12		全部	≤0.10	—	≤0.50	≤0.035	≤0.035		≤280	270~410	≥28
St13		全部	≤0.08	—	≤0.45	≤0.030	≤0.035		≤240	270~370	≥34
St14		全部	≤0.08	—	≤0.40	≤0.020	≤0.030		≤210	270~350	≥38
St15		全部	≤0.06	0.03	≤0.35	≤0.020	≤0.025	0.025~0.70	≤195	250~330	≥40

(3) 加磷铝镇静钢板。此类钢板的牌号主要有：06AlP、08AlP、10AlP、WP340、WP370、WP390、BP340 和 BP400。加磷铝镇静钢板是在超低碳铝镇静钢中添加磷后冷轧而成的，在汽车车身上得到大量应用，其主要优点如下。

① 强度高。加磷高强度冷轧钢板 08AlP 比所代用的 08Al 冷轧钢板的抗拉强度高 15%~25%，从而可节约钢材 10%~17%。

② 较好的塑性。拉深性比一般高强度钢板好，价格较低。在冲压成形时的屈服强度较

低,有利于冲压成形,而且加磷铝镇静钢板的塑性指标几乎不随强度指标的增加而下降,非常适于复合成形冲压件的生产。

③板厚方向抗变形能力强。加磷铝镇静钢板因为含磷而具有较大的厚向异性系数 r 值,表明其在板平面内的变形比板厚方向的变形要容易。这种性能可以减缓冲压时厚度变薄程度,提高成形极限,适合深冲。

④点焊性能好,加磷高强度冷轧钢板与08Al冷轧钢板相同,可沿用08Al冷轧钢板的生产工艺组织生产。

⑤加磷高强度冷轧钢板的耐腐蚀性能优秀,相对于08Al冷轧钢板的耐腐蚀性能提高15%以上。

⑥这种钢板在表面涂装后进行200 ℃左右的烘烤时,其烘烤硬化性能、屈服强度进一步得到提高,从而增加了覆盖件的强度,这对提高汽车车身件的抗凹陷性能是非常有益的。

表7-3为加磷冷轧钢板的化学成分和性能。

表7-3 加磷冷轧钢板的化学成分和性能

牌号	化学成分/%						屈服点 R_{eL}/ $(N \cdot mm^{-2})$	抗拉强度 R_m/ $(N \cdot mm^{-2})$	伸长率 $A/\%$	r值	n值
	w_C	w_{Si}	w_{Mn}	w_P	w_S	w_{Al}					
06AlP	≤0.06	≤0.064	≤0.35	0.05~0.08	≤0.06	0.05~0.08	≥215	340~420	≥35	≥1.4	≥0.19
08AlP	≤0.08	≤0.06	≤0.70	0.05~0.08	≤0.06	0.05~0.08	≥215	340~420	≥35	≥1.4	≥0.19
10AlP	≤0.14	≤0.03	≤1.00	0.05~0.08	≤0.06	0.05~0.08	≥215	340~420	≥35	≥1.4	≥0.19
WP340	≤0.06	≤0.03	≤0.35	0.05~0.08	≤0.06	0.05~0.08	≥215	340~420	≥35	≥1.4	≥0.19
WP370	≤0.08	≤0.03	≤0.40	0.05~0.08	≤0.06	0.05~0.08	≥215	340~420	≥35	≥1.4	≥0.19
WP390	≤0.10	≤0.03	≤0.45	0.05~0.08	≤0.06	0.05~0.08	≥215	340~420	≥35	≥1.4	≥0.19
BP340	≤0.06	≤0.03	≤0.35	0.05~0.08	≤0.06	0.05~0.08	≥215	340~420	≥35	≥1.4	≥0.19
BP400	≤0.08	≤0.03	≤0.35	0.05~0.08	≤0.06	0.05~0.08	≥215	340~420	≥35	≥1.4	≥0.19

表7-4为加磷高强度冷轧钢板的冲压性能。

表7-4 加磷高强度冷轧钢板的冲压性能

牌号	极限拉深比 LDR值	锥杯值CCV /mm	扩孔率 /%	拉深系数	BH值 /(N·mm^{-2})	AI值 /(N·mm^{-2})
06AlP	2.19	36.5	175.00	0.65	17.0	9.3
08AlP	2.04	38.2	153.00	0.62	11.0	4.9
WP340	2.06~2.16	38.2~38.9	135~155	0.79	—	—
WP390	2.01~2.04	39.2~39.3	110~120	0.80	—	—
BP340	2.05~2.16	37.6	136~145	0.68	12.0	4.6
BP400	1.96~2.03	39.6	121~130	0.64	15.3	10.8

(4)加磷铝镇静烘烤硬化钢板，此类钢板的牌号主要有：BP240A、WHB340和A220BH。为使汽车实现轻量化，减少能源的消耗，汽车制造商采用大量薄钢板(约占车身质量的20%)制造车身外覆盖件。据统计，当车身覆盖件板厚由1.0~1.2 mm减薄到0.7~0.8 mm后，车身质量可减轻20%~40%，节约能源20%以上。在减薄汽车大型覆盖件厚度后，其中间部位在冲压成形时变形较小，如果被重物撞击，容易产生凹陷。耐凹陷性是决定外覆盖件厚度的重要因素(决定因素还有抗拉伸性和耐锈蚀性)。提高抗凹陷能力的措施是提高钢板的屈服强度，故需应用高强度薄钢板。但提高屈服强度，则变形抗力增大会导致深冲性能变差。为此，要求钢板在冲压成形前具有较低的屈服强度，在冲压拉深成形后，通过高温时效处理(喷气烘干，温度在100~160 ℃之间，见本章第四节)，使钢板的屈服强度可以得到一定程度的提高，这种钢板称为烘烤硬化钢板，简称BH钢板。

表7-5为烘烤硬化钢板的实际化学成分和性能，表中的烘烤硬化性(BH)属于应变时效。表7-6为不同钢板在不同温度下的BH值。一般将烘烤硬化钢板的BH值控制在30~50 N/mm^2，如果还要提高钢板的BH值，必须加大其冷轧平整量，这对生产工艺技术提出了更高的要求，并会增加生产成本。如果BH值过小，则抗凹陷性能力不明显。

表7-5 烘烤硬化钢板的实际化学成分和性能

牌号	化学成分/%						屈服点R_{eL} /(N·mm^{-2})	抗拉强度R_m /(N·mm^{-2})	伸长率 A/%	BH值/ (N·mm^{-2})	r值	n值
	w_C	w_{Si}	w_{Mn}	w_P	w_S	w_{Al}						
BP340A①	0.026	0.022	0.23	0.103	0.009	0.041	207.5	355.0	41	39.5	1.64	0.239
BP340A②	0.023	0.019	0.23	0.098	0.008	0.050	245.5	375.5	39	53.7	1.59	0.232
WHB340	0.038	0.020	0.27	0.064	0.019	0.083	218.5	353.5	42	39.5	1.61	0.229
A220BH	0.040	0.030	0.28	0.048	0.013	0.044	212.0	360.0	40	31.1	1.29	0.238

注：①罩式退火；②连续退火。

表 7-6 不同温度的 BH 值 N/mm²

牌号	70 ℃	100 ℃	135 ℃	170 ℃	200 ℃	230 ℃	260 ℃	290 ℃	350 ℃
BP340A[①]	22.39	23.83	31.88	39.45	48.73	49.46	58.10	57.54	55.80
BP340A[②]	37.10	40.40	45.03	49.51	49.79	56.02	63.66	63.61	56.38
WHB340	22.88	22.66	29.62	32.44	33.31	39.09	62.11	60.17	63.10
A220BH	—	—	—	31.05	32..40	39.30	54.05	56.10	51.13

注：①罩式退火；②连续退火。

(5) 超深冲 IF 冷轧钢板，此类钢板的牌号主要有：St16、SSPDX 和 SSPDXE。在超低碳钢($w_C \leq 0.005\%$，$w_N \leq 0.004\%$) 中，加入足够量的元素钛(Ti)和铌(Nb)，使钢中的碳、氮原子完全被固定成碳氮化合物(TiC、TiN、NbC、TbN)，钢中不再有间隙固溶原子存在，称为"无间隙原子钢"，即 Interstitial Free Steel，简称"IF 钢"。目前，全世界 IF 钢的产量已达数千万吨，主要用于制造车身外板和内板，兼有高强度和良好的成形性，成为汽车(特别是乘用车)用冷轧钢板的一种主要钢种。含 Nb 的高强度 IF 钢主要用作热镀锌及其合金化的基板，其可镀性和抗粉化性能较好，此外其硬化指数 n 和厚向异性系数 r 高，具有很优异的深冲性能。IF 钢的品种有：一般 IF 钢板、电镀锌 IF 钢板、热镀锌 IF 钢板、镀铝 IF 钢板、不锈 IF 钢板、高强度 IF 钢板等。如果在 IF 钢中加入适量的磷实现固溶强化，就可使其具有好的烘烤硬化性能，这种钢被称为"超低碳高强度烘烤硬化钢板"，英文名词为"Extra Low-Carbon and High Strength Steel Sheet with Bake Hardenability"。

无间隙原了 IF 冷轧钢板具有以下优点：杂质元素(Si、Mn、P 和 S)含量低；低屈服强度($R_{eL} \leq 180$ N/mm²)和低屈强比($R_{eL}/R_m \leq 0.55$)；高伸长率($A_{11.3} \geq 45\%$)；因常温时效指数 AI≈0，故不用进行时效处理。

在 IF 钢中，根据高强度 IF 钢中合金元素的不同，可将 IF 钢分为 Ti-HSSIF(r 值高，但伸长率有所下降)、Nb-HSSIF(冷轧钢板 45°方向的 r 值得到提高)和 Nb+Ti-HSSIF(在钢中加入 Ti-Nb 复合元素，既可获得高 r 值的冷轧钢板，又不会降低其伸长率)等三大类。

现代轿车每车用 IF 冷轧钢板可达几百千克，约占钢板总用量的 2/5。

表 7-7 为 IF(St16) 冷轧钢板的化学成分和性能，表 7-8 为 IF(St16) 冷轧钢板的实际成分和性能。

表 7-7 IF(St16)冷轧钢板的化学成分和性能

化学成分/%								屈服点 R_{eL} /(N·mm⁻²)	抗拉强度 R_m /(N·mm⁻²)	伸长率 A/%	r 值	n 值
w_C	w_{Si}	w_{Mn}	w_P	w_S	w_{Al}	w_{Ti}	w_N					
0.003~0.006	0.001~0.003	0.13~0.17	0.007~0.009	0.005~0.012	0.031~0.038	0.047~0.071	0.001~0.003	131~167	290~320	40~48	1.8~2.2	0.22~0.24

表 7-8　IF(St16)冷轧钢板的实际成分和性能

化学成分/%									屈服点 R_{eL} /(N·mm^{-2})	抗拉强度 R_m /(N·mm^{-2})	伸长率 A /%	r 值	n 值
w_C	w_{Si}	w_{Mn}	w_P	w_S	w_{Al}	w_{Ti}	w_{Nb}	w_N					
≤0.008	≤0.03	≤0.30	≤0.020	≤0.015	≤0.07	注①	注②	≤0.004	≤190	260~330	≥41	≥1.8	≥0.22

注：①Ti=4(+3.43N+1.5N)×(1~4)；②Nb=(0.01~0.3)Ti。

(6)镀锌钢板，此类钢板的牌号主要有：SECC、SECD、SECE、St01Z、St02Z、St03Z、St04Z、St05Z、StE250-2Z 和 StE280-2Z。钢铁材料的最大缺点是极易腐蚀，全世界每年因腐蚀造成的金属损失大约占钢产量的 5%~10%。汽车在使用过程中，承受着含有各种酸或碱的空气、湿气、水和油的腐蚀。因为乘用车车身既是乘坐的空间又是各总成的安装基础，所以乘用车车身的腐蚀速度在很大程度上决定了汽车的使用寿命。因此，乘用车的耐腐蚀性越来越重要，能提高汽车耐蚀性能的镀锌钢板在汽车上的应用也愈加广泛。轿车的镀锌钢板的用量占钢板总量的 75% 以上。

汽车用镀锌钢板有热镀锌钢板(锌层可以是单面或双面，锌层厚度为 60~370 g/m^2 或更厚，热镀锌钢板具有很好的耐腐蚀性能，广泛应用于汽车的内、外板)和电镀锌钢板(其锌镀层厚度 10~50 g/m^2，镀层可分为单面和双面)两类，其中电镀锌钢板的拉深性能(冲压时表面具有润滑性)更优良，多用于汽车覆盖件的生产。

(7)其他钢板，除上述钢板之外，还有很多具有特殊功能或性能的材料在汽车覆盖件上得到应用，具体如下。

①具有良好的成形性、焊接性和抗腐蚀能力的锌铬镀层板。

②具有减振、降噪、轻量化等功能的复合型板材。

③在电镀锌钢板上涂覆一层塑料，使之成为既有钢的高强度，又有锌、塑料等材料的耐腐蚀性，总质量又与铝合金等同，十分适合汽车使用的涂层板。涂层板可优化材料的成形性能，提高拉深时的极限拉深比 20% 以上。

④冷轧 TRIP 钢。TRIP 钢又称相变诱导塑性钢，主要有 3 个强度级别：600、700、800 MPa。TRIP 钢在成形过程中，残余的奥氏体逐渐转变为硬的马氏体，变形分散而均匀，强度和塑性兼而有之。另外，TRIP 钢还具有高的抗撞吸能的特点，在国外新车型中用作安全件。

⑤Tailored Blank Welding，简称 TBW 钢板，它是根据汽车各部位对材料要求的差异，将不同厚度、不同强度的表面覆层(如镀锌钢板)用激光焊合的一种汽车专用钢板。这种钢板可以提高材料的屈服强度，减轻合成板的质量进而减轻车体质量，通过选择最适宜的材料可增强结构刚性，提高安全性，并且减少了车身冲压模具的种类和数量。例如，凯迪拉克轿车侧围部分 A 柱用料厚度为 1.2 mm，车顶纵梁用料厚度为 2.1 mm，C 柱用料厚度为 2.5 mm，经拼焊后再冲压可省去加强部件，从而减轻侧围质量，但并不影响车身

整体刚度。

(三) 冲压材料的成形性能

1. 薄板成形性能的评价方法

评价薄板料成形性能一般采用成形极限图,如图7-1所示,图中的拉—拉应变部分由Stuart·P·Keeler首先提出,拉—压应变部分由Gorton·M·Goodwin提出。成形极限图(Forming Limit Diagram——称为FLD图或Keeler Goodwin图)是用来表示金属薄板在平面内的2个主应变(经向和纬向)的联合作用下,在变形过程中某一区域变薄时可以获得的极限应变量,可为改进工艺提供参考依据。成形极限图可在实际冲压生产中积累数据来确定。每一种材料对应着一种成形极限曲线,一般通过试验方法来建立。例如,采用半球形凸模胀形法进行试验,通过采集数据,测得不同主应力比值下的极限主应变值,将该值绘制在主应变坐标系内(以长轴应变作为纵坐标,以短轴应变作为横坐标),获得试验的FLD。也可参考有关资料,作出简易成形极限图来满足生产的需要。如图7-1所示,如果成形极限曲线试验数据分散,形成宽度较窄的区域,称为临界区。如果板平面内的2个主应变的任意组合落在FLD中的成形极限曲线之上,薄板料变形就会发生破裂;反之则是安全的。

图7-1 成形极限图

2. 成形极限图的应用

实际生产中应用成形极限图来分析和评价板料的成形工序,为提高成形极限(充分发挥材料的性能)和产品质量提供参考。成形极限图的应变值越高,板料的局部成形性能就越好。将绘制有网格的试样在模具中进行冲压,测量的数据与对应该材料的FLD进行比较的作用如下。

(1) 合理选用材料。如果冲压件危险点的应变值处于临界区以下较远位置,说明材料性能太好，过于安全，浪费板料成形性能，可换用成形性能较低且价格较便宜的板料；如果冲压件破裂点的应变值处于临界区，在生产中会造成很高的废品率，故应选用性能稍好的材料。

(2)在模具的调试中，找出潜在的危险点，解决零件局部的拉裂问题。如图7-1所示，如果发现测得的局部应变值落在破裂区，可以采用调整压料力、采用拉深筋、改变落料毛坯尺寸、调整凹模圆角半径或改变润滑条件等办法(在本章第一节中介绍)，调整拉深材料流入凹模的变形阻力，既增大拉深深度，又增大双向拉深应变，达到调整局部应变的目的，使拉深工序得以改善，保证生产的稳定性。

(3)提高复杂冲压件的成形质量。图7-1所示的点A处于拉-拉应变状态，存在严重的拉裂倾向，解决措施是用增大短轴方向应变的办法，使点A应变移至点C，或用减小长轴方向应变的办法，使点A应变移至点B，进入安全区。两种方法比较而言，后者有利于解决起皱问题，使起皱和拉裂问题在拉—拉应变条件下得到平衡，为达成复杂成形零件局部不破裂条件下的防起皱创造了有利条件，提高了复杂零件的成形质量，在车身冲压生产中经常应用。具体措施是加大压料力、设置拉深筋和调整落料毛坯尺寸。解决起皱问题的原则是在防皱的情况下，保证零件不破裂。

3. 板料冲压性能

板料是冲压加工三要素(模具、板料和设备)之一。只有对板料冲压性能进行深入研究，才能建立起高水平的冲压和模具技术。因此，在冲压工艺与模具设计中，必须合理选用板材，同时要考虑板料的冲压性能。

板料冲压性能的含义：板料冲压性能是指板料对各种冲压加工方法的适应能力，包括的指标很多，如工件的质量、精度、刚度、强度、成形性、冻结性、贴模性、模具寿命、加工能量消耗及加工的简便程度等，这些指标越好，板料的冲压性能就越高。

冲压加工种类很多，按加工性质的不同，其基本工序可以分为分离工序和成形工序。

分离工序是指将冲压件或毛坯与板料在冲压过程中按一定轮廓线分离的工序。板料冲压分离性能是指板料对冲压分离加工的适应能力，同时对断面的质量也有相应要求。

成形工序是指在不发生破坏的前提下使板料发生预期的塑性变形，获得合乎形状及尺寸要求的冲压件的工序。板料冲压成形性能是指板料对冲压成形加工的适应能力，对于车身覆盖件的加工生产尤为重要。板料的冲压成形性能可分为：贴模性能(Fitting Behaviour)、成形性能(Formability)和冻结性能(Shape Flexability)。这些性能的获得是以不破裂为基本前提的。在实际冲压加工生产中，期望板材的冲压性能和其他各种评价指标同时都为最佳值是不现实的。

三、板材性能参数与成形性的关系

车身覆盖件都是板材经充分塑性变形获得的，因此覆盖件的冲压成形性与板材性能参数有密切的关系。过去在生产中，无论以何种方式成形或成形时板料的变形性质是什么，都统一用一些常规力学指标，如强度、伸长率和杯突值（即艾利克森试验值）来衡量。这些指标虽然操作简单，但单个的指标往往只能反映板材的某一种或某几种性质的成形性能，并不能全面反映板材的综合成形性能。而车身覆盖件在冲压过程中，塑性变形很复杂，很多时候是多种成形方式的复合，常规力学指标不能反映板材在特定冲压成形中的成形性能。因此，准确理解并掌握板材性能参数与冲压成形性的关系是非常重要的。

（一）拉深试验性能参数及其与冲压成形性的关系

1) 屈服点 R_{eL}

当板材在拉力的作用下成形时，屈服点 R_{eL} 一般与伸长类成形性能成反比，材料的屈服点 R_{eL} 越小，越容易屈服，变形抗力越小，产生相同的变形所需的变形力就越小。R_{eL} 小的材料在弯曲变形、拉深变形后，回弹变形也较小，贴模性和定形性好，有利于提高冲压件精度，有利于满足对覆盖件形状的要求。当板材受到压应力时，容易产生压缩变形而不易起皱；对于深度较小的浅拉深覆盖件，容易使板料的塑性变形增大，不仅有利于提高覆盖件的形状精度，也有利于提高其刚度。

2) 屈强比 R_{eL}/R_m

屈强比对板材冲压成形性能有较大的影响，较小的屈强比对几乎所有的冲压成形都是有利的。

小的屈强比对压缩类成形工艺来说是有利的。屈强比小说明 R_{eL} 较小而 R_m 较大，也就是说易于产生塑性变形而不易破裂，当变形抗力小而强度高时，变形区较容易进入塑性变形状态，并且变形区间较大，传力区材料的强度虽较高却不容易被拉裂，故提高了拉深成形极限。同时，压料圈部分在压应力作用下容易进入塑性变形状态而不易起皱，降低了塑性变形力，有利于拉深变形的极限变形能力的提高。基于上述原因，用于汽车覆盖件的 ZF 级钢板的屈强比不能大于 0.66。

3) 伸长率 A 和均匀伸长率 A_u

拉深试验中，在单向拉深情况下，试样拉断时的伸长率称为断后伸长率。伸长率 A 是衡量材料塑性的指标。均匀伸长率 A_u 是试样在拉深试验中受到的拉应力开始达到抗拉强度 R_m（试样开始出现局部颈缩）时的伸长率。A_u 对于冲压性能有更直接、实际的意义，它表示了板料产生均匀塑性变形的能力，可用来间接地表示伸长类变形的极限变形程度。A_u 越高，板料的冲压变形能力就越强。若车身覆盖拉深件的曲面形状复杂，要求使用具有较高的均匀伸长率 A_u 的材料。

4) 硬化指数（应变刚指数）n

常用金属材料在常温下的冲压加工属于冷塑性变形，变形过程中要出现加工硬化效应，这是冷变形加工的基本特点，使决定材料变形抗力的指标（R_{eL}、R_m）随变形程度的增大而增大，同时使其塑性指标（主要是伸长率 A）随变形程度的增加而降低。在冲压生产中，经常用指数曲线来近似表示硬化曲线，即

$$\sigma = C\varepsilon^n$$

式中：σ——材料的真实应力；

C——系数；

ε——材料的真实应变；

n——材料的应变硬化指数。

硬化指数 n 值表示在塑性变形中材料发生硬化的程度。由于板料存在加工硬化效应，可使冲压件的强度、硬度比初始状态有所提高，提高的程度取决于 n 值的大小。板料的 n 值大，表明在同样的变形程度下，实际应力增加得更多。n 值大，板料的加工硬化效应突出，变形抗力增长快，在伸长类变形过程中可以使变形均匀，减少板料的局部变薄，使冲压成形性能更好。对于具有复杂曲面形状的大型汽车覆盖件的拉深成形工艺来说，当板料中间部分的胀形成分较大并且变形分布不均匀时，较大的 n 值能提高其成形极限，使整体变形均匀。例如，08Al(ZF)的 $n=0.252$，08Al(HF)的 $n=0.247$，08Al(F)的 $n=0.233$，随着拉深级别的降低，n 值也逐渐降低。由此可见，n 值对成形性能的影响非常明显。

另一方面，材料的硬化对冲压性能也有不利的影响。硬化的结果通常是变形力比实际需要的变形力大，并会进一步限制板料的变形。例如，在进行翻边工序前，边缘部分就已经出现了加工硬化，那么在翻边时就会引起开裂。解决措施是：在进行后续工序之前需增加中间退火工序，以消除一定的硬化。

5) 各向异性系数

板料的各向异性是指由于钢板结晶和板材在轧制时出现纤维组织，造成板料的塑性因方向的不同而出现差异。各向异性包括厚度方向各向异性(用厚度方向异性系数 r 衡量)和板平面各向异性(用板平面内方向异性系数 Δr 衡量)。

(1) 厚度方向异性系数 r。厚度方向异性系数是指单向拉深试样宽度应变和厚度应变的比值，用下式表示

$$r = \frac{\varepsilon_b}{\varepsilon_t} = \frac{\ln(b/b_0)}{\ln(t/t_0)}$$

式中：r——厚度方向异性系数；

ε_b——试样宽度应变；

ε_t——试样厚度应变；

b_0、b——试样变形前、后的宽度；

t_0、t——试样变形前、后的厚度。

r 值具有方向性。r 值的大小表明板材在厚度方向变形的难易程度。在汽车覆盖件拉深成形时，对 r 值大的材料来说，板材厚度方向上的变形困难，而板平面内的变形容易。实践表明，r 值越大，板材拉深性能越好，抵抗变薄的能力越强。板料受拉时，如果厚度不易变薄，就不易产生拉裂现象，有利于冲压加工的进行和产品质量的提高。

(2) 板平面内方向异性系数 Δr。板材经轧制后，在板平面内也出现各向异性。因此，板料沿不同的方向的力学物理性能均不同，从而使冲压成形性能受到影响。板平面内方向异性系数 Δr 大时，板材性质的方向性很强，尤其是在沿轧制方向45°的方向与其他方向形成的差异明显。板平面内各向异性系数 Δr 可用厚度方向异性系数 r 在3个方向上的平均值来表示，即

$$\Delta r = \frac{r_0 + r_{90} - 2r_{45}}{2}$$

式中：r_0、r_{45}、r_{90}——沿轧制方向、沿轧制方向45°的方向和沿垂直于轧制方向的厚度方向异性系数。

对铝镇静钢，测得 $r_0 = 1.68$，$r_{45} = 1.19$，$r_{90} = 1.90$，可计算出 $\Delta r = 0.60$。Δr 值的大小与 r 值（对铝镇静钢，$r = 1.49$）呈正相关。

Δr 值越大，拉深凸耳就越严重，此时必须增大切边余量，从而增加了冲压成形工序的材料消耗，对大部分冲压加工成形的变形和冲压件质量都不利。所以，冲压加工中应尽量选择低 Δr 值的板材。有的国家在标准中已对板材的最大 Δr 值提出了限制。

(二) 化学成分和金相组织对冲压性能的影响

1) 化学成分对冲压性能的影响

材料的化学成分与冲压性能有着密切关系：碳是钢中最基本的元素，含碳量对钢材料的塑性影响最大。深拉深件用钢的含碳量应控制在 0.05% ~ 0.12%（质量分数），甚至可用超低碳 IF 钢（碳的质量分数不超过 0.008%）。车身用钢板含硅量应在 0.03%（质量分数）以下。硫是一种有害无益的元素，应尽量降低其含量。磷在低碳钢中可改善 r 值，但含磷量应控制在 0.1%（质量分数）以下，避免冷脆性和对焊接性产生不利影响。

2) 金相组织对冲压性能的影响

钢板金相组织的晶粒大小直接影响冲压性能。晶粒大小不均匀引起变形不均，大晶粒易变形，而小晶粒难于变形，最容易引起裂纹；板料表面粗大的晶粒在冲压成形时变形大，心部细小的晶粒变形小，容易使冲压件产生开裂等缺陷。钢板的晶粒形状分为等轴和薄饼形两种，薄饼形晶粒含有量高可降低冲压件废品率；通过严格的退火工艺使 Fe_3C 呈圆球状或扁球状，且均匀分布在铁素体中，可降低其对深冲性能的影响；控制夹杂物的数量及形状，可以减少其对冲压性能的影响。

(三) 板料的尺寸精度和表面质量对冲压性能的影响

1) 板料的尺寸精度对冲压性能的影响

板料的尺寸精度中对冲压性能影响最大的是板料的厚度公差。厚度公差是钢板轧制精度的主要指标。板料过薄难以控制回弹，板料过厚会拉伤冲压件表面，也易拉伤模具的侧壁。特别是板厚度公差不均匀、偏差过大时，影响冲压性能的不利因素就更难消除。

钢板厚度公差的波动，实际上会造成模具对零件施加的压料力不均匀，从而使金属流动难以控制，引起零件冲压开裂和起皱。

2）板料的表面质量

板料的表面质量也是影响冲压性能的因素之一。钢板表面缺陷在相应的技术标准中有明确的规定。如前所述，汽车用冷轧钢板的表面质量分为Ⅰ组、Ⅱ组和Ⅲ组，用以区别钢板存在的不同程度的表面缺陷。对乘用车外覆盖件要求使用Ⅰ组表面质量的冷轧钢板，对不影响外观质量的内部件则可用Ⅱ组表面质量的冷轧钢板。

钢板的表面不得有气泡、划痕、裂纹、结疤、折叠、分层和夹层等对使用有害的缺陷。钢板表面上任何缺陷的存在，都有可能造成零件冲压开裂、影响涂装质量和车身外观质量。

（1）冷轧钢板的表面氧化色。氧化色多集中于钢板的边沿，它是冷轧钢板（如BP340A）在罩式炉退火时，在300℃左右的温度环境下，由于保护气体（氮或氩）不纯，铁被气体中的氧氧化，导致钢板边缘部位的表面被氧化而形成的。较浅的氧化色对冲压性能的影响不大，但会降低冲压件表面涂层的附着力或磷化处理质量，使表面涂层易过早发生剥落或者穿孔腐蚀，严重影响汽车使用性能。若氧化色严重，在将其弯曲时，在弯曲表面会出现氧化铁粉末的脱落现象，显然在冲压时会引起钢板冲压性能恶化。钢板表面的氧化色无论深浅，都会使焊接时的电阻增大，这容易引起焊穿或焊接不牢，影响焊接质量，从而影响汽车的使用安全。

（2）冷轧钢板表面的黑膜。残留在钢板表面的冷却乳化液或轧机的润滑油，在冷轧钢板经退火后于钢板表面形成一条或相平行的数条黑膜贯穿整个钢板表面，它对钢板的冲压性能、涂装性能和焊接性能均产生影响。黑膜的存在使形成的磷化膜较薄，虽然在黑膜表面上也能形成漆膜，但附着力差，从而影响了钢板的防腐功能。

（3）钢板表面的其他缺陷如下。

①钢板表面麻点。麻点的存在使污垢更易聚集，从而使钢板表面质量恶化，降低冲压性能和使用寿命。因此，要将钢坯表面的氧化铁皮冲洗干净。

②钢板表面夹层。在冲压成形时，夹层缺陷会破坏金属基体变形的连续性，造成开裂。因处于钢板横断面的中心部位的大块夹层不参加变形，除了造成开裂外；严重时甚至在冲压完成后，使冲压件形成约为原件厚度一半的2个零件。

③钢板表面发纹。零件冲压成形时，变形部位的发纹因受力而逐渐向内伸展，冲压件被拉裂。这往往在整卷钢板上呈连续有规律的分布。

④钢板表面结疤。覆盖件冲压成形时，结疤起着缺口作用和分割金属基体的作用，易造成零件冲压开裂。

第二节　汽车车身覆盖件冲压工艺

一、车身覆盖件的特点

车身覆盖件是指汽车车身内、外表面的薄壳板件。不同于一般冲压件，覆盖件在结构上和质量要求上有其独特之处，在冲压工艺、冲模设计和冲模制造工艺上也有其独有的特点。因此，一般将覆盖件作为一类特殊的冲压件来研究，其主要特点如下。

(1) 形状复杂。大多数覆盖件都是由复杂的三维空间曲面组成，为了获得空气动力特性好的车身外形，覆盖件应当具有连续的空间曲面形状，且冲压深度不均。为体现车身造型的风格，常在一些曲面上设有棱线和装饰性结构（在拉深时相当于同时进行了反拉深），使覆盖件的形状变得更加复杂。覆盖件是最为复杂的冲压件。

(2) 外形尺寸大。为了简化装配工艺，减少零件数，保证车身外表曲面的连续性和完整性，大多数覆盖件的外形尺寸都比较大，有些覆盖件如侧围外轮廓的尺寸可达 2~3 m。

(3) 表面质量要求高。覆盖件的可见表面不允许有波纹、皱纹、凹痕、边缘拉痕、擦伤以及其他破坏表面完美的缺陷。覆盖件上的装饰棱线、筋条都应清晰、平滑，曲线应圆滑。相邻覆盖件上的装饰棱线在衔接处必须一致，不允许对不齐。特别是对于乘用车，覆盖件表面上一些微小的缺陷会在涂装后引起光的杂乱不规则反射而影响外观。

(4) 具备足够的刚度。覆盖件是薄壳零件，在汽车行驶时会受振动引起共振。因此，必须通过充分的塑性变形来提高覆盖件的刚度，从而避免共振，减少噪声和延长车身寿命。

二、汽车覆盖件冲模的特点

(1) 主模型是覆盖件图样的补充。由于汽车覆盖件多为三维立体曲面形状，单靠一般的图样不能完全表达其设计要素，通常还应有主模型（或数据、实体模型）来作为制造和检验的实物依据，甚至可以说能够完整地表示覆盖件尺寸和形状的只有主模型。主模型是车身的原始技术资料，是制造覆盖件冲模和装焊夹具、检验夹具的标准，又是检验覆盖件以及调整装焊夹具和检验夹具不可缺少的标准。

在模具制造过程中，各种工艺模型（铸造模型、仿形模型、研修模型等）也要根据主模型翻制，满足模具制造工艺的需要。

随着计算机技术的发展，业界已经采用数学模型来取代实物模型，以数据的形式储存在计算机内，需要时再调用。无论是汽车覆盖件图样，还是模具型面的加工程序，都将由设计定型后的车身型面数学模型自动生成。

(2) 双动拉深。汽车覆盖件形状复杂，对于比较复杂的和难度较大的拉深件，需要采用有较大行程和拉深力及压边力的双动压力机来拉深，以保证其良好的拉深质量，从而确保冲压、焊装生产工艺的可靠性和稳定性。

(3) 轮廓尺寸大、结构复杂。由于汽车覆盖件轮廓尺寸大，因此模具比较大，汽车覆盖件模具的轮廓尺寸是指下模座的长度和宽度之和，一般大于 2 500 mm (个别达 6 000 mm)，重十几吨 (个别重达四十余吨)。一般分类：下模座长度和宽度之和大于 3 500 mm 的称为大型模具；下模座长度和宽度之和介于 1 200 mm 和 3 500 mm 之间的称为中型模具。下模座长度和宽度之和小于 1 200 mm 的称为小型模具。模具零件较多地采用铸件和镶块的结构。由于汽车生产的批量大、质量要求高，因此要求模具的功能越完善，结构也就越复杂。普遍采用机构较复杂的斜楔结构设计制造修边模和翻边模。

(4) 覆盖件模具调试工作量大。覆盖件模具调试分为制造调试和使用调试。模具的调试是一项技术难度很大的工作，尤其是拉深模的调试。拉深模的调试往往需要较长的时间，需要反复多次试模，直到压制出合格的制件后才能使用，才算成功。

(5) 生产、技术准备工作繁重。汽车覆盖件冲模的设计与制造是一项技术密集型的系统工程。一个汽车覆盖件往往需要经过几套模具的冲压，才能生产出合格的冲压件，而这些模具的型面都必须与同一个主模型相符合。它们在制造工艺上有互相依赖的关系，因而不能同时，也不能按冲压工艺的先后顺序制造，各套模具的加工顺序需要在工艺编制时进行分析研究后才能确定。其中，拉深模是所有模具中最关键的，必须最先投入制造。只有拉深模制造完毕后才能制造其他模具。对于落料模和修边模，通常需要通过试验决定板料的毛坯尺寸，并要等拉深模、翻边模制造完并试验好展开尺寸后，才能投入制造。

(6) 覆盖件模具的成套性。覆盖件模具的成套性包含全车模具的成套性和某个覆盖件所需模具套数的成套性两层含义。汽车车身由数百个冲压件构成，全车所需冲模高达 1 000 套以上 (见表 7-9)。全车模具的成套性是保证全车质量的关键。采用计算机辅助设计 (CAD) 和计算机辅助制造 (CAM) 技术，可有效地保证模具的成套性。

表 7-9 模具的成套性

汽车型号	制造厂家	驾驶室	载重/t	整车模具/套	大型模具/套
EQ140	东风汽车集团有限公司	长头	5.0	2 800	100
LZW110	广西汽车集团有限公司	平头	0.5	1 300	50
上海 SANTANA-LX	上汽大众汽车有限公司	长头	0.5	2 500	131
花冠	丰田汽车公司	长头	0.5	2 500	155

三、覆盖件的冲压工序

汽车覆盖件的形状复杂、尺寸大、深度不均匀，因此一般不可能在一道冲压工序中直接获得，有的覆盖件需要十几道工序才能获得，最少的也要3道基本工序：落料、拉深、修边。其他还有翻边和冲孔等工序，也可根据需要将修边和冲孔合并、修边和翻边合并。

落料工序的目的是为拉深工序准备板料。拉深工序是覆盖件冲压的关键工序，覆盖件的绝大部分形状由拉深工序形成。冲孔工序是加工覆盖件上的工艺孔和装配孔。冲孔工序一般安排在拉深工序之后，避免孔洞在拉深后变形。修边工序是切除拉深件的工艺补充部分。翻边工序位于修边工序之后，它使覆盖件边缘的竖边成形，可作为装配焊接面。

覆盖件按具体工序内容的不同，分别称为拉深件、修边件和翻边件等。

四、车身覆盖件拉深工艺设计

(一) 覆盖件拉深工艺的特点

拉深工序是车身覆盖件冲压中最关键、最重要的工序。拉深质量对覆盖件的质量影响最大，拉深工艺设计是否合理还直接影响其他各道工序的设置。拉深工艺的质量好坏往往决定了整个覆盖件设计和制造的成败。车身覆盖件的拉深具有以下特点。

(1) 无论覆盖件分块有多大，形状有多复杂，只能在一次拉深中全部成形。若是分几次成形，则不能把握每一次变形的规律，很难保证覆盖件几何形状的一致性和表面的光滑。

(2) 覆盖件的形状复杂，往往需要根据经验和拉深试验来试错、判断、验证产品设计和拉深工艺设计的可行性、可靠性和经济性，将发现的问题反馈到产品设计和工艺设计中进行修改。此外，往往还需要进行工艺设计，将产品的形状和尺寸变换为适合于进行拉深的形状和尺寸。

(3) 覆盖件的拉深不仅要求一定的拉深力，还要求在拉深过程中具有稳定的、足够的、可调节的压料力(为拉深力的65%~70%)。

(4) 覆盖件拉深时，常需要在压料面上涂抹特制的润滑脂以减少板料模和压料圈的摩擦，降低材料内应力，避免出现破裂和表面拉毛的现象。

(二) 拉深方向的确定

由于一般覆盖件的侧壁与压料面呈钝角，所以可选择最有利的冲压方向。拉深件的冲压方向是拉深工艺设计中需要首先解决的问题，它关系到能否拉深出合格的拉深件，也影响到拉深件工艺补充部分的多少和压料面形状。确定拉深方向的注意事项如下。

(1) 保证凸模能顺利进入凹模，能将工件需拉深的部位在1次拉深中完成，避免"倒钩"的存在。

(2) 保证凸模开始拉深时与板料的接触处于有利的位置：接触面积大而靠近中心；凸模表面同时接触坯料的点要多而分散，并尽可能分布均匀以防坯料窜动；凸模两侧的包容角尽可能接近，使由两侧进入凹模的料均匀。

(3) 尽量减小拉深深度，使压料面各部位拉深深度均匀、适当。

(4)拉入角尽量相等,工艺补充部分少。

(三)工艺补充部分

工艺补充部分是指为顺利拉深出合格的制件,在冲压件要求的形状以外添加的那部分材料。由于这部分材料是为满足成形的需要而不是零件本身的需要,因此在拉深成形后的修边工序要将工艺补充部分予以切除,但它是不可缺少的。工艺补充部分对拉深成形起着重要影响,是拉深件设计的主要内容,而且对后面的修边、整形、翻边等工序也有重要影响。工艺补充部分的定义是:由于工艺需要而补充的部分(即修边线以外的板料)。

1. 工艺补充部分应考虑的因素

(1)拉深时的进料条件。拉深深度尽量浅,降低加工难度。

(2)压料面的形状和位置。工艺补充部分尽量小,减少材料消耗。

(3)修边线的位置和修边方式。尽量采用垂直修边,简化斜楔结构。

2. 工艺补充部分的种类

工艺补充部分的种类如图7-2所示,修边线在拉深件底部的各部分的作用和尺寸如表7-10所示。

图7-2 工艺补充部分的种类

(a)修边线在拉深件压料面上,垂直修边,压料面就是覆盖件本身的凸缘面,$A=25$ mm;
(b)修边线在拉深件底面上,垂直修边,$B=3\sim5$ mm,$C=10\sim20$ mm,$D=40\sim50$ mm,$r_p=3\sim10$ mm,$r_d=3\sim10$ mm;
(c)修边线在拉深件翻边展开的斜面上,垂直修边,$\alpha\geqslant40°$,$\beta=6°\sim10°$,$E=3\sim5$ mm,$r_p=3\sim5$ mm,$r_d=3\sim10$ mm,$C=10\sim20$ mm,$D=40\sim50$ mm;(d)修边线在拉深件的斜面上,垂直修边,$F\geqslant12$ mm,$\beta=6°\sim12°$,$r_p=3\sim10$ mm,$C=10\sim20$ mm;(e)修边线在拉深件的侧壁上,水平修边或倾斜修边,$C\geqslant12$ mm,$r_d=4\sim10$ mm,$D=40\sim50$ mm

表 7-10　工艺补充部分各部分的作用及尺寸

示意图	区域	名称	性质	作用	参数
	A	底面	从零件的修边线到凸模圆角	(1) 调试时，不致因为 r_p 修磨变大而影响零件尺寸 (2) 保证修边刃口的强度要求 (3) 满足定位结构要求	用拉深槛定位时：$A \geq 8$ mm 用侧壁定位时：$A \geq 5$ mm
	B	凸模圆角面	凸模圆角处的表面	降低变形阻力	一般拉深件：$r_p = (4 \sim 8)t$ 复杂覆盖件：$r_p \geq 10\,t$
	C	侧壁面	使拉深件沿凹模周边形成一定的深度	(1) 控制零件表面有足够的拉应力，保证板料全部拉深，减少起皱 (2) 调节深度，配置较理想的压料面 (3) 满足定位和取件的要求 (4) 满足修边刃口的强度要求	$C = 10 \sim 20$ mm $\beta = 6° \sim 10°$
	D	凹模圆角面	拉深材料流动面	r_d 的大小直接影响板料流动的变形阻力。r_d 越大，则阻力越小，容易拉深；r_d 小则反之	$r_d = (4 \sim 10)t$，料厚或深度大时取大值，允许在调试中变化
	E	法兰面	压料面	(1) 控制拉深时的进料阻力大小 (2) 布置拉深(槛)筋和定位	$E = 40 \sim 50$ mm
	F	棱台面		使水平修边改为垂直修边，简化冲模结构	$F = 3 \sim 5$ mm；$\alpha \leq 40°$

(四)压料面

1)压料面的作用与对拉深成形的影响

压料面是指凹模上表面与压料圈下表面起压料作用的那一部分表面,其位置在凹模圆角部分以外。压料面是工艺补充部分的一个重要组成部分,它对汽车覆盖件的拉深成形起着重要作用。有的拉深件的压料面全部为工艺补充部分(最后全部要切掉),有的拉深件的压料面则由零件的法兰部分和工艺补充部分共同组成(最后只切去工艺补充部分,留下法兰部分)。

在拉深开始前,压料圈首先将板料压紧在凹模压料面上,被压住的部分即是压料面。拉深开始后,压料面上的材料逐渐被拉入凹模,变为覆盖件形状所需的材料,实现拉深成形。通过压料面的压力,可以使拉深件的深度均匀,板料流动阻力合理分布,满足拉深成形的需要。通过合理的压料面设计,可控制压料面板料向凹模内流动的方向与速度、避免板料破裂起皱等。

2)压料面设计原则

如上所述,压料面有2种情况:第一种是压料面的一部分就是拉深件的法兰面;第二种是压料面全部属于工艺补充部分。无论哪种情况,都是以保证良好的拉深成形条件为主要目的进行压料面的设计。对第二种情况,要考虑到这部分材料在拉深工序后将在修边工序被切除,所以应尽量减少这种压料面的材料消耗。此时,设计压料面应遵循的基本原则有以下几方面。

(1)压料面形状应简单化,压料面最好呈水平方向。因为采用平面压料面不但使拉深板料的定位和放置最为方便,而且拉深条件也最为优越。与此同时,模具的加工工艺性也最佳。在保证良好拉深条件的前提下,为减少材料消耗,也可将压料面设计成斜面、平滑曲面或平面曲面组合等形状。要避免设计成平面大角度交叉和高度变化剧烈的形状,因为这些形状的压料面会造成材料流动困难和塑性变形分布极不均匀,拉深成形时,还会在角度交叉处产生堆积、起皱、破裂等现象。图7-3(a)为水平压料面,是最有利于拉深成形的压料面位置。图7-3(b)为向内倾斜的压料面,一般控制压料面倾斜角α<40°。图7-3(c)为向外倾斜的压料面,倾斜角α太大,其材料流动阻力最大,易产生破裂,而且凹模表面磨损严重,应尽量少选用。

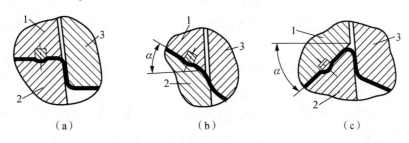

1—压料圈;2—凹模;3—凸模。

图7-3 压料面与冲压方向的关系

(2)压料面本身不能起皱。压料面的任一断面曲线长度 l_0 应小于拉深件内部断面曲线长

度 l_1，即满足 $l_0<0.97l_1$ 才能保证拉深过程中板料处于张紧状态，防止皱褶的产生，如图7-4所示。在图7-5中，保证压料面形状不起皱的条件是：压料面的仰角 α 大于凸模仰角 β。若不能满足这一条件，可在拉深件底部设置筋类或反成形形状以吸收余料，如图7-6所示。当覆盖件的底部有反成形形状时，压料面必须高于反成形形状的最高点，如图7-7所示。

图7-4　压料面内断面长度与拉伸件内断面长度的关系

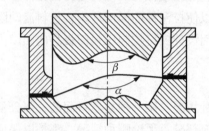

图7-5　压料面仰角 α 与凸模仰角 β 的关系

图7-6　防止余料的措施

图7-7　底部有反成型形状时的压料面

(3) 压料面应降低成形深度，并且各部分深度应接近一致，使板料不产生皱褶、扭曲等现象。

(4) 压料面应使板料在拉深成形和修边工序中具有可靠的定位，并考虑送料和取件的方便性，不在某一方向产生很大的侧向力。

在实际工艺设计中，若上述各项原则不能同时满足，应根据具体情况进行分析、取舍。

(五) 工艺孔和工艺切口

1) 工艺切口和工艺孔的作用

在覆盖件的中间部位或成双拉深的连接部位，由于在拉深过程中局部变形太大，得不到外部材料补充而只能从板料的内部得到补充，往往会导致冲压件的局部拉裂，而拉裂的部位又往往不可预料,有的裂口甚至延伸到修边线以外,所以必须在工艺补充部分的适当位置预先冲出工艺切口或工艺孔,使容易拉裂的部位从变形区内部得到材料补充,克服开裂现象。也就是说,在拉深前或在拉深进行时,预先在将会被拉裂的部分切出一切口(即将工艺补充部分切出一切口,形状可以是规则的或不规则的,与局部拉深变形部位的周沿形状相适应)。

2)工艺切口和工艺孔的布置原则

(1)必须分布在工艺补充部分上,设置在修边线之外,在修边冲孔时将它们冲掉,如图7-8所示。

图7-8 工艺切口

(2)工艺孔一般在拉深前的落料冲孔工序中完成。工艺切口可在落料时冲出,但往往在拉深过程中的反成形即将到破裂产生时切出,不能提前也不能滞后。

(3)切口或冲孔的数量、大小和形状,要根据所处位置和变形的要求,保证各处材料变形均匀。一般通过试料来决定。

(4)需要多个切口时,切口之间应有足够的搭边尺寸。

(六)拉深筋

汽车覆盖件拉深模具常设置拉深筋,且在压料面上占有相当大的比例,这是汽车覆盖件模具的重要特征。

1)敷设拉深筋的目的

汽车覆盖件的形状变化很大,不规则的形状会造成各处的进料阻力相差很大。汽车覆盖件拉深模具对于进料阻力的调节一般可通过调整压料面来进行,调整的主要内容有:调整冲压方向、压料面形状、翻边展开、工艺补充部分及压料力大小,辅助手段是通过改变拉深板料的形状、拉深润滑脂的使用以及修磨压料面的间隙等来实现对进料阻力的调节,使拉深能够顺利进行。但是,以上方法往往只对进料阻力的整体调节有用,而对于拉深件的局部进料阻力的调整是明显不够有效的。

一般的技术手段是在压料面上需要增加进料阻力的局部位置敷设拉深筋。在理解拉深筋的存在这个问题时,一定要清楚材料是逐渐流入凹模内的,控制和调节板料各段流入凹模的阻力,一般是增大进料阻力,拉深的结果使拉深件内部的拉应力也增大,拉深件的刚性也同时得以提高,同时可减少弹复现象的发生。增设拉深筋,还可减慢局部切向压应力很大的圆角的进料速度,削弱压应力,防止起皱现象的发生。总之,敷设拉深筋对汽车覆盖件模具有极其重要的作用,具体有以下几点。

(1)增加进料阻力。板料在流入凹模型腔内时,由于拉深筋的存在,板料要经过4次弯曲和反弯曲(发生在拉深筋处和凹模圆角处),这加大了拉深件内应力,提高了覆盖件的刚性(便于工序间的转运),可防止拉深件起皱和畸变。

(2)使局部进料阻力合理分布。控制和调节材料流动速度,使整个拉深件进料阻力均衡,按需要的变形方式及速度变形,防止"多则皱,少则裂"。

(3)降低对压料面形状及压料力大小的要求。

2)拉深筋的形状

拉深筋的形状尺寸应根据实际要求的进料阻力大小来决定,一般情况下,其剖面为半圆弧形状,装在压料圈上,如图7-9所示。显然,当筋的高度一定且半径R较大时,则进料阻力较小;当筋的半径R一定时,高度h越大,材料变形程度越大,进料阻力越大。制造时,拉深筋的高度与拉深筋的半径相等(为7 mm),如需修整,只改变拉深筋半径(当然同时也改变了拉深筋的高度)就可控制进料阻力。拉深筋的宽度一般取12~18 mm。除半圆筋外还有梯形的门槛式拉深筋(拉深槛)。拉深槛用于要求进料阻力相当大的拉深件,其形状如图7-10所示。拉深槛比拉深筋的进料阻力更大,因此多用于拉深深度浅而曲率小(形状平坦)的拉深件;但在生产中制造和修理半圆筋较方便、灵活,故在汽车覆盖件模具上半圆筋应用很广。

图7-9 拉深筋

图7-10 拉深槛

3)敷设拉深筋的基本原则

(1)拉深深度浅的覆盖件,应敷设可增加刚性的拉深筋或拉深槛,如表7-11和表7-12所示。

表7-11 拉伸筋的布置原则

序号	作用和要求	布置原则
1	增加进料阻力,提高材料变形程度	设置整圈的或间断的1条拉深槛或1~3条拉深筋
2	增加径向拉应力,降低切向压应力,防止板料起皱	在容易起皱的部位设置局部的短筋

续表

序号	作用和要求	布置原则
3	调整进料阻力和进料量	(1)拉深深度大的直线部位，放1~3条拉深筋 (2)拉深深度大的圆弧部位，不放拉深筋 (3)拉深深度相差较大时，在深的部位不设拉深筋，浅的部位设拉深筋

表7-12 按凹模口形状布置拉深筋的方法（$\alpha=8°~12°$）

凹槽口	形状	要 求	布置方法
	1：大外凸圆弧	补偿变形阻力不足	设置1条长筋
	2：大内凹圆弧	(1)补偿变形阻力不足 (2)避免拉深时材料从相邻两侧凸圆弧部分挤过来而形成皱纹	设置1条长筋和2条短筋
	3：小外凸圆弧	塑流阻力大，应让材料有可能向直线区段挤流	(1)不设拉深筋 (2)相邻筋的位置应与凸圆弧保持8°~12°的夹角关系
	4：小内凹圆弧	将两相邻侧面挤过来的多余材料延展开，保证压料面下的板料处于良好状态	(1)沿凹模口不设筋 (2)在离凹模口较远处设置两段短筋
	5：直线	补偿变形阻力不足	根据直线长短设置1~3条拉深筋（长者多设，并呈塔形分布，短者少设）

(2)为控制深度相差较大的覆盖件拉深模的进料阻力，原则上直线部分板料流动速度较快，应敷设拉深筋或拉深槛；浅的部位必须设拉深筋，深的部位可不设拉深筋。

(3)克服起皱，应在凸曲线敷设局部的、较短的拉深筋。

(4)拉深筋或拉深槛尽量靠近凹模圆角，但不能影响后续工序中修边模的强度。

(5)在同一位置应尽量只布置1条拉深筋，必要时才增至2条或3条，并由内向外的高度应依次递减,如图7-11所示。

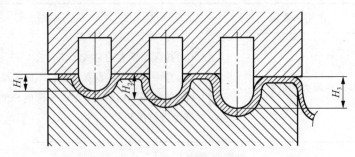

图7-11 多重筋的布置

五、拉深模

汽车覆盖件板料只能在拉深模中一次成形,因此对拉深模提出了很高的要求。拉深模是汽车覆盖件成形过程中最为关键的影响因素,它直接决定了汽车覆盖件的结构及表面质量。

(一)拉深模的典型结构特点

覆盖件拉深模的特点是体积尺寸大、质量大、形状结构复杂,其主要零件的毛坯采用铸造件。模具零件的形状和主要结构尺寸,要按拉深件和压力机的型式和规格进行设计。

拉深模分为双动拉深模和单动拉深模。

双动压力机上的拉深模如图7-12所示,由凸模6、凹模1、压料圈2及凸模固定座5四大件及一些辅助零件组成。将凸模6和凸模固定座5做成一体时,成为三大件。由三大件组成的拉深模的结构相对简单,适用于平面尺寸大而深度又小的覆盖件拉深及中、大批量生产;由四大件组成的拉深模的结构较复杂,适用于拉深成形形状复杂的大型汽车覆盖件。一般双动压力机上的拉深模都采用四大件,对压边力的调节很方便,具有压边力大、压边力稳定、压边力分布可调的特点。

1—凹模;2—压料圈;3—拉深筋;4—导向板;5—凸模固定座;6—凸模;7—顶件器。

图7-12 在双动压力机上的拉深模结构示意图

单动拉深模是按单动压力机设计的，主要由凸模、凹模和压料圈三大件及一些辅助零件组成。

(二)拉深模的工作零件

汽车覆盖件拉深模的工作零件主要有：凸模、凹模和成形局部形状所用的凸、凹模等。

1. 拉深凸、凹模结构

1)拉深凸模结构

汽车覆盖件单动拉深模的凸模固定于上模板上，上模板再与上滑块或工作台连接。

拉深凸模的主要作用有两个：一是传递压力机的压力，将板料拉入凹模；二是拉深凸模工作表面与覆盖件拉深件的表面相同，拉深凸模与凹模将板料压合成形。反映汽车造型的所有元素，包括拉深件上的所有装饰棱线、装饰筋条、装饰凹坑、加强筋、装配凸包、凹坑等局部形状，一般都是在拉深模上一次成形的。

双动拉深模的凸模结构有两种类型：一类是凸模加垫板直接与压力机的内滑块相连接的整体式结构；另一类是凸模与凸模固定座相连接后，再通过凸模固定座加垫板与压力机内滑块相连接的分体式结构。

由于汽车覆盖件的尺寸比较大，所以凸模的尺寸也比较大(但一般较凹模尺寸小)，一般采用铸造成形，常用材料为镍铬钼铸铁或钼钒铸铁。为尽量减轻凸模的质量，又保证足够的强度和刚度，将其非重要部位予以挖空，使其成为中空的壳体结构。由于凸模要承受很大的压力和较大的滑动摩擦力，因此在要求凸模有较高的硬度和耐磨性时，需对模具表面进行处理，使硬度分布均匀，以防模具表面被拉毛而使寿命缩短。国际上对模具表面的先进处理主要有两种方法：日本主要采用电镀法，欧美采用离子渗氮技术。目前，国内拉延模表面处理还停留在拉延凸圆角火焰淬火处理阶段，硬度低(一般在40 HRC左右)，大的摩擦面无法处理，大型模具的表面电镀还是空白。

2)拉深凹模结构

凹模的主要作用是形成凹模压料面和凹模拉深圆角。由于覆盖件上的装饰棱线、装饰筋条、装饰凹坑、加强筋、装配凸包、凹坑等绝大部分都是在拉深模上一次成形的，覆盖件的反拉深形状也是在拉深模上成形的，因此，凹模结构除凹模压料面和凹模圆角外，还有局部形状成形用的凸模或凹模装在凹模结构里，也属于凹模结构的必要组成部分。

由于在凹模型腔内装有成形或反成形用的凹模或凸模，因此凹模的结构不同，一般有闭合式凹模和通口式凹模两种。

(1)闭合式凹模结构。凹模底部是封闭的。覆盖件拉深模中，大多数采用闭合式凹模结构，加工制造这种结构比较容易。图7-13为用于车身顶盖成形的闭合式凹模结构的实例。拉深凹模的侧壁是直的，靠凸模拉深成形。拉深件上有加强筋，必须在凹模里有用于成形加强筋的结构。如图7-13所示，顶盖拉深件比较浅，又没有直壁，因此无须顶件装置将覆盖件顶出。闭合式凹模结构用于凹模立体形状需简单加工或无须加工的情况。

图 7-13 闭合式凹模结构的实例

（2）通口式凹模结构。在这种结构中，凹模底部的凹模口是通的，下面加底板如图 7-14 所示。凹模型腔内装有反成形窗口和成形装饰筋及凹坑等用的凹模（顶件器），其下面放有弹簧用来顶出拉深件。为使反拉深能够压料，反拉深凸模是固定的，成形装饰筋的凹模（顶件器）是活动的，反拉深凸模紧固于底板上。因为通口式凹模结构的顶件器的外轮廓形状是拉深件的一部分，形状比较复杂，且顶件器与凹模型腔的配合要求也较高，所以一般无法直接在凹模的型腔中划线加工，而需分开加工后再装配，且加工装配比较困难。

图 7-14 通口式凹模结构

单动拉深模的凹模一般加垫板安装在上滑块上（上模），拉深过程结束后，拉深件因自重而留在下模上，故多为闭合式凹模结构。拉深件有较大的直壁时，还要在凹模内设置顶件装置；拉深件有局部形状成形时，模具上应有成形局部形状的凸模或凹模。通口式凹模结构主要用于拉深件形状较复杂、坑包较多、棱线要求清晰的拉深模。

2. 凸、凹模及压料(边)圈结构尺寸

图 7-15 为双动正装大型拉深模的结构尺寸。拉深模为中空的壳体结构，在影响强度和刚度的部位设有加强筋，断面厚度一般为 45～60 mm。另外，铸件各部分的壁厚可参照表 7-13。为减少凸模轮廓面的加工量，轮廓面上部内缩，形成 15 mm 空档毛坯面，不做任何加工；同时压料圈内轮廓上部为减少加工量，也应留有向外 15 mm 的空档毛坯面。两者之

间的间隙为 5 mm。凹模和压料圈上的压料面应保证足够的厚度,一般为 75~100 mm。压料面宽度 K 值按拉深前毛坯的宽度再加 40~80 mm 确定,K 值一般在 130~240 mm 范围内。总之,在设计压料圈时,总的原则是压料圈的内轮廓最好在凹模圆角半径的切点处,这时压料面的宽度利用最充分。

图 7-15　双动正装大型拉深模的结构尺寸

K=拉深前毛坯的压料宽度+(40~80) mm

表 7-13　拉深模壁厚尺寸　　　　　　　　　　　　　　　　　　　　　　mm

模具大小	A	B	C	D	E	F	G
大型	75~120	60~80	50~165	45~65	50~65	40~50	30~40
中小型	40~50	35~45	35~45	30~40	35~45	30~35	30

图 7-16 为拉深模在双动压力机上的安装示意图。冲模的闭合高度应根据双动压力机规格中的闭合高度确定。凸模及固定座通过内滑块垫板与内滑块紧固,以便于固定座的安装;压料圈通过外滑块垫板(亦称过渡垫板)与外滑块紧固。在人工安装时,要求固定座上平面至少应高于压料圈上平面 350 mm,作为安装工人的安装空间。

图 7-16 拉深模在双动压力机上的安装示意图

在大型冲压车间，根据生产安排，装在同一双动压力机上的拉深模要求其闭合高度应一致，以减少在生产中对设备的调整时间，提高生产效率。

(三) 导向零件

汽车覆盖件中，除少数冲压件为轴对称外(如发动机机罩、顶盖、后背门或行李厢盖)，多数冲压件都不是轴对称的(如侧围和翼子板)，有的冲压件的左右或前后方向也不是对称的，冲压过程中必然存在侧向力。因此，在冲压时必须对模具的上下方向运动进行导向，并且要求模具的导向零件必须能承受较大的侧向力。导向零件有两方面的要求：导向精度和导向刚度。导向零件是汽车覆盖件模具的重要零件，对模具的精度、覆盖件的精度、模具的寿命和设备的寿命有相当大的影响。

汽车覆盖件模具中常用的导向方式有导柱、导套导向，导板导向，导块导向，背靠块导向及组合导向等。各种导向方式的适用范围如表 7-14 所示。

表 7-14 大中型模具导向形式

模具大小及类型		生产批量	
		中、大批量生产	小批量生产
弯曲模	中型	导板、导块、导柱	
拉深模	大型	无导柱的背靠块	
	中型	导板或导块	
翻边模	大型	带导柱的背靠块	无导柱的背靠块
修边模	中型	导柱	
穿孔模	大型	带导柱的背靠块	

1. 单动拉深模的导向

(1) 导柱、导套的导向方式能承受的侧向力有限，故只在侧向力较小的零件和工序中采用，一般是将导柱放在下面，导套放在上面。

(2) 导板导向常用于中型件的拉深模具的凸模与压料圈的导向；导板应布置在凸模外轮廓的直线部分或曲线最平滑的部分。导板的材料为 T8A，淬火硬度为 52~56 HRC。

(3)采用导块导向时,一般将导块设置在模具对称中心线上,作为三面导向;设置在模具的转角部位时,作为两面导向。

(4)背靠块导向主要用于大型模具的导向。大型复合模凸、凹模的合模精度要求较高时,模具的导向需采取背靠块与导柱并用;大型单动拉深模凸、凹模的合模精度要求不太高时,可只用背靠块进行导向。

2. 双动拉深模的导向

双动拉深模的导向主要有凸模与压料圈导向、凹模与压料圈导向、压料圈与凸模和凹模都导向等方式。

1)凸模与压料圈导向

凸模与压料圈导向的双动拉深模中,凹模与压料圈之间一般不导向,而是在凸模和压料圈的导向面间设导板,以提高导向面的导向精度和耐磨性。设置导板的位置多在凸模上,但也可以在压料圈上,或两者都装上导板。采用凸模与压料圈导向的模具适用于断面形状比较平坦的浅拉深件。

(1)导板宽度。一般将导板沿模具前后左右对称分布 4~8 个,导板的总宽度在内侧滑动零件轮廓全长的 1/4 以上。

(2)导板长度。因为当上模下降接触板料之前要先进行导向,所以导板的长度只能长不能短。大中型拉深模上导板的最小长度不能小于 150 mm。开始接触毛坯时最小导向量与凸模长度的关系,可按表 7-15 选择。

表 7-15 最小预先导向量　　　　　　　　　　　　　　　　　　mm

凸模长度	最小导向量	凸模长度	最小导向量
<200	30	1 200~1 800	70
200~400	40	1 800~2 500	80
400~800	50	2 500~3 200	90
800~1 200	60	>3 200	100

(3)导板材料。导板材料一般采用优质工具钢如 T8A,其硬度要求较高,一般为 52~56 HRC。

2)压料圈与凹模导向

对于拉深断面形状复杂、模具型面极易产生侧向力的双动拉深模,需采用凹模与压料圈导向方式。凹模与压料圈的导向作用与一般冲模的导柱、导套相似,不同之处在于其导向间隙较大,一般为 0.3 mm;导向元件一般为 2 组或 4 组背靠块。

3)凸模、凹模与压料圈同时导向

目前国内外普遍采用压料圈与凸模、凹模都导向的双动拉深模,以保证运动精度。这种方式对持续产量达几十万辆的单一车型特别适用。

(四)压料零件

拉深模中的压料零件通过一定的压料方式对板材进行压料。压料方式与压料零件都对拉深成形起着重要作用。汽车覆盖件拉深模采用的压料方式有弹性压料和刚性压料两种，应用于单动拉深模和双动拉深模上。

1. 单动拉深模的压料

单动拉深模主要采用弹性压料方式，主要有弹簧垫或橡胶垫压料形式和气垫或液压垫压料形式。

1）弹簧垫或橡胶垫压料

弹簧垫或橡胶垫结构简单，安装在压力机工作台或者模座上，冲压拉深时弹簧或橡胶被压缩，产生的压缩力作为压料力。冲压过程对压料力的要求是：冲压开始时，压料面上的板料面积大，需要较大的压料力防止起皱；随着拉深的进行，一部分板料逐渐"流进"了凹模内，使压料面上的板料面积逐渐减小，需求的防止起皱的压料力应是先大后小，而弹簧和橡胶的弹性特性曲线都是直线，其弹力随压缩行程的增大而线性增大，与冲压工艺要求正好相反，与压料防皱的效果不匹配。所以，弹簧垫或橡胶垫压料一般只用于形状简单的浅拉深件。

2）气垫或液压垫压料

气垫和液压垫安装在压力机工作台下，利用压缩空气或液压力通过托杆作用于压料圈上。这种压料方式所使用的压缩空气的气压或液压的压力比较稳定，压料力的大小基本上不随压力机滑块行程而变化，而且压缩空气或液压缸压力的大小可在拉深加工生产前根据冲压工艺对压料力的要求进行调节，十分方便。图7-17为单动拉深模压料形式。

1—凹模；2—压料圈；3—凸模；4—弹簧；5—托杆；6—拉深制件。

图7-17 单动拉深模压料形式

(a)弹簧压料形式；(b)气垫压料形式

2. 双动拉深模的压料

刚性的压料装置多用于双动拉深模，压料圈固定在压力机外滑块上，由外滑块驱动。外滑块与内滑块的动作是相互独立的，在拉深时压料圈位置保持不动，因而其压料力不随拉深深度的变化而变化，压料力稳定可靠，可达到拉深力的65%~70%。针对试冲中出现的问题，在进行形状复杂的汽车覆盖件拉深模调试时，可以通过调节外滑块的调节螺母（有的压力机是通过调节外滑块的压力缸压力），局部调节压料面上不同部位的压料力的大小，以适应拉深成形的需要。

(五)起重零件

由于汽车覆盖件模具一般较重,有的重达四十多吨,所以在凸模和凹模相应位置均设有起重棒或起重钩,以便在需要开模时作起吊用。

(六)其他结构

1)凹模的通气孔

利用双动拉深模拉深时,压料圈首先运行至下死点,将板料压紧在凹模压料面上,然后停在下死点不动,接着凸模向下进行拉深,处于板料下面和凹模表面之上的空气逐渐被压缩。在凸模开始上行而压料圈还压住压料面的时间段里,拉深件受到被压缩空气的反压力,会将拉深件顶反变形甚至产生反凹坑等。为此,必须在凹模型腔内的非工作部分钻孔径一般为 20~30 mm 的通气孔。通气孔的位置、数量及直径大小,可根据拉深件形状设计确定,以能顺利地排气而又不破坏拉深件表面为宜。通气孔一般钻在凹模非工作表面或以后要去掉的废料部分。相应地,要在凹模底面铣通气槽,排除空气。

2)凸模的通气孔

若没有凸模的通气孔,凸模下行拉深时在凸模与板料之间留存有一定的空气,这些空气在拉深成形过程中被压缩,使板料向凹模型腔内产生一定程度的凹陷,当凸模下行到下死点时板料被封闭的空气顶起,与凸模隔开,造成与凸模的贴模性变差,使拉深件的形状不能与凸模保持一致。因此,必须在凸模上合适的部位开通气孔,使这些空气能排出模具外面。

拉深行程完成后,凸模首先行程向上,而压料圈则停留一段时间,在此时间段内,空气必须能流进拉深件和凸模之间,以免在凸模与拉深件之间形成真空,使拉深件紧贴凸模表面,被凸模带向上方,不便于退件,拉深件也可能由于压缩空气的同弹而沿其轮廓向下鼓起。因此,为方便退件,需要在凸模上开通气孔。

在凸模表面上钻出的通气孔,其直径不应大于 6 mm,避免在拉深件表面留下明显的通气孔痕迹,影响覆盖件外观质量。此外,通气孔应均匀分布。

(七)覆盖件拉深模设计的其他内容和设计要点

汽车覆盖件拉深模是保证覆盖件成形质量和工艺要求的冲压工艺设备,设计拉深模是模具设计中难度最大的工作。拉深模设计质量的高低,直接展示了汽车制造厂车身开发能力的高低。覆盖件拉深模的设计包含了很多内容,除前面已介绍的以外,还应考虑一些重要问题,归纳起来主要有以下一些内容。

(1)凸模、凹模间隙。一般取为板料厚度的 1.0~1.1 倍。

(2)板料的定位。因为压料面多数是曲面的,故不要求板料在凹模压料面上的定位十分准确。一般采用螺栓定位销,定位销应放在压料面比较平坦的部位,一般放在送料方向的前面和左、右面,这样便于观察定位情况,且不影响送料。定位销可根据板料尺寸大小,设置 2~6 个。为防取件时板料表面被定位销划伤,一般在定位销头部加一个纯铜帽。

(3)确定凸、凹模圆角等参数。凸模圆角决定覆盖件的相关形状;凹模圆角影响板料流入模具的阻力。凹模圆角部分虽不起压料作用,但对压料面的大小有重要影响。

(4)拉深件出模方式。拉深结束后，拉深件被留在凹模里。对于没有直壁、底部是平缓曲面的浅拉深件及生产批量不是很大时，凹模内可不设专门的顶出装置，拉深成形结束后，在凹模压料面的适当位置设一组撬杆装置以便于人工出件；但需开空手槽，以保证操作者的安全。对有一定直壁高度的深拉深件及大批量生产时，应在凹模内设置弹簧顶件器或气动出件装置等顶出装置，将制件顶起合适的高度，以便于操作者取件或由机械手通过吸盘取件，提高生产效率。

由于拉深模的设计制造水平代表了单个覆盖件整套模具和整车全套模具的水平，故拉深模的设计要同时兼顾单台压力机自动化和冲压生产线自动化的要求，要与上/下料装置、翻转装置和传送装置等配合。

(八)拉深模材料及拉深模制造要点

1)拉深模常用材料

拉深模的材料主要是指凸模、凹模和压料圈这三大件所用的材料。由于汽车覆盖件拉深模的尺寸大而且形状复杂，三大件通常都采用铸件，所用的材料应满足耐磨、不易拉毛（黏着）和易加工的要求，并能进行局部表面火焰淬火使之硬化。

目前采用的铸件材料主要有镍铬铸铁、铬钼钒铸铁、铜钼钒铸铁和钼钒铸铁。铸铁中的石墨起润滑作用，具有较好的耐磨性，加工性也好。

凸模、凹模和压料圈等主要零件的材料，通常根据生产量和模具使用寿命的要求来选择：大批量生产时，采用镍铬铸铁或钼钒铸铁等合金铸铁，硬度要求达到 45~50 HRC。

2)拉深模制造要点

由于汽车覆盖件拉深模制件形状复杂和轮廓尺寸大，其制造工艺有一定特殊性。拉深模与后工序模具(修边模、翻边模等)的关系密切，拉深模制造质量的优劣决定了其他模具制造质量的好坏。

拉深模的制造工艺与车身覆盖件的要求、模具结构、形状以及加工设备等有关。根据模具的成套性，通常的情况是一个覆盖件有几道冲压工序就应有几套模具。这些模具在投入制造时，不可能同时投入，也不可能按冲压工艺的顺序投入，通常的制造顺序是：拉伸模→翻边模→修边模→冲孔模(或修边冲孔模)→落料模。拉深模制造完毕后，进行反复调试才能获得合格的拉深件。根据拉深模拉深出的合格拉深件来制造翻边模和修边模用的工序件(立体)样板，再根据拉深模调试所确定的板料形状和尺寸倒推落料模尺寸；同时，用拉深出的合格拉深件进行剪边，决定翻边模的制造尺寸；最后，根据翻边模调试所确定的修边线形状和尺寸确定修边模尺寸。所以，拉深模应优先制造，制造成功后才能开始其他模具的制造。制造拉深模时，主要应保证各型面的精度、间隙和表面质量。

(九)拉深模调试

覆盖件拉深模装配后，要装在研配压床上进行研配调试。在调试过程中，首先应检查验证各运动零件之间的相互关系是否合适。调试主要靠手工研磨加工，需耗费大量的工时。研磨加工的主要内容是凸/凹模型面的配合及压料面。研磨时，一般是用涂色的办法，观察涂色的变化情况，对高点进行研磨。研磨必须使凹模压料面与压料圈的接触面积至少达到80%。然后，用板料进行试冲，针对试冲中出现的问题，可以通过双动压力机来调整压料力，修改压料面、板料形状尺寸、凹模圆角等，经反复试模后获得合格的拉深件。最后，将拉深模和试冲件交付生产调试。

1. 拉深模调试的意义

拉深模的调试是模具制造调整中最复杂和困难的，调试工时耗费最多，尤其是在试冲翼子板和侧围等形状复杂的拉深件时板材消耗最多。许多不确定性因素都需要通过试冲来确认。只有通过拉深模的调试，才有可能拉深出合格的工序件。拉深出合格的工序件后才能进行其他模具的调试，最终获得合格的覆盖件。但如果拉深件工艺性较差，则有可能拉深不出合格的制件，这样不但影响拉深模，而且还会影响拉深以后各工序的模具。所以，有的零件在通过拉深模的调试并冲出合格的制件以后，还需要重新设计，因此需要的制造周期较长。此外，拉深模的试冲所决定的覆盖件拉深坯料的外形尺寸是设计落料模的依据。落料模确定后才能进行其他模具的生产。因此，对汽车覆盖件的冲压成形来说，拉深模调试具有重要意义。

2. 拉深模调试应解决的问题

尽管可在一些软件的辅助下进行汽车覆盖件和模具的工艺设计，但这时还不能定量地给出材料在成形过程中的全部塑性变形规律和有关数据。显然，设计出的冲压工艺和模具在很大程度上存在着许多不确定的因素，这些只能靠模具的现场调试来解决。

汽车覆盖件拉深模在制造完成之后，虽然在装配调试中已试冲出基本合格的拉深件，但拉深模还未处于生产状态，还没有把握保证大批量稳定生产的要求。因此，为使拉深模在投入正式生产时能够稳定生产出质量高和性能良好的覆盖件，必须进行模具的生产调试。冲模调试时应注意解决以下问题：验证零件设计和拉深件设计的冲压工艺性；验证冲压工艺、冲模结构及模具参数的合理性；确定板料的选择是否合理。

调试完毕后，将调试过程的详细记录建立档案，并予以妥善保存。

3. 调试要点

调试前要熟悉模具，认真审核所调整安装的模具在模具图样、冲压件图样、冲压工艺和模具安装的图样等方面是否与模具结构一致。

（1）检查模具的安装技术条件：模具的闭合高度是否与压力机的闭合高度相适应，模具的安装槽（孔）与压力机上安装槽（孔）的位置是否一致。

冲模的闭合高度是指模具工作行程终了时，模具上模的上表面与下模的下表面之间的距离。压力机的装模高度是指压力机滑块在下死点位置时，滑块下表面到工作垫板上表面之间的距离。冲模的闭合高度必须与压力机的装模高度相匹配。压力机的闭合高度等于装模高度加上垫板厚度。选择压力机时，必须使模具的闭合高度介于压力机的最大装模高度H_{max}与最小装模高度H_{min}之间，并满足

$$H_{\min}+10 \leqslant H_{\min} \leqslant H_{\max}-5$$

上式中的 5 mm 是考虑装模方便所留间隙，10 mm 是保证修模所留的间隙，如图 7-18 所示。

图 7-18 冲模的封闭高度

对曲柄连杆式机械压力机，由于考虑到连杆受力情况，希望以最短的连杆工作。此外，考虑到修模使模具封闭高度减小等原因，一般模具设计最好接近压力机的最大装模高度。如果模具的闭合高度过小，可通过在压力机台面上加垫板来调整。

此外，模具的其他外形尺寸也必须和压力机相匹配。

(2) 检验模具压力中心：为了保证压力机和模具正常地工作，必须使模具的压力中心与压力机滑块的中心线重合。否则，在冲压时会产生弯矩，使模具与压力机滑块歪斜，引起凸、凹模间隙不均和导向零件的加速磨损，损坏模具刃口和其他零件，甚至还会引起模具和压力机导轨磨损，影响压力机精度，降低模具使用寿命。

求模具压力中心的方法很多，可通过解析法、作图法和使用软件求出。

模具如需联合安装，应对模具的安装技术条件和模具压力中心进行严格校验。

(3) 检查压力机的技术条件：检查压力机的制动器、离合器、平衡气缸、液压系统、操作机构是否完好、有效，工作是否正常。应将压力机打料螺栓调节到适当位置，以免在调节滑块的闭合高度时顶断压力机上的打料机构。检查压力机上的压缩空气垫、液压垫的操作是否灵活。

(4) 试冲时分段调整：将全部拉深深度分为三段或四段进行试拉深，对较平坦且拉深深度较浅的冲压件可分为三段，对形状复杂且拉深深度较深的冲压件可分为四段。调整试拉深时，先将较浅的一段调试合格后，再往下调深一段，一直调至所需的拉深深度为止。

(5) 避免冲压件出现破裂或皱纹：破裂或皱纹是拉伸模调试中最常见的缺陷。"多则皱，少则裂"，实质上是调整进料阻力。另外，还要根据 FLC 对零件的材质的优劣进行分析。

最终的要求是能满足稳定大批量生产的要求。

4. 一般工作程序

(1) 在双动压力机上安装、操作拉深模在双动压力机上安装、操作拉深模按下列程序进行：

①验证拉深模的安装尺寸，使之与工作压力机匹配；

②在压力机上安装好模具；

③将板料放在压料面上，通过定位销定位；

④开动压力机外滑块，使压料圈压紧板料并保持压料力，同时内滑块带动凸模向下运动至下死点，拉深过程结束；

⑤内滑块带动凸模上行，外滑块仍停留较短时间，便于拉深件从凸模上退下；

⑥外滑块也开始上行，为下一个拉深做准备；

⑦顶件装置提供顶件力，将阻塞在凹模内的拉深件顶出，拉深周期结束。

(2) 在单动压力机上安装、操作拉深模在单动压力机上安装、操作拉深模按下列程序进行：

①验证拉深模的安装尺寸，使之与工作压力机匹配；

②在压力机上安装好模具；

③将板料放在压料面上，通过定位销定位；

④开动压力机上滑块，带动凸模向下运动，压料部分与板料接触，弹性压料装置受压缩，上滑块运行至下死点，拉深过程结束；

⑤上滑块带动凸模上行，为下一个拉深做准备；

⑥若拉深件紧箍在凸模上，需使用卸料装置施加卸料力，将紧箍在凸模上的拉深件卸下，拉深周期结束。

六、落料模

在冲压生产工序中，落料工序位于拉深工序之前，为拉深工序准备毛坯板料，其工作原理与一般冲裁模类似。

七、修边模

覆盖件修边模在冲压生产工序中位于翻边模之前，而制造顺序在翻边模之后。修边模的型面根据拉深模翻制。

覆盖件修边模是汽车覆盖件模具的重要组成部分，其作用是将拉深件工艺补充部分修切掉，为翻边做准备。由于覆盖件的修边线周长较长，而且是不规则的复杂立体形状，因此修边模的修边刃口一般是由修边镶块组合成的。根据修边形式，修边模可以分为垂直修边模、斜楔修边模和垂直斜楔修边模。垂直修边模的修边镶块随上模的上下运动做垂直方向运动，进行垂直修边；斜楔修边模采用斜楔滑块机构，将上模的上下运动转换成修边镶块的水平或倾斜方向运动，进行水平修边或倾斜修边，结构较垂直修边模复杂；垂直斜楔修边模则是有的修边镶块做垂直方向运动，有的做水平或倾斜方向的运动，对修边件进行不同方向的修边。斜楔滑块机构的设计是修边模的难点。

在设计修边模时要考虑修边方向、覆盖件的定位方式及废料的排除等问题。其中，修边刃口的运动方向尽量和修边件的修边表面垂直。修边刃口运动方向和修边表面的夹角 α

最少10°才能修边。定位方式有用覆盖件形状定位、用工艺孔定位和用拉深凸台定位。

在冲压自动生产线上对修边模切下的废料的处理方式：一般通过斜槽自动外流的方式排料，但要求落下的废料在尺寸上应小于700 mm，便于打包处理。

八、翻边模

覆盖件翻边是覆盖件冲压工艺的最后成形工序，对覆盖件的质量起决定性的作用。翻边是重要的装配焊接面，其位置精度直接影响车身质量。翻边还可增加覆盖件的刚性和强度，使覆盖件边沿整齐、光滑和美观。

根据翻边凸模或凹模的运动方向，翻边模可分为垂直翻边模、斜楔翻边模和翻边复合模3类。垂直翻边模的凸模或凹模做垂直方向的运动，其翻边方向与压力机的滑块运动方向一致。斜楔翻边模是利用斜楔滑块机构，使翻边凹模做水平或倾斜方向的运动。斜楔翻边模的翻边方式有2种：一是对翻边件外边缘向内进行翻边；二是对翻边件的孔洞边缘向外进行翻边。2种翻边方式形成的翻边件都存在翻边完毕后取出制件的问题，即翻边件是包在翻边凸模上的，不易取出，甚至无法取出，因此必须把凸模做成活动的(对应的结构是凸模缩小结构和凸模扩张结构)。翻边复合模是指具有两个或两个以上翻边方向的翻边模，机构较复杂。设计翻边模时要考虑修边件在翻边模中的定位，一般是用修边件侧壁、外形或本身的孔。

根据需要，翻边模可和修边模合并为修边翻边模。

九、冲孔模

汽车外覆盖件上的孔较少，主要有重要的安装工艺孔、安装天线用的孔、伸出刮水器转轴的孔和锁孔等。但汽车内覆盖件(如发动机盖内板)上的孔就很多，形状也不规则，有圆孔也有长孔。汽车覆盖件上的孔对装配有重要的影响，需要安排冲孔工序来完成相关孔位的冲制，基本原则是避免在斜面上冲孔。冲孔工序可根据需要与其他工序合并，形成复合工序，使用的模具是复合工序模。冲孔一般和修边做成复合模，也可以和其他工序复合。采用复合工序模可减少定位误差，提高生产效率。如果是采用单独的模具就叫(单工序)冲孔模。在冲制中，凸模和凹模要承受冲击载荷，工作条件恶劣，需采用较好的材料并进行热处理，提高硬度、耐磨性和韧性。

十、装配压合模

用于汽车外覆盖件的装配压合模较少，典型的有车门、发动机盖的外板和内板的装配压合模。装配压合的实质是将板件进行翻边和压弯，先将两个覆盖件定位，然后在装合面上涂上密封减振胶或黏合胶，沿翻边轮廓进行扣合并压实，完成这一工序的模具就叫装配压合模。采用装配压合工艺可避免在装配面上进行焊接而留下表面凹坑甚至缺陷，提高外覆盖件的外观质量，减少涂装工序的工作量。

第三节 汽车车身装焊工艺

一、概述

车身壳体是复杂的薄板结构件。一辆轿车由数百个薄板冲压件经点焊、凸焊、CO_2(MIG)气体保护焊、钎焊、铆接(铝质车身的主要连接方式)、机械连接以及粘接等工艺连接成一个完整的车体。设计和冲压的车身壳体结构都是按照装焊的要求进行的。汽车车身装焊技术是汽车生产制造技术的重要组成部分,车身的装焊面几乎都是沿空间分布的,施焊难度相当大,只有使用的装焊夹具定位迅速而准确,质量控制手段完善,应用先进的自动化生产线和大量焊接机器人才能满足大批量生产的要求。

装焊工艺的操作对象是车身本体(也称为白车身,Body in White,见图7-19),一般是由底板(见图7-20)、前围、后围、左/右侧围、顶盖和车门等分总成组成,而各分总成又由很多合件、组件及零件(大多为冲压件)组成。

1—发动机罩前支承板;2—散热器固定框架;3—前裙板;4—前框架;5—前翼子板;6—底板总成;7—门槛;
8—前门;9—后门;10—门窗框;11—车轮挡泥板;12—后翼子板;13—后围板;14—行李厢盖;
15—后立柱(C柱);16—后围上盖板;17—后窗台板;18—上边梁;19—顶盖;20—中立柱(B柱);
21—前立柱(A柱);22—前围侧围;23—前围板;24—前围上盖板;25—前挡泥板;26—发动机罩。

图7-19 轿车白车身

图7-20 车身底板分总成

汽车车身在装焊过程中最重要的特点是具有明显的程序性,即车身覆盖件装焊存在先后顺序。车身按照位置的不同通常分为上下、左右和前后六大部分,车身壳体为唯一的总成。按照装焊的需要,总成由若干个分总成组成,各分总成又划分为若干个合件,各合件又由若干个零件组件组成。装焊的一般程序是:零件→组件→合件→分总成→总成。

轿车车身的装焊程序为:

实施装焊工艺时,先将底板分总成在装焊夹具上定位焊接,作为焊接其他总成的基准,然后焊接车前钣金件、侧围、车身后部,最后焊接顶盖。为减少焊接工作量以及模/夹具和检具的使用量,要求车身工艺分块尽量大,如现代轿车侧围都是经整体冲压而成的。除了在冲压中要保证车身的刚性外,合理的焊接工艺也是保证车身整体刚度的重要手段。先进的焊接工艺同时也能保证车身的安全性。

二、车身焊接的主要类型及焊接工艺

焊接的实质是利用局部加热或加压,或加热的同时又加压的办法,使被连接处的金属熔化或进入塑性状态,促成被连接处金属的原子相互渗透并接近到 0.3~0.5 nm 的金属晶格距离,完全利用金属原子间的结合力把两个分离的金属板件连接起来。

在焊接过程中,把局部金属加热到熔化后,再冷却结晶,在此过程中会不同程度地发生各种冶金现象和热处理过程,复杂的变形与应力发生也出现在这些过程中,因此焊接不光是一个装配工艺过程,还是一个复杂的冶金、热处理和焊变形与应力产生的过程。在对车身覆盖件板材进行材料选择时,要考虑板料的可焊性。现在使用的覆盖件金属板材,经实践的验证都具有优良的焊接性。

下面介绍车身焊接中常用的几种焊接方法。

(一)点焊

汽车车身是一个典型空间薄壳的点焊结构。根据焊接工艺和车身刚度的需要,一辆载货轿车车身有 4 000 多个焊点,焊缝总长超过 40 m。点焊非常适用于车身的自动装焊生产,在车身生产中应用最广。

1. 点焊的优点及原理

点焊是将车身板件已有的搭接接头夹置于两电极之间,同时压紧、通电,利用电阻热能熔化板材,故焊点的形成过程是热-机械(力)联合作用的焊接过程。

1)优点

(1)与熔焊方法相比,点焊是在压力作用下通过内部电阻热加热金属而形成焊点,其冶金过程简单,且加热集中,热影响区域小,易于获得品质优良的焊接接头。

(2)与铆接相比,不需其他金属,结构质量轻,这对有着较高行驶速度要求的乘用车十分重要,可以达到轻量化、节省能源的要求。

(3)焊接过程中不产生弧光、有害气体及噪声,工人劳动条件好。

(4)点焊过程因机械化、自动化程度高,通用点焊机焊接速度达 60 点/min,快速点焊机可达 600 点/min,可提高生产效率,减轻操作者的劳动强度,满足自动生产线的要求。图 7-21 为点焊原理图;图 7-22 为点焊过程。

1—变压器；2—电极；3—板件；4—熔化核心(熔核)。

图7-21 点焊原理图

图7-22 点焊的焊接过程

(a)预压；(b)焊接；(c)锻压；(d)休止

2)点焊循环的原理

(1)预压。点焊时，将待焊的板件搭接起来，置于上、下电极之间，然后施加一定的电极压力，将板件压紧。预压的目的是使焊件在焊接过程中接触紧密，为焊接电流的顺利通过创造条件。如果预压力不足，则会由于接触电阻过大，瞬间产生大量热量，可能导致焊件被烧穿或电极的工作表面被烧坏。

(2)焊接。闭合开关K，接通焊接变压器，变压器次级电流经焊机机臂、电极，流经被焊板件。板件本身的内部电阻是形成焊点的主要热源，产生的电阻热将板件迅速加热。因为与板件接触的电极是由导电、导热性能良好的铜合金(如铬锆铜)制成的，且其内部通有循环的冷却水进行冷却，故与电极直接接触的板件表面散热条件最好，温度不会升高，而板件与板件之间的接触表面被加热到熔化温度，并逐渐向四周扩大形成一定大小的熔核。熔核的形成过程是加热和散热相互作用的结果，熔核中心的温度从中心向四周递减，熔核自身被周围的塑性环紧紧包围。但如果控制不好，容易形成飞溅(塑性环被破坏，熔化的金属被挤出塑性环的现象)等缺陷。焊接阶段是整个循环中最关键的阶段。

(3)锻压。锻压就是在切断焊接电流以后，仍保持足够大的电极压力使电极继续对熔核进行挤压使之变形，形成致密的核心，同时熔核冷却结晶形成焊点的过程。锻压时间的大小与金属种类和板件厚度有关。厚度越大，锻压时间应越长。厚度为1~8 mm，锻压时间调为0.1~2.5 s。锻压时间太短，无锻压作用；锻压时间太长，使熔核冷却速度增大，焊点的硬度和脆性增加，影响焊点的力学性能。

(4)休止。在休止时间内,升起电极,移动板件或电极,准备进行下一个点的焊接。

2. 点焊工艺

(1)图7-23为常见的点焊接头形式。接头强度对车身强度影响极大。

图 7-23　常见的点焊接头形式

(a)单剪搭接接头；(b)双剪搭接接头；(c)带垫片的对接接头；(d)弯边搭接接头

(2)焊点的最小中心距、焊点数目决定了点焊板件接头的强度。焊点数目由焊点中心间的距离决定,单位长度上焊点数目的多少十分重要,焊点间距小、焊点密,则接头强度高。焊点数目要根据车身刚度的具体要求来确定,该密集的就一定要多,密度要求小的就一定要少。例如,处于车身吸能区的焊点密度就不能太大,因为焊点密度过大反而使车身刚度变大,起不到吸能的作用。应该指出,焊接汽车吸能区域的构件时,焊点数目及位置至关重要,如果数目多于设计要求,那么在碰撞发生时,就不能达到吸能的要求。焊点间距越小,分流现象越严重。表7-16为常用构件焊点的最小中心距。

表 7-16　常用构件焊点的最小中心距　　　　　　　　　　　　　　mm

最薄零件厚度	焊点的最小中心距		
	结构件	合金件	轻合金件
0.5	10	8	15
0.8	12	10	15
1.0	12	10	15
1.2	14	12	15
1.5	14	12	20
2.0	16	14	25
2.5	18	16	25
3.0	20	18	30
3.5	22	20	30
4.0	24	22	35

(3)焊点直径(也称焊点熔核直径)是影响焊点强度的主要因素。试验证明,焊点直径与焊点强度近似成正比关系。焊点直径一般取为$(5 \sim 6) \times \sqrt{被焊件的厚度}$,单位为 mm。

(4)焊透率和表面压坑深度。单板焊透率

$$A = \frac{h}{\delta - c} \times 100\%$$

式中:h——单板上熔核高度,mm;
　　　δ——单板板厚,mm;
　　　c——压坑深度,mm。

按板件的材料、板厚和结构特点决定 A 的取值范围,一般为 20% ~ 80%。试验结果表明,当焊点熔核直径符合要求时,取下限 $A=20\%$ 便可保证焊点强度。A 过大,熔核接近焊件表面,使板件表面金属过热,易造成飞溅,使压坑变深;同时熔化金属量大,结晶后收缩量也大,在熔核内部产生缩孔、裂纹等缺陷,使接头承载能力下降。此外,薄板点焊时,因散热强烈,焊透率应选用较小值(10% ~ 20%),否则易被焊穿。

压坑深度 c 不仅影响接头强度,而且影响覆盖件表面外观质量,这对车身覆盖件的点焊来说特别重要。c 值一般不应超过板厚的 15% ~ 20%。

焊点质量必须用合理的工艺条件来保证。

3. 点焊的规范参数及对焊接质量的影响

1)焊接时间和焊接电流

焊接时间和焊接电流对板件加热有重大影响,在其他参数不变的情况下,焊点强度与通电时间的关系如图 7-24 所示。曲线 AB 段对应的较短时间段内,开始时在表面只能看见加热痕迹,时间延长后,焊接区也不会达到焊接温度,这时的焊点只是在塑性粘连的状态下焊接的,还没有形成熔核,属于未熔化的焊接,见图 7-24(b),因而焊点强度低且不稳定。在这种情况下,即使微小的热量变化,也会引起接头强度的很大变化。随着时间的延长,在曲线点 B 以后,金属开始熔化,产生熔核,焊点尺寸增加,见图 7-24(c)。BC 段与 AB 段相比,要平缓一些,属熔化焊接,随着时间的延长,熔核也不断增大,强度随之提高。当接近点 C 时,曲线开始变得平坦,即使通电时间继续延长,熔核液态金属量虽然处于增长状态,但这时散热也增加了很多,故熔核扩大速度减缓,强度提高不明显,但焊点强度比较稳定。在点 C 以后,虽然继续通电加热,但电极直径限制焊点直径的继续增大,反而由于过热和大的电极压力,使塑性环变薄而被突破,引起强烈飞溅,熔核金属的缺欠使焊点表面压坑加深,接头强度减弱、表面质量变坏。因此,在选择规范时,应该选择点 C 前的一小段(处于合格的焊接范围)。

实践表明,在点焊时,电网电压波动(应配专用馈电网)、焊件表面状态变化、焊机二次回路阻抗变化等都会影响焊接电流的变化。因此,在生产中必须注意能够引起电流变化的各种因素。

图7-24 焊点强度与通电时间的关系

2）电极压力

电极压力决定了板件间接触状态以及塑性变形的范围和强度。但电极压力并非越大越好。增大电极压力可使焊件间的间隙减小，散热条件变好；同时，电极接触面积增大，使电阻减小，电流密度减小，总热量减少，使熔核尺寸减小，造成焊透率 A 降低较快，因而接头强度下降。当电极压力相当大时，反而不能形成焊点。减小电极压力可提高总热量，但板件接触不良，易受外界因素的影响，造成质量不稳。

电极压力应根据被焊材料的种类、厚度和焊接规范来决定。在被焊材料的高温强度、板厚大的情况下，必须加大电极压力。

3）电极直径

电极直径增大，电极接触面积也增大，通过的电流密度变小，同时散热效果增强，引起焊点加热不够，造成板件焊点强度下降，故应按推荐值和试焊的情况来确定。

4. 强规范和弱规范

不同的通电时间和焊接电流可组合成强（硬）规范和弱（软）规范。一般强规范的焊接电流大而通电时间短，加热速度很快，板件接头综合性能好；弱规范的焊接电流小而通电时间长，温度分布均匀，塑性区宽，可消除缩孔，降低内应力。

1）强规范的特点

（1）焊点压坑浅，熔核致密。

（2）加热区窄，焊接变形小，表面质量好。

（3）生产率较高。

（4）焊缝质量稳定性差，飞溅倾向大，因焊接规范参数随外界条件瞬时变化而微小波动时，会带来明显的质量波动。

2)弱规范的特点

(1)加热平稳,焊接质量对焊接规范参数波动的敏感度小,易保证熔核尺寸的一致。

(2)温度场分布平缓,塑性区域较宽,在压力作用下易变形,可减小熔核内的飞溅、缩孔及裂纹的倾向。

(3)加热区宽,焊件变形较大。

轿车车身覆盖件大多是低碳钢的薄板。由于低碳钢具有很好的焊接性,不需要采用特别的设备和工艺,因而选用强规范或弱规范都可以获得良好的焊接质量。在生产批量大时,采用强规范(大电流、短时间)不但能提高劳动生产率,而且能节约电能和减少薄板结构的翘曲变形,能够满足车身生产的特殊要求。

由于低碳钢板件点焊后产生裂纹和缩孔的倾向很小,所以电极压力的调节范围较大。点焊板件时,如果既采用强规范又将电极压力调得较大,则更能提高焊点质量。

点焊车身覆盖件薄板时一般采用平电极。有资料介绍,电极的工作表面直径可根据焊件厚度(2×板厚+3)选定;也可根据需要采用球面半径为40~100 mm的球面电极。焊接过程中,要注意电极工作表面的磨损,当磨损量超过规定值的15%~20%时,应重新修磨或更换电极。

5. 控制点焊质量的措施

必须采取正确的点焊工艺控制点焊质量,保证达到规定的强度和稳定的焊接质量。汽车车身点焊中的质量问题(如未焊透、飞溅、压痕、缩孔和裂纹等)直接影响汽车的安全性(经可靠焊接的车身具有能够满足国家碰撞法规的刚度,以保证乘客的安全)、可靠性和使用寿命,必须引起高度重视,并采取相应措施,在实际生产中应注意按质检标准抽检。

1)焊件表面清理

点焊机工作时因电流大、阻抗小,所以二次电压一般为不大于10 V的低电压。被焊板件表面的油污及氧化膜等不良导体会增加焊接时的接触电阻,甚至产生局部区域不导电现象,在电极压力的作用下,电流和热量的分布很容易被破坏,使焊点强度变得不易控制。另外,锈皮内的水分,在焊接时离解出氢溶入熔核,在熔核结晶时氢原子进入缩孔变成氢分子,氢分子产生很大的压力使缩孔扩大,个别时候形成热裂纹,还会加剧飞溅。板件表面氧化物沾污电极,会使电极过热,此时需修锉电极,从而过快消耗了电极材料,缩短了电极寿命,同时影响生产的正常进行。

焊件表面清理的方法分为机械清理和化学清理两种。机械清理包括喷砂以及用铜丝刷、砂轮或砂纸抛光等,完工后再用高压空气吹去残留在焊件上的砂粒和灰尘;化学清理的方法包括酸洗、碱洗和钝化等,清理后的板件表面接触电阻稳定性好。板件表面若使用了防锈油而又没有生锈,则可以通过电极加压时挤出表面上的油膜,不妨碍点焊。但深拉深覆盖件表面经冲压后若存在拉深油,则因拉深油黏度较大,承载力大,在焊前必须清理干净。

2)板件装配

车身覆盖件装配时易产生的缺陷是:由于板件间曲率不一致引起的间隙过大或板件间

位置的错移，造成板件焊后翘曲变形或应力过大。如果两板件间的间隙过大，相当大的一部分电极压力将用于压紧这些间隙，故实际有效的电极压力减小了，增强飞溅的倾向性，熔核尺寸和接头强度的波动加大，焊接区的变形也会增加。设计或冲压模具的误差会引起翻边不垂直或弧度上的曲率不相符合，造成两制件贴合不好而产生间隙，在装配时间隙过大，如图7-25所示。解决的措施是提高板件的冲压精度、装焊夹具的刚度和位置精度。技术要求中规定，一般装配间隙应不大于0.5 mm。当焊件小且刚度大时，不易压紧，故装配间隙应放大到0.1~0.2 mm之间。

图7-25 装配间隙

(a)圆角半径配合不准确；(b)蒙皮与型材不贴合；(c)弯曲角度不垂直且零件有相对转动

3）点焊分流与焊点间距

点焊时没有经过焊接区，未参加形成焊点的那一部分电流称为分流电流，简称分流。分流使焊接区有效电流密度降低，可能造成焊不透、熔核形状畸变等缺陷。由于分流，穿过焊接区域的电流比例不稳定，使焊点质量也不稳定，故应尽量采取措施，减少分流的影响。影响分流的主要因素有焊点间距、板件材料、表面状态、装配状况、板件的层数和电极压力等。

焊点间距越小，焊点密度自然增大，尽管提高了板件的连接强度，但在能保证连接强度的条件下，焊点间距大一些为好。这样不仅能减少焊点、提高生产率，而且焊点间距越大，电流流经已焊好的焊点的分流电阻也越大，从而使分流减少、有效电流增多，有利于提高焊接质量。

4）不同厚度板和多层板的焊接

在车身点焊中，还要解决不同厚度板件的焊接问题。例如，在客车生产中将车身外蒙皮焊在骨架上，一般骨架零件的厚度比蒙皮零件的厚度大些，厚度的不同造成两焊件电流场分布不对称，熔核偏向厚件，而不能形成实际有效的熔核。在焊接两个厚度不同的焊件时，焊接规范应由薄的焊件决定，再按厚板或平均厚度修正，然后将电流稍微增大，提高薄板发热量。在实际生产中，如果厚度差别太大（超过1:3），这时焊点大约会在两焊件厚度之和的一半的位置上形成，如图7-26(a)所示，焊点不能把焊件连接起来。为解决这个问题，可采用硬规范，即在薄板一侧使用小直径电极，同时将与厚板接触的电极直径加大，使向厚板方向的散热大于薄板方向的散热，因此熔核向薄板方向偏移，如图7-26(b)所示，使两个焊件可靠地连接起来。其他解决办法是从结构上考虑，在薄板上冲工艺凸点以降低薄板的散热和增加薄板一边的电流密度。

在汽车车身制造中，有时还会有如图7-27所示的焊接三层板的情况。如图7-27(a)

所示，中间为厚件时，这时焊接规范由薄板决定，同时应将焊接电流值适当增大；如图7-27(b)所示，中间为薄板时，这时的焊接规范由厚板决定，同时应适当减小焊接电流和减少焊接时间。

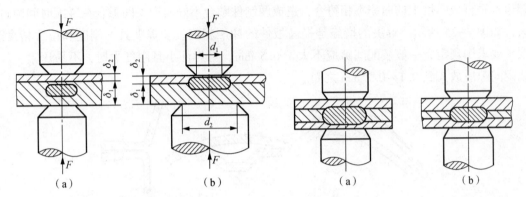

图7-26　焊件厚度不同的情况　　　　图7-27　三层不同厚度板件的电阻电焊

6. 车身点焊工艺性

在进行车身结构设计时，除了要考虑零件的冲压工艺性外，还要考虑零部件的装焊工艺性。

1) 工艺分块

车身覆盖件的分块，应该在冲压工艺允许的前提下，使零件数越少越好（随着冲压设备和模具水平的提高，可以得到强有力的保障），这样可以减少焊接工作量和装配误差。

车身上有不少的孔洞（如门洞和前、后风窗口）是非常重要的装焊部位，要求这些孔洞尽量采取整体结构而无须考虑单个板件的定位。若孔洞部分采用内、外两层结构，则至少有一层为整体结构，以减少装焊误差。这样做有如下好处。

(1) 减少零件数，取消相应的装焊工序，使装焊夹具简单；减少检具的使用频率，提高车身总装的效率，从而降低生产成本。

(2) 保证洞口空间尺寸的准确性，大幅度提高车身的装配质量。

(3) 取消部分零件之间的点焊搭接量，减少材料的消耗，减轻了车身的质量。

(4) 有利于提高车身整体刚度。

2) 点焊工艺的选择

(1) 点焊工作量应尽量放在分总成的装焊工位上，尽量形成较大的组件、合件和分总成再置于总装焊夹具上，简化总装焊夹具，并使在总装焊线上的装配时间缩短，保证装焊质量。

(2) 根据焊件的形状和焊点位置正确选择点焊设备。当组成搭接接头的零件比较小，焊点又布置在靠近零件的边缘时，可以选用固定点焊机焊接。若焊点数多且排列整齐，则最好在多点焊机上焊接以提高工效。如图7-28(a)所示的车身底板和座椅框的焊接可采用多点焊机。当焊点数少、板件尺寸大，焊点又处于合件的中间位置时，可选择悬挂式点焊机，如图7-28(b)所示；或选用反作用焊枪，如图7-28(c)所示。

图 7-28 大零件上焊点在中间位置时的焊接情况

(3) 某些外观要求较严格的外覆盖件，其点焊表面不允许有凹面，此时可使用大平面电极，从而使凹面不明显。

(4) 应考虑点焊的接近性，主要在板件的结构设计中加以考虑。

(5) 焊好的板件应有足够的刚度，满足转运的要求，减少在运输中的变形。

7. 点焊设备

由于汽车车身的有些零、部件外形尺寸大，冲压件本身刚度差且易变形，移动不方便，不宜用固定式点焊机焊接，所以在车身制造中，移动式点焊机得到了广泛的应用。在车身装焊生产线上主要使用悬挂式点焊机。

悬挂式点焊机的特点是变压器和焊接工具(焊钳或焊枪)悬挂在空中，由电极加压装置提供电极压力，用微动开关接通电路，移动方便灵活，适合于装焊面积较大的板件。另外，可选配特殊形状的焊钳，这样对焊接点的接近性更好，使用起来更灵活。

按变压器和焊接工具连接的方式，分为有电缆和无电缆的悬挂式点焊机。有电缆悬挂式点焊机如图 7-29(a)所示，焊钳与变压器之间用电缆连接，点焊非常轻便，劳动强度低；但二次回路长，功率损耗较大。无电缆悬挂式点焊机如图 7-29(b)所示，焊钳和变压器直接相连，点焊时对焊接位置适应性较差；但二次回路中没有电缆损耗，可充分利用功率。

图 7-29 悬挂式点焊机

(a)有电缆式电焊机；(b)无电缆式电焊机

(二) 凸焊

与点焊相比，凸焊的不同点是：预先在板件上加工出凸点，或利用焊件上能使电流集中的型面、倒角等作为焊接时的相互接触部位；焊接时靠凸点接触，提高了单位面积上的压力与电流密度，有利于将板件表面氧化膜压破，使热量集中，减小分流，减小了点焊中心距；一次可进行多点凸焊，提高了生产率，并减小了接头的翘曲变形。在车身上，一般是将凸焊螺母（有凸点的螺母）焊在薄板上，这样在装配时只需要拧紧螺栓即可，提高了装配工效。

(三) 钎焊

钎焊是利用某些熔点低于被连接材料熔点的金属（即钎料，如车身焊接中常用铜）作连接的媒介，经加热熔化后在连接界面上产生流动润湿作用，待钎料冷却结晶后与被连接金属形成接合面。

对汽车车身上有密封要求的两板件之间的缝隙，一般应用钎焊进行处理，德国 BMW 公司对轿车的后围与侧围缝隙的处理就用了这种方法。

(四) 激光焊

作为汽车两大主体之一，车身越来越受到生产企业和用户的重视。汽车车身价值约占整辆车的 1/5。20 世纪 90 年代后期，美国以提高汽车车身质量为目标而开展了"亚毫米冲压"和"2 mm 工程"大型研究项目。"亚毫米冲压"是指将冲压件的精度控制在小于 1 mm 的范围内，并趋近于 0，这是以提高汽车车身冲压件的质量和制造技术为目标的研究项目。目前，该研究项目已经完成，从提交的报告来看，取得了许多有益的成果，有望得到汽车制造厂的实际应用。"亚毫米冲压"为激光焊上线提供了条件，因为激光焊接要求被焊件尺寸较精确。在实际应用中，激光焊常采用对接和搭接的接头形式。"2 mm 工程"是以提高汽车车身装配质量为目标的研究项目，即将车身尺寸变动量控制在 2 mm 以内。采用激光焊接工艺能显著改善车身抗冲击性能和耐疲劳性能，也是"2 mm 工程"实施的强有力保证。目前，该项目已经完成，正在美国三大汽车公司装配制造厂推广应用，取得了极大的效益，采用这种方法制造的车身质量达到世界先进水平。

激光焊接十分灵活，与只能进行单调焊接的点焊相比几乎是无所不能。激光焊既可焊接连续的缝，也可焊接断续的缝，实际上可以在计算机的控制下沿任意轨迹焊接。例如，戴姆勒股份公司用激光焊车顶和侧窗，每小时可完成 45 件；通用汽车公司的装配车间用 3kW 光纤传输的连续 Nd：YAG 激光焊新型的 Oldsmobile Aurora 车顶部件，焊缝总长 2.4 m，焊速 4.5 m/min，每小时可完成 80 件，焊缝质地光滑，缺陷率极低，成本仅 4.5 美元/件；福特汽车公司采用 Nd：YAG 激光器结合工业机器人焊接轿车车体，极大地降低了制造成本。据报道，到 2000 年，美国三大汽车公司 50% 的电阻焊生产线被激光焊生产线所取代。帕萨特 B5 轿车车身焊点有 5 892 个，上汽大众汽车有限公司在生产线上使用了两套激光焊接装置，一套用在车顶和侧围的焊接，另一套用在后盖激光钎焊上。这两套激光焊接装置都使用了从德国引进的 KUKA 机器人，重复精度达 0.02 mm，其中车顶焊接使用了焊缝跟踪系统，使激光焊接能量集中，焊缝平整，焊接的痕迹小，无须修补。正是由于激光焊接技术的应用,大大提高了车身刚度和强度,减小了车身缝隙(车身装配缝隙降到了 3.5 mm 以内)。一汽大众汽车有限公司引进的 BORA(宝来)同样采用了激光焊接工艺。

经激光焊接形成的接头非常牢固。这是因为汽车车身应用的材料是低碳钢薄板,焊后形成的焊缝比母材更硬,称为过渡接头。加上激光焊输入热量低,冷却速度较弧焊快得多,并表现为大熔宽比的指状焊缝,焊缝残余应力小,对接头的影响较弧焊小得多。实践证明,在进行对接接头拉伸试验时,几乎所有接头都是从母材部分断裂的,接头强度接近 100%。所以,采用激光焊接的车身,其强度是毋庸置疑的。

(五)二氧化碳(CO_2)焊

CO_2 气体保护焊亦称 CO_2 焊。它之所以能广泛应用于汽车制造(主要是客车车身),是因为它具有以下一些特点。

(1)焊接成本低。CO_2 气体容易制取,价格低,焊接耗电量小。CO_2 保护焊的成本只有埋弧焊和焊条电弧焊的 40%~50%。

(2)生产率高。CO_2 保护焊的电弧的穿透力强、熔深大,而且焊丝的熔化系数高,所以熔敷速度快。焊丝可连续自动送进,不用像焊条电弧焊那样频繁更换焊条,生产率可比焊条电弧焊高 1~4 倍。

(3)适用范围广,不论何种位置都可进行焊接。焊接薄板时,比气焊速度快,且变形更小;薄板可焊到 1 mm 左右,间隙可小于 0.5 mm。焊接厚件可采用多层焊。

(4)抗锈能力较其他焊接方法强,焊缝含氢量低,抗裂性好。

(5)因是明弧,便于观察和控制焊接过程,有利于实现焊接过程的机械化和自动化,焊后不需清渣。

因 CO_2 气体密度比空气大,受电弧加热后体积会膨胀,所以 CO_2 气体保护焊在隔绝空气、保护焊接熔池和电弧方面的效果相当好。进行 CO_2 气体保护焊时,必须采用含有脱氧剂的专用焊丝(如 H10MnSiMo、H04Mn2SiAlTiA)及专用的平外特性焊接电源,且 CO_2 气体的纯度不得低于 99.5%。当 CO_2 气瓶内的压力低于 1 MPa 时,就应停止使用,以免溶于液态 CO_2 中的水分气化量增大而产生气孔。

CO_2 气体保护焊设备由焊接电源、焊枪、送丝机构、供气系统和控制电路组成,如图 7-30 所示。

图 7-30 CO_2 气体保护焊的焊接设备示意图

焊接程序为：提前送气→通电、送丝、焊接→断电、停丝、停止焊接→滞后停气。

三、装焊夹具与车身装焊生产线

(一) 装焊夹具

车身为一复杂的空间壳体，单独的板件自身刚性很差，需在一定的工艺装备中定形、定位并夹紧，按照车身组件、合件、分总成及总成的顺序组合，以保证车身的精确尺寸。该过程称为装配过程。装配夹紧定位后利用焊接的方法使板件形成整体的过程称为焊接过程。车身的装配、焊接过程往往是组合在一起的，统称为装焊过程。装焊过程使用的组合夹具称为装焊夹具。

1) 装焊夹具的作用

车身结构复杂、种类多、产量大，为了保证车身装焊质量，提高装焊效率，减轻劳动强度，必须大量使用装焊夹具。在装焊夹具上完成板件的装配、定位及所有焊接点的焊接。装焊夹具的作用有以下几点。

(1) 使被装配的板件获得准确的空间位置并被夹紧。车身复杂的型面是由若干个板件组合而成的，因而夹具是保证各待装件相互位置及焊后的几何形状和尺寸所不可缺少的工艺装备。

(2) 保证焊接工艺能正常进行。夹具要有足够的刚度，只有通过具有一定精度的装焊夹具，才能保证板件的正确位置，保证焊接能顺利进行，在制造和使用中便于用调整样架进行检验和校正。

(3) 采用结构良好且便于操作的翻转式装焊夹具，定位、夹紧和松开省力而迅速，可减轻劳动强度，提高生产率，保证装焊质量。

2) 装焊夹具的结构特点

装焊夹具要保证板件夹紧、定位的要求。

(1) 车身制件大多为具有空间曲面的覆盖件，形状复杂，而且刚性差、易变形。为了保证车身的正确形状，夹具定位元件的工作表面必须与车身上相应的待定位表面的形状相一致。但对应的装焊夹具的定位元件选取困难，一般取车身各重要部位和便于测量部位的断面用作夹具中的定位。定位元件工作面复杂，精度要求高，设计、制造难度大，并且位置分散。因此，装焊夹具定位元件的工作表面的确定是夹具结构的关键，必须使其获得准确的形状和尺寸，才能保证车身的形状和尺寸精度符合设计要求。

(2) 在装配焊接时，通常是将车身制件逐件地放入夹具，装焊完后，将已焊成整体的车身装焊件从夹具中整体取出。为满足这一要求，夹紧机构应采用一些手动、气动或液压的快速夹紧装置并能敞开。夹紧装置应操作方便，装夹时间短、速度快，即能够快夹快松。

(3) 车身总成装焊夹具(主焊台)是保证车身装焊质量的关键装备，其结构复杂。主焊台在制造和使用过程中，应能方便地用调整样架和其他方法进行调整和校正，以保持其形状和位置精度。

（4）装焊夹具要求自身具有很好的刚度和强度，不易变形，并且质量要轻。

图7-31为焊接机器人在装焊夹具上对白车身进行装焊操作。

图7-31　焊接机器人在装焊夹具上对白车身进行装焊操作

（二）辅助工具

辅助工具是装焊过程中不可缺少的工艺装备，特别是调整样架和检验夹具。

1. 调整样架（简称样架）

对装焊夹具，应着重解决统一的、精确的定位基准问题，在工艺上采用调整样架来保证。装焊夹具有固定式和随行式。调整样架可以放到固定式装焊夹具各个工位及各个随行装焊夹具上，使各夹具和各工位的定位块具有相同的空间位置，以保证各夹具上装焊出的车身具有正确而一致的形状。另外，为了分析车身装焊质量，校正夹具上定位元件的磨损，以及重新复制夹具，均需使用调整样架。

调整样架一般用 Q235 钢轧制的型钢拼焊而成。调整样架根据主模型框架的尺寸装配有精确的基准块，与夹具定位元件相应的基准块对应，这些基准块的空间位置可由三维坐标测量仪来检验校准。

2. 检验夹具（简称检具）

检验夹具具有提高车身零部件装焊质量和提高整个车身质量的重要作用，是对车身的轮廓形状、尺寸和孔位尺寸进行检测的综合性专用检测工具。检验夹具应具有精确、高效的功能，是车身装焊过程中必不可少的检测工具。国内引进的装焊生产线上均设有这样一道工序：车身在离开装焊线以前由检验夹具对车身的几何形状进行激光检测，输出检测数据，达到在线检测的要求，从而严格控制车身的制造质量。

（三）车身装焊生产线

1. 布置方式

随着汽车工业的快速发展，汽车车身改型越来越快，生产效率也越来越高，大批量的车身生产必须在车身装焊线上进行。同时，为满足不断推出新车型的要求，车身装焊线必须具有一定的柔性，让多个车型线能共线生产，从而降低成本。在汽车车身生产厂中，一般有多条装配生产线，分别如下。

（1）底板分总成装焊线。它主要完成底板部分的装焊，包括前底板、中底板和后底板的装焊，是车身生产中最先完成的分总成，作为其他分总成装焊的基础。

（2）侧围板生产线。它主要实现两片侧围与底板焊接。

（3）车身总成装焊线。它的工作内容是实现车身总成的定位、成形和增补焊接，生产率一般设计为每小时数十辆。它配有一激光检测工位，由该工位操作人员在车身离开成形定位焊接生产线之前，进行车辆几何形状检查。

大型汽车制造厂的车身装焊线均已实现自动化，由焊接机器人完成，无须人工操作。

2. 车身装焊线的基本形式

1）贯通式装焊线

图 7-32 为贯通式装焊线示意图，它适用于车身底板、车门、行李厢盖、发动机盖等轮廓形状较简单、刚性较好、结构较完整、组成零件数较少的分总成的装焊。这种装焊线占地面积较小，所有装焊定位的工装都分别固定在各自工位上，运行时仅工件被前移传送。整线的传送装置比较简单，工件靠贯通式往复杆来传送。这种装焊生产线便于配置专用焊机和采用悬挂点焊机进行手工操作，在国内外汽车车身制造中得到了普遍的应用。

图 7-32　贯通式装焊线示意图

2）环形式装焊线

环形式装焊线适用于工件刚性较差、组成零件数较多（如前围板等），特别是尺寸精度要求较严格的部件、总成等的装焊。为了保证装焊质量，一般都将工件装夹于随行夹具上，所有的装焊工作全部在随行夹具上进行。当前工位装焊完毕后，工件连同随行夹具一起前移传送到下一工位。全部装焊工作结束后，工件已有一定的刚性，此时被吊离随行夹具，空的随行夹具返回原处待用。这种环形线由于每个工位都要有一夹具，并要满足循环使用的要求，故夹具数量多，因此投资较大，主要有以下形式。

（1）椭圆形地面环形线。这种环形线占地面积较大，但整线的传送装置简单，如图 7-33 所示。

（2）矩形地面环形线。这种环形线上的随行夹具通过两端的横向移动，使装置返回初始位置，占地面积比椭圆形环形线少，循环时间较短，但整线的传送装置复杂，如图

7-34 所示。

(3) 地下环形线。这种环形线上的随行夹具的空行程处于地面以下的地坑里,通过两端的升降装置从地坑返回初始位置后开始工作循环,占地面积较少,但整线的传动装置比较复杂,而且地坑的土建工程量很大,如图 7-35 所示。图 7-35(a) 所示的提升式多点焊机的地坑深度较浅,而图 7-35(b) 所示的托起式多点焊机的地坑深度较深。

图 7-33 椭圆形地面环形线　　　　图 7-34 矩形地面环形线

图 7-35 地下环形线
(a) 采用提升多点焊机;(b) 采用托起式多点焊机

(4)"门框"式夹具环形线。这种"门框"式夹具环形线是比较先进的装焊线,厂房面积的利用比较合理,不需要在左、右侧围分总成的中间留存放面积,其效率高、成本低、柔性较强。如图 7-36 所示,左、右侧围分总成先在 H、G 处,在吊架的左、右侧围"门框"式装焊随行夹具内进行装焊,装焊结束后由 C、D 悬链传送到点 M 与车身环形随行夹具合装,经过若干装焊工位后,把左、右侧围分总成焊接于车身底板上,释放出左、右"门框"夹具。到达点 N 后,空的左、右"门框"夹具与车身随行夹具脱离,由悬链送回装焊起始位置。车身随行夹具带着焊有左、右侧围分总成的车身底板继续前进,车身总成经一系列装焊工位后在 Q 点下线,送到其他装焊线。

A—随行夹具；C、D—左、右侧围板总成"门框"线；E、F—左、右侧围板总成"门框"装焊夹具；
H、G—左、右侧围总成装焊工位；J—底板带前端总成装入车身随行夹具；Q—车身总成下装焊线；
M—左、右侧围"门框"夹具连同左、右侧围总成上线与车身随行夹具合装；
N—空的左、右侧围板"门框"夹具与车身环形脱离。

图 7-36 "门框"式夹具环形线

第四节 汽车车身涂装工艺

一、概述

涂装是指将涂料均匀涂覆在车身覆盖件表面并干燥成膜的工艺。

车身涂料涂覆在车身表面时，能生成坚韧、耐磨、附着力强、具有各种颜色和防锈、耐潮湿、耐高温等多种功能的涂膜。某些特殊涂料还能起防振消声、隔热的作用。随着汽车越来越高档，用户在选购汽车时，除了要求汽车造型美观外，还要求与汽车流行式样相适应的多样化色彩，同时要求涂膜能提高汽车的使用寿命。车身涂装对汽车车身具有防腐蚀保护作用和装饰作用，对有专门用途的汽车还具有标志作用。

涂料工业的发展水平在一定程度上反映了一个国家的国民经济发展水平；高产值、高附加值的汽车涂料，又代表着涂料工业的最高水平和发展方向。美国、日本和西欧是全球涂料工业最发达的国家和地区。以日本为例，从 1996 年起，年产涂料总量在 2×10^6 t 左右，汽车用涂料虽只占 20%，但其产值、利润所占的比重却非常大。

目前，汽车涂料已成为一类专用涂料。汽车外观涂料不仅要求漂亮鲜艳，而且耐候性要优良。也就是说，外观装饰性、光泽、颜色、鲜映性（D.O.I）要好；耐候性则主要指涂层的抗腐蚀性和耐老化性。

二、车身用涂料的特点

根据汽车使用条件以及大量自动流水线作业的要求,汽车涂料应具备下列特点。

(1)极好的耐候性和耐腐蚀性:车身涂料要求能与汽车一起适应各种气候条件和道路情况,使用寿命接近汽车本身的寿命(一般保用 10 年)。在季节变换、冷热剧变、风雨侵蚀、苛刻的日晒夜露等各种气候下,保持色泽光彩,涂膜不开裂、不起泡、不脱落,车身板件不锈蚀。

(2)优良的力学性能:适应汽车振动、冲击引起的应力和应变,这就要求涂膜坚韧耐磨。

(3)极好的施工性能和配套性:要求适应汽车的高速流水生产方式,如适应面漆的自动喷漆、静电喷漆和底漆的大槽浸漆、电泳漆等多种高效涂布方法,并且要求成膜迅速。

(4)极高的装饰性:要求涂层色泽艳丽,外观饱满,鲜映性好,能使人感觉到艺术美。

(5)良好的经济性:要求供货量能满足产量增长的要求,价格低,便于"三废"处理。

(6)良好的化学稳定性:涂层在接触汽油、柴油、润滑油和公路上的沥青后不软化变色、失光、溶解或产生斑痕。

三、车身用涂料的组成

涂料的品种很多,成分差别很大,但综合其成膜情况,基本上由以下 3 部分组成。

(1)主要成膜物质。它是使涂料黏附在制件表面上成为涂膜的主要物质,是构成涂料的主要成分,又叫基料、漆基或漆料。在涂料中,作为主要成膜物质的是油料和树脂两大类,称为固着剂。油性涂料(或叫作油性漆)是以油作为主要成膜物质的涂料;树脂涂料(或叫作树脂漆)是以树脂作为主要成膜物质的涂料;酚醛树脂涂料(或叫作酚醛树脂漆)是以酚醛树脂或改性酚醛树脂为主要成膜物质的涂料;油基涂料(或叫作油基漆)是以油和一些天然树脂合成为主要成膜物质的涂料。

(2)次要成膜物质。它也是构成涂膜的组成部分,主要是一些添加剂(如颜料),但它不能离开主要成膜物质单独构成涂膜(主要成膜物质则可以单独成膜,也可以和次要成膜物质共同成膜)。次要成膜物质赋予涂膜一定的遮盖力和着色力,增加涂膜厚度。

(3)辅助成膜物质。它是对涂料变成涂膜的过程或对涂膜性能起辅助作用的物质,不是涂膜的主体,不能单独成膜。辅助成膜物质包括稀料(挥发剂)和辅助材料(催干剂、增韧剂、乳化剂和稳定剂等)两大类。

涂料的组成中没有颜料或体质颜料而呈透明状的涂料称为清漆;涂料的组成中有颜料或体质颜料而呈有色或不透明状的涂料称为色漆。

四、车身用油漆涂层的分组

某汽车车身用油漆涂层的分组如表 7-17 所示。

表 7-17 某汽车车身用油漆涂层的分组

涂层代号	分组名称	级别	涂层名称	用途
TQ1	车身组	甲	优质装饰保护性涂层	货车驾驶室及覆盖件
		乙	一般装饰保护性涂层	
TQ2	轿车车身组	甲	高级装饰性涂层	高级轿车车身及覆盖件
		乙	优质装饰保护性涂层	中级轿车车身及覆盖件
TQ3	车厢组	甲	防腐、装饰性涂层	金属车厢
		乙	防腐、装饰性涂层	木制车厢
TQ4	车内装饰组			客车、货车内饰件

五、车身用底漆

底漆是涂布在经过表面处理的白车身表面的第一道漆，是整个涂层的基础，它对车身的防锈蚀和整个涂层的经久耐用起着非常重要的作用。

底漆必须具备下列特性。

(1)附着力强，除可牢固附着在车身表面外，还可与腻子或面漆牢固黏附，起到"承上启下"的作用。

(2)有良好的防锈能力、耐腐蚀性、耐潮湿性和抗化学试剂性。

(3)底漆涂膜应具有较高的力学强度和适当的弹性，当车身覆盖件膨胀或收缩时，不致脆裂脱落。

(4)应与中间涂层或面漆涂层有良好的配套性和良好的施工性，能适应汽车涂装工艺和大量流水生产的要求。汽车车身涂装常用底漆如表 7-18 所示。

表 7-18 汽车车身涂装常用底漆

型号	名称	组成	性能	施工注意事项	应用
F06—10	铁红纯酚醛电泳底漆	纯酚醛电泳漆料，防锈颜料，蒸馏水	附着力好，防锈性好，漆膜平整与面漆结合力好	水作溶剂，水质要好，施工时遵守技术规范	车身的覆盖件
H06—3	铁红、锌黄环氧底漆	环氧树脂，三聚氰胺甲醛树脂，防锈颜料，溶剂(二甲苯丁醇)	优越的附着力，极好的耐水性及耐化学药品性能		高级轿车和驾驶室的覆盖件
H06—5	铁红环氧酯电泳底漆	环氧树脂，亚麻油，顺丁烯二酸酐，丁醇，胺类，蒸馏水	附着力、耐水防潮，防锈性能近似于环氧底漆	溶剂是水	驾驶室覆盖件

续表

型号	名称	组成	性能	施工注意事项	应用
H06—19	铁红锌黄环氧酯底漆	环氧树脂,植物油,氨基树脂(少量),铁红锌黄,体质颜料,溶剂(二甲苯、丁醇)	漆膜坚硬耐久,附着力好,可与磷化底漆配套使用		驾驶室覆盖件

六、车身用中间层涂料

中间层涂料是指作为底漆层与面漆层之间的涂层涂料,它主要用来改善被涂工件表面或底涂层的平整度,对物体表面微小的不平处有填平能力。例如,用来填平底漆表面的划痕、针孔和麻点等缺陷,为面漆层创造优良的基底,增加底漆层和面漆层的结合力,提高整个涂层的外观质量。对于表面平整度和装饰性要求不高的汽车车身,在大量流水生产中,常去掉中间涂层,以简化工艺。但对于装饰性要求高的乘用车,有时采用下面几种中间层涂料:通用底漆(又称底漆二道浆)、二道浆(又称喷用腻子)、腻子(俗称填密)和封底漆。

中间层涂料应具有以下特性。

(1)应与底漆、面漆层配套良好,涂层之间的结合力强,硬度适中,不产生被面漆的溶剂咬起的现象(一种涂装缺陷)。

(2)应具有较强的填平性,能消除被涂漆表面的浅纹路等微小缺陷。

(3)打磨性能良好,在湿打磨后能得到平整光滑的表面,能高温烘干,烘干后干性好,再打磨时不沾砂纸。

(4)涂层不应在潮湿环境下起泡。

为保证涂层间的结合力和配套性,中间层涂料所选用的漆基应与底漆和面漆所用的漆基相仿,最好选用同一家公司的产品,并逐步由底向面过渡。

中间层涂料的种类也比较多,主要有环氧树脂、氨基醇酸树脂和醇酸树脂漆。汽车车身涂装常用的中间层涂料如表 7-19 所示。

表 7-19 汽车车身涂装常用的中间层涂料

型号	名称	施工方法	性能	施工注意事项	应用
C06-10	醇酸二道底漆,又称醇酸二道浆	涂料用二甲苯稀释后喷涂,与醇酸底漆、醇酸磁漆、醇酸腻子、氨基烘漆等配套使用	漆膜细腻,容易打磨,打磨后平整光滑	喷涂后可常温干燥。若喷涂后放置 0.5 h,再在 100~110 ℃温度下烘烤 1 h,可提高漆膜性能	多用其喷涂在有底漆和腻子的表面上或只有底漆的金属上,填平微孔和砂纹

续表

型号	名称	施工方法	性能	施工注意事项	应用
H06-9	环氧酯烘干二道底漆	施工以喷涂为主，用二甲苯稀释	填密性良好，可填密腻子孔隙、细痕，也易打磨	漆膜烘干后，可用水砂纸打磨，使底层平滑	作为汽车车身封闭底漆
C06-5	过氯乙烯二道底漆，又称过氯乙烯封闭漆	适宜喷涂，用X-3过氯乙烯漆稀释剂和F-2过氯乙烯防潮剂调整黏度，除防潮外还可防止发白。可与过氯乙烯底漆、腻子、磁漆、清漆等配套使用	可填平微孔和砂纹，打磨性较好，能增加面漆的附着力和丰满度		作为头道底漆和腻子层上的封闭性底漆

七、车身用面漆

车身用面漆是汽车车身覆盖件多层涂层中最后涂层用的涂料，汽车的装饰性、耐候性、耐潮湿性和抗污性等性能要求主要靠面漆实现。在汽车车身生产中，尤其是在乘用车生产中，对汽车用面漆的质量要求非常高，具体如下。

（1）外观装饰。保证汽车车身具有高质量的、优美的外观，具有光彩亮丽的外观装饰性。

（2）硬度和抗崩裂性。面漆涂膜应坚硬耐磨，以保证涂层在汽车行驶中经受路面砂石的冲击和在擦洗车身时不产生划痕、裂纹。

（3）耐候性。按有关标准，要求汽车用面漆涂层在热带地区长期暴晒不少于12个月后，只允许极轻微的失光和变色，不得有起泡、开裂和锈点。

（4）耐潮湿性和防腐蚀性。涂过面漆的工件浸泡在 40~50 ℃ 的温水中或暴露在相对湿度较高的空气中，面漆应不起泡、不变色或不失光。整个涂装体系具有较强的防腐蚀性。

（5）耐药剂性。面漆涂层在使用过程中，若与蓄电池酸液、润滑油、制动液、汽油、各种清洗剂和路面沥青等直接接触，擦净后接触面不应变色或失光，也不应产生带色的印迹。

（6）施工性。在大量流水生产中，面漆的涂布方法多采用自动喷涂或静电喷涂，烘干温度一般为 120~140 ℃，时间以 30~40 min 为宜。在装饰性要求高时，面漆涂层应具有优良的抛光性能，以满足汽车在使用中对漆面光泽度翻新的要求。

汽车车身涂装常用面漆如表 7-20 所示。

表 7-20　汽车车身涂装常用面漆

型号	名称	组成	性能	施工注意事项	应用
B01-10	丙烯酸清烘漆	甲基丙烯酸酯，丙烯酸酯，甲基丙烯酸、β-烃乙酯，三聚氰胺甲醛树脂，增韧剂，苯、酮类溶剂	漆膜有较好的光泽、硬度、丰满度，以及防湿热、防盐雾、防霉变的性能，保色、保光性极好	供 B05-4 面漆罩光用	用于轿车车身
B05-4	各色丙烯酸烘漆	加颜料，其余与丙烯酸清烘漆组成相同	热固性漆，烘干后漆膜丰满，光泽及硬度良好，保色和保光性极好、三防性能好	用 B05-4 烘漆并掺入质量分数为 50%~70%的 B01-10 清烘漆喷涂罩光，作为最后工序	用于光泽要求高及三防性能好的轿车车身
A01-10	氨基清烘漆	氨基树脂，三羟甲基丙烷醇酸，丁醇二甲苯	漆膜坚硬，光泽平滑，耐潮及耐候性好	作为 A05-15 面漆罩光用	用于轿车室外金属表面罩光
A05-15	各色氨基烘漆	氨基树脂，三羟甲基丙烷，脱水蓖麻油，醇酸树脂，有机溶剂	漆膜硬度高，光亮度好，漆膜丰满，耐候性优良，附着力好，抗水性强	与电泳底漆、环氧树脂底漆配套，进入烘干室烘前，应在常温下静置 15 min	用于中级轿车车身
C04-49	各色醇酸磁漆	植物油改性醇酸树脂，颜料，加少量氨基树脂，催干剂，二甲苯	较好的耐候性，附着力，耐水耐油性也较好	加少量氨基树脂起防皱作用，故可一次喷得较厚、烘干温度 120~130℃，时间 30 min	用于汽车驾驶室表面涂布
Q04-31	硝基磁漆	低黏度硝化棉，有机硅改性，椰子油醇酸树脂，氨基树脂，增韧剂，溶剂(酯、醇、苯)	漆膜光亮平滑，坚硬、丰满、耐磨、耐温变及力学强度较好、户外耐久性好	面漆总厚度层控制100μm以内，在 100~110℃烘 1 h，可提高耐温变性	中、高级轿车车身

八、车身涂装的典型工艺

汽车涂装属于多层涂装。由于各种汽车的使用条件及外观要求不一样，涂装工艺也各不相同。国内外汽车车身涂装工艺可以分为 3 个基本体系。

1. 涂三层烘三次体系/涂层总膜厚 70~100 μm

碱性脱脂→锌盐磷化(有的涂装线采用 Ro Dip—Technology，即全旋反向浸渍输送技术)→干燥(120 ℃，10 min)→底漆涂层(喷涂溶剂型环氧树脂底漆，膜厚 15~25 μm，烘干(150 ℃，30 min))→干或湿打磨→干燥→中间涂层(静电自动喷涂溶剂型三聚氰胺醇酸树脂漆，膜厚 20~30 μm，烘干(150 ℃，30 min))→湿打磨→干燥→面漆涂层(喷涂三聚氰胺醇酸树脂系面漆(金属闪光色用丙烯酸树脂系)，膜厚 35~45 μm，烘干(130~140 ℃，30 min)。

外观装饰性要求高的乘用车车身一般都采用这一涂装体系。

2. 涂三层烘两次体系/涂层总膜厚 70~100 μm

碱性脱脂→锌盐磷化→干燥(120 ℃，10 min)→底漆涂层(电泳底漆，膜厚 15~25 μm，不烘干(仅晾干水分))→中间涂层(静电自动喷涂与电泳底漆相适应的水性涂料，膜厚 20~30 μm，烘干(100 ℃，10 min)，预烘(160 ℃，30 min，与底漆一起烘干)→面漆涂层(喷涂三聚氰胺醇酸树脂系面漆(金属闪光色用丙烯酸树脂系)，膜厚 35~45 μm，烘干(130~140 ℃，30 min)。

外观装饰性要求不太高的旅行车和大客车车身及轻型载货汽车的驾驶室等，一般采用这一涂装体系。

3. 涂两层烘两次体系/涂层总膜厚 55~75 μm

碱性脱脂→锌盐磷化→干燥(120 ℃，10 min)→底漆涂层(电泳底漆，膜厚 20~30 μm，烘干(160 ℃，30 min)→干或湿打磨→干燥→面漆涂层(喷涂三聚氰胺醇酸树脂系面漆(金属闪光色用丙烯酸树脂系)，膜厚 35~45 μm，烘干(130~140 ℃，30 min)。

中、重型载货汽车的驾驶室一般采用这一涂装体系。

习 题

7-1 采用二氧化碳保护焊时，对二氧化碳纯度要求(   )。
　A. 不得低于95%　　　　　　B. 不得低于90%
　C. 不得低于89.9%　　　　　D. 不得低于99.5%

7-2 敷设拉延筋时，根据凹模洞口几何形状的不同，筋条位置一定要保证与板料流动方向(   )。
　A. 平行　　　　　　　　　　B. 成 30°角
　C. 成 45°角　　　　　　　　D. 垂直

7-3 导电性好的材料，分流电阻小，分流(   )，焊点间距应适当(   )。
　A. 增大，减小　　　　　　　B. 减小，增大
　C. 增大，增大　　　　　　　D. 减小，减小

7-4 车身冲压对覆盖件材料有什么要求？

7-5 车身常用的覆盖件材料有哪些？

7-6 汽车覆盖件的冲压成形有什么特点？怎样才能延长汽车覆盖件模具的使用寿命？
7-7 覆盖件冲压模具有哪些？模具的制造顺序怎样安排？为什么？
7-8 点焊有哪些优点？如何调整其焊接规范？
7-9 车身常用的焊接方法有哪些？
7-10 常见的车身涂装体系有几种？举例说明。
7-11 车身用面漆有哪些种类？对施工的适应性如何？

第八章 汽车制造工装夹具设计

汽车零件从毛坯到成品，往往要经过多次机械加工。为了使加工出来的形状和表面达到图样上的尺寸和位置公差要求，在加工进行之前，必须使工件在机床上或夹具中占有正确位置。通常把确定工件在机床上或夹具中占有正确位置的过程，称为工件的定位。当工件定位以后，为避免在加工中受到切削力、重力、惯性力等其他外力的作用而破坏定位，还应该用一定的机构将工件牢牢固定住。工件定位后，将其固定住，使其在加工过程中保持定位位置不变的操作，称为夹紧。将工件在机床上或夹具中定位、夹紧的过程称为装夹。在成批、大量生产中，工件装夹是通过机床夹具来实现的。所谓夹具，就是能迅速把工件定位并固定在准确位置或同时确定操作工具位置的一种辅助装置。而在金属切削机床上采用的夹具称为机床夹具。

工件装夹是否正确、迅速、方便和可靠，将直接影响工件的加工质量、生产率、制造成本、操作工人劳动强度和操作安全。因此，根据具体的生产条件和工件的加工要求，正确而合理地选择工件的装夹方法，设计出合理、实用的机床夹具，也是机械加工工艺的重要内容之一。

第一节 工件的安装

一、工件的安装

第三章已介绍过安装与定位的概念，工件通过一次装夹后所完成的那一部分工序，就是安装。一道工序中可有一次或多次安装（见图 8-1 及其描述）。要完成一次正确的安装，就必须完成下述两方面的工作。

（1）工件必须正确定位。所谓工件的正确定位，就是加工时必须使工件的工序基准相对于刀具和机床有一正确位置。什么样的位置才算正确呢？要针对具体情况，进行具体分析。例如，图 8-1(a) 所示的工件，要求在卧式铣床上用三面刃铣刀铣削宽度为 6 的通槽，

保证工序尺寸 H、B 和 b。工序基准为表面 K_1 和 K_2。工件槽宽 b 是由铣刀宽度尺寸直接保证的,所以工序尺寸 b 与工件的定位无关,即与工件的位置无关。加工时,铣刀主切削刃 S_1 相对于机床工作台纵向进给运动的轨迹,形成槽的底面;侧切削刃 S_2 相对于机床工作台纵向进给运动的轨迹,形成槽的两侧面,这是由加工系统决定的。为了获得工件的尺寸 H、B 及平行度,工件装到机床上时必须使:K_1、K_2 平面与机床纵向进给方向平行;K_1 面与铣刀主切削刃 S_1 下母线保持距离 H;K_2 面与铣刀侧切削刃 S_2 间保持距离 B,如图 8-1(b)所示,这就是这个零件在加工时应具有的正确位置,只有这样,加工的结果才是正确的,否则无法满足加工要求。

图 8-1　工件加工时的正确定位
(a)零件图;(b)加工系统图

(2)工件必须合理夹紧。在加工过程中,为使作用于工件上的各种外力不破坏工件的正确定位,工件就必须合理夹紧。关于合理夹紧的概念将在后面的章节中介绍。

二、工件的安装方式

工件安装的中心任务是装夹。实现工件正确装夹的方法主要有:找正装夹法和机床专用夹具装夹法。

1)找正装夹法

找正装夹法是一简单易行的方法,又分为直接找正装夹法和划线找正装夹法。

(1)直接找正装夹法。对于形状简单的工件,可以采用直接找正定位的装夹方法,即用划针、百分表等测量工具直接在机床上找正工件的位置。例如,车削图 8-2 所示的套筒类工件内孔。若加工时只要求被加工内圆面 A 的加工余量均匀,这时可将工件装在四爪单动卡盘中,用划针直接指向被加工表面 A,慢慢回转四爪单动卡盘,调整至表面 A 与划针间的间隙大致相等,即实现了正确装夹。如果加工要求为被加工内圆面 A 与外圆面 B 同心,则应按外圆 B 找正。

(2)划线找正装夹法。对于形状复杂(如箱体零件)或对正精度要求相对较高的零件,采用直接找正装夹法会顾此失彼,这时就有必要按照工序图的加工要求,在毛坯上划出中心线、对称线及各待加工表面的加工位置线,然后按照划好的线找正工件在机床上的位置进行加工。例如,在图8-3所示的工件上加工孔,首先按孔的位置尺寸划线;然后将划好线的工件装在台虎钳中,轻轻夹持,将钻头对准已划出的孔中心位置,然后夹牢,最后钻孔。

图8-2 套筒的装夹简图

找正装夹法通常是与四爪单动卡盘、机用台虎钳等通用机床夹具结合起来使用的。找正仅仅是解决工件的正确定位,而四爪单动卡盘、台虎钳等通用机床夹具,是用来夹紧工件的。对于一些大型工件,如发动机缸体、拖拉机传动机构箱体等,加工时也常用垫铁支承、划针找正、压板夹紧的找正装夹方法。

由上述分析可知,找正装夹法简便易行,但效率较低,劳动强度大,找正精度不稳定(因为它取决于找正方法、找正工具和操作工人技术水平)。但对于产品试制、单件生产、产量不大的加工场合,仍不失为一种经济而合理的装夹方法。

2) 机床专用夹具装夹法

所谓机床专用夹具,是指为某零件的某道工序而专门设计制造的夹具。在实际生产中,对于大批量生产的中小尺寸工件,常采用机床专用夹具来实现工件的装夹。夹具以找正装夹一定的位置(用定位键)安装在机床上,工件按定位原则(后边介绍)定位并夹紧在夹具中,不需要人工现场找正。这样既保证了工件的定位精度稳定,而且装卸方便迅速、生产效率高、工人劳动强度低,是当前最常用的装夹方法。

图8-4所示的钻床夹具是为加工图8-3所示工件的孔而专门设计的机床专用夹具。工件的加工要求是:钻孔,其轴线相距两工序基准面的距离分别为 A 和 B,孔的轴线垂直于底面。

图8-3 工件的划线找正装夹

1—夹具体;2—工件;3—钻模板;4—导孔(钻套);5—定位。

图8-4 工件用专用夹具装夹

机床专用夹具主要用于产品相对稳定而产量较大的场合。目前,为适应多品种、中、小批量生产的需要,已经出现了许多新颖的现代机床夹具,如组合夹具、可调整夹具和成组夹具等。

由上述分析可知,机床专用夹具除了能保证加工精度稳定、提高生产率、减轻工人劳动强度的作用外，还有扩大机床加工范围的作用。例如，在卧式车床刀架处安装镗孔夹具，车床主轴上安装镗刀，可对箱体轴承座孔进行加工。

三、工件位置公差的保证

前边介绍了工件尺寸和形状的获得方法。那么，工件的位置公差如何保证呢？所谓位置，就是工件上几何要素间的相互位置关系，如垂直度、平行度等。从上述分析可知，采用不同的装夹方法，保证工件位置公差的方式也不同。采用找正装夹法时，由找正的结果保证工件的位置公差；使用机床专用夹具装夹工件时，为保证工件位置公差，工件在机床夹具中必须正确定位。除此之外，还应满足以下条件。

(1) 夹具定位元件与夹具安装基准应有正确位置关系。因为机床夹具是通过夹具安装基准(钻床和铣床夹具的夹具体底面)装在机床工作台上的，所以机床夹具定位元件相对于机床夹具安装基准应具有正确的位置关系。

(2) 机床夹具应正确定位。机床夹具装到机床上时，应使机床夹具的安装基准相对于机床保持正确位置，即机床夹具相对于机床保持正确位置，这个过程称为机床夹具的定位。例如，图8-4所示的钻床夹具通过导引孔(钻套)4与钻床主轴同心实现机床夹具的定位。这可以由装在钻床主轴上的钻头插入钻套孔内达到，也可以由在钻床主轴上装一杠杆千分尺找正钻套中心的方法达到。铣床夹具可通过夹具底面的定位元件装在铣床工作台T形槽内实现。总之，机床夹具的定位可以通过机床夹具的某一特定元件实现。

(3) 应正确对刀。机床夹具装在机床上后，还应使刀具切削刃相对于工件或夹具定位元件具有正确位置关系，这一过程称为对刀。为对刀，机床夹具上一般都安装有使刀具相对于夹具定位元件能处于正确位置的元件，如钻床夹具的钻套(导向元件)，铣床夹具的对刀块(对刀元件)等。

第二节 机床夹具的组成及其分类

一、机床夹具的组成

对于不同的工件和不同的工序，机床夹具的实际结构是千差万别的。机床专用夹具是为某零件的某道工序而专门设计制造的，但总的来说，机床夹具应由以下几个部分组成。

(1) 定位元件。从上节对机床专用夹具装夹工件过程的分析可知，夹具的首要任务是对工件进行快速定位和牢靠夹紧。因此，不论何种夹具，都必须设置用以确定工件正确位置的定位元件，如图8-4中3个坐标面上的支承钉、支承块。

(2) 夹紧装置。夹紧装置是在工件定位好正确位置后，将工件牢靠地固定在定位位置的夹紧机构。定位元件和夹紧装置都是与保证工件加工精度直接有关的重要部件。

(3) 对刀、导向元件。用专用夹具装夹工件进行加工时，基本上都采用调整法加工。为便于快速、准确调整刀具的正确位置，根据不同加工情况，可在夹具上设置确定刀具(铣、刨刀等)位置或引导刀具(孔加工所用刀具)方向的对刀、导向元件。例如，图8-4

中引导钻头的钻套。

（4）夹具连接元件。夹具最终要安装在机床上。为保证工序尺寸和位置公差要求，夹具相对于机床也必须保持正确位置。因此，在夹具上一般设置有定位和固定用的连接元件，以便可靠保持夹具在机床上的正确位置。例如，铣床、刨床夹具底面上装的定位键等，就是夹具与机床工作台保持一定位置关系的连接元件。

（5）夹具体。夹具体是夹具的骨架，夹具上的所有组成元件，最终都必须通过它连接成一个有机整体。夹具体保证了各元件之间的相对位置，因此夹具体的结构一般都比较复杂，既要有足够的刚度，也要有足够的强度，还要有高的加工精度。

（6）其他装置或元件。按照工序的加工要求，有些夹具上还设有其他装置或机构，如进行多工位加工用的分度机构、动力装置的操纵系统等。

不是每个夹具都必须完全具备上述各组成部分。一般来说，定位元件、夹紧装置、夹具体是夹具的基本组成部分。这些元件和装置与工件、机床，刀具间的关系如图8-5所示。图8-6是典型的用于连杆铣槽加工的铣床夹具装配图。

图8-5 专用机床夹具的组成及其与工件、机床、刀具间的关系

1—菱形销；2—对刀块；3—定位键；4—夹具底板；5—圆柱销；6—工件；
7—弹簧；8—螺栓；9—螺母；10—压板；11—止动销。

图8-6 用于连杆铣槽加工的铣床夹具装配图

· 306 ·

二、夹具的分类

机床夹具是夹具中的一类。对于夹具的分类，目前为止还没有一个统一的标准，通常按下述方法进行分类：按工艺过程的不同，夹具可分为机床夹具、装配夹具、焊接夹具等；按机床种类的不同，机床夹具又可分为车床夹具、铣床夹具、钻床夹具等；按所采用的夹紧动力源的不同，又可分为手动夹具、气动夹具等，如表8-1所示。下面着重讨论按夹具结构与夹具零部件通用性程度来分类的机床夹具。

表8-1 夹具的分类

夹具（按工艺过程不同分）	机床夹具	按结构和零部件通用性分				按机床种类分								按动力源类型分						
		机床附件类夹具	可调夹具		随行夹具	组合夹具	专用夹具	车床夹具	铣床夹具	钻床夹具	镗床夹具	刨床夹具	磨床夹具	拉床夹具	齿轮机床夹具	其他夹具	手动夹具	气动夹具	液压夹具	气液夹具	电动夹具	磁力夹具	真空夹具	其他夹具
			普通可调	成组夹具																				
	检验夹具																							
	装配夹具																							
	焊接夹具																							
	其他工种夹具																							

1. 通用夹具

通用夹具指已经标准化、可用于在一定范围内加工不同工件的夹具，如三爪自定心卡盘、四爪单动卡盘、机用平口钳、回转工作台、万能分度头、中心架、电磁吸盘等。这类夹具作为机床附件，其通用性强，不需调整或稍加调整就可用于不同工件的加工。采用这类夹具可缩短生产准备周期，减少夹具品种，从而降低生产成本。这类夹具的缺点是夹具的加工精度不高，生产率较低，夹紧工件操作复杂，故主要用于单件、小批量生产中。

2. 机床专用夹具

机床专用夹具是根据零件加工工艺过程中某道工序的需要而专门设计的夹具。该夹具只为某种产品零件在某一道工序上的装夹使用，不具备通用性，具有定位准确、装卸工件迅速、效率高、加工质量好等优点。机床专用夹具主要适用于产品品种相对稳定而产量比较大的场合，如图8-7所示的钻床夹具。有的机床专用夹具，工件在其上第一工位加工完毕后，旋转90°进行第二次装夹，完成第二工位的加工。

1—锥柄；2—定位衬套；3—花盘；KH1—钩形螺栓；KH2—定位元件；KJ1—压板座。

图 8-7 车削盘、套类零件内、外圆的成组夹具

3. 组合夹具

组合夹具是用预先制造好的和系列化的一套标准零件和部件根据加工工序的需要拼装而成的，组装后可完成某工件的某一道工序的加工，加工完一批工件后再拆开、清洗和储存，以便多次重复使用的机床专用夹具。

组合夹具拼装周期短，可拼装成钻床、镗床、车床、铣床等机床夹具。由于可重复使

用,所以装备成本降低。但需储备大量标准的零部件,而且夹具刚性一般也较机床专用夹具低,主要应用于单件、小批生产。

4. 成组夹具

成组夹具是可用于一组同类(结构相似)零件加工的一套夹具。当从加工工件组中的某一种工件转为加工另一种工件时,只要调整(或更换)夹具中的个别元件(或专用调整件)即可进行装夹和加工。在多品种、中、小批量生产中采用成组加工时,大多采用成组夹具。图 8-7 为车削盘、套类零件内、外圆面的成组夹具,它用于加工与端面相垂直的孔、外圆面及其他端面,或两端面有同轴度(表面 P 与内孔、外圆面)要求的工件。压板座组件 KT1 可根据工件大小在槽内作径向移动以调整钩形螺栓夹紧位置,不用时还可拆除。钩形螺栓 KH1 可视工件大小更换。根据工件定位基准不同,定位元件 KH2 也可以更换。图 8-7(a)所示的加工零件组简图就是这套成组夹具所能装夹和加工的零件。

其他几种机床夹具就不介绍了。

第三节　工件在夹具中的定位及误差分析

第三章第二节已经分析过保证加工要求所必须限制的第一类自由度。这些自由度是如何被限制的呢? 下面详细分析这个问题。

工件在机床上或夹具中定位时,其第一类自由度是通过工件的定位基准(或基面)与机床或夹具定位元件相接触或配合而被限制的。不同结构的定位基准(或基面)与不同结构类型的定位元件相接触或配合,所能限制的自由度是不同的。定位元件到底有哪些类型呢? 它们又是如何限制工件的自由度的呢? 下面以定位基准(或基面)的不同类型为例,介绍各种常用的定位元件及其所限制的自由度(数量和方向)。

工件上常用的定位基准(或基面)主要有平面、内圆面、外圆面、内锥面、外锥面及成形面(如渐开线表面)等。

夹具中常用的定位元件主要有:支承钉、支承板、定位销(心轴)、定位套、V 形块等。夹具中的定位元件是确定工件正确位置的重要零件,它经常要与工件的定位基准(或基面)接触或配合。为了提高定位精度,延长夹具的使用寿命,夹具的定位元件需要满足以下要求。

(1)要有一定的精度。定位元件的制造精度直接影响被定位工件的加工精度。因此,人们对定位元件的尺寸及形位公差都提出了严格的要求。一般定位元件的尺寸及位置公差应当控制在被定位工件相应尺寸及位置公差的 $1/5 \sim 1/2$。

(2)要有良好的耐磨性。在加工过程中,每一个工件的定位基准(或基面)都要与定位元件接触或配合一次,因此定位元件很容易磨损。为了能长期保持定位元件的定位精度,它必须具有良好的耐磨性。

(3)要有足够的刚性。为保证在受到夹紧力、切削力等力的作用下不致发生较大的变形而影响加工精度,定位元件必须具有足够的刚性。

一、工件以平面定位

工件以平面作为定位基准的情况是非常多见的,这时工件的定位平面是与定位元件相接触而实现定位的,与其接触的定位元件主要有下列几种。

1)支承钉

图8-8列出了3种支承钉的结构形式,其中A型为平头支承钉,常常用于支承精基准平面。B型为球头支承钉,常常用于支承粗基准平面。C型为齿纹平面支承钉,与定位面间的摩擦因数较大,从而增大了定位的可靠性,但槽中易积屑,多用于倾面定位。支承钉的结构已标准化,使用时可直接查阅相关标准。

图8-8 支承钉结构

(a)平头支承钉;(b)球头支承钉;(c)齿纹平面支承钉

通常将一个支承钉视为一个支承点,能限制一个自由度(移动或转动),所限制自由度的方向随定位系统的情况而定。如图8-9(a)所示的工件定位情况,当工件的轴线平行于 y

轴放置时，支承钉限制 $\hat{x}$（限制移动），而图 8-9（b）中的支承钉则限制转动。

图 8-9　支承钉限制的自由度

(a)支承钉限制 $\hat{x}$；(b)支承钉限制转动

2）支承板

支承板的结构形式如图 8-10 所示。A 型结构简单，但埋头螺钉处容易积屑，清理切屑比较麻烦，适用于侧面和顶面定位；B 型支承板在螺钉孔处开有斜凹槽，易于保持工作面清洁，适用于底面定位。单个支承板限制 2 个自由度（移动和转动）。支承板多用于支承已加工过的平面。

图 8-10　支承板结构

如图 8-11 所示，当被支承定位的基准平面较大时，为了提高支承刚度，常用几块支承板组合成一平面。为保证几块支承板的工作面（支承钉亦同）在同一面上，在组装到夹具体上之后，应将其工作面一起再磨一次。多个支承板联合工作限制多少自由度呢？图 8-11 下平面上的 4 个支承板所组成的平面 I 限制 3 个自由度——$\hat{z}$、$\widehat{x}$、$\widehat{y}$；侧面上的单个支承板 II 限制 2 个自由度——$\hat{x}$、$\hat{z}$。

· 311 ·

图 8-11 支承板定位图

3)可调支承

可调支承就是支承高度可以调节的支承,其结构形式很多,如图 8-12(a)所示。可调支承多用来支承工件的粗基准面,其可调性完全是为了弥补粗基准面的制造误差,一般每加工一批毛坯时,根据粗基准的误差变化情况,相应加以调整。

可调支承的应用实例参见图 8-12(b)。工件用两个未加工过的阶梯平面 Ⅰ 及 Ⅱ 作为定位粗基准,在工件粗基准平面 Ⅰ 上用 2 个固定支承钉定位,在平面 Ⅱ 处用了 1 个可调支承来定位。当不同批次的毛坯使得 2 个粗基准平面 Ⅰ 与 Ⅱ 之间存在较大尺寸误差时,为保证加工余量均匀或保证加工平面与非加工平面之间的尺寸和位置公差,在加工不同批次的毛坯件时,就可以调整可调支承的高度,以弥补不同批次毛坯的制造误差,保证加工质量。

(a)

(b)

1—调节支承钉;2—锁紧螺母。

图 8-12 可调支承的结构形式及其应用实例

(a)可调支承的结构形式;(b)可调支承应用实例

4) 自位支承

自位支承的结构类型很多。图8-13所示为5种结构的自位支承，它们都有一共同特点，即与工件是多点接触（二点或三点），但通过它们自身的浮动机构，可实现对工件仅起一个支承点的作用，所以只限制一个自由度。在有些定位系统中，既要求增加支承点数目，以减少工件变形或减小接触应力，又要求只限制一个自由度时，可使用自位支承。

图8-13　自位支承结构

(a)、(b)二转一；(c)三转一；(d)、(e)一小平面转一

5) 辅助支承

生产中，由于工件形状以及夹紧力、切削力、工件重力等原因可能使工件定位后产生变形或定位不稳定。为了提高工件的安装刚性和稳定性，常需要设置辅助支承。辅助支承在定位支承对工件定位后才参与支承，不起定位作用，一般设有调整和锁紧机构。

图8-14为辅助支承的典型结构。图8-14(a)中的辅助支承1的高度低于主要支承，工件定位后，必须逐个调整，以适应工件定位表面位置的变化，其特点是结构简单，但在调节时需转动支承，这样可能会损伤工件的定位面。图8-14(b)所示的结构避免了这种缺点，调节时转动螺母2，辅助支承1只做上下直线运动。这两种结构，动作较慢，拧动时用力不当会破坏工件定位。图8-14(c)中的辅助支承1的高度高于主要支承，当工件放在主要支承上后，靠弹簧3的弹力使辅助支承1与工件表面接触，转动手柄4，将辅助支承1锁紧。为了防止锁紧时将辅助支承1顶出，α不应太大（一般取7°～10°），以保证有一定自锁性。

1—辅助支承；2—螺母；3—弹簧；4—手柄；5—顶柱。

图 8-14 辅助支承

由于采用辅助支承会使夹具结构复杂，增加操作时间。因此，当定位基准平面精度较高而允许过定位时，可用固定支承代替。各种辅助支承在每次卸下工件后，必须松开，装上工件后再调整和锁紧。

二、工件以内孔定位

以内孔来定位的工件很多，如盘类零件、套类零件、齿轮、杆叉类零件等，此种定位方式在生产中应用很广。工件的内孔定位面是与定位元件相配合而实现定位的，这样的定位元件常用的有心轴、圆柱定位销和圆锥销。

1）心轴

实际应用中的心轴的结构形式很多，但按其与孔的配合性质主要有下列3种典型结构。

(1) 锥形心轴。锥形心轴的锥度一般为 1/5 000～1/1 000，属于小锥度心轴，如图 8-15(a) 所示。小锥度既可以防止工件在轴上倾斜，也可以提高定位精度。工件定位时，是依靠心轴的锥体定心和胀紧。锥形心轴能限制5个自由度（沿心轴轴线方向的定位精度取决于工件定位孔的加工精度，如要提高此方向的定位精度，则应严格控制定位孔的加工精度），除绕心轴轴线转动的自由度不能限制外，其余的自由度都受到限制。

(2) 过盈配合圆柱心轴。心轴的定位部分与工件的定位孔是过盈配合，工件须经压力机将其压入心轴的定位部分，如图 8-15(b) 所示。一般最大过盈量不超过 $\dfrac{H7}{r6}$，以免压入工件的压力过大使工件过分变形而遭受损坏。为了使工件方便、迅速而准确地装配，在心轴前端设置导向部分。心轴末端为传动部分，起带动心轴运动的作用。这种心轴定心精度较高，能传递一定扭矩，常用于车床精车盘套类零件。过盈配合圆柱心轴能限制4个自由度，即限制除沿心轴轴线的移动和绕心轴轴线的转动以外的4个自由度。

1—导向部分；2—传动部分；3—定位部分。

图 8-15　常用的刚性心轴结构

(a)锥形心轴；(b)过盈配合圆柱心轴；(c)间隙配合圆柱心轴

(3)间隙配合心轴。心轴定位部分与工件定位孔是间隙配合，其配合间隙可按$\frac{H7}{h6}$或$\frac{H7}{g6}$或$\frac{H7}{f7}$设计，如图 8-15(c)所示。心轴轴肩作轴向定位。间隙配合心轴装卸工件较为方便，但定心精度较差。工件是靠心轴右端的螺母夹紧的。为装卸工件迅速，还采用了开口垫圈。这种心轴能限制 5 个自由度，除绕心轴轴线转动的自由度不能限制外，其余的自由度都受到限制。

2)圆柱定位销

图 8-16 为常用圆柱定位销的结构。圆柱定位销与定位孔基本上都采用间隙配合。按圆柱定位销与夹具体的安装配合性质可将圆柱定位销分为两类。一类如图 8-16(a)所示，是固定式的，它直接以$\frac{H7}{r6}$过盈配合压入夹具体孔内。另一类如图 8-16(b)所示，为可换式的。在大批量生产中，圆柱定位销的磨损是不可避免的。为方便地更换磨损了的圆柱定位销，采用这种可换式的结构。有时为了提高定位销安装孔的耐磨性，在夹具体上的安装孔中压有固定衬套，定位销以$\frac{H7}{h6}$配合装在衬套内，并用螺母拉紧。目前，定位销已标准化，使用时可查阅相关标准，也可根据自己的特殊需要自行设计。

图 8-16　常用定位销的结构

(a)固定式；(b)可换式

圆柱定位销与工件内圆柱面配合定位时,定位元件所能限制的自由度也可根据定位面与定位元件的有效接触长度 L 与定位孔直径 D 之比而定。当 $L/D \geqslant 1$ 时,可认为是长圆柱定位销与圆孔配合,它们限制了 4 个自由度(单指与孔配合的圆柱定位面),即限制除沿轴线的移动和转动以外的 4 个自由度;当 $L/D<1$ 时,可认为是短圆柱定位销与圆孔配合,它限制 2 个自由度(被限制自由度的方向视具体定位系统而定)。

3)圆锥销

圆锥销也常常用作孔的定位元件,如图 8-17 所示。图 8-17(a)用于已加工过的孔,图 8-17(b)用于未加工过的孔。用圆锥销定位时限制 3 个自由度(被限制自由度的方向视具体定位系统而定)。圆锥销与夹具体的连接方式也可以做成像圆柱销一样,呈固定式和可换式两种。

图 8-17 工件圆孔在圆锥销上的定位
(a)用于已加工过的孔;(b)用于未加工过的孔

三、工件以外圆定位

工件以外圆面定位也是一种非常普遍的定位方式。常用的定位元件有 V 形块、半圆定位块、定位套、自动定心机构、支承板、支承钉等。V 形块、支承板和支承钉是与外圆面相接触而实现定位的。半圆定位块、定位套和自动定心机构则是通过与外圆面相配合而实现定位的。实际使用中,V 形块应用最广,其结构简单,定位精度适中,不仅适用于完整的外圆面定位,而且也适用于非完整的外圆面和多级台阶外圆面的定位。因此,下面介绍 V 形块定位的情况,其他定位元件的定位情况可参照 V 形块自行分析。

常用的 V 形块结构如图 8-18 所示。图 8-18(a)为整体式结构,常用于精基准且定位圆柱面为等直径的定位系统中;图 8-18(b)为组合式结构,可用于定位面较长或两段定位基面(直径可不相同)分布较远以及粗基准的定位系统中。

V 形块在对工件定位时,起对中作用,即能使工件外圆轴线与 V 形块两斜面的对称平面重合。

图 8-18 V 形块的结构
(a)整体式；(b)组合式

V 形块两斜面的夹角 α 一般取 60°、90°和 120°，其中最常用的是 $\alpha=90°$。V 形块的结构和基本尺寸均已标准化。如果有必要自行设计时，则可参照图 8-18(a)所列尺寸进行计算。由图 8-18(a)可知，V 形块的基本尺寸有：d——V 形块的标准心轴直径(即工件定位基面外圆直径的平均值)，H——V 形块高度，T——V 形块放标准心轴时的标准定位高度(这是检验 V 形块加工是否合格的重要尺寸)，N——V 形块的开口尺寸。

设计 V 形块时，工件直径 d 是已知的，而 N 与 H 可参照标准先行确定，也可根据定位系统的实际结构尺寸而定(尺寸 N 不应小于 V 形块与工件接触的实际宽度)，然后计算出尺寸 T。尺寸 T 的计算如下。

由图 8-18(a)可知

$$T - H = \overline{OB} - \overline{O_1B}$$

而

$$\overline{OB} = \frac{d}{2\sin\frac{\alpha}{2}}; \quad \overline{O_1B} = \frac{N}{2\tan\frac{\alpha}{2}}$$

所以

$$T = \frac{d}{2\sin\frac{\alpha}{2}} - \frac{N}{2\tan\frac{\alpha}{2}} + H$$

当：$\alpha=60°$时，$T=H+d-0.867N$；
$\alpha=90°$时，$T=H+0.707d-0.5N$；
$\alpha=120°$时，$T=H+0.578d-0.289N$。

工件在 V 形块中定位时，当工件外圆与 V 形块定位接触线(图 8-18 中 L)较长时($L/d\geq 1$)，相当于长 V 形块与外圆接触定位，它限制 4 个自由度，即除了沿被定位圆面轴线的移动和绕该轴线的转动以外的 4 个自由度；当接触线较短时($L/d<1$)，相当于短 V 形块与外圆接触定位，限制 2 个自由度(单个短 V 形块使用时)，所限制自由度的方向视具体定位系统而定(见图 8-19)。

1—固定V形块；2—支承环；3—可移动V形块；4—夹紧螺杆。

图8-19 可移动V形块的应用

V形块既可以做成固定式的，也可以做成可移动式的。移动式的V形块还兼起夹紧工件的作用，也可以补偿毛坯尺寸变化对定位的影响，其典型应用实例如图8-19所示。图中加工的是一连杆类零件。加工内容是钻工件两端的孔，且保持两孔轴线在工件杆身纵向对称平面内。工件以底面和两端弧面为定位基准(基面)，定位元件是两支承环和两V形块。两个支承环所组成的平面与工件底面接触定位，限制3个自由度(以主视图的方位放入坐标系中，3个自由度的方向是：$\vec{z}$、$\hat{x}$、$\hat{y}$)；工件左端圆弧面与固定V形块1接触(短V形块)，限制2个自由度(2个自由度的方向是：$\vec{x}$、$\vec{y}$)；工件右端圆弧面与可移动V形块3接触，限制1个自由度(1个自由度的方向是：$\vec{z}$)。这里，可移动V形块3除了起到定位和借助螺杆起到夹紧元件作用外，同时又可利用其在x方向可移动的特点来补偿毛坯尺寸变化时对定位的影响。

表8-2列举了一些常用定位元件及其组合所限制的自由度，供设计定位系统时参考。

表8-2 常见定位元件及其组合所限制的自由度

工作的定位面	夹具的定位元件			
		定位元件	1个支承钉	2个支承钉	3个支承钉
平面	支承钉	图示	(图)	(图)	(图)
		限制的自由度	$\vec{x}$	$\vec{y}$、$\vec{z}$	$\vec{z}$、$\hat{x}$、$\hat{y}$

续表

工作的定位面		夹具的定位元件		
		定位元件	1块支承板	2块支承板	3块支承板(大平面)
平面	支承板	图示			
		限制的自由度	$\vec{x}$、$\vec{z}$	$\vec{z}$、$\hat{x}$、$\hat{y}$	$\vec{z}$、$\hat{x}$、$\hat{y}$
圆孔、内圆锥面	圆柱销	定位元件	短圆柱销	长圆柱销	两段圆柱销
		图示			
		限制的自由度	$\vec{y}$、$\vec{z}$	$\vec{y}$、$\vec{z}$、$\hat{y}$、$\hat{z}$	$\vec{y}$、$\vec{z}$、$\hat{y}$、$\hat{z}$
		定位元件	菱形销	长销小平面组合	短销大平面组合
		图示			
		限制的自由度	$\vec{z}$	$\vec{x}$、$\vec{y}$、$\vec{z}$、$\hat{y}$、$\hat{z}$	$\vec{x}$、$\vec{y}$、$\vec{z}$、$\hat{z}$、$\hat{y}$

续表

工作的定位面	夹具的定位元件			
	定位元件			
圆孔、内圆锥面	圆锥销	定位元件	固定圆锥销	浮动圆锥销	固定、浮动锥销组合
		图示			
		限制的自由度	$\vec{x}$、$\vec{y}$、$\vec{z}$	$\vec{y}$、$\vec{z}$	$\vec{x}$、$\vec{y}$、$\vec{z}$、$\hat{y}$、$\hat{z}$
	心轴	定位元件	长圆柱心轴	短圆柱心轴	小锥度心轴
		图示			
		限制的自由度	$\vec{x}$、$\vec{z}$、$\hat{x}$、$\hat{z}$	$\vec{x}$、$\vec{z}$	$\vec{x}$、$\vec{z}$、$\vec{y}$
	V形块	定位元件	1块短V形块	2块短V形块	1块长V形块
		图示			
		限制的自由度	$\vec{x}$、$\vec{z}$	$\vec{x}$、$\vec{z}$、$\hat{x}$、$\hat{z}$	$\vec{x}$、$\vec{z}$、$\hat{x}$、$\hat{z}$

续表

工作的定位面	夹具的定位元件			
	定位元件	1个短定位套	2个短定位套	1个长定位套
圆孔、内圆锥面	定位套 图示			
	限制的自由度	$\vec{x}$、$\vec{z}$	$\vec{x}$、$\vec{z}$、$\hat{x}$、$\hat{z}$	$\vec{x}$、$\vec{z}$、$\hat{x}$、$\hat{z}$
	定位元件	前后顶尖	浮动前顶尖和后顶尖	锥形心轴
锥顶尖和锥度心轴	图示			
	限制的自由度	$\vec{x}$、$\vec{y}$、$\vec{z}$	$\vec{y}$、$\vec{z}$	$\vec{x}$、$\vec{y}$、$\vec{z}$、$\hat{y}$、$\hat{z}$

注意：表8-2中所标方向是参照本书规定的坐标系，若参照的坐标系与本书不同，方向将发生变化。

四、用工件上的两孔一面定位

前一小节所介绍的定位情况，都是以工件单一的几何表面(如平面、内圆柱面、外圆柱面)作为定位基准的，这都是一些非常典型的定位情况。但一般工件是很少以单一几何要素作为定位基准的，通常都是以两个以上的几何要素联合起来作为定位基准，即以组合表面定位，如用一孔和一端面、一平面及其上的两孔、一外圆和一端面、阶梯轴的两外圆和一端面定位等。

如果工件以一组几何要素作为定位基准来定位，那么也应当由多个定位元件联合成一个定位系统。由于多个定位元件彼此之间还有一定的尺寸或位置联系，因此定位系统变得比较复杂。

在组合定位系统中，有下述几种定位情况。

(1)完全定位。所谓完全定位，就是定位系统限制了工件的全部自由度(即6个自由度)。

(2)部分定位。所谓部分定位,就是定位系统限制工件的自由度数少于6个。在这类定位系统中,若定位系统限制工件的自由度数大于工件的第一类自由度且方向也一致,为正确定位;反之,为非正确定位或欠定位。

(3)欠定位。所谓欠定位,就是工件的第一类自由度(包括数量和方向)没有得到全部限制。这类定位系统在加工中是绝对不允许出现的。

(4)重复定位。所谓重复定位,就是定位系统中出现一个自由度同时被两个以上的定位元件限制。亦称为过定位或超定位。

下面举例说明如何分析组合定位系统及出现重复定位时的处理。

图8-20(a)为一箱体零件的工序图,本工序加工前,其底面 P 及孔 D 已经加工好,本工序加工要保证工序尺寸 B 及 A。由前面的知识可知,此箱体零件的第一类自由度为 $\vec{x}$、$\vec{z}$、$\hat{x}$、$\hat{y}$ 和 $\hat{z}$(共5个)。由两支承板、两支承钉和一短定位销组成的联合定位系统如图8-20(b)所示,底面上的两支承板1限制3个自由度:$\vec{z}$、$\hat{x}$、$\hat{y}$;工件端平面 F 与侧面两支承钉2接触,限制2个自由度:$\hat{y}$、$\vec{z}$(这时所限制的自由度数已是5个,但它是欠定位,因为第一类自由度 $\vec{x}$ 没有被限制);为限制 $\vec{x}$,增设了与孔 D 配合的短定位销3,但短定位销同时又限制了 $\vec{z}$(因为一短定位销限制2个自由度)。这时,$\vec{z}$ 同时被2个定位元件限制,这就是所谓的过定位,$\vec{z}$ 是过定位自由度。过定位对加工精度有影响,下面进行分析。因工件上的尺寸 H_g 与夹具上的尺寸 H_x 不可能绝对相等,当 $H_g<H_x$ 时,可出现工件底面脱离支承板,使支承板失去定位作用的现象;当 $H_g>H_x$($H_g-H_x>X/2$,X 为孔与定位销的间隙)时,工件孔将装不进短定位销(见图8-21(b)),即出现了装夹干涉现象。在这样的组合定位系统中,为了既保证夹具定位的准确性,又不致发生无法装夹,可把短定位销改成如图8-20(c)所示的菱形销4,使定位销失去限制 $\vec{z}$ 的能力,就不会出现过定位了。菱形销的长轴方向应与 H_x 方向垂直。

1—支承板;2—支承钉;3—短定位销;4—菱形销。

图8-20 箱体的定位

(a)工序图;(b)过定位系统图;(c)正常定位系统图

图 8-21 菱形销的补偿作用

这时，夹具上的菱形销应做成多大尺寸，才能补偿箱体尺寸 H_g 和夹具尺寸 H_x 误差，保证能顺利地装入呢？从图 8-21(b)可知，在定位销和定位孔的中心距都处在最大误差的情况下，即 $H_g + \frac{1}{2}T_{H_g}$、$H_x - \frac{1}{2}T_{H_x}$ 时，孔与销中心的偏移量

$$\overline{O_g O_x} = \frac{\varepsilon}{2} = \frac{1}{2}(T_{H_g} + T_{H_x})$$

这一偏移量使销与孔产生月牙形的干涉区（图中交叉线部分）。如果将定位销削边，其圆弧带宽度 $b \leqslant \overline{EC}$，便不发生干涉。而 b 的大小，可按几何关系进行计算。由 $\triangle O_x AH$ 和 $\triangle O_x EH$ 可得

$$\overline{O_x A}^2 - \overline{AH}^2 = \overline{O_x E}^2 - \overline{EH}^2$$

式中：$\overline{O_x A} = \frac{D}{2}$；$\overline{EH} = \frac{b}{2}$；$\overline{O_x E} = \frac{d}{2} = \frac{D-X}{2}$。

$$\overline{AE} = \frac{\varepsilon}{2} = \overline{O_g O_x} = \frac{1}{2}(T_{H_g} + T_{H_s})$$

代入后得

$$\left(\frac{D}{2}\right)^2 - \left(\frac{b + T_{H_g} + T_{H_x}}{2}\right)^2 = \left(\frac{D-X}{2}\right)^2 - \left(\frac{b}{2}\right)^2$$

展开化简得

$$b = \frac{2XD - X^2 - \left(\dfrac{T_{H_g} + T_{H_s}}{2}\right)^2}{2(T_{H_g} + T_{H_s})}$$

略去二阶微量，得出削边宽度的常用公式

$$b \approx \frac{XD}{T_{H_g} + T_{H_s}} \tag{8-1}$$

在夹具设计时，已知定位孔 $D_0^{+T_D}$ 和孔中心距 $H_g \pm T_g/2$，则夹具有关元件尺寸按如下

步骤设计。

(1) 决定定位销 d 的中心距尺寸及其偏差,使 $H_x = H_g$,且 $T_{H_x} = (1/5 \sim 1/3)T_{H_g}$,要求定位准确时取小值。

(2) 决定菱形定位销基本尺寸及其偏差和削边宽度。如表 8-3 所示,按工件孔的基本尺寸 D,得 b、B。当采用修缘菱形销时,以 b_1 代替 b,再按式(8-1)计算最小配合间隙值

$$X = \frac{b(T_{H_g} + T_{H_x})}{D} \tag{8-2}$$

则 $d = D - X$,配合一般选用 h6。

表 8-3 菱形销尺寸   mm

菱形销直径 d	3~6	6~8	8~20	20~24	24~30	30~40	40~50
b	2	3	4	5	5	6	8
b_1	1	2	3	3	3	4	5
B	$d-0.5$	$d-1$	$d-2$	$d-3$	$d-4$	$d-5$	$d-5$

前面已经讲过,在实际生产中,工件大多采用组合要素定位,有的直接利用工件上的几何要素,而有的现有几何要素不能满足定位要求或不能满足基准统一的基准选用原则,则需要在工件上加工出辅助定位基准,这时常采用一面两孔定位方案。因为,一面两孔定位系统结构简单,属于完全定位系统,能满足各种定位要求。下面介绍实际生产中最常用的一面两孔定位系统。

图 8-22 为工件以一平面及其上的两孔作为定位基准的实例,通常称为一面两孔定位。一面两孔定位方式是汽车、拖拉机箱体零件加工中最常见的组合定位方式,如变速器壳体、气缸体(机体)、减速器壳体等零件的定位均采用这种定位方式。在夹具上相应地用一支承面(一般由多个支承板组合而成)和两短销作为组合定位元件,与相应的表面接触和配合实现定位,通常简称为一面两销定位。

1、2—短销;1′、2′—孔。

图 8-22 工件以一面两孔定位的实例

(a)定位面与定位元件;(b)定位示意图

定位时，短销1与孔1'、短销2与孔2'的最小配合间隙分别为X_1和X_2。这时，支承平面限制了$\hat{z}$、$\hat{x}$、$\hat{y}$这3个自由度。每个短销限制2个自由度，2个短销共限制4个自由度。很显然，定位系统共限制了7个自由度，定位系统肯定有过定位自由度。下面分析过定位自由度。假设一个短销(如销1，反之亦然)限制了$\hat{x}$、$\hat{y}$自由度，则另一短销2一定限制了$\hat{x}$(为什么不是$\hat{y}$呢？因为发生装夹干涉的方向一定在两销的连心线上)及$\hat{z}$自由度。这样，$\hat{x}$自由度被两短定位销同时限制了，是过定位自由度。与图8-22所示定位方式类似，在两孔和两销间的中心距都存在较大误差时，若短销$1(d_1)$插入孔$1'(D_1)$内之后，短销$2(d_2)$与孔$2'(D_2)$就很可能套不进去，即发生干涉现象。这时，出现定位干涉最严重的两种情况为：$L_x+T_{L_x}/2$和$L_g+T_{L_g}/2$或$L_x-T_{L_x}/2$和$L_g-T_{L_g}/2$。图8-22(b)所示为后一种情况。为解决这一矛盾，应该将短销$2(d_2)$在两销中心连线的垂直方向削边，变成菱形销，如图8-21(b)所示。在短销1与孔1'的轴线重合的条件下，由式(8-2)得菱形销d_2与D_2配合的最小间隙值

$$X_2 = \frac{b(T_{L_g} + T_{L_x})}{D_2}$$

夹具定位销及其他有关尺寸可参考图8-21计算。

由上述分析可知，在一面两销组合定位系统中，其中一销应做成菱形销，其长轴应垂直于两销的连线，共限制6个自由度。

在组合定位时，过定位将造成工件定位不稳定，或者使定位元件或工件发生变形，影响加工精度；严重时还会使工件无法装夹。因此，在一般情况下，应尽量避免产生过定位。但是，如果发生了过定位，在定位基准之间和定位元件之间的位置精度都很高的情况下，它对工件加工精度的影响不超过允许范围时，也是允许的。比如，在某些刚性较差的工件粗加工时，为避免工件受力后发生过大变形而影响加工精度，还有意识地设置若干过定位元件。由于增加了工件的支承刚性，因而将工件变形和加工误差控制在允许范围内，这时进行过定位也是允许的。还有，加工薄壁件和细长轴时，也经常利用过定位提高其支承刚度。

五、定位误差的分析与计算

前面我们已经分析了工件的正确定位以及各种定位元件。是否只要工件正确定位了，经过加工就能达到要求呢？回答是不一定。那么加工精度和定位元件还有什么关系呢？这就是接下来要分析的定位误差与计算。

(一)定位误差产生的原因

在机械加工过程中，造成工件产生加工误差的因素很多。在这些因素中，有一项是与夹具的定位系统有关的。

当用调整法加工一批工件时，工件是通过机床夹具固定在加工设备上的，工件在机床夹具上的定位过程中，会遇到工件的定位基准与工件的工序基准不重合的情况，从而引起

基准不重合误差以及工件的定位基准(基面)与定位元件工作表面本身存在制造误差(必然存在)，这些都将引起工件的工序基准偏离理想位置，由此引起工序尺寸产生加工误差。工件的工序基准沿工序尺寸方向上发生的最大偏移量称为定位误差，用 Δd 表示。

下面以实例说明定位误差产生的原因及组成。

在卧式铣床上加工如图 8-23(a) 所示的套状零件上的键槽。要求保证工序尺寸为 $b_0^{+T_b}$ 及 $A \pm T_A/2$。为这道工序设计的机床夹具以及定位系统如图 8-23(b) 所示，工件 1 装夹在夹具的心轴 2 上，心轴直径为 $d_{-T_d}^{0}$。

1—工件；2—心轴；3—铣刀。

图 8-23 定位方案简图

(a)工序图；(b)定位系统图

在这道加工工序中，要保证的工序尺寸有 b 和 A，工序尺寸 b 是由铣刀 3 的宽度直接保证的，与定位无关；而工序尺寸 A 是由工件相对于刀具的正确定位来保证的，其尺寸精度与定位有直接关系。

从图 8-23(a) 的工序图可知，工序尺寸 A 的工序基准是外圆面 d 的下母线。而在此定位系统中，夹具的对刀基准是心轴轴线；工件用内孔装在夹具心轴上实现定位，工件的定位基准为孔的轴线。显然，工件的定位基准与工序尺寸的工序基准没有重合(也就是工序尺寸的工序基准与夹具的对刀基准不重合)。不重合对工序尺寸有什么影响呢？假设孔与心轴配合间隙为零，孔的轴线与心轴的轴线就重合了。刀具的位置是按心轴轴线来调整的(对刀基准是心轴轴线)，并在加工一批工件过程中，不考虑其他因素(如刀具磨损、铣刀杆的变形等)时，其位置是不变的。假如需要保证的工序尺寸是图 8-24(a) 所示的尺寸 C 而不是 A，这时工件的定位基准、工序尺寸的工序基准和对刀基准是重合的(孔和销的轴心线)，加工出来的一批工件的尺寸 C 是一样的，即不存在因定位引起的加工误差。而现在要加工的是工序尺寸 A，尽管工件的定位基准(孔的轴线)和对刀基准(心轴轴线)在整个加工过程中保持位置不变，但外圆直径 d_g 在其尺寸公差内变动，从而引起工序基准在工序尺寸方向上产生位置变化，其最大值为 $T_{d_g}/2$。这就是由于工序基准与定位基准(对刀基准)不重合引起的基准不重合误差，以 $\Delta_{j,b}$ 表示，其值为

图 8-24 定位误差分析
(a)基准不重合；(b)基准位移

上述的定位误差(基准不重合误差)是在心轴与孔配合间隙为 0 的假设条件下分析的(这对上述分析结果没有影响)。实际上，由于心轴与孔存在最小间隙 X 以及孔与心轴本身的制造误差 T_D、T_d，工件在自重的作用下，孔和心轴的轴线必定不会时时重合，因此孔的轴线会偏离心轴轴线位置而下移(即工件的定位基准离开了永久保持的位置——对刀基准位置)，如图 8-24(b)所示。这时，如果不考虑外圆直径 d_g 的误差，工序尺寸也会出现加工误差。这种由于定位基面(孔)和定位元件(心轴)的制造误差，而使定位基准在工序尺寸方向上产生最大位置变化而引起的加工误差，称为基准位移误差，以 $\Delta_{j,y}$ 表示。本例中，由于工件的重力作用使得工件向单一方向位移，故有

$$\Delta_{j,y} = \frac{T_D + T_d + X}{2}$$

由于上述两项定位误差是相互独立存在的，所以对于工序尺寸 A 总的定位误差为

$$\Delta_{d(A)} = \Delta_{j,b} + \Delta_{j,y} = \frac{T_{d_g}}{2} + \frac{T_D + T_d + X}{2}$$

由上述实例可推论出定位误差产生的一般规律和计算方法如下。

(1)定位误差只产生在采用调整法加工一批工件的场合，如一批工件逐个按试切法加工，则不产生定位误差。

(2)定位误差 Δ_d 可以分为：①工序基准与定位基准(或对刀基准)不重合，引起的基准不重合误差 $\Delta_{j,b}$；②定位基准(基面)和定位元件本身存在制造误差和最小配合间隙，使定位基准偏离其理想位置，产生的基准位移误差 $\Delta_{j,y}$。

但这两部分误差并不是在任何情况下都存在，当定位基准与工序基准重合时，$\Delta_{j,b}=0$；当工序基准无位移变化时 $\Delta_{j,y}=0$。总的定位误差

$$\Delta_d = \Delta_{j,b} + \Delta_{j,y} \tag{8-3}$$

(3)定位误差可采用两种方法计算：①极限位置法，画出一批工件定位时引起工序尺寸变化的两个极限位置(最大和最小)，通过几何关系，直接找出工序基准的位置变化量在工序尺寸方向上的分量，即为该工序尺寸的定位误差。②单项计算合成法，根据定位误差的定义，分别计算基准不重合误差 $\Delta_{j,b}$ 和基准位移误差 $\Delta_{j,y}$，然后按照式(8-3)进行合成。但要特别注意一批工件从一种极限位置变为另一种极限位置时，$\Delta_{j,b}$ 和 $\Delta_{j,y}$ 的变化方向与

工序尺寸方向的关系，从而确定$\Delta_{j,b}$和$\Delta_{j,y}$的大小和符号。

由此可知，要提高定位精度，除了应使定位基准与工序基准重合外，还应尽量提高定位基准(基面)和定位元件的制造精度。

(二)定位误差的分析与计算

上面分析了定位误差产生的主观原因。那么已经确定了的定位系统如何分析计算它的定位误差呢？下面以不同类型的定位面为例，介绍定位误差的分析与计算。

由前面的分析可知，只要出现定位误差，就会使工序基准在工序尺寸方向上发生位置偏移。因此，分析计算定位误差，就是找出一批工件的工序基准位置沿工序尺寸方向上可能发生的最大偏移量。

1. 工件以平面定位时的定位误差

当工件以单一平面为定位基准时，平面与定位元件是直接接触的。若平面又是工序基准时，则基准是重合的，所以没有基准不重合误差，即$\Delta_{j,b}=0$；若平面不是工序基准，则基准是不重合的，所以一定存在基准不重合误差，即$\Delta_{j,b}\neq 0$。而基准位移误差有两种情况。

1)定位平面是未加工的毛坯表面

这种情况一般用三点支承方式，定位元件是球头支承钉，如图8-25(a)所示。由于毛坯面的制造误差，使得定位基准在ΔH范围内变化，故

$$\Delta_{j,y} = \Delta H$$

1—支承板；2—支承钉。

图8-25 平面定位误差

(a)粗基准平面；(b)精基准平面；(c)两个组合平面

2)定位平面是已加工过的平面

这种情况一般用多条支承板，也可以用支承钉，如图8-25(b)所示。由于平面已被加工过，可以认为定位基准(工序基准)没有位移变化，故

$$\Delta_{j,y} = 0$$

当工件以两个以上的组合平面定位时，要根据具体情况具体分析。其中，基准位移误差是由定位基准(平面)之间的位置误差产生的。例如，图8-25(c)所示的定位系统，该工序要求保证工序尺寸 b、H 及 B。其中，b 是由铣刀宽度保证的，尺寸 H 及 B 是靠工件相对于铣刀的正确定位来保证的。当以平面 K_1 和 K_2 为定位基准时，由于定位基准与工序基准重合(K_1 和 K_2 是工序基准)，基准不重合误差等于0。而基准位移误差，对于工序尺寸 H，它的工序基准和定位基准都是平面 K_1，且平面 K_1 是已加工表面，故基准位移误差也为0，即

$$\Delta_{d(H)} = \Delta_{j,\ b(H)} + \Delta_{j,\ y(H)} = 0 + 0 = 0$$

对于工序尺寸 B，它的工序基准和定位基准都是平面 K_2。由于平面 K_1 与 K_2 之间存在垂直度误差($90°±\Delta\alpha$)，因此在调整好的机床上加工一批工件时，将引起工序基准位置发生变化，故工序尺寸 B 也随之产生加工误差，其定位误差为

$$\Delta_{d(B)} = \Delta_{j,\ b(B)} + \Delta_{j,\ y(B)} = 0 + 2h\tan\Delta\alpha = 2h\tan\Delta\alpha \tag{8-4}$$

2. 工件以圆孔定位时的定位误差

与孔配合的定位元件有心轴、定位销和锥销。工件以圆孔在不同的定位元件上定位时，所产生的定位误差是随定位系统和孔与心轴(销)的不同配合性质而变化的。下面分析工件以圆孔在间隙配合心轴(或定位销)上定位的定位误差。根据心轴(或定位销)放置方位的不同，有两种情况。

1)心轴(或定位销)水平放置

在图8-26(a)所示的工件上钻一小孔，由工序图可知，工序基准与定位基准都是定值孔的轴线，基准是重合的，所以基准不重合误差为0。如图8-26(b)所示，由于孔和心轴存在制造误差和最小配合间隙，所以当工件装在心轴(定位销)上时，因其自重而下降使圆孔上母线与心轴上母线接触，引起定位基准(工序基准)发生偏移，偏移量如图8-26(c)所示。这就是基准位移误差，定位孔与心轴的最大间隙为($T_{D_g}+T_d+X$)，因为心轴水平放置，工件在重力的作用下，总是向单方向移动，故定位误差

$$\Delta_{d(A)} = \frac{1}{2}(T_{D_g} + T_d + X) \tag{8-5}$$

1—工件；2—心轴。

图8-26 心轴(定位销)水平放置时的定位误差

(a)工序图；(b)、(c)误差分析图

2) 心轴(定位销)垂直放置

现仍以图 8-26(a)所示的工件为例,在立式钻床上钻孔并保证工序尺寸 A。从图 8-27 可以看出,由于引起的工件工序基准变化范围,是以心轴轴线为圆心,直径为最大配合间隙的圆,因此,心轴垂直放置时的定位误差比水平放置时的定位误差增大 1 倍,即

$$\Delta_{d(A)} = T_{D_g} + T_d + X \tag{8-6}$$

有关孔与心轴(定位销)的过盈配合以及与锥销配合时的定位误差分析,这里不再赘述。

图 8-27 心轴(定位销)垂直放置时的定位误差

3. 工件以外圆定位时的定位误差

工件用外圆定位时,常用的定位元件有各种定位套、支承板、支承钉等。采用各种定位套、支承板、支承钉定位时,定位误差的分析可参照前述圆孔定位和平面定位的情况。下面主要分析工件外圆在 V 形块上定位时的定位误差。

在外圆尺寸为 $\phi d_{-T_d}^0$ 的圆柱体上铣一键槽,圆柱体放在 V 形块上定位,当键槽深度尺寸(工序尺寸 h)的标注方法不同(工序基准不同)时,出现如图 8-28 所示的 3 种情况。

1—工件的最大尺寸;2—工件的最小尺寸。

图 8-28 外圆在 V 形块上定位时的定位误差

(a)以外圆轴线为工序基准;(b)以外圆下母线为工序基准;(c)以外圆上母线为工序基准

1)以外圆轴线为工序基准

如图 8-28(a)所示,工序尺寸 h_1 的工序基准为工件轴线 O,而工件的定位基准也为工件轴线 O,两者是重合的(V 形块既是对中定位元件,也是定心定位元件),因此不存在基准不重合误差。但是,由于一批工件的定位基面——外圆柱面——有制造误差,使得工件与 V 形块接触时,将在最大尺寸 1 和最小尺寸 2 之间变动,从而引起工序基准 O 在 V 形块对称平面内发生偏移,移动的区间是 $\overline{O_1O_2}$,且 $\overline{O_1O_2}$ 的方向与工序尺寸一致,$\overline{O_1O_2}$ 的长度就是工序尺寸 h_1 的基准位移量,在这里也就是定位误差。故 $\Delta h = h_1' - h_1 = \overline{O_1O_2}$。定位

误差可通过 $\triangle O_1C_1C$ 与 $\triangle O_2C_2C$ 的关系求得，即

$$\Delta_{d(h_1)} = \overline{O_1O_2} = \overline{O_1C} - \overline{O_2C} = \frac{\overline{O_1C}}{\sin\frac{\alpha}{2}} - \frac{\overline{O_2C}}{\sin\frac{\alpha}{2}} = \frac{d}{2\sin\frac{\alpha}{2}} - \frac{d-T_d}{2\sin\frac{\alpha}{2}} = \frac{T_d}{2\sin\frac{\alpha}{2}} \quad (8-7)$$

2）以外圆下母线为工序基准

如图 8-28(b) 所示，工序尺寸以外圆下母线 B 为工序基准。这时，除了存在上述的定位基面制造误差而产生的基准位移误差外，还存在基准不重合误差。由图 8-28(b) 可知，定位误差

$$\Delta_{d(h_2)} = \overline{B_1B_2} = \overline{O_1O_2} + \overline{O_2B_2} - \overline{O_1B_1} = \frac{T_d}{2\sin\frac{\alpha}{2}} + \frac{d-T_d}{2} - \frac{d}{2} = \frac{T_d}{2}\left(\frac{1}{\sin\frac{\alpha}{2}} - 1\right) \quad (8-8)$$

3）以外圆上母线为工序基准

如图 8-28(c) 所示，工序尺寸为以外圆上母线 A 为工序基准。与第二种情况相同，定位误差也是由于基准不重合和基准位移误差共同引起的。由图 8-28(c) 可知，定位误差

$$\Delta_{d(h_3)} = \overline{A_1A_2} = \overline{O_1A_2} + \overline{O_1O_2} - \overline{O_2A_2} = \frac{d}{2} + \frac{T_d}{2\sin\frac{\alpha}{2}} - \frac{d-T_d}{2} = \frac{T_d}{2}\left(\frac{1}{\sin\frac{\alpha}{2}} + 1\right) \quad (8-9)$$

由上述分析可知，外圆在 V 形块上定位铣键槽时，键槽深度的工序基准不同，其定位误差也是不同的，即 $\Delta_{d(h_2)} < \Delta_{d(h_1)} < \Delta_{d(h_3)}$。从减少定位误差来考虑，标注尺寸 h_2 最佳。定位误差大小还与定位基面的尺寸公差和 V 形块的夹角 α 有关。α 越大，定位误差越小。但随着 α 的增大，其定位稳定性也将降低。当 α 增大到平角时，就变成了平面定位的情况，从而失去了对中定位的作用。

4. 工件以组合表面定位时的定位误差

工件以组合表面定位的情况非常多，其定位误差的分析与计算也较为复杂。但是，只要画出工件工序基准的两个极限位置，通过几何关系也是不难计算的。下面以生产中最常用的一面两销为例，说明组合定位时定位误差的分析与计算方法。

加工图 8-29 所示的箱体零件上的两孔 M_1 及 M_2。M_1 及 M_2 两孔的工序尺寸分别为 A、B、E 及 F。孔 I' 与圆柱定位销 I 配合，直径尺寸分别为 $\phi D_1{}^{+T_{D_1}}_{0}$ 和 $\phi d_1{}^{0}_{-T_{d_1}}$，最小配合间隙值为 X_1；孔 II 与菱形销 II' 配合，直径尺寸分别为 $\phi D_2{}^{+T_{D_2}}_{0}$ 和 $\phi d_2{}^{0}_{-T_{d_2}}$，最小配合间隙值为 X_2。两孔和两销的中心距分别为 $L \pm T_{L_g}/2$ 和 $L \pm T_{L_j}/2$。

从图 8-29(a) 可知，M_1 及 M_2 的工序基准有两个：孔 I' 的中心 O_1 以及孔 I' 与孔 II' 的中心连线。工件的定位基准为孔 I' 的中心 O_1 和孔 I'、孔 II' 的中心连线（实际上还有一个平面）。因此，M_1 及 M_2 孔的工序基准与定位基准是重合的，基准不重合误差等于 0。由此可知，只需要计算出基准位移误差，就可得到定位误差值。

图 8-29 双孔定位时的定位误差分析

基准位移误差包括两类,即沿图示 x 轴方向的基准位移误差(称纵向定位误差)和基准偏离理想位置的转动的基准位移误差($\Delta\alpha$、$\Delta\gamma$)。

1) 对于纵向定位误差

一般加工箱体零件时,由于箱体自重较大,定位销多为垂直放置。因此,加工孔 M_1 及 M_2 时,沿两孔中心连线方向的纵向定位误差与垂直放置的单销定位情况相同。定位误差也是由定位基面(孔)和定位元件(销)本身的制造误差及最小配合间隙引起的,工序尺寸 A、E 的定位误差值

$$\Delta_{d(A,\ E)} = T_{D_1} + T_{d_1} + X_1 = \Delta_1$$

因为一面两销定位时,圆柱销的配合间隙比菱形销的小,所以取 Δ_1 为纵向定位误差。

2) 对于转动的基准位移误差

由于中心 O_1 在 O_1' 和 O_1'' 间变动,中心 O_2 在 O_2' 和 O_2'' 间变动,如图 8-29(b) 所示,因此中心线 $\overline{O_1O_2}$ 有两种极端变动:一种是从 $\overline{O_1'O_2'}$ 变动到 $\overline{O_1''O_2''}$;另一种是从 $\overline{O_1'O_2''}$ 变动到 $\overline{O_1''O_2'}$。计算定位误差时,首先要分析哪一种极端情况会引起工序基准产生最大位移,然后根据几何关系计算定位误差。

从图 8-29(b) 可知,加工表面处于两定位孔之外(如加工 M_1 孔)时,孔Ⅰ′与销Ⅰ在上母线接触,而孔Ⅱ′与销Ⅱ下母线接触,或者相反位置时引起的工序基准位移最大。这时,两孔中心连线 $\overline{O_1'O_2''}$ 相对理想位置 $\overline{O_1O_2}$ 偏转了一角度 $\Delta\alpha$,通常称为转角误差,亦称角向误差或角度误差,其值为

$$\tan \Delta\alpha = \frac{T_{D_1} + T_{d_1} + X_1 + T_{D_2} + T_{d_2} + X_2}{2L} = \frac{1}{2L}(\Delta_1 + \Delta_2)$$

工序尺寸 B 的定位误差为

$$\Delta_{d(B)} = \overline{SQ} = \Delta_1 + 2A\tan \Delta\gamma = T_{D_1} + T_{d_1} + X_1 + 2E\tan \Delta\alpha$$

当加工表面处于两孔之间时(如加工 M_2 孔),孔 Ⅰ′和孔 Ⅱ′的上母线分别与销Ⅰ和销Ⅱ的上母线,或者它们的下母线接触时,两孔连线产生的转角误差为 Δy(一般 $\Delta_2 > \Delta_1$),称为横向转角误差,其值为

$$\tan \Delta\gamma = \frac{T_{D_2} + T_{d_2} + X_2 - (T_{D_1} + T_{d_1} + X_1)}{2L} = \frac{1}{2L}(\Delta_2 - \Delta_1)$$

工序尺寸 F 的定位误差值为

$$\Delta_{d(F)} = \overline{HG} = \Delta_1 + 2E\tan \Delta\gamma = T_{D_1} + T_{d_1} + X_1 + 2E\tan \Delta\gamma$$

从上述分析可知,若想减小一面两销定位系统的定位误差,可以采取以下措施。

(1) 提高定位孔、定位销本身的尺寸精度和减小配合间隙。

(2) 增大两孔的中心距。为此,在设计产品零件时,应尽量使两定位孔布置得远些。通常,两孔中心距偏差取双向对称分布,公差取决于工件设计要求和工艺水平,一般为 $\pm(0.03 \sim 0.05)$ mm;加工要求偏低的,可取 ± 0.1 mm。

以上讨论了以平面、内孔、外圆及其组合表面定位时产生定位误差的原因及其计算。对较为复杂的定位方式,可以通过下述方法求定位误差数值:

(1) 画出工件定位时工序基准偏离理想位置的2个极限位置;

(2) 从工序基准与其他有关尺寸的几何关系中,计算工序基准沿工序尺寸(或位置公差)方向上的最大变动量,即为定位误差的值。

表 8-4 列举了几种常见定位系统的定位误差。

表8-4 常见定位系统的定位误差

序号	工序简图	定位简图	工序尺寸或位置精度	定位误差
1			A	$\Delta_{d(A)} = 0$
			B	$\Delta_{d(B)} = T_H$
2			B	$\Delta_{d(B)} = 0$

续表

序号	工序简图	定位简图	工序尺寸或位置精度	定位误差
3	$\phi D_{0}^{+T_D}$, ϕA	$d_{-T_d}^{0}$, $D-d=X$	外圆对内圆的同轴度	$\Delta_{d(同轴度)} = T_D + T_d + X$
4			A B C	$\Delta_{d(A)} = \dfrac{1}{2}T_d$ $\Delta_{d(B)} = 0$ $\Delta_{d(C)} = T_d$
5	$\phi D_{-T_D}^{0}$		A B C	$\Delta_{d(A)} = \dfrac{T_d}{2\sin\dfrac{\alpha}{2}}$ $\Delta_{d(B)} = \dfrac{T_d}{2}\left(\dfrac{1}{\sin\dfrac{\alpha}{2}}-1\right)$ $\Delta_{d(C)} = \dfrac{T_d}{2}\left(\dfrac{1}{\sin\dfrac{\alpha}{2}}+1\right)$
6			A B C	$\Delta_{d(A)} = 0$ $\Delta_{d(B)} = \dfrac{1}{2}T_d$ $\Delta_{d(C)} = \dfrac{1}{2}T_d$
7			A B C	$\Delta_{d(A)} = \dfrac{T_d\sin\beta}{2\sin\dfrac{\alpha}{2}}$ $\Delta_{d(B)} = \dfrac{T_d}{2}\left(\dfrac{\sin\beta}{\sin\dfrac{\alpha}{2}}-1\right)$ $\Delta_{d(C)} = \dfrac{T_d}{2}\left(\dfrac{\sin\beta}{\sin\dfrac{\alpha}{2}}+1\right)$

续表

序号	工序简图	定位简图	工序尺寸或位置精度	定位误差
8			A	$\Delta_{d(A)} = \frac{1}{2}T_d$
			B	$\Delta_{d(B)} = 0$
			C	$\Delta_{d(C)} = T_d$
			t	$\Delta_{d(对称度)} = \frac{1}{2}T_d$
9			A	$\Delta_{d(A)} = \dfrac{T_d}{2\sin\frac{\alpha}{2}}$
			B	$\Delta_{d(B)} = \dfrac{T_d}{2}\left(\dfrac{1}{\sin\frac{\alpha}{2}}-1\right)$
			C	$\Delta_{d(C)} = \dfrac{T_d}{2}\left(\dfrac{1}{\sin\frac{\alpha}{2}}+1\right)$
			t	$\Delta_{d(对称度)} = 0$
10			A	$\Delta_{d(A)} = 0$
			B	$\Delta_{d(B)} = \frac{1}{2}T_d$
			C	$\Delta_{d(C)} = \frac{1}{2}T_d$
			t	$\Delta_{d(对称度)} = \dfrac{T_d}{2\sin\frac{\alpha}{2}}$
11			A	$\Delta_{d(A)} = 0$
			B	$\Delta_{d(B)} = \frac{1}{2}T_d$
			C	$\Delta_{d(C)} = \frac{1}{2}T_d$
			t	$\Delta_{d(对称度)} = 0$
12		三爪自定心卡盘	A	$\Delta_{d(A)} = 0$
			B	$\Delta_{d(B)} = \frac{1}{2}T_d$
			C	$\Delta_{d(C)} = \frac{1}{2}T_d$
			t	$\Delta_{d(对称度)} = 0$

续表

序号	工序简图	定位简图	工序尺寸或位置精度	定位误差
13			A A_1 B B_1	$\Delta_{d(A)} = 2(L_1-h)\tan\Delta\alpha$ $\Delta_{d(A_1)} = 0$ $\Delta_{d(B)} = 2(L_1-h)\tan\Delta\alpha + T_L$ $\Delta_{d(B_1)} = T_{L_1}$
14			A A_1 A_2 B B_1	$\Delta_{d(A)} = T_L$ $\Delta_{d(A_1)} = T_L + T_{L_1}$ $\Delta_{d(A_2)} = 0$ $\Delta_{d(B)} = T_D + T_d + X$ $\Delta_{d(B_1)} = T_D + T_d + X + T_{L_2}$

注：A、A_1、A_2、B、B_1、C 均为本工序的工序尺寸，t 为本工序的形位公差，其他尺寸均为已知。

(三) 加工误差不等式

通过上述的分析可知，定位系统设计得不当会给工件的加工带来加工误差，而产生加工误差的因素又很多。但只要最终的加工误差在允许的公差范围内，工件就是合格的。那么，定位误差应控制在什么范围内算是合适呢？下面分析这个问题。加工过程中，产生加工误差的主要原因有以下几方面。

(1) 定位误差 Δ_d：工件在夹具中定位时，由定位系统所产生的误差。

(2) 对刀误差 $\Delta_{d,d}$：调整刀具与对刀基准时产生的误差，它包括操作时人为因素造成的读数误差、夹具对刀和导向元件与定位元件间误差，以及夹具定位元件与夹具安装基面间的位置误差等。

(3) 安装误差 Δ_a：夹具安装在机床上时，由于安装不准确而引起的误差。

(4) 其他误差 Δ_c：加工中其他原因引起的加工误差，如机床误差、刀具误差以及加工中的热变形及弹性变形引起的误差等。

为了保证工件的加工要求，上述 4 项加工误差总和不应超过工件设计要求的公差 T，即应满足不等式

$$\Delta_d + \Delta_{d,d} + \Delta_a + \Delta_c \leq T$$

在夹具方案设计时，可将工件公差进行预分配，将加工公差大体上分成三等份：定位误差 Δ_d 占 1/3；对刀误差 $\Delta_{d,d}$ 和安装误差 Δ_a 占 1/3；其他误差 Δ_c 占 1/3。因此，一般在对具体定位方案进行定位误差计算时，如果所求得的定位误差不超过工件相应公差的 1/3，

就可以认为定位方案是可行的。上述公差的预分配仅作为误差估算时的初步方案，夹具设计时，若有特殊要求，应根据具体情况进行必要的调整。

第四节　工件的夹紧及夹紧装置

前面介绍了定位系统和定位误差分析与计算，如果设计的定位系统合理、定位误差符合要求，则进行下一步——设计夹紧机构。分析夹具的操作过程会发现，夹紧机构的操作在其中占有很大的比重，它是夹具很重要的组成部分。因此，一个夹具性能的优劣，除了从定位性能方面加以评定外，还必须从夹紧机构的性能上（如夹紧是否可靠、操作是否方便迅速等）进行考核。另外，一个夹具的复杂程度在很大程度上取决于夹紧机构的复杂程度；从设计难度上讲，夹紧机构的设计往往也要设计人员花费较多的心血。因此，夹具设计人员必须熟悉多种多样的夹紧机构，掌握它们的设计原理，深入理解夹紧机构的一般设计原则，并能够结合具体情况加以灵活运用。

一、工件的夹紧及对夹紧装置的基本要求

工件定位以后必须采用一定的装置把工件压紧、夹牢在定位元件上，以免在加工过程中工件因受到切削力、惯性力等力的作用而使其发生位置变化或产生振动，对加工精度和安全生产造成影响。这种把工件压紧、夹牢的装置，称为夹紧装置。

(一) 夹紧装置的组成与基本要求

由于工件的结构千变万化，夹紧工件的方式存在差异，因而夹紧装置的结构形式种类繁多。一般夹紧装置由动力装置（动力源）、中间传力机构和夹紧元件组成。图 8-30 所示为典型的夹紧装置组成。

1—液压缸；2—杠杆；3—压块；4—工件。

图 8-30　夹紧装置的组成实例

(1) 动力装置：产生夹紧力的动力源，所产生的力为原始动力。若夹紧装置的夹紧力来自人力，则称其为手动夹紧装置；若夹紧力来自气动、液压和电力等动力源的，则称其

为机动夹紧装置。

(2)中间传力机构：变原始动力为夹紧力的中间传力环节称为中间传力机构，如铰链杠杆、斜楔等。它们的作用主要有3个：①改变夹紧力的大小；②改变夹紧力的方向；③实现自锁。

(3)夹紧元件：执行夹紧的最终元件，如各种螺钉、压板等，它们直接与工件接触的。

夹紧装置的3个组成部分一般情况下清晰易辨，但有时则混在一起很难区分。因此，常把中间传力机构和夹紧元件统称为夹紧机构。

在设计夹紧机构时，一般应满足以下要求。

(1)夹紧时应保证工件的定位，而不能破坏工件的定位。

(2)夹紧力的大小应适宜，既要保证工件在整个加工过程中位置稳定不变，还不能产生振动、变形和表面损伤。

(3)应根据生产类型设计相应的夹紧机构。尽量做到结构简单，操作安全，省力、方便，保证工作效率。

(4)为防止夹紧后自动脱开，夹紧机构须具备良好的自锁性能。

(二)夹紧力的确定原则

在设计夹紧机构时，为了达到上述对夹紧机构的要求，必须先合理地确定夹紧力的三要素(方向、大小和作用点)。

1)夹紧力的方向

在确定夹紧力的方向时，要考虑工件定位基准所处的位置，以及工件所受外力的作用方向等。

(1)垂直于工件的主要定位基准(限制自由度最多或定位精度要求高的定位面)，以保证加工精度。如图8-31所示，端面A是被加工孔的垂直度基准，夹紧力F_{c1}、F_{c2}垂直作用于主要定位基准A，既可保证定位要求，又使工件定位稳定可靠。如夹紧力朝向基准面B，则因工件的A面和B面存在垂直度误差，就很难保证加工要求。反之，如果加工的孔与B面有一定的平行度要求，则夹紧力应垂直于B面。

图8-31　夹紧力应朝向主要基面

(2)应选择所需夹紧力较小的方向。对比图8-32(a)、(b)，前者夹紧力F_{c1}、F_{c2}与钻头进给力F_t和工件重力G都垂直于定位基面，且三者方向一致，这时所需夹紧力最小；

后者是从工件下面夹紧,所用的夹紧力 F_{c1}、F_{c2} 与 G 和 F_t 方向相反,显然夹紧力大。减小夹紧力可以简化夹紧装置的结构和便于操作。

图 8-32　钻孔加工示意图

(a)三者方向一致;(b)方向相反

2) 夹紧力的大小

在确定了夹紧力的作用点和方向之后,还要认真确定夹紧力的大小。可以采用下述的两种方法确定夹紧力的大小。

(1) 平衡计算法。此法是按照工件受力平衡条件,列出夹紧力的计算方程式,从中求出所需夹紧力。因为各种作用力在平衡力系中对工件所起的作用不完全相同,如加工小尺寸工件时,切削力起主要作用;加工大型笨重工件时,还需考虑工件重力的作用;工件在高速运动时,离心力或惯性力对夹紧有影响;切削力本身在加工过程中也是变化的。因此,要把夹紧力计算得十分准确比较困难。正因夹紧力太小,且计算比较复杂,一般只做简化计算:假设工艺系统是刚性的,切削过程稳定不变,只考虑切削力(或切削力矩)对夹紧的影响,找出加工过程中对夹紧最不利的状态,按能量平衡原理求出夹紧力 F_c,再乘以安全系数 K(为保证夹紧力可靠)作为实际所需的夹紧力 F'_c,即

$$F'_c = KF_c$$

考虑到切削力的变化和工艺系统变形等因素,一般在粗加工时取 $K=2.5\sim3$;精加工时取 $K=1.5\sim2$。

(2) 经验类比法。前面说过,精确计算夹紧力的大小是件很不容易的事,因此在实际夹具设计中,有时不用计算的方法来确定夹紧力的大小。例如,手动夹紧机构常根据经验或用类比的方法确定所需夹紧力的数值。但对于需要比较准确地确定夹紧力大小的,如气动、液压传动装置或容易变形的工件等,仍有必要对夹紧状态进行受力分析,估算夹紧力的大小。夹紧力的大小对工件装夹的可靠性、工件和夹具的变形、夹紧装置的复杂程度等,都有着很大的影响。

3) 夹紧力的作用点

夹紧时,夹紧元件与工件表面的接触位置即为夹紧力作用点。它的选择对工件夹紧的稳定性和变形有很大影响。选择时,应考虑下述几点原则。

(1) 夹紧力应落在支承元件上或几个支承元件所形成的支承平面内,这样夹紧力才不会使工件倾斜而破坏定位。若夹紧力作用在支承面之外,如图 8-33 所示,均为不合理。

1—夹具体；2—工件；3—支承钉。

图8-33 夹紧力的作用点

(2)夹紧力应落在工件刚性较好的部位上，这对刚性差的工件尤为重要。如图8-34所示，图8-34(a)夹紧力作用在中间的单点就不如图8-34(b)夹紧力作用在两侧的两点，前者工件易变形，且夹紧可靠性差。

图8-34 夹紧力的作用点应落在工件刚性强的部位上
(a)一个夹紧力作用点；(b)两个夹紧力作用点

(3)为提高夹紧的可靠性，防止和减少工件的振动，夹紧力应尽可能靠近加工面。如图8-35所示，同样的夹紧力 F_c 作用于 O_1 点时比作用于 O_2 点夹紧牢靠。

图8-35 夹紧力尽可能靠近加工面

二、几种常用的夹紧机构

在确定好夹紧力的三要素(方向、大小和作用点)之后，接着需要具体设计或选用夹紧装置来实现夹紧方案。在夹紧机构的设计过程中，应当遵循哪些基本原则？实际应用的夹紧机构种类繁多，选用时应当注意什么问题？下面就介绍几种常用夹紧机构的结构、工作原理和应用范围等,以供设计夹紧机构时参考。

1. 斜楔夹紧机构

斜楔夹紧机构是以斜楔为原动力的。图8-36(a)所示即为具有斜楔夹紧机构的钻床夹具,夹紧力F_c是由作用在斜楔上的外力$F_{e,x}$产生的。现分析斜楔楔入过程中斜楔的受力情况,如图8-36(b)所示:工件对它的反作用力F_{r1}和由此而引起的摩擦力F_{f1}、夹具体对它的反作用力F_{r2}和由此而引起的摩擦力F_{f2}。图中

$$F_{e1} = F_{r1} + F_{f1}$$
$$F_{e2} = F_{r2} + F_{f2}$$

夹紧时,显然存在如下关系

$$F_{e1} + F_{e2} + F_{e,x} = 0 \tag{8-10}$$

故可得

$$\sum X = 0$$
$$F_{e,x} = F_{e1}\sin\varphi_1 + F_{e2}\sin(\alpha + \varphi_2) \tag{8-11}$$

将

$$F_{e1} = \frac{F_e}{\cos\varphi_1}; \quad F_{e2} = \frac{F_e}{\cos(\alpha + \varphi_2)}$$

代入上式,可得斜楔所产生的夹紧力

$$F_e = \frac{F_{e,x}}{\tan\varphi_1 + \tan(\alpha + \varphi_2)} \tag{8-12}$$

式中:φ_1——工件与斜楔间的摩擦角;

φ_2——夹具体与斜楔间的摩擦角。

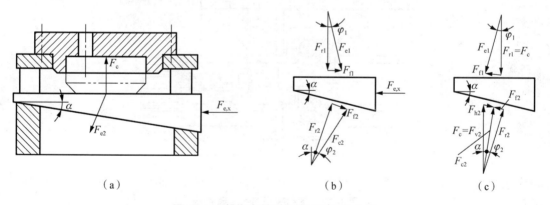

图8-36 斜楔夹紧机构原理及受力分析

(a)斜楔夹紧机构实例;(b)斜楔夹紧机构受力图;(c)自锁受力图

由式(8-12)可得如下结论。

(1)斜楔机构具有增力作用,用增力系数i_c表示,i_c又称扩力比。当外加一个较小作用力$F_{e,x}$时,可获得比$F_{e,x}$大好几倍的夹紧力。因此,扩力比$i_c = F_c/F_{e,x}$,为夹紧力与初始作用力之比。斜楔夹紧机构的扩力比$i_c \approx 3$。当升角α越小时,增力就越大,而升角减小后,若要保持相同的夹紧力,斜楔的原始夹紧行程(图8-36中与力$F_{e,x}$方向一致的斜楔行程)就要增加。斜楔的原始夹紧行程的增加倍数等于夹紧力的增力倍数,即夹紧行程增

大多少倍,夹紧力就增加多少倍,这是斜楔夹紧的一个重要特性。

(2)选用斜楔夹紧工件时,只要升角 α 取得合适,就能实现夹紧机构的自锁。自锁条件如图 8-36(c)所示。若工件夹紧后力 $F_{e,x}$ 消失,斜楔只受到力 F_{e2} 和 F_{e1} 的作用,其中力 F_{e2} 的水平分力 F_{h2} 有使斜楔松开的趋势。如果摩擦力 $F_{f1} \geqslant F_{h2}$,就能阻止其松开而自锁,即

$$F_c \tan \varphi_1 \geqslant F_c \tan(\alpha - \varphi_2)$$

因摩擦角 φ_1、φ_2 很小,所以 $\tan \varphi_1 \approx \tan \varphi_2$;$\tan(\alpha - \varphi_2) \approx \alpha - \varphi_2$,故斜楔的自锁条件为

$$\alpha \leqslant \varphi_1 + \varphi_2$$

一般钢的摩擦因数 μ 为 0.1~0.15,则 $\varphi_1 = \varphi_2 = 5° \sim 8°$,故 $\alpha \leqslant 10° \sim 16°$。通常 $\alpha = 5° \sim 7°$。

在实际生产中,因简单斜楔夹紧机构操作不方便,故直接应用得较少。但是利用斜楔与其他机构组合起来夹紧工件的机构却用得比较普遍,图 8-37 所示的气动斜楔夹紧机构就是一例。夹紧工件的源动力是压缩空气,通过气缸推杆 5 推动斜楔 4 向左移动,在斜楔 4 斜面的作用下,滚轮 3 上移并通过其上部的蝶形杠杆推动两个夹紧元件 2,对工件实施夹紧。拆卸工件时反之。

1—工件;2—夹紧元件;3—滚轮;4—斜楔;5—气缸推杆。

图 8-37 气动磙子斜楔夹紧机构

2. 螺旋夹紧机构

用螺旋作为动力源所组成的夹紧机构,称为螺旋夹紧机构。由于螺旋夹紧机构结构简单,夹紧可靠,所以在夹具中得到广泛应用。螺旋机构既可以单独组成夹紧机构(见图 8-38),也可与其他机构联合组成夹紧机构(见图 8-39)。单螺旋夹紧机构与工件的接触形式有 2 种:一种如图 8-38(a)所示,螺钉头部与工件表面直接接触,在夹紧时会使工件产生移动,且容易损伤与工件接触的表面;另一种如图 8-38(b)所示,螺杆 3 的头部通过活动压块 4 与工件接触,这样就防止了在夹紧时带动工件转动,并避免螺钉头部与工件

接触面产生压痕。螺旋夹紧机构也是扩力机构,其扩力比较大,一般 $i_c = 60 \sim 100$。它的缺点是动作慢,夹紧费时。在生产中,它常与其他机构联合使用,组成各种高效、可靠的夹紧机构。图 8-39 为 3 种典型的螺旋压板式夹紧机构。根据所附的 3 个受力分析简图可知,在 $F_{e,x}$ 相同的情况下,图 8-39(c)中产生的夹紧力最大,扩力比 $i_c = 2$;图 8-39(a)夹紧力最小,扩力比 $i_c = 1/2$;图 8-45(b)中产生的夹紧力介于中间,扩力比 $i_c = 1$。

1—手柄件；2—中间螺母；3—螺杆；4—活动压块。

图 8-38　单螺旋夹紧机构

(a)螺钉头部与工件表面直接接触；(b)带压块的夹紧机构

图 8-39　3 种典型的螺旋压板夹紧机构

(a)$i_c = 1/2$；(b)$i_c = 1$；(c)$i_c = 2$

现以图 8-40 的螺钉受力为例,分析产生的夹紧力。为便于分析,常把螺旋看作一个绕在圆柱体上的斜楔。$F_{e,x}$ 为操作者施加在手柄上的原始力,其产生的力矩为 $M = F_{e,x} L$。

在螺钉头部受到反作用力 F_{r1}(等于工件的夹紧力 F_c)和摩擦力 F_{f1}，进而在摩擦半径处产生摩擦阻力矩 M_1；在螺母和螺纹表面处产生作用力 F_{r2} 和摩擦力 F_{f2}，它们的合力 F_{e2} 分解为夹紧力 F_c 和产生阻力矩 M_2 的分力 F_{h2}。夹紧时力矩应保持平衡，即

$$M_1 + M_2 = M$$

而 M_1 和 M_2 分别为

$$M_1 = F_{f1} r'_1 = F_{r1} r'_1 \mu = F_c r'_1 \tan \varphi_1$$

$$M_2 = F_{h2} \frac{d_0}{2} = \frac{d_0}{2} F_c \tan(\alpha + \varphi_2)$$

式中：r'_1——螺钉头部与工件(或压块)间的当量摩擦半径；
　　　d_0——螺纹中径；
　　　μ——摩擦因数。

将它们代入力矩平衡方程，化简后的夹紧力

$$F_c = \frac{F_{e,x} L}{r'_1 \tan \varphi_1 + \frac{d_0}{2} \tan(\alpha + \varphi_2)} \tag{8-13}$$

式中：$F_{e,x}$——原始作用力；
　　　L——手柄长度；
　　　α——螺旋升角；
　　　φ_1——螺杆头部与工件(或压块)间的摩擦角；
　　　φ_2——螺旋副的摩擦角。

图 8-40　螺旋夹紧受力分析

螺钉端部的几何形状不同会使 r_1' 存在差异。图 8-41(a)为点接触，$r_1'=0$；图 8-41(b)为平面接触，$r_1'=\dfrac{2}{3}r$；图 8-41(c)为锥面接触，$r_1'=R\cot\dfrac{\beta}{2}$。

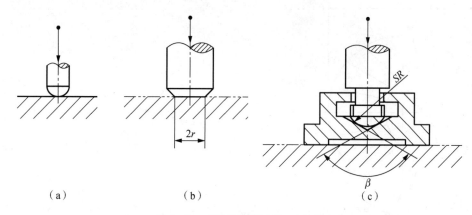

图 8-41　螺钉头部形状与 r_1' 的值

(a)点接触；(b)平面接触；(c)锥面接触

3. 偏心夹紧机构

偏心夹紧机构是通过偏心零件直接夹紧工件或与其他元件组合夹紧工件的，属斜楔夹紧机构的一种变形。偏心零件一般有圆偏心零件和曲线偏心零件两种，常用的是圆偏心零件(偏心轮或偏心轴)。图 8-42 为偏心压板夹紧机构。下面重点介绍圆偏心夹紧机构。

图 8-42　偏心压板夹紧机构

如图 8-43 所示，D 是圆偏心轮的直径，其转动轴心 O_2 与外圆中心 O_1 间存在偏心距 e。因转动轴心 O_2 至圆偏心轮工作表面上各点的距离不相等，当转动手柄时，就相当于一弧形楔卡紧在基圆和工件受压表面之间而产生夹紧作用。转动轴心 O_2 与外圆中心 O_1 处于水平位置时的夹紧接触点为 P。若将偏心轮的弧形楔轮廓线假想展开，得到如图 8-43(b)所示的曲线斜楔。曲线上任意点的斜率为该点的斜楔升角，其数值是一变值。随着圆偏心轮旋转角度的增加，斜楔升角由 m 点的最小值逐渐增大到 P 点附近的最大值。因 P 点附近这段曲线接近于直线，升角的变化较小，夹紧比较稳定，所以常取点 P 左、右 30°的范围作为偏心轮的工作表面。

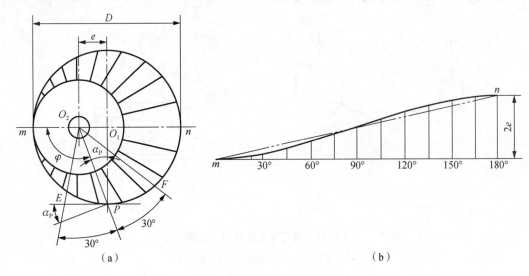

图 8-43　圆偏心轮及其展开图
(a)圆偏心轮；(b)圆偏心展开图

现将圆偏心轮近似看成假想的斜楔来分析计算圆偏心轮的夹紧力。如图 8-44 所示，作用于手柄上的原始力矩 $F_{e,x}L$ 应和作用于点 P 的力矩 $F'_{e,x}\rho$ 相等，即

$$F'_{e,x} = \frac{F_{e,x}L}{\rho}$$

式中：ρ——转动轴心至夹紧点 P 间的回转半径。

$F'_{e,x}$ 的水平分力 $F'_{e,x}\cos\alpha_P$，即作用于假想斜楔的外力，因升角 α_P 很小，可以认为 $F'_{e,x}\cos\alpha_P \approx F'_{e,x}$。由式(8-12)得此偏心轮产生的夹紧力

$$F_c = \frac{F'_{e,x}}{\tan\varphi_1 + \tan(\alpha_P + \varphi_2)}$$

式中：φ_1——圆偏心轮与工件间的摩擦角；

φ_2——圆偏心转轴处的摩擦角。

将 $F'_{e,x} = \dfrac{F_{e,x}L}{\rho}$ 代入得

$$F_c = \frac{F_{e,x}L}{\rho[\tan\varphi_1 + \tan(\alpha_P + \varphi_2)]}$$

如取 $\rho = \dfrac{D}{2}\cos\alpha_p$，$\varphi_1 = \varphi_2 = \varphi$；而 $\tan\varphi = \mu = 0.15$，力臂 $L = (2 \sim 2.5)D$，$\tan\alpha_{max} \approx 2e/D = 1/7$，则扩力比 $i_c \approx 12$。

一般计算时，认为点 P 的升角 α_P 近似于最大值 α_{max}。由斜楔的自锁条件知，用圆偏心轮夹紧时，若要保证自锁，则必须满足

$$\alpha_{max}\alpha_P \leqslant \varphi_1 + \varphi_2$$

圆偏心轮转轴处的摩擦角很小，可忽略不计。因此

$$\tan\alpha_P \leqslant \tan\varphi_1$$

又因

$$\tan\alpha_P = \frac{2e}{D}$$

所以

$$\frac{2e}{D} \leqslant \mu_1$$

一般钢的摩擦因数 $\mu_1 = 0.10 \sim 0.15$，因此，自锁时圆偏心轮外径和偏心距的关系为

$$\frac{2e}{D} \leqslant \mu_1$$

即

$$D \geqslant \frac{2e}{\mu_1} \tag{8-14}$$

这就是设计圆偏心轮时保证偏心轮在工作时自锁的条件。

图 8-44 圆偏心轮夹紧受力分析

除上述的自锁条件外，用偏心夹紧还要考虑有足够的行程。如图 8-45 所示，偏心量 e 的大小将影响其夹紧行程。当顺时针转动手柄时，理论上讲，偏心轮的工作段为弧 $\overset{\frown}{BC}$，点 B 是夹紧最大极限尺寸工件的接触点，点 C 是夹紧最小极限尺寸工件的接触点，弧 $\overset{\frown}{BC}$ 的最小夹紧行程等于受压表面的公差 T。但实际还要考虑下列因素：

(1) 圆偏心与工件夹压表面间应留有间隙 S_1，以便于装卸工件，一般 $S_1 \geqslant 0.3$ mm。

(2) 夹紧机构存在弹性变形 S_2，一般取 $0.05 \sim 0.15$ mm。

(3) 工作段行程储备量 S_3，一般取 $0.1 \sim 0.3$ mm。

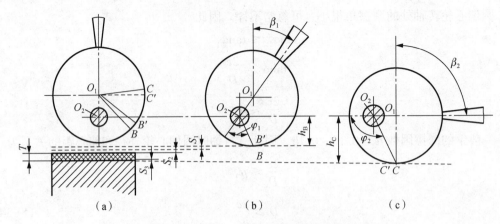

图 8-45 圆偏心轮的夹紧行程受力分析

所以，实际只能以弧 $\overparen{B'C'}$ 夹紧工件，也就是弧 $\overparen{BC}$ 的总夹紧行程 h_{BC} 必须满足下式

$$h_{BC} = S_1 + S_2 + S_3 + T$$

而由图 8-45 可知

$$h_{BC} = h_B - h_C$$

又

$$h_B = R - e\cos\beta_1; \quad h_C = R + e[\cos(\pi - \beta_1)] = R - e\cos\beta_2$$

得出

$$h_{BC} = e(\cos\beta_1 - \cos\beta_2)$$

为使所设计的圆偏心轮能够产生足够的夹紧行程，偏心量 e 应为

$$e = \frac{S_1 + S_2 + S_3 + T}{\cos\beta_1 - \cos\beta_2}$$

标准偏心轮的 e 值在实际应用时一般取 1.3~7 mm。

设计圆偏心轮的大体过程是：

(1) 确定夹紧行程 h；

(2) 根据夹紧行程 h 确定偏心量 e，一般推荐标准偏心距 e = 1.3~7 mm；

(3) 根据自锁条件选定偏心轮直径 D，并进行夹紧力验算；

(4) 按夹紧要求选取标准结构的偏心轮。

圆偏心夹紧机构具有结构简单、制造工艺性好、动作迅速等优点，但它的夹紧行程受偏心距的限制，直接提供的夹紧力也较小，故仅适用于工件被夹紧部位的尺寸公差较小和切削过程中受力不大、振动较小的场合。

4. 定心夹紧机构

定心夹紧机构的结构非常多而复杂。这里不介绍它们的设计过程，只介绍一些定心夹紧机构的工作原理和应用。如图 8-46 所示，以轴线、对称中心为工序基准的工件，为了使定位基准与工序基准重合，采用定心夹紧机构(亦称自动定心机构)是最合理的选择。它起着实现定心(定位基准与工序基准重合)和工件夹紧的双重作用。在这种机构中，与工件接触的元件既是定位元件，又是夹紧元件，称为定位夹紧元件。由于定位夹紧元件在这种机构中能等速趋近或退离工件，所以能将定位基面的误差沿径向或沿对称面对称分布，从而使工件的轴线、对称中心不产生位移，实现定心夹紧作用。

根据传动方式的不同，定心夹紧机构可分为两类。

（1）利用斜楔、螺旋、偏心、齿轮和齿条等刚性传动件，使定位夹紧元件作等速位移实现定心夹紧作用。现举例说明如下。

图8-47为螺旋式双移动V形块定心夹紧机构，其工作原理和夹紧过程为：操纵能够左、右旋的螺杆1控制V形块的移动，工件就装在两个可左、右移动的V形块2和3之间。螺杆1的中部支承在叉形支架4上，支架用螺钉紧固在夹具体上。借助调整螺钉5、6调节支架4的位置，保证两个V形块的对中性。

图8-46 几何形状对称工件的定心机构

1—螺杆；2、3—V形块；4—叉形支架；5、6—调整螺钉。
图8-47 螺旋式双移动V形块定心夹紧机构

这种定心夹紧机构的优点是结构简单、工作行程大、通用性好；但定心精度不高。只适用于工作行程大、定位精度要求不高的场合。

图8-48为齿轮式定心夹紧机构。此机构装有3个与中心齿轮4相啮合的偏心卡爪2，偏心卡爪分装在3个齿轮轴3上。当圆盘形工件装入后，松开手柄1，在拉力弹簧5的作用下，偏心卡爪2使齿轮轴3逆时针转动，3个偏心卡爪同时将工件定心并夹紧。若想松开工件，可顺时针转动手柄1。

由于齿轮式定心夹紧机构存在齿轮传动间隙和其他零件的制造误差等，因此其定心精度低，较广泛地应用在盘形零件(如齿坯等)的钻、扩孔等工序中；但其具有夹紧力随切削扭矩增加而增大、结构简单、操纵方便、通用性好的优点。

图 8-49 为斜楔式定心夹紧机构。由手动或由液压、气动活塞杆动作而使拉杆产生拉力 $F_{e,x}$，在拉力的作用下，斜楔 2 产生轴向移动。3 个卡爪 1 沿斜楔 2 相对滑动时能同时径向移动，从而使装在卡爪上的套筒类零件得到定心夹紧。该夹紧机构主要用在工件大孔的定心夹紧，加工其外圆表面和两端面。

1—手柄；2—偏心卡爪；3—齿轮轴；4—中心齿轮；5—拉力弹簧。

图 8-48 齿轮式定心夹紧机构

1—卡爪；2—斜楔。

图 8-49 斜楔式定心夹紧机构

(2) 利用薄壁弹性元件受力后的均匀弹性变形,使工件定心并被夹紧。这种定心夹紧机构和上一类相比定心精度高,但夹紧力有限,适用于精加工或半精加工场合。

精车发动机轴承端盖、轴承孔和端面的弹性膜片定心卡盘如图 8-50 所示。平板状膜片 3 上有 10 个卡爪和 5 个轴向定位用的支承钉 2。转动螺钉 6,滑柱 4 因受滑柱 5 斜面的作用,使膜片变形卡爪张开,进而装卸工件。装入工件后,反转螺钉 6 退回滑柱 4,膜片弹性变形恢复,卡爪收缩定位夹紧工件。为适应工件直径的变化,卡爪上的螺钉 1 可以调节,调节后用螺母锁紧。为保证夹具定心轴线与机床旋转轴线的同轴度,应在所使用的机床上修磨定位面。

1、6—螺钉;2—支承钉;3—平板状膜片;4、5—滑柱。

图 8-50 弹簧膜片定心卡盘

这种弹性膜片定心夹紧机构具有操作简便、生产率高、定心精度高的优点,可保证的定心精度为 0.005 ~ 0.01 mm。但它的夹紧力较小,多用在精加工工序中。

图 8-51 为液性塑料定心夹紧机构,用于加工连杆小头衬套孔。夹具体 1 的主通道与属于弹性元件的薄壁套筒 2 内孔中部的环形槽相通,形成一密封腔,腔内灌满液性塑料。液性塑料在常温下是一种半透明冻胶状物质,具有一定的弹性和流动性,物理性能稳定。拧紧加压螺钉 3,螺钉头部的柱塞对腔内的液性塑料施加压力,液性塑料能将所受的压力均匀地传递至套筒的薄壁上,迫使薄壁套筒产生均匀的径向弹性变形,将工件定心夹紧。液性塑料定心夹紧机构夹紧可靠、定心精度高,一般可保证同轴度误差在 0.01 ~ 0.02 mm 之内。但薄壁套筒的变形量有限,夹持范围较小,故多用于精加工工序。

1—夹具体；2—薄壁套筒；3—加压螺钉；4—液性塑料；5—定程螺钉；6—连杆。

图 8-51　液性塑料定心夹紧机构

5. 铰链杠杆夹紧机构

同上述几种夹紧机构比较，铰链杠杆夹紧机构具有扩力系数大和摩擦损失小等优点，一般作为夹紧装置的中间传动机构，可扩大夹紧力，多用于需要较大夹紧力的场合。此增力机构一般安置在夹紧元件和动力源（气缸或液压缸）之间，组成复合的增力机构，其夹紧力的计算式为

$$F_c = F_{e,x}(i_{p1}i_{p2}\cdots i_{pn})$$

括号内是复合机构中各组成部分的扩力比。

图 8-52 为单作用铰链杠杆夹紧机构。当活塞向左移动时，滚子 2 在垫块 1 上移动，把压板 4 的左端拉下而将工件放松。活塞若向右移动，则夹紧工件。借助螺纹可调节杠杆 3 的长度，从而调整其夹紧时的工作位置。

1—垫块；2—滚子；3—杠杆；4—压板。

图 8-52　单作用铰链杠杆夹紧机构

铰链杠杆夹紧机构虽具有扩力比较大、摩擦损失较小的优点，但自锁性能较差。

6. 多件多位夹紧机构

若需要同时在几个点对工件进行夹紧或需要同时夹紧几个工件，则可以采用各种多点多件夹紧机构。

（1）多件平行夹紧机构。如图8-53所示，（a）图是4根轴在V形块上定位，用螺旋压板机构夹紧多件工件的夹具。夹紧元件做成铰链式结构是因为工件有尺寸偏差，这样可使夹紧力均匀地分布在4个工件上。（b）图所示为液性塑料多件夹紧机构，夹紧柱塞通过液性塑料的流动补偿同批工件尺寸误差的变化，实现多件均匀地夹紧。这两种夹具都可以平行夹紧多个工件，总的夹紧力较大。

图8-53 多件平行夹紧机构

（a）铰链式；（b）液性塑料式

（2）多件顺序夹紧机构。如图8-54所示，用于铣轴承盖两端面。夹紧时通过夹紧螺钉2将工件顺序地夹紧，夹紧力由一个工件顺次传至另一个工件上。V形定位压板1可绕销轴3转动，以保证各工件都被夹紧。若不计摩擦损失，每个工件的夹紧力因工件的尺寸误差依次传递，逐个积累，故适用于工件的加工表面和夹紧力方向平行的场合。

1—V形定位压板；2—夹紧螺钉；3—销轴；4—压板。

图8-54 多件顺序夹紧机构

（3）多位夹紧机构。如图8-55所示，可将一套夹紧机构的夹紧力施加在同一工件的多处表面上。当旋紧左边的夹紧螺母1时，压板2向下夹紧工件，而螺杆3向上提起，使与螺杆相连的横杆4绕中间支点摆动，导致右边螺杆5向下移动，从而使右边压板6同时夹紧工件。这种机构借助浮动夹紧实现多点夹紧，一般用于多夹紧点相距较远的场合，如箱体零件的夹紧。

1—夹紧螺母；2、6—压板；3、5—螺杆；4—横杆。

图 8-55　多位夹紧机构

7. 夹紧装置的动力源

以上所述的各种夹紧装置，大多是手动的，操作费时费力。所以，在大批量生产中均使用气动、液压、气液联动等动力源，代替手动夹紧，这样可改善劳动条件和提高生产率。其中，用得较多的是气动和液压传动装置。利用压缩空气、高压液压油作为产生夹紧力的能源，一般由集中的压缩空气站或液压泵站通过管路供应，根据生产的需要可以单台使用或者多台共用。动力执行装置为各种形式的气缸或液压缸。具体的原理与设计使用，可参考液压与气压传动方面的教材。

第五节　典型机床夹具

机械加工中使用的机床专用夹具种类很多，且结构各不相同，为了对机床夹具的结构和特点有一个全面的认识，本节介绍钻床和铣床夹具各部分的设计要点，供读者在今后设计机床夹具时参考。

一、钻床夹具

（一）钻床夹具的主要类型

夹持钻头、扩孔钻和铰刀等刀具进行孔加工的机床夹具叫钻床夹具，又称为钻模。它的主要特点是：在钻床夹具上，一般都安装距定位元件有一定位置和尺寸要求的钻套，通过钻套引导刀具进行加工。安装钻套的元件称为钻模板。根据使用上的不同，钻模可分为固定式、回转式、翻转式和滑柱式等类型。

1. 固定式钻模

固定式钻模的结构特点是：钻模板与夹具体固定连接，加工过程中钻模的位置固定不动。这种钻模的定位精度相对较高，一般用于立式钻床加工单孔或摇臂钻床加工平行孔系。

在机床上安装钻模时,一般应先将装在主轴上的钻头(精度要求高时用心轴)插入钻套中,以确定钻模的位置,然后将其紧固在机床工作台上。这样既可减少钻模的磨损,又可保证钻孔有较高的尺寸精度。

如图8-56所示用一固定式钻模加工连杆类零件上的锁紧孔。根据工件加工要求,选用两孔及端面作为定位基准。相应地,在夹具上用挡套2、活动心轴4及菱形销8作为定位元件,它们与定位基准接触或配合实现定位。用螺母7、开口垫片3和活动心轴4对工件进行夹紧。钻模板5用螺钉与夹具体固定连接。

1—夹具体;2—挡套;3—开口垫片;4—活动心轴;5—钻模板;6—钻套;7—螺母;8—菱形销。

图8-56 固定式钻模

2. 回转式钻模

回转式钻模指工件和钻套可以相对转动,以便加工同一圆周上的平行孔系,或分布在同圆周上的径向孔系,属于多工位机床夹具。回转式钻模大多数是专用的钻床夹具和标准回转台的联合组成。图8-57所示为标准回转台与钻模组成一多工位钻床夹具的实例。在这个夹具中,工件3装夹在以回转工作台1为基础件的标准回转分度机构上,利用标准回转分度机构相对于钻套的旋转,来完成工件圆周方向分布的各个孔的加工。图8-58为专用回转钻模。在分度盘 6 的端而有 3 个分度锥孔,圆周上有 3 个径向均布的钻套,可在一次装夹中完成 3 个均布径向孔的加工。加工时,在弹簧力的作用下分度销 2 插入分度锥孔中,从左端看逆时针转动手柄 5,带有内螺纹的环套 4 通过锁紧螺母 7,使分度盘 6 锁紧在夹具体 3 上。当钻完第一个孔后,顺时针转动手柄 5,则环套 4 上的凹形斜面将分度销 2 从锥孔中拔出。接着用手转动分度盘至下一个锥孔与分度销对准时,分度销在弹簧力的作用下插入另一个锥孔中,再锁紧分度盘钻第二个孔,依次再加工第三个孔。

1—回转工作台;2—夹具;3—工件;4—开口垫片;5—螺母;6—支座。

图 8-57　标准回转台与钻模组成的回转夹具

1—定位环;2—分度销;3—夹具体;4—环套;5—手柄;6—分度盘;7—锁紧螺母;8—排气孔。

图 8-58　专用回转钻模

3. 滑柱式钻模

滑柱式钻模的特点是钻模板装在可升降的滑柱上。这种夹具的结构和尺寸系列已经标准化。

图 8-59 为滑柱式钻模的标准结构，它由斜齿轮轴 1、齿条轴 2、钻模板 3、两根导向滑柱 5 以及夹具体等部分所组成。

1—斜齿轮轴；2—齿条轴；3—钻模板；4—螺母；5—导向滑柱；6—手柄；A—锥体。

图 8-59 滑柱式钻模的标准结构

使用时，转动手柄 6 可使斜齿轮轴 1 转动，并带动齿条轴 2、钻模板 3 上下移动，进而松开和夹紧工件。当钻模板向下与工件接触，并将工件夹紧后，继续转动手柄，斜齿轮轴的锥体 A 可实现锁紧功能。

因工件结构形状、尺寸和加工要求等条件不同，设计相应的定位元件、夹紧装置和钻套，将它们装在夹具体的平台或钻模板上的适当位置，从而成为一专用钻模。图 8-60 为钻连杆小头孔用的滑柱式专用钻模，是根据标准化的滑柱钻模设计的。

1—支架；2—定位销；3—衬套定位夹紧件；4—钻套；5—钻模板；6—手柄。

图 8-60　钻连杆小头孔用的滑柱式专用钻模

（二）钻套

钻套是引导加工刀具的元件，其作用有二：一是确定刀具相对于夹具定位元件的位置；二是提高孔加工刀具的刚度，防止在加工中发生弯曲与偏斜。按钻套的结构和使用情况不同，可分为标准化钻套和特殊钻套；标准化钻套包括固定式、可换式、快换式 3 种。

1. 钻套的构造

标准化的钻套结构如图 8-61 所示。图 8-61(a)、(b) 为固定式钻套的两种形式，它们多用于中、小批生产，使用过程中不需要经常更换钻套。钻套外径和钻模板的孔以 H7/n6 相配合。固定式钻套结构较为简单，可获得较高的精度。图 8-61(c) 为可换式钻套。这种钻套多用在生产量较大、使用过程中需要更换磨损了的钻套的场合。可换式钻套装在衬套中，衬套按 H7/n6 的配合压入夹具体内，可换钻套外径与衬套内径一般采用 H7/g6 或 H7/h6 的配合。为防止在加工过程中钻头与钻套内径摩擦而使钻套发生转动，或退刀时钻套随刀具抬起，采用螺钉加以固定。图 8-61(d) 为快换式钻套。当一次安装中顺次进行钻、扩、铰孔工序，需要使用不同内径的钻套来引导刀具时，可使用快换式钻套。使用时，只要将钻套朝逆时针方向转动一个角度，使得螺钉的头部刚好对准钻套上的缺口，即可向上拔出钻套。

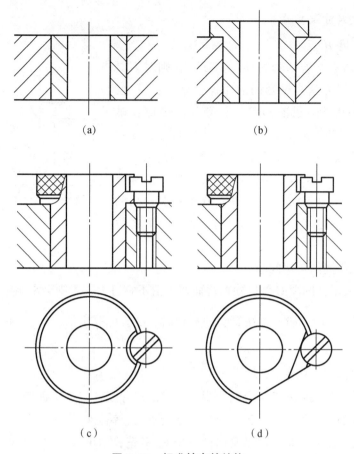

图 8-61　标准钻套的结构

(a)无台肩固定式钻套；(b)有台肩固定式钻套；(c)可换式钻套；(d)快换式钻套

图 8-62 列出了几种特殊结构的钻套，其中图 8-62(a)为用于加工深坑底面孔的加长钻套；图 8-62(b)为用于加工曲面上的孔的钻套；图 8-62(c)为用于加工孔间距很小的孔的钻套。

图 8-62　几种特殊钻套的结构

2. 钻套有关尺寸及其偏差

1) 钻套的高度 H

如图 8-63 所示,若钻套的导向高度大,则对刀具的导向作用好,但刀具与钻套间的摩擦会增大;反之,若钻套的导向高度小,虽然刀具与钻套间的摩擦会减小,但对刀具的导向性能变差。所以,钻套的高度 H 对刀具的导向作用以及刀具与钻套间的摩擦影响很大,太大或太小都不合适。高度 H 与钻套内径 d 之间一般存在如下关系:$H=(1\sim2.5)d$。对于加工精度要求较高的孔,或加工孔径较小时,比值应取较大值,反之取小值。

图 8-63 钻套与钻模板

2) 钻套与工件间的排屑间隙 C

如图 8-63 所示,间隙 C 为排除切屑而留,值不宜过大,否则会影响钻套的导向作用。一般可取 $C=\left(\dfrac{1}{3}\sim1\right)d$。加工铸铁等脆性材料时,$C$ 值可取小值;加工钢件时,C 值应取大值。

3) 钻套内径与刀具的配合

钻套内径与刀具采用间隙配合的原则,内径的尺寸及其偏差根据刀具的种类和被加工孔的尺寸精度来确定。为防止加工时刀具和钻套咬死,钻套内径基本尺寸 d 应选择刀具最大极限尺寸。用于钻孔、扩孔的钻套内径可按 F7 制造;用于铰孔的钻套内径分两种情况:粗铰孔时取 G7,精铰孔时取 G6。

(三) 钻模板

安装钻套的零件就是钻模板,根据其与夹具体的连接方式不同,可将其分为固定式、铰链式、悬挂式、升降式和可拆式等。下面介绍前 3 种。

(1) 固定式钻模板。钻模板和夹具体或支架固连在一起(见图 8-56),两者之间没有相对运动,即钻模板上的钻套相对于夹具体或支架是固定的,所以加工的位置精度较高。

(2) 铰链式钻模板。钻模板与夹具体为铰链连接,如图 8-64 所示。加工时,钻模板需用菱形螺母或其他方法予以锁紧。

(3) 悬挂式钻模板。若采用多轴传动头进行平行孔系加工时,所用的钻模板需悬挂在多轴传动箱上,并随机床主轴往复移动,故称为悬挂式钻模板,如图 8-65 所示。钻模板装在两根导柱下,从而确定了钻模板相对于夹具体的位置。随着机床主轴下降,钻模板压在工件上,并借助弹簧的压力将工件压紧。机床主轴继续下降,钻头进行钻孔。钻削完毕,钻头退出工件,钻模板也随机床主轴上升,恢复到原始位置。这样,装卸工件时可省去移开钻模板的时间。因钻模板的定位采用活动连接,所以被加工孔与定位基准间尺寸误差较大,精度只能达到 $\pm(0.2\sim0.25)$ mm。

1—钻模板；2—钻套；3—销轴。
图 8-64　铰链式钻模板

图 8-65　悬挂式钻模板

二、铣床夹具

(一) 铣床夹具的主要类型

铣床夹具是生产中应用很广泛的夹具，多数是安装在机床工作台上的，并和工作台一起做进给运动。铣削的进给方式在很大程度上决定了铣床夹具的整体结构。常用的有直线进给的和圆周进给的铣床夹具;按在夹具中同时装夹的工件数的不同,还可分为单件和多件装夹的铣床夹具。

1)单件装夹的铣床夹具

图8-66所示为单件加工、直线进给的铣床夹具,用于铣削工件上的槽。工件以一面两孔定位,夹具上相应的定位元件为支承板、一个圆柱销和一个菱形销。工件的夹紧通过螺旋压板夹紧机构来实现。卸工件时,松开压紧螺母,螺旋压板在弹簧作用下抬起,转离工件的夹紧表面。使用定位键5和对刀块4,可确定夹具与机床、刀具与夹具正确的相对位置。

2)多件装夹的铣床夹具

图8-67所示为直线进给、多件装夹的铣床夹具,用于在小轴端面下铣削一通槽。工件以V形块和支承钉定位,每次装夹6个工件,由薄膜式气室的推杆直接顶在右端第一个活动V形块上,顺序夹紧每个工件。由于采用多件夹紧机构,辅助时间少,生产率较高,所以适用于成批、大量生产。

1—圆柱销;2—菱形销;3—螺旋压板;
4—对刀块;5—定位销;6—弹簧

图8-66 单件加工铣床夹具

图8-67 多件加工铣床夹具

3) 双工位铣床夹具

图 8-68(a) 为双工位多件加工的铣床夹具,用于铣削汽车后桥主动锥齿轮轴的两个端面,图 8-68(b) 为其工序图。工件在短 V 形块 4 上定位,限制 4 个自由度。定位销 5 用于工件轴向定位。夹紧工件采用螺旋压板机构。因为同时要夹紧 2 个工件,所以压板 2 通过铰链与压块 3 做成活动连接,以保证夹紧的可靠性。该夹具有 2 个工位,第一个工位加工时,第二个工位装卸工件。加工完一个端面后机床工作台退出,操纵转台连同夹具同转 180°,然后继续加工另一端面,这样使装卸工件的辅助时间与切削时间重合,从而提高了生产率,适用于成批生产。

1—螺钉;2—压板;3—压块;4—V形块;5—定位销。

图 8-68 双工位铣床夹具和工序图

(二) 定位键

铣床夹具常用装在夹具体底面上的定位键来确定夹具相对于机床进给方向的正确位置。图 8-69 为定位键的结构及使用实例。为了提高定向精度,定位键上部与夹具体 1 底面的槽配合,下部与机床工作台的 T 形槽配合。两定位键在夹具允许范围内应尽量布置得远些,以提高夹具的安装精度。

1—夹具体；2—定位键；3—T形螺钉。

图 8-69　定位键的结构及使用实例

（三）对刀装置

铣床夹具使用对刀装置可迅速确定刀具相对于夹具的相对位置。对刀装置由对刀块及塞尺组成。塞尺的主要作用是检验调刀尺寸的精度，其次是保证刀具和对刀块的表面之间应留有一定间隙，以免在加工过程中造成对刀块的损坏。常用塞尺的尺寸 S 为 1、2、3、4、5 mm，按 h8 精度制造。图 8-70 为铣床夹具中常见的对刀装置结构。其中，图 8-70（a）为用于铣削平面的对刀装置；图 8-70（b）为用于铣削槽的对刀装置；图 8-70（c）、8-70（d）为用于铣削成形表面的对刀装置。对刀装置还应有严格的尺寸要求，如图 8-70 中的 H、L 均是对刀块工作表面与定位元件基准间要求的位置尺寸。若对刀要求较高而夹具上不便设置对刀装置时，也可以采用试切法或按样件对刀。

1—对刀块；2—塞尺。

图 8-70　铣床夹具中常见的对刀装置

(四)对铣床夹具的要求

(1)由于铣削时切削力较大,且为断续切削,易产生振动,因此铣床夹具应有足够的强度和刚度。

(2)铣床夹具的夹紧力应足够大,且有较好的自锁性能。

(3)夹具的高度和重心应尽量低。工件的加工表面应尽可能地靠近工作台面,以降低夹具的重心。通常夹具体的高度与其宽度之比(H/B)限制在 1～1.25 范围内。

(4)根据实际情况设置必要的加强筋,以提高夹具的刚性和抗振性。

(5)铣削加工时切屑较多,夹具应有足够的排屑空间,并保证清理切屑安全方便。清理时需要注意切屑的流向。

对于车床、镗床、磨床、刨床等其他类型机床的典型夹具。可查阅机械制造装备设计相关教材。

第六节 夹具设计的方法和步骤

夹具设计,需要对被加工工件进行深入细致的分析,了解它们的尺寸、形状特征以及待加工表面的精度和表面粗糙度要求。然后,运用前面学过的知识,提出可行的定位和夹紧方案,并仔细地分析对比,择优选用,由此确定出夹具的总体方案。最后,对夹具的具体结构进行构思,并绘制成装配图、零件图。本节将以第三章某连杆加工案例 OP50-3 工序(精镗曲轴孔及活塞销孔工序)来介绍夹具设计的方法和步骤。

一、夹具设计前的准备工作

1. 掌握相关工艺资料

在进行夹具设计之前,应该收集和掌握下列必要的资料。

(1)生产纲领。零件的生产纲领,对于工艺过程及工艺装备都会产生十分重大的影响。例如,大批量生产时,都采用气动或其他机动夹具,它们的自动化程度都很高,同时装夹的工件也较多,结构也比较复杂;而单件、小批量生产时,则都采用结构简单,成本低廉的手动夹紧夹具。

(2)零件图与工序图。工件的零件图是夹具设计的重要资料之一,它给出了工件尺寸、形状、位置精度和材料等全方位的要求。工序图则给出了夹具所在工序的情况、零件的工序尺寸、工序基准、已加工表面、待加工表面、工序尺寸精度等,它是夹具设计的直接依据。

(3)工序内容。夹具所在工序的内容,主要指该工序所用的机床、刀具、切削用量、工步安排、工时定额、装夹工件数目等。这些资料在考虑夹具总体方案和夹具结构、估算夹紧力时,都是必不可少的。工序内容一般可以在工艺卡上查到。

精镗曲轴孔及活塞销孔工序的夹具将在数控加工中心上精镗发动机连杆大、小头孔时装夹工件,大头孔刀具为硬质合金镗刀,小头孔镗铜衬套刀具采用金刚石刀具。由于本道工序已经是加工的最后阶段,而且是大批量生产,因此本道工序加工时,主要应该考虑如何提高精度,并在此基础上提高劳动生产率,降低劳动强度。该道工序适用于大批量生产的场合,其工序图见在第三章第六节中的工序卡。

2. 明确夹具设计的基本要求

本次设计的夹具除应满足工艺要求,有利于实现优质、高产、低耗,改善劳动条件外,还应满足下列要求:

(1)所设计的夹具必须结构性能可靠、使用安全、操作方便;

(2)所设计的夹具应具有良好的结构工艺性,便于制造、调整、维修,且便于切屑的清理、排除;

(3)所设计的夹具,应使其零部件尽量标准化、通用化、系列化;

(4)夹具设计必须保证图纸清晰、完整、正确、统一。

二、确定夹具的结构方案

(一)定位基准的分析和定位方案的确定

1. 定位基准的分析

定位基准的选择对保证加工精度和夹具结构的复杂程度均有很大影响。在考虑定位方案时,应该按工件的精度要求、工序内容等来决定应限制自由度的数目和方向,进而选择好定位基准,并考虑所需的定位元件。一般情况下,在制订工艺规程时,定位基准已由工艺人员确定了。因此,在夹具设计时只需分析定位基准选择的正确性。如果选择得不当,应与有关人员协商修改。

定位基准确定后,就可以根据定位基准及加工要求选择定位方案、选择定位元件、计算定位误差,以确定方案是否可用。

2. 定位方案的确定

虽然前面进行了定位元件的选择和布置,但只是考虑了工件定位的可行性和方便性,所选的定位方案是否可用,还应根据定位误差是否在规定范围内来确定。

对于精镗某发动机连杆大、小头孔这道工序,由于该工序已是精加工工序,故只确定精基准。通过分析确定采用"一面一销一V形块"的定位方式,如图8-71所示。

(1)第一基准:完成的机加工连杆大、小头端面(齐平),由$A1$、$A2$、$A3$构成(面定位)。

(2)第二基准:连杆体小头端的V形块,由$B1$、$B2$构成(V形块定位)。

(3)第三基准:穿过连杆大头孔的定位心轴,由$E1$、$E2$补充完成(销定位)。

根据图8-71中所定的坐标系,对照连杆主视图,可知

平面定位限制:y轴位移、x轴旋转、z轴旋转;

心轴定位限制:x轴位移、z轴位移;

V形块定位限制:y轴旋转。

工件定位时,影响加工精度要求的自由度必须限制,不影响加工精度要求的自由度可以限制也可以不限制。本设计中在精镗连杆大、小头孔时,是将定位销做成活动的"假销",当连杆用大头定位夹紧后,再从大头孔中抽出假销进行加工。此外,V形块也起到

夹紧的作用,该工件如此定位共限制了6个自由度:3个移动自由度($\vec{x}$, $\vec{y}$, $\vec{z}$)和3个旋转自由度($\hat{x}$, $\hat{y}$, $\hat{z}$),属于完全定位。

图 8-71　OP50-3 工序定位夹紧简图

(二) 确定夹紧方式

根据本章第五节夹紧装置设计的要求,结合零件加工工序的具体要求,确定合适的夹紧方案。对于精镗某发动机连杆大、小头孔这道工序,由于连杆是刚性较差的工件,为了使夹紧装置达到夹得稳、夹得好和夹得快的基本要求,应十分注意夹紧力的大小、方向及着力点位置的选择,以免因受夹紧力的作用而产生变形,降低加工精度。在精镗曲轴孔及活塞销孔的工序中,夹紧力的方向与端面垂直,在夹紧力的作用方向上,大头端部与小头端部的刚性高,变形小,即使有一些变形,亦产生在垂直于端面的方向上,很少或不会影响大小头孔的锥度。夹紧力通过工件直接作用在定位元件上,可避免工件产生弯曲或扭转变形。

由于液压夹紧机构响应快、动作灵敏、准确,故而为满足大批量生产的连杆的生产纲领要求和自动化要求,提高效率,减轻劳动强度,采用了自动化程度高的液压夹紧装置。

(三) 定位误差分析

在确定了定位方案及夹紧方案后,必须进行定位误差分析,保证定位误差在该道工序要求的误差范围内。对于精镗某发动机连杆大、小头孔这道工序,为满足加工质量要求,也必须在分析和确定定位基准及定位元件的基础上,根据定位误差的分析来确定上述方案的正确性。

在机械加工过程中,造成连杆加工误差的因素有很多。在连杆的定位过程中,会遇到定位基准与工序基准不重合的情况,这时就会引起连杆的加工误差;在连杆的定位过程中，也会出现定位基准相对于定位元件的位置不确定，这也会引起连杆的加工误差。由上述两种原因造成的加工误差属于定位误差。

图 8-71 中有两个加工尺寸、两个工序尺寸和一个形位公差，它们的定位误差计算如下。

(1)两孔加工尺寸的定位误差。连杆大、小头孔的加工尺寸 $\phi(19.99\pm0.006)$ mm 和 $\phi(52.08\pm0.006)$ mm 是由刀具的直径大小直接保证的，与定位无关，故不考虑定位误差。

(2)工序尺寸的定位误差。尺寸 22.96 ± 0.06 是刀具与定位元件的正确位置关系保证的，与工件的定位有关。如图 8-71 所示，工件的定位基准为圆心，工序基准在 B 处，故定位基准与工序基准不重合，存在基准不重合误差。基准不重合误差计算式为

$$\Delta_B = \delta_D \tag{8-15}$$

式中：Δ_B——基准不重合误差；
δ_D——工序尺寸公差。

因此，基准不重合误差为

$$\Delta_B = \delta_D = 0.06 \times 2 = 0.12 \text{ mm}$$

因为连杆小头外径在公差范围内变动，所以定位基准相对于 V 形块的位置不确定，且沿工序尺寸方向有变动，存在基准位移误差。基准位移误差计算式为

$$\Delta_Y = (\delta_D/2)/\sin(\alpha/2) \tag{8-16}$$

式中：Δ_Y——基准位移误差；
δ_D——连杆小头外径公差；
α——V 形块的夹角。

因此，基准位移误差计算如下：

$$\Delta_Y = (\delta_D/2)/\sin(\alpha/2) = (0.6/2)/\sin(90°/2) = 0.424 \text{ mm}$$

连杆以 V 形块定位，为了获得最小定位误差，选择下母线为被加工小头孔位置的工序基准，使得基准不重合误差和基准位移误差在一定程度上互相抵消，减小了定位误差，则定位误差为

$$\Delta_D = \Delta_B - \Delta_Y = 0.424 - 0.12 = 0.304 \text{ mm}$$

此项加工允许误差为 0.35 mm，因此工件在加工过程中能够保证加工精度要求。

(3)工序尺寸的定位误差。尺寸 166.76 ± 0.06 是由刀具与定位元件的正确位置关系保证的，与工件的定位有关。如图 8-71 所示，工件的定位基准为圆心，工序基准在 B 处，故定位基准与工序基准不重合，存在基准不重合误差，所以

$$\Delta_B = \delta_D = 0.06 \times 2 = 0.12 \text{ mm}$$

因为连杆小头外径在公差范围内变动，定位基准相对于 V 形块的位置不确定，且沿工序尺寸方向有变动，所以存在基准位移误差

$$\Delta_Y = (\delta_D/2)/\sin(\alpha/2) = (0.6/2)/\sin(90°/2) = 0.424 \text{ mm}$$

连杆以 V 形块定位，为了获得最小定位误差，选择下母线为被加工大头孔位置的工序基准，使得基准不重合误差和基准位移误差在一定程度上互相抵消，则定位误差为

$$\Delta_D = \Delta_B - \Delta_Y = 0.424 - 0.12 = 0.304 \text{ mm}$$

此项加工允许误差为 0.35 mm，因此工件在加工过程中能够保证加工精度要求。

(4)平行度的定位误差。平行度 0.04 的定位误差计算如下

$$\Delta_d = \Delta_{d大} \times 18.72/24 = 0.304 \times 18.72/24 = 0.237 \text{ mm}$$

此项加工允许误差为 0.25 mm，因此工件在加工过程中能够保证加工精度要求。

由以上分析可知，定位误差在规定的允许范围内，故本工位定位系统可用。

(四)切削力及夹紧力的计算

工件的装夹是否可靠，需要确定夹紧力是否能够确保工件在加工中始终保持在正确位置，同时安全可靠。对于精镗某发动机连杆大、小头孔这道工序。精镗大头孔采用硬质合金刀具，刀具直径 $d_{01}=52.08$ mm，精镗小头孔衬套刀具采用金刚石刀具，刀具直径 $d_{02}=19.99$ mm。

1) 切削力的计算

由实际加工经验可知，镗孔时的主要切削力方向为镗刀的切削方向，即垂直于工作台，根据《切削加工简明实用手册》查得，切削力计算式为

$$F = C_F d_O^{X_F} f_i^{Y_F} K_F$$

式中：$C_F = 588.60$；

$X_F = 1$；

$Y_F = 0.8$；

$f_1 = 0.06$，$i = 1$ 或 2，$f_2 = 0.03$；

$K_F = K_{MF} \cdot K_{XF} \cdot K_{HF} = 1.2$，$K_{MF}$ 与加工材料有关，K_{XF} 与刀具刃磨形状有关，K_{HF} 与刀具磨钝标准有关。

可得精镗连杆大头孔的切削力

$$F_1 = 588.60 \times 52.08^1 \times 0.06^{0.8} \times 1.2 = 3874.3 \text{ N}$$

同理，精镗小头孔的切削力

$$F_2 = 588.60 \times 19.99^1 \times 0.03^{0.8} \times 1.2 = 854.1 \text{ N}$$

得

$$F = F_1 + F_2 = 3874.3 + 854.1 = 4728.4 \text{ N}$$

2) 夹紧力的计算

本夹具用于精镗加工，因为夹紧力与切削力的方向一致，都指向定位基准面，所以，为了防止工件在加工扭矩的作用下发生转动，可加较小的夹紧力。根据《金属切削机床夹具设计手册》可查得，夹紧力的计算式为

$$W_k = WK \tag{8-17}$$

式中：W_k——实际所需夹紧力，N；

W——理论夹紧力，N；

K——安全系数。

在计算夹紧力时，必须考虑安全系数，安全系数 K 的计算式为

$$K = K_1 K_2 K_3 K_4$$

式中：K_1——基本安全系数，取 1.5；

K_2——加工性质系数，取 1.1；

K_3——刀具钝化系数，取 1.1；

K_4——断续切削系数,取 1.1。

则

$$W_k = WK = 3000 \times 1.5 \times 1.1 \times 1.1 \times 1.1 = 5989.2 \text{ N}$$

根据理论计算,液压夹紧力 W_k 远大于连杆加工主切削力 F,所以本夹紧装置可靠。

经过计算,对某发动机连杆的机械加工工艺及精镗连杆大、小头孔夹具进行的设计能满足任务要求,能够达到成本低、效率高、加工精度高的要求。

三、夹具总图的绘制

完成上面的设计后,下一步即绘制夹具总图。图形大小的比例一般取 1:1,这样可使绘制的夹具总图具有良好的直观性。以操作者面向夹具的方向作为主视图方向。为了清楚地表示夹具的结构、各装置或元件的位置关系,应合理选择视图及剖面数目。夹具总图应遵循一般机械装配图的绘图原则,反映一套完整的夹具。

夹具总图的绘制可按下述顺序进行。

(1)根据图样幅面,大体确定所要绘制视图的布局。

(2)用红线或细双点画线绘出工件的轮廓,并表示出加工余量。

(3)由工件的位置依次绘出定位元件、导向元件或对刀元件、夹紧装置。对于夹具活动件,如夹紧装置、翻转式钻模板等,应根据它们的活动范围,用细双点画线画出其极限位置,注意防止元件间以及与机床、刀具相互发生干涉。绘图时应视工件为透明体。

(4)绘制其他元件或机构及夹具体。

(5)在夹具总图上标出夹具名称、零件编号,填写零件明细表。

OP50-3 精镗曲轴孔及活塞销孔工位,其夹具与工件的装配总图如图 8-72 所示。

图 8-72 夹具与工件的装配总图

四、尺寸和夹具技术要求的标注

在夹具总图上标注必要的尺寸和夹具技术要求可以更完善地表达一套夹具。一个完整的夹具总图需要标注出轮廓尺寸，必要的装配、检验尺寸及其偏差，主要元件之间的公差等技术要求，通常应标注如下 5 种基本尺寸及位置公差。

(1)夹具的轮廓尺寸。标注出夹具的长、宽、高轮廓尺寸。为了检验夹具的活动范围，判断是否会与机床、刀具发生干涉，以及夹具在机床上安装的可能性，对于升降式夹具还须标注出升降的最大活动范围；对于回转式夹具要标注出回转半径或直径。

(2)夹具定位元件与工件定位基准间的配合尺寸及定位元件的位置公差。定位元件与工件定位基面配合的尺寸及其偏差、定位元件间的平行度或垂直度、定位元件对夹具安装基面的位置公差等，是保证与工件加工要求直接有关的尺寸或位置公差。

(3)夹具与刀具的联系尺寸。为控制对刀或导向误差，须标注出导向元件或对刀元件对定位元件的位置尺寸及极限偏差、位置公差，以及导向元件(钻套等)本身及其相互间的尺寸和极限偏差等。

(4)夹具与机床连接的联系尺寸。根据机床夹具与机床工作台和机床主轴的连接及定位方式，合理标注机床夹具对机床有关部位的位置公差。

(5)夹具各组成元件间的其他配合尺寸。这类尺寸是为保证夹具使用性能而标注的，如定位元件等夹具元件与夹具体的配合及其偏差等。

五、工件在夹具中加工精度的分析

1. 影响加工精度的因素

用夹具装夹工件进行机械加工时，其工艺系统中影响工件加工精度的因素很多。与夹具有关的因素有定位误差 Δ_D、对刀误差 Δ_T、夹具的安装误差 Δ_A 和夹具误差 Δ_Z。在机械加工工艺系统中，影响加工精度的其他因素的综合称为加工方法误差 Δ_G。上述各项误差均导致刀具相对工件的位置不精确，从而形成总加工误差 $\Sigma\Delta$。

(1)定位误差 Δ_D。工件在夹具中定位时产生的误差，称为定位误差。

(2)对刀误差 Δ_T。由于刀具相对于对刀元件或导向元件的位置不准确而造成的加工误差，称为对刀误差。

(3)夹具的安装误差 Δ_A。由于夹具在机床上的安装不准确而造成的加工误差，称为夹具的安装误差。

(4)夹具误差 Δ_Z。由于夹具上定位元件、对刀元件(或导向元件)及安装基面三者之间的位置不准确而造成的夹具制造误差，称为夹具误差。

(5)加工方法误差 Δ_G。由于机床、刀具的精度，工艺系统的受力、受热变形等因素造成的加工误差，统称为加工方法误差。因该误差影响因素多，又不便于精确计算，所以常取为工件公差的 1/3，即

$$\Delta_G = \delta_k/3$$

2. 保证加工精度的条件

在夹具中加工工件时，总加工误差$\sum\Delta$为上述各项误差之和。由于上述各项误差均为独立随机变量，不可能同时出现最大值，故对于这些随机变量用概率法合成。因此，保证工件加工精度的条件是

$$\sum\Delta = \sqrt{\Delta_D^2 + \Delta_T^2 + \Delta_A^2 + \Delta_Z^2 + \Delta_G^2} \leq \delta_k \tag{8-18}$$

即工件的总加工误差$\sum\Delta$应不大于工件的加工尺寸公差δ_k。

为保证夹具有一定的使用寿命，在分析计算工件加工精度时，需留出一定的精度储备量J_c。因此，式(8-18)可改写为

$$\sum\Delta \leq \delta_k - J_c$$

或

$$J_c = \delta_k - \sum\Delta \geq 0$$

当$J_c > 0$时，夹具能满足工件的加工要求，这是夹具设计必须要满足的基本条件。

六、夹具零件图的绘制

夹具中的标准件图在标准中可直接查出，一般不需画零件图；而非标准件则需要绘制零件图，绘图时表达的结构应符合工艺性能要求。在确定这些零件的尺寸、公差及技术要求时，应该满足夹具总图的要求。

习 题

8-1 辅助支承与主要支承有何区别？各用于什么场合？

8-2 采用"一面两销"定位时，为什么其中要有一个销用菱形销？怎样确定菱形销的安装方向？

8-3 图8-73中绘出了各工件的工序图，并标注了它们的工序尺寸和加工要求。试：

(1) 分析各工序尺寸的工序基准；

(2) 分析需要限制的第一类自由度。

8-4 图8-74为一简单螺旋夹紧机构，用螺钉夹紧直径$d=120$ mm的工件，已知切削力矩$M=7$ N·m，各处摩擦因数$f=0.15$，V形块$\alpha=90°$。若选用M10螺钉，手柄长度$d'=100$ mm，施于手柄上的原始作用力$F_Q=100$ N，试分析：夹紧力是否可靠？

图 8-73 分析工件的工序基准和需要限制的第一类自由度

8-5 在立式钻床上扩活塞销孔，采用图 8-75(a) 所示的定位方案。分析机床夹具定位元件所限制的自由度。

8-6 在拉床上，拉削图 8-75(b) 所示的发动机连杆接合平面、半圆孔及两侧面。分析机床夹具定位元件所能限制的自由度。

8-7 如图 8-75(c) 所示，在卧式拉床上，使用圆拉刀拉削传动轴凸缘内孔(拉刀导向部分可视为长定位销)。分析机床夹具定位元件所能限制的自由度。

8-8 加工汽车钢板弹簧吊耳时，采用图 8-75(d) 所示的定位方案。分析机床夹具定位元件所能限制的自由度。

8-9 分析图 8-75(e) 所示的变速器壳体的定位方案Ⅰ和定位Ⅱ，指出两方案中定位元件所限制的自由度，并说明哪个定位方

图 8-74 习题 8-4 图

案较好。

1、5、6、10、15、16—工件；2、11、12—定位销；3—弹性限位位销；
4—支承座；7—拉刀；8—自位支承；9、13、14—菱形销；17—V形块。

图 8-75 定位元件所限制的自由度

8-10 试分析十字轴在图 8-75(f)所示的 4 个短 V 形块上定位时，该定位系统有无过定位现象？如果有过定位现象，如何改进定位方案才不出现过定位？

8-11 采用图 8-75(g)所示的定位方案精镗活塞销孔，分析机床夹具定位元件所能限制的自由度。

8-12 在阶梯轴上铣一平面，其工序尺寸为 $30_{-0.28}^{0}$ mm，有如图 8-76 所示的 5 种定位方案。试分析与计算：

(1) 工件的工序基准是什么？5 种定位方案的定位基准各是什么？

(2) 当不考虑阶梯轴两外圆同轴度公差时，5 种定位方案的定位误差。

(3) 当阶梯轴两外圆的同轴度公差为 0.03 mm 时，5 种定位方案的定位误差。

1—工件；2—支承座；3—V形块。

图 8-76 在阶梯轴上铣平面

8-13 精镗活塞销孔的加工要求为：①活塞销孔轴线至顶面的尺寸为 (56 ± 0.08) mm；②销孔对裙部外圆的对称度公差为 0.2 mm，如图 8-77(a) 所示。若机床夹具采用内止口(短定位套)和平面支承定位，如图 8-77(b) 所示，试分析计算工序尺寸和对称度的定位误差。

图 8-77 精镗活塞销孔的定位误差

8-14 在图8-78(a)所示的圆柱体上钻 $\phi 8$ mm 轴向孔,其加工要求如图8-78(a)所示。试计算3种定位方案[图8-78(b)、(c)、(d)]的定位误差。

1—工件;2、4、5—V形块;3—夹具体;6—导向元件。

图8-78 在圆柱体上钻轴向孔的定位误差

8-15 曲轴按图8-79所示的定位方案铣削键槽,加工要求:键槽对主轴颈和连杆轴颈的公共轴平面的对称度公差为0.2 mm。试分析计算对称度的定位误差和键槽深度的定位误差。

图8-79 铣削曲轴键槽时的定位误差

8-16 在一箱体零件上加工 $\phi 107H7$ mm 孔和平面 P,其加工要求如图8-80所示。箱体零件采用一面两孔定位,两个工艺孔直径为 $\phi 16^{+0.027}_{0}$ mm,孔中心距为 (336 ± 0.04) mm。

夹具定位销：圆柱定位销直径为 $\phi16^{+0.006}_{-0.017}$ mm，菱形定位销直径为 $\phi16^{-0.025}_{-0.036}$ mm。圆柱定位销与 A 孔配合，菱形定位销与 B 孔配合。分析计算加工孔和平面时产生的定位误差。

图 8-80　加工箱体孔和平面时产生的定位误差

第九章 汽车制造计算机辅助工艺设计与管理

第一节 计算机辅助工艺过程设计（CAPP）原理

一、概述

CAPP（Computer Aided Process Planning）向上连接 CAD，向下连接 CAM，起到桥梁作用。来自 CAD 的几何和技术要求数据在 CAPP 完成加工处理，成为指导生产加工的制造数据。因此，CAPP 技术是 CAD 的结果能否有效、充分地在生产中予以应用与实现，数控机床与加工中心能否充分发挥其最大作用，CAD 与 CAM 能否真正实现集成的关键，并且受到越来越广泛的重视。

在传统的工艺规程编制过程中，因为要处理的信息量大，各种信息之间的关系又错综复杂，只能依靠工艺工程师多年工作实践总结出来的经验与工艺理论来进行。因此，工艺规程的设计质量完全取决于工艺人员的技术水平和经验。这样编制出来的工艺规程因人而异，很难得到最佳方案。因此，传统的编制方式存在一些无法避免的局限性，如：①工艺部门之间信息沟通与协调不及时，工艺工程师之间无法共享信息，劳动重复率高；②工艺师受自身知识水平和经验的限制，设计出来的工艺规程千差万别，质量不稳定，给生产准备和质量控制带来困难；③数据间内在的逻辑关系得不到保证，经常发生数据不一致现象；④工艺规程编制缺乏总体控制等。另外，培养熟练的工艺师需要经过漫长的时间，加上有经验的工艺人员离开时，无法将他们的实践经验知识留下来，这一切原因都使得工艺规程编制成为机械制造过程中的薄弱环节。CAPP 技术的出现和发展使这一薄弱环节存在的问题得以解决。对 CAPP 技术的研究始于 20 世纪 60 年代中期。1969 年，挪威企业开发了第一个 CAPP 系统 AUTOPROS，它根据成组技术原理，利用零件的相似性去检索和修改标准工艺文件，形成相应零件的工艺规程。到目前为止，人们已研制出多种 CAPP 系统，而且有不少系统已投入汽车生产使用。在 CAPP 技术发展史上具有里程碑意义的是设在美国的国际性组织 CAM-I 于 1976 年开发的 CAPP(CAM-I's Automated Process Planning)系统。国内则于 20 世纪 80 年代开始这项研究，已开发出不少 CAPP 系统，如清华天河 CAPP(TH-CAPP)、上海思普 SIPM/CAPP，有的 CAPP 系统已在实践应用中取得了良好的效果。但由于我国各类装备制造企业的自动化水平还不高，计算机信息化水平也不一，因此 CAPP 技术的应用还不普及。

二、CAPP 系统的功能

CAPP 系统应具有以下功能：①检索标准工艺文件；②选择加工方法；③工序安排；④选择机床、刀具、量具、夹具、辅具等；⑤选择装夹方式、装夹表面和定位基准；⑥优化选择切削用量；⑦计算加工时间和加工费用；⑧确定工序尺寸和公差；⑨选择毛坯；⑩绘制工序图及编写工序卡。有的 CAPP 系统还具有计算刀具轨迹、自动进行 NC 编程和模拟加工过程的功能。

三、CAPP 系统的分类

根据工作原理的不同，可将 CAPP 系统分为以下几类

(1) 派生法 CAPP 系统：这是建立在成组技术基础上的 CAPP 系统。首先，根据零件相似原理(几何形状和工艺上的相似性)将各种零件分类归族，形成零件组。针对每一零件族(组)，选择一个能包含该组中所有零件特征的零件为标准样件，也可以虚拟一想象中的零件，使它包含该族(组)中所有零件特征，根据标准样件编制标准工艺规程；并将该标准工艺规程存放在数据库中。当要编制新零件工艺规程时，只要输入该零件的有关描述信息，由系统自动生成该零件的成组技术代码；再根据零件的成组技术代码，由系统自动判定零件的族(组)别，并检索出该零件族(组)的标准工艺规程；最后，根据零件的结构形状特点和尺寸及公差，利用系统提供的修改编辑功能，对标准工艺规程进行修改编辑，得到所需的工艺规程。

(2) 创成法 CAPP 系统：与派生法 CAPP 系统不同，创成法 CAPP 系统中没有标准工艺规程，只有一收集有大量工艺数据的数据库和一机械加工工艺专家系统。当输入零件的有关信息后，系统可以在没有人工干预的条件下，自动生成该零件的工艺规程。创成法 CAPP 系统理论还不够完善，因此还没有出现纯粹的创成法 CAPP 系统。创成法 CAPP 系统的核心是工艺决策逻辑。

(3) 半创成法 CAPP 系统：从原理上看，半创成法 CAPP 系统是派生法和创成法 CAPP 系统二者的综合。这种系统是在派生法 CAPP 系统的基础上，增加若干创成功能而形成的系统，兼有二者的优点。

(4) 智能 CAPP 系统。略。

四、派生法 CAPP 系统

如前所述,派生法 CAPP 系统是建立于成组技术基础之上的,其原理框图如图 9-1 所示。

图 9-1 派生法原理框图

(一) 零件编码

零件编码的目的是将零件图上的信息代码化,使计算机易于识别和处理。分类编码系统通用的有 OPITZ、JLBM、JCBM、KK3 等。编码方式分为手工编码和计算机编码。手工编码是由编码人员根据编码法则,对照零件图用手工方式编出各码位的代码。这种方式效率低、劳动强度大、一致性差,容易出错。计算机辅助编码采用人机对话的方式,由计算机提问,操作人员回答,对编码系统的理解和判断是由计算机软件自动完成的。这种方式对零件信息的理解以及各码位的代码的判断是自动进行的,出错率低、编码效率高。

(二) 零件特征识别

零件特征识别的目的是将输入零件的代码与计算机中的零件族进行比较,以确定零件所属的零件族,以便检索出标准工艺。

(三) 工艺规程编辑

检索出标准的工艺规程,再根据零件的具体要求,修改编辑这个标准的工艺规程,最后生成该零件的工艺规程。系统应提供对工艺文件进行编辑的功能,应能方便地删除、添加、修改标准工艺规程。其中,修改包括加工工艺路线(加工方法、加工路线等)和工序内容(机床、刀具、夹具、量具、切削参数、加工尺寸和公差)的修改以及加工时间和加工费用计算等。

五、创成法 CAPP 系统

创成法 CAPP 系统的原理是让计算机模拟工艺师的逻辑思维能力,自动进行各种决策,选择零件的加工方法,安排工艺路线,选择机床、刀具、夹具,计算切削参数和加工时间、加工成本,以及对工艺过程进行优化等。人的任务仅在于监督计算机的工作,并在计算机决策过程中处理一些简单问题,对中间结果进行判断和评估等。图 9-2 为创成法

CAPP 系统的原理框图。

图 9-2　创成法 CAPP 系统的原理框图

(一)零件信息描述

创成法 CAPP 系统中零件的描述方法很多,最常用的有以下 3 种。

(1)型面描述法。这种描述方法将零件看成由若干种基本型面按一定方式组合而成,而每种型面都可用一组特征参数来表示,型面类别及它的特征参数及型面间的相互关系可用代码表示。例如,外圆柱面可以用直径和长度来确定,描述为：CYLE/D, L1。另外,可根据加工精度和表面质量要求来确定每种型面所对应的一组加工方法。型面分为：圆柱面、圆锥面、平面等基本型面；退刀槽、边缘、台阶面、均布螺钉孔等型面域；螺纹、花键、沟槽、齿形面等复合型面。

(2)元素描述法。元素描述法把零件看成是由若干种基本几何体,如圆锥体、圆柱体、六面体、圆环体及球体等,按一定位置关系组合而成。

(3)从 CAD 数据库采集零件信息。这种方法是利用中间接口或其他的传输方式,将零件的设计信息直接由 CAD 数据库传给 CAPP 系统,用以进行工艺规程设计。采用这种方法可以省去工艺设计时对零件的信息描述,并可获得更完整的零件信息,有利于实现 CAD/CAPP/CAM 的一体化,它是 CAPP 系统获取零件信息的最佳方法。

(二)工艺决策逻辑

在创成法工艺设计系统中,工艺决策逻辑是核心,决策表(见表 9-1)和决策树(见图 9-3)是常用的表示决策逻辑的方法。

表 9-1　半精加工决策表

低于 E 级	T	F	F
$L/D>45$		T	F
不精车	X		
留余量 5 mm		X	
留余量 4 mm			X

注：T—逻辑"真"；F—逻辑"假"；X—该选项中；L/D—长径比；E—决策前确定的加工尺寸精度,如 IT6 ~ IT7。

图 9-3　半精加工决策树

例如，某类零件半精加工的决策规则如下：

（1）如果加工精度低于 E 级，则不精车。

（2）如果加工精度高于 E 级，且 $L/D>45$，各圆留余量 5 mm。

（3）如果加工精度高于 E 级，且 $L/D\leqslant 45$，各圆留余量 4 mm。

第二节　汽车制造工程管理系统

汽车制造是个非常复杂的过程，涉及上万个零件和上百个主要部件，需要在不同的工位、车间、协作厂间协调一致地工作。

20世纪初，从美国福特汽车公司创立第一条汽车生产流水线以来，大规模的生产流水线在相当长的时间里一直是现代汽车工业生产的主要特征。大规模生产方式是以标准化、大批量生产来降低生产成本并提高生产效率的。但是"二战"以后，社会进入了市场需求向多样化发展的新阶段，相应地要求工业生产向多品种、小批量的方向发展，单品种、大批量的流水生产方式的弱点就日渐明显了。为顺应这样的时代要求，日本丰田汽车公司在实践中摸索并首创出"精益生产制造"这一在多品种、小批量混合生产条件下的高质量、低消耗生产模式。这种生产模式在20世纪70年代达到了非常成熟的程度，并向全世界展示了其巨大优势。到20世纪90年代，全球主要先进工业国家纷纷学习和采用该生产方式。伴随着汽车制造模式的不断演化进步，生产过程的管理工作越来越凸显出了其重要性。

一、汽车制造工程管理体系的进步

与其他行业相比，汽车制造业在先进管理思想和先进技术的应用方面最为迅速而有成效。例如，准时生产（JIT）就发源于汽车制造业；而业务流程重组（BPR）则率先在汽车制造业获得了堪称经典的成功例证；对工程管理体系进步需求最为旺盛的产业也是汽车制造业。

目前，由于竞争的压力，一些汽车制造企业在选择汽车工程管理系统时，注重解决现有问题，忽视对企业长远发展的战略预见，为企业未来发展留下了无法弥补的缺陷。

随着汽车价格走势的回落，汽车制造企业的利润空间正在逐步缩小，加之产业变化迅猛，使今天的企业在选择汽车制造工程管理系统时，不得不做好长远打算。但由于未来的不确定性，因此这种战略性预见是很难做到的。

通过下面的例子，对汽车制造工程管理体系的发展及其重要性做一下分析。

大众汽车公司在巴西成立了一家商用汽车制造厂。与传统汽车装配厂不同，该厂汽车零、部件供应商直接在大众公司的装配厂区内建立自己的零部件装配场所，就近向总装配线供货。每个供应商提供的零、部件都是比较完整的单元，并由各自的工人直接往汽车上安装。大众公司只委派一名有经验的 Meister（类似于中国工厂的技师、工段长或车间主任）监督、检查和指导总装生产线上各供应商的工人进行装配作业。这种装配模式意味着企业的装配零、部件库存基本为0，也没有什么分装作业区，大大减少了自身的工作量和资金占用，生产成本大幅度下降，效益提高。

这个案例启发我们，整车制造企业的生产管理，正在走出"厂墙"的包围，即将供应商的生产车间、供应商在整车厂的协配作业区以及整车厂的装配生产线有机地结合起来。

开放的、柔性的生产管理系统，应该由整车订单需求驱动，从组装车间"拉动"至涂装、焊装和冲压车间，直至供应商及其协配作业区。由于功能架构是柔性的，可以根据企业的具体情况灵活调整，从而将JIT"拉动"生产的理念与SCM"链接"的理念在信息化领域更紧密地结合起来，满足整车装配企业协同制造的需求。

其实，这种柔性管理的需求在汽车生产的各个领域都有所体现。例如，在物流管理方面，由于供应商直送工位以及第三方物流的出现，库存管理的概念发生变化，需要物流管理系统做出响应；在质量管理方面，召回制度的实施，使得质量管理系统需要更为全面地考虑如何以最简单而经济的方式，实现全面质量问题追溯。

二、汽车制造工程管理系统概述

如何把生产计划落实到生产的每个过程、如何指示生产的操作、如何反映实际生产实绩、如何跟踪生产的每一重要过程点、何时把主要部件需求信息发给外协供应商、何时把指示信息发给机器人等，一系列的工作如何在整个汽车生产过程中协调地实现，这种需求催生了汽车制造工程管理系统的出现。汽车制造工程管理系统的发展可以大大提高汽车制造企业的应变力，使企业能够更经济、更深入地持续发展。

汽车制造工程管理系统是近十年来在国际上迅速发展、面向车间层的生产管理技术与实时信息系统，它可以为用户提供一个快速反应、有弹性、精细化的制造环境，帮助企业减低成本、按期交货、提高产品的质量和服务质量；适用于不同行业（汽车、制造），能够对单一的大批量生产和既有多品种小批量生产又有大批量生产的混合型制造企业提供良好的企业工程管理。当下，制造行业和汽车行业竞争越来越激烈，高效生产和有效控制管理迫切需要制造工程管理系统的支持。

所谓汽车制造工程管理系统，严格说来是汽车制造执行系统（Manufacturing Execution System，MES）中的主要构成，它实现了 MES 的部分功能。

汽车制造厂的工程管理系统主要指：车辆工程管理接受来自其他信息系统的指示，主要是生产顺序、安装指示等信息；在生产过程中把装配指示信息和其他操控底层设备的信息下传到控制系统；把重要部件信息反映出来送给 VIPS 系统，同时在生产过程中把价值比重大的或者体积大的部件信息发送给供应商，实现同步；反映生产实绩给车辆生产管理系统。

车辆工程管理系统通过生产过程中生产数据的收集、生产作业的指示、生产顺序的调度，生产实绩的反映、生产差错的报警等一系列作用，保证汽车制造的高品质、低成本、准时交货。汽车制造工程管理强调控制和协调，它是使汽车现代制造不仅有很好的计划，而且能使计划落到实处的执行系统。

汽车制造工程管理系统是 MES 的主要构成部分之一，MES 规定的 11 个主要功能如下。

1) 工序详细调度

通过基于有限资源能力的作业排序和调度来优化车间性能。

2) 资源分配和状态管理

指导劳动者、机器、工具和物料如何协调地进行生产，并跟踪其现在的工作状态和刚刚完工的情况。汽车制造企业现在广泛采用的刀具及其管理系统为企业生产和管理带来了便利和可观的经济效益。由于汽车工业中大量采用流水生产，上道工序的生产直接影响到下道工序，特别是由于现在不断实施精生产，中间制品及缓冲区很少，为了提高生产效率和降低生产成本，采用大量的组合式刀具及非标刀具。因此，关键的刀具(特别是非标刀具)如不能按时供应，就会造成整条机加工生产线的停产。如果企业没有应急措施或不能快速反应，还有可能造成汽车总装配线的停产。

刀具及其管理费用占整个机械加工制造成本的 3%~5%，是汽车零、部件制造成本中相当重要的部分。一般情况下，年产几十万台发动机的工厂，每年刀具及其管理费用可能会达到几千万乃至上亿元人民币。此外，刀具和刀辅具库存还要占用大量流动资金。因此，降低刀具及其管理费用就成为企业一项十分重要、迫切而难度颇大的任务。刀具及其管理费用的降低又与新刀具、新工艺、新技术、新材料的采用紧密相关，也与刀具的采购、物流、调整修磨、刀具质量控制、刀具优化等一系列的刀具管理工作紧密相连。

刀具管理水平高，就有可能进行很好的刀具成本控制，既能保证生产线及时得到符合要求的所需刀具，又能使库存刀具数量保持在最低的必要水平上，使得流动资金的占用及其引起的财务费用降到最低。同时，还能不断进行刀具的优化和降本增效工作，并能在发生刀具非正常消耗时做出及时和快速的反应，确保生产正常进行。

3) 生产单元分配

通过生产指令将物料或加工命令送到某一加工单元的开始工序或工步的操作。

4) 文档控制

管理和分发与产品、工艺规程、设计或工作令有关的信息，同时也收集与工作和环境有关的标准信息。汽车制造企业现在广泛采用 PDM 等控制和管理系统。

5) 产品跟踪和产品清单管理

通过监视工件在任意时刻的位置和状态来获取每一个产品的历史记录，该记录向用户提供产品组及每个最终产品使用情况的可追溯性。

6) 性能分析

将实际制造过程测定的结果与过去的历史记录和企业制定的目标，以及客户的要求进行比较，其输出报告(或在线显示)用以辅助性能的改进和提高。

7) 人力资源管理

提供按分钟及时更新的员工状态信息数据(工时、出勤等)，基于人员资历、工作模式、业务需求的变化来指导人员的工作。

8) 维护管理

通过活动监控和指导保证机器和其他资产设备的正常运转，实现工厂的执行目标。

9) 过程管理

基于计划和实际产品制造活动来指导工厂的工作流程。这一模块的功能实际上也可由生产单元分配和质量管理来实现。这里是作为一个单独的系统来实现的。

10) 质量管理

根据工程目标来实时记录、跟踪和分析产品和加工过程的质量，以保证产品的质量控制和确定生产中需要注意的问题。

11) 数据采集

监视、收集和组织来自人员、机器和底层控制的操作数据以及工序、物料信息。这些数据可由车间员工手工录入或由各种自动方式获取。

目前，世界各地的汽车制造工厂为增强其制造适应市场的能力，都在有针对性地应用汽车制造工程管理系统。

现代汽车制造工程管理系统将汽车制造工艺更好地应用在汽车制造生产中，将会大大提高汽车制造企业的应变力，使汽车企业能够更经济、更深入地持续获得信息化效益，并为汽车企业未来发展打好基础。

三、产品数据管理概述

产品数据管理(Product Data Management，PDM)是在现代产品开发环境中发展起来的一项以软件为基础的管理产品数据的新技术。它将所有与产品有关的信息和所有与产品相关的过程集成在一起，使产品数据在其整个生命周期内保持一致，保证已有产品信息为整个企业用户共享使用，帮助部门或企业的管理贯穿整个产品生命周期的产品数据及开发过程，有力地促进新产品的设计与开发，提高产品质量，缩短产品的研制周期和上市时间，提高工作效率，从而提高企业的竞争能力。

(一) PDM 产生的背景和发展史

从 20 世纪的六七十年代开始，企业在设计和生产过程中逐渐开始应用 CAD/CAPP/CAM/CAE 等软件与技术，大大促进了企业生产力的发展，有效地提高了产品设计制造效率，但各软件应用单元都自成体系，彼此之间缺少有效的信息共享和利用，形成所谓的"信息孤岛"，阻碍了企业设计、生产效率的进一步提高。另一方面，随着 CAD/CAPP/

CAM/CAE 等软件的广泛应用，计算机产生的各种数据资料迅速增加。在产品全生命周期过程中，从市场分析、产品设计到制造、装配、销售、售后服务等环节都要产生大量相关数据，如市场分析报告、设计信息、加工图纸、零件加工工艺、数控加工程序清单、仿真测试结果分析以及各种说明书等，这些数据往往是海量的。如何消除"信息孤岛"，有效管理海量数据，突破企业信息化瓶颈，是企业面临的一大难题，能否解决这一难题也是企业在未来竞争中能否保持领先的关键因素。

产品数据管理正是在这一背景下应运而生的一项管理思想和技术。当今企业面临越来越激烈的市场竞争，市场对企业在 P、T、Q、C、S 共 5 个方面提出了更高的要求，即设计生产市场需要的产品（Product），缩短产品的上市时间（Time），保证良好的产品质量（Quality），降低产品的综合成本（Cost），提供优质的售后服务（Service）等。PDM 以提高企业满足市场上述 5 个方面要求的能力为目标，在产品数据与工作流集成思想指导下，继承并发展了工程数据库、电子数据交换、成组技术、并行工程、产品数据交换、企业业务重组等核心思想，以产品数据和过程为中心，科学合理地对企业业务过程、产品数据和过程进行描述，以便规范化管理产品生命周期中的数据和过程，保持产品数据的一致性和可跟踪性。PDM 系统的核心思想是数据共享、人员协同、过程优化、减少企业信息化瓶颈。

PDM 是当今计算机应用领域的重要技术之一。近几年来，PDM 是产品工业中发展最快的一种技术。PDM 的应用给企业带来了非凡的成就。据国外资料统计，PDM 的应用能使产品设计周期缩短 25%，减少工程设计修改 4%，加快产品投放市场进度 50%~80%，总成本削减 25% 以上。国外的一些汽车、飞机生产公司实施 PDM 系统后均大大提高了企业的效益。对国内机电工业近 500 家企业调查发现，这些企业的新产品开发周期平均达 24 个月，其中单件、小批量产品的生产技术准备周期约占供货期的 32%，有的高达 60%，但采用 PDM 技术后，可缩短 50%~80% 生产周期。

PDM 技术的发展历史大致可以分为以下 3 个阶段。

第一阶段始于 20 世纪 80 年代初期，当时 CAD 系统已经在企业中得到了广泛的应用，工程师们在享受 CAD 带来的好处的同时，也不得不将大量的时间浪费在查找设计所需信息上，对于电子数据存储和获取的新方法的需求越来越迫切。针对这种需求，众多 CAD 厂商开始推出各自的第一代 PDM 产品，其主要目标是解决大量电子数据的存储和管理问题。第一代 PDM 开始利用产品的各种信息来优化生产，但也仅仅是在一定程度上缓解了"信息孤岛"的问题，在功能、开放程度和集成能力上，还有很多缺陷。

第二阶段始于 20 世纪 80 年代末，随着对第一代 PDM 产品功能的不断扩展，出现了包括电子图档管理、工程更改单管理和材料清单管理等功能的专业 PDM 产品。在这一阶段，PDM 系统是企业设计和工艺部门的基础数据平台，各种 CAX 应用如 CAD、CAPP、CAE 等通过 PDM 进行集成，以 PDM 作为企业设计和工艺的数据管理中心和流程管理中心。PDM 系统和其他企业信息系统，如 MRPII、ERP 系统和企业 MIS 系统等是相互协作的关系，可通过一定的接口与这些系统连接起来，再加上自动化制造系统（AMS），就构成了一个企业计算机集成制造系统（CIMS）的雏形。第二代 PDM 产品的功能得到了广泛认同，其技术有了巨大进步，商业上也获得了成功。

第三阶段是 PDM 标准化阶段。相对于前两个阶段，标准化阶段是 PDM 发展史上的一次大跨越。1997 年 6 月，国际 OMG 组织公布了其 PDM Enabler 标准草案，就 PDM 系统的功能、PDM 系统的逻辑模型和 PDM 产品之间的互操作性等方面的问题提出了标准，标志着 PDM 产品的标准化走出了重要的一步。

(二) PDM 基本概念

1. PDM 定义

由于 PDM 包含的技术内容太多、太广，与 PDM 相关的技术内容也在不断发展和变化，因此 PDM 尚无一个完整确切的定义。1995 年 2 月，主要致力于 PDM 技术和相关计算机集成技术的国际权威咨询公司——CIMdata——的总裁 Ed Miller 在《PDM Today》一文中给出了 PDM 的简单定义：PDM 是一门用来管理所有与产品相关的信息（包括零件信息、配置、文档、CAD 文件、结构、权限信息等）和所有与产品信息相关的过程（包括过程定义和管理）的技术；Gartner Group 公司的 Dave Burdick 则把 PDM 定义为："PDM 是为企业设计和生产构筑一个并行产品开发环境（有供应、工程设计、制造、采购、销售与市场、客户构成）的关键使能技术。一个成熟的 PDM 系统能够使所有参与创建、交流、维护设计意图的人在整个信息生命周期中自由共享和传递与产品相关的所有异构数据"。我们可以从 PDM 的管理对象、管理目标、实现手段以及产品与过程等几方面入手，来全面理解 PDM 基本概念。

从管理对象的角度来看，PDM 是管理、存取和控制与企业产品相关的所有数据和相关过程的系统。管理的是整个产品生命周期的产品信息，不仅是设计阶段的数据。PDM 应用面向对象的数据库，它不仅可以管理大量繁杂的数据信息，同时也可以管理产品开发的全过程，如过程图纸信息、设计、审核、批准的过程，产品的零部件结构和材料标准等。在 PDM 中通过面向对象（OO）技术对上述信息进行管理，如 CAD 系统产生的文件可被表示为一个对象，在 PDM 中打开对象，可以自动启动原 CAD 软件，将对象装入软件中。PDM 为用户在一有多厂商提供的硬件平台和应用软件的混杂网络环境中高效地工作提供了可能。

从管理目标的角度来看，产品数据管理是帮助企业、工程师和其他有关人员管理数据并支持产品开发过程的有力工具，是依托 IT 技术实现企业最优化管理的有效方法，是科学的管理框架与企业现实问题相结合的产物，也是计算机技术与企业文化相结合的一种产品。产品数据管理系统保存和提供产品设计、制造所需要的数据信息，并提供对产品维护的支持，即进行产品全生命周期的管理。产品数据管理集成了所有与产品相关的信息。有助于企业实现有序和高效地设计、制造产品。

从实现手段角度来看，PDM 是以软件为基础的技术，它将所有与产品相关的信息和所有与产品有关的过程集成在一起，利用电子数据库（Electronic Vault）实现对产品相关信息的生成、存储、查询、控制存取、恢复、编辑、电子检查和追溯。PDM 系统通过对过程（Process）对象的定义、检查、查询、控制存取、恢复和编辑，实现对工作流的控制。要成功实施 PDM 系统，往往需要改变企业的传统管理模式和传统文化，形成新的信息组织方式，而PDM系统通过用户接口的应用，能够有效减少这些改变和新的信息组织方式对企业所造成的不利影响。另外，由于PDM系统涉及的大量原始信息来自不同的应用系统，因此PDM系统通过应用集成的方式，对企业使用各种软件产生的数据和文档进行有效的管理，实现应用软件之间的信息共享，建立企业全局信息集成平台。

从产品来看，PDM系统可帮助企业组织产品设计（包括需求分析、设计规划、产品建模），完善结构修改（包括产品结构管理与配置、产品版本控制）、跟踪进展中的设计概念，及时方便地查找存档数据以及相关产品信息。从过程来看，PDM系统可协调组织和规范化管理设计、审查、批准、制造、数据变更、工作流优化，以及产品发布等过程事件。

总之，PDM是以软件框架为基础，高度集成各种应用软件而组成的系统，其目的是在正确的时间，把正确的信息以正确的形式传递给正确的人，完成正确的任务。通过PDM系统，设计者、制造者和管理者可以对产品设计、开发的相关数据与过程实现全面管理，并可以对相关数据与过程进行实时查看、紧密跟踪和适度控制等操作。

2. PDM与企业信息集成

PDM在企业的信息集成过程中可以被看作是起到一个集成"框架（Framework）"的作用，各种应用程序如CAD/CAM/CAE、EDA、OA、CAPP、MRP等，将通过各种各样的方式，如应用接口、开发(封装)等，直接作为一个个"对象（Object）"被集成进来，使得分布在企业各个地方、各个应用中使用(运行)的所有产品数据得以高度集成、协调、共享，所有产品研发过程得以高度优化或重组。

3. PDM的应用领域

PDM涉及的领域很广，它可以管理各种与产品相关的信息，包括电子文档、数据文件以及数据库记录，适用的产品领域包括：

(1)制造业：汽车、飞机、船舶、计算机、家电、移动电话等；
(2)工程项目：建筑、桥梁、高速公路等；
(3)工厂：钢铁厂、炼油厂、食品加工厂、制药厂、海洋平台等；
(4)基础设施：机场、海港、铁路运营系统、后勤仓储等；
(5)公用事业：发电/电力设置、无线通信、水/煤/气供应、有线电视网等；
(6)金融：银行、证券交易及其他行业。

值得指出的是：面对如此广泛的应用领域，目前尚无一种万能的PDM系统可以适用于它们。每个领域都有其自身的特点及需求，即使同一领域的单位，使用完全相同的PDM产品，也会有完全不同的实施问题。PDM系统仅是软件系统框架，是个"半成品"，必须与企业的管理模式相结合进行定制实施，才能更好地为企业管理服务。

(三) PDM系统基本功能

PDM系统覆盖产品生命周期内的全部信息，为企业提供了一种宏观管理和控制所有与产品相关的信息的机制，并从全局共享的角度，为不同地点、不同部门的人员营造了虚拟协同工作环境，使其可以在同一数字化的产品模型上一起协同工作。完善的PDM系统应包括以下基本功能模块,如图9-4所示。

1)电子仓库与文档管理

电子仓库与文档管理是PDM最核心的模块。对于大多数企业来说,一般都需要使用许多不同的计算机系统(主机、工作站、PC机等)和不同的计算机软件来产生产品整个生命周期内所需的各种数据,而这些计算机系统和软件还有可能建立在不同的网络体系上。在这种情况下,如何确保这些数据总是保持最新的和正确的,并且使这些数据能在整个企业的范围内得到充分的共享,同时还要保证数据免遭有意的或无意的破坏,这些都是迫切需要解决的问题。PDM的电子资料库和文档管理提供了对分

图9-4 PDM系统基本功能

布式异构数据的存储、检索和管理功能。在PDM中,数据的访问对用户来说是完全透明的,用户无须关心电子数据存放的具体位置,以及自己得到的是否是最新版本,这些工作均由PDM系统的电子仓库与文档管理功能来完成。另外,电子仓库与文档管理通过角色权限控制来保证产品数据的安全性,电子数据的发布和变更必须经过事先定义的审批流程后才能生效,这样就使用户得到的总是经过审批的正确信息。

电子仓库与文档管理是PDM中最基本、最核心的功能,它保存了管理数据的数据(元数据)以及指向描述产品的相关信息的物理数据和文件的指针,它为用户存取数据提供一种安全的控制机制,并允许用户透明地访问全企业的产品信息,而不用考虑用户或数据的物理位置。其主要功能可以归纳为:文件的输入和输出、按属性搜索的机制、动态浏览/导航能力、分布式文件管理和分布式仓库管理、安全机制等。

2)工作流与过程管理

为了达到一定的目标,工作组中的成员按照一定顺序动态完成任务的过程,称为工作流程。工作流与过程管理用来定义和控制流程数据操作的基本过程,帮助企业协调组织任务和工作过程以获得最大生产效率。

工作流与过程管理主要控制用户之间的数据流向以及在一个项目的生命周期内跟踪所有事务和数据的活动,其中包括宏观过程(产品生命周期)和各种微观过程(如图样的审批流程),是支持工程更改必不可少的工具。

由于产品数据管理过程的复杂性和多样性,因此一般PDM的过程与工作流管理是在对企业中各种业务流程进行详细分析的基础上,通过系统的模板定制与二次开发来实现的。

3)产品结构与配置管理

产品结构与配置管理是PDM系统的核心功能之一。产品结构与配置管理是以电子仓库为底层支持,以物料清单(BOM)为其组织核心,把定义最终产品的所有工程数据和文档联系起来,对产品对象及其相互之间的联系进行维护和管理,实现产品数据的组织、控

制和管理，并在一定目标或规则约束下向用户或应用系统提供产品结构的不同视图和描述。产品结构与配置管理能够建立完善的 BOM 表，并实现其版本控制，高效、灵活地检索与查询最新的产品数据，实现产品数据的安全性与完整性控制。

在企业中，不同的部门（如设计部门、工艺部门和生产计划部门），或者在不同的阶段，对同一产品的结构形式的要求并不相同。因此，产品结构与配置管理提供了按产品视图来组织产品结构的功能。通过建立相应的产品视图，企业的不同部门可以按其需要的形式来对产品结构进行组织。而当产品结构发生更改时，可以通过网络化的产品结构视图来分析和控制更改对整个企业的影响。

4）项目管理

在 PDM 系统中，项目是指某个工程围绕设计、生产和制造进行的所有活动的总称。所有设计、生产相关活动都是以项目为单位进行组织管理的，如航空制造厂按照飞机型号与批次组织生产，汽车制造厂按照汽车的型号组织生产等。项目管理在项目实施过程中实现其计划、组织、人员及相关数据的管理与配置，对项目的进度情况进行监控与反馈。

项目管理是建立在工作流程管理基础之上的，其管理内容应该包括项目和任务的描述、项目成员组成与角色分配、项目工作流程、时间与费用管理、项目资源管理等，为控制项目开发时间和费用、协调项目开发活动、保证项目正常运行提供一个可视化的工具。

5）零件分类与管理

零件分类与管理，将具有相似特性（结构相似性和工艺相似性）的零件分为一类，并赋予一定的属性和方法，形成一组具有相似零件特性的零件集合，即零件族。

一般采用编码的方式进行零件分类管理，零件编码一般分为标识码和分类码两部分。标识码用来标识唯一零件；分类码用来标识零件的功能、形状、生产工艺等信息。通过对零件编码，简化了零件描述，便于利用计算机实现分类处理，便于信息的传输、存储和检索，实现零件及其相关信息的快速检索。

6）系统定制与集成工具

PDM 系统可以按照用户的需求合理配置所需的功能模块，并提供面向对象的定制工具，定制工具中提供有专门的数据模型定义语言，能够实现对企业模型全方位的再定义，包括软件系统界面的专门改造及系统的功能扩展等。为了使得不同的应用系统之间能够共享信息，对应用系统所产生的数据进行统一管理，还可以将外部应用系统"封装"或集成到 PDM 系统中，实现应用系统与 PDM 之间的信息集成。

第三节　产品全生命周期管理应用软件平台 Teamcenter

随着信息技术、计算机技术的不断发展、制造业信息化水平的不断提高，工业 4.0 时代已经到来。现代制造通过计算机已经将产品制造的设计、仿真试验、仿真加工、工艺规划、工艺管理、现实装备系统控制、产品加工、物流等诸多环节联系到一起，成为一整体。所以，现在的计算机辅助制造、管理已经从以前的单一规划设计、管理前推到产品设计试验、向后延伸到设备系统控制及实际制造，不再是传统意义上的计算机辅助设计(CAD)、计算机辅助工艺设计(CAPP)、计算机辅助工艺管理(CAPP)、制造工程管理系统(MES)。而是通过 PDM 技术及其他相关技术，形成了数字化制造工厂，将产品制造的全生命周期中的各环节集成在一起加工规划管理。产品制造中的所有信息既可以在一定的层面上共享，同时又有各自相对独立的应用，这就需要一个产品数据共享平台。下面介绍的 Teamcenter 应用软件就是德国西门子自动化与驱动集团(A&D)旗下机构——全球领先的产品生命周期管理软件与服务提供商 Siemens PLM 软件公司(Siemens PLM Software)——为企业提供产品数字化全生命周期管理的软件产品。该产品支持统一的产品全生命周期管理和面向行业提供即装即用的解决方案，已在全球数百家企业实施运行，在业界被称作经过验证的、成熟的 PLM 系统。

一、Teamcenter 软件体系结构

Teamcenter 提供了两层(Two-Tier)和四层(Four-Tier)两种体系结构，在安装部署时可以根据企业需求选用任一种体系结构，也可以在同一环境中同时部署这两种体系结构。

1. Teamcenter 两层体系结构

Teamcenter 两层体系结构的逻辑视图如图 9-5 所示，包括客户端层(Client Tier)和资源层(Resource Tier)。客户端层包括以下几部分：胖客户端(Rich Client)、Teamcenter 服务和可执行程序、可选择的集成在胖客户端的应用程序，如 NX 等。资源层是通过运行环境存储持久数据和进行文件管理，包括以下 3 部分：数据库服务器和数据库、卷(Volumes)服务器、文件服务器等。

图 9-5　Teamcenter 二层体系结构的逻辑视图

2. Teamcenter 四层体系结构

Teamcenter 四层体系结构的逻辑视图如图 9-6 所示，分为 4 个层次，分别是：客户端层(Client Tier)、Web 层(Web Tier)、企业层(Enterprise Tier)和资源层(Resource Tier)。每一层为其上一层提供所需的服务。操作系统与数据库为最下层提供系统功能，而最上层则

通过 Web 界面提供最终用户功能。

图 9-6　Teamcenter 四层体系结构的逻辑视图

1）客户端层

客户端层提供以 Web 技术为基础的最终用户操作界面。每一个企业都不免有用户界面客户化的需求。Teamcenter 是一个开放性的系统，其中表现在各层系统架构都支持 J2EE 企业环境标准，为用户界面的客户化提供了有效的标准开发环境。客户端层负责客户端的应用，处理用户界面的输入输出，并负责保障文件缓存。客户端可以包括以下部分：瘦客户端（Thin Client）、胖客户端（Rich Client）、Teamcenter 的网络文件夹和其他应用程序，如 Teamcenter's Lifecycle Visualization。

2）Web 层

Web 层通过 Teamcenter 服务器提供所有的 Teamcenter 功能，包括文档管理、产品结构管理、业务流程管理及文件输出等。Web 层用于处理客户端的安装、登录请求、客户端的业务逻辑请求程序、向客户端提供静态内容，处理客户端和企业层的交互，所有应用子系统之间通过 PLM XML 对不同类型、结构和形态的数据进行操作访问。Teamcenter API 和 PLM XML 提供标准应用开发和数据接口，主要为其他企业数据系统如 ERP 或 MES 等提供数据交换接口和各种界面的开发工具。此外，Web 层亦提供各种常用的标准接口和协议如 ODBC、IIOP、CORBA、RMI、HTTP 等。Web 层可以有以下应用：一是如 WebLogic 等基于 Java 的 J2EE Web 应用服务；二是基于 .NET 的 Microsoft IIS 服务。

3)企业层

企业层负责业务逻辑、安全规则应用、从数据库存取数据以及提供动态内容至客户端,是 Teamcenter 的核心层。企业层提供了用户与数据库系统的数据交换、安全管理、业务逻辑等功能,不同的 Teamcenter 用户接口(Web Browser、Rich Client 等)以及其他应用程序(CAx、ERP 等)将数据以 PLM XML 格式传递给企业层,企业层验证数据后,再将其储存到数据库中。同时,它支持 .Net、J2EE 等技术,可更加方便地与其他系统进行数据交换。企业层由以下部分组成:一是服务管理器管理的服务处理池(只用于四层架构);二是临时卷。

4)资源层

资源层即数据存取层,直接与操作系统和数据库进行交互操作,为 Web 层提供可靠的、高效能的数据存取、对象管理、文本搜索等基本功能,并存储 Teamcenter 的持久数据和文件管理。资源层包括以下部分:数据库服务器和数据库、标准卷(Standard Volumes)、用于共享配置和二进制执行的文件服务。

3. Teamcenter 应用程序界面

"应用程序"窗口是显示应用程序、数据或图形的工作区。图 9-7 是使用"我的 Teamcenter"窗口来图示 Teamcenter 应用程序窗口的常规布局。"我的 Teamcenter"窗口是用于组织产品信息,调用许多常用 PDM 功能的一个基本入口。

图 9-7 "我的 Teamcenter"应用程序界面

二、应用实例

实例 ABC 汽车企业 PDM 实施方案框架—数据管理方案

ABC 汽车企业产品数据管理—Teamcenter 系统所管理的范围如下。

数据:产品开发过程中与产品直接相关的数据,如设计规范、设计结果(3D 模型/工程图纸/技术条件/各类手册)、标准性规范(材料规范/表面处理/防腐蚀/焊接/安全/环保/

公差等)、可靠性工程 EQOS(质量历史/B 图/接口矩阵/P 图等)、试验数据(试验大纲/试验报告)、电子样车等。

流程：与 PDM 内所管理的数据直接相关的流程，如数据审核/发布流程、工程变更流程。其中，工程变更流程是产品开发过程中必不可少的，是 PDM 一定要支持的重要流程；在本项目的工作范围约定中，是以电子表单的方式实现。

基础支撑：为实现对上述数据、流程的管理所必需的基础，如组织机构管理(部门/角色/人员)、权限控制(数据/流程)、版本控制等。

三、数据的类别

根据数据的范畴和目的的不同，可将产品开发过程中的数据主要可划分为：项目管理和控制数据、产品定义数据、产品设计数据、产品验证数据、产品制造数据、产品生产数据、产品销售/服务数据等，其主要内容如图 9-8 所示。

图 9-8　不同阶段的主要产品数据

从宏观的角度来看，这些数据的层次关系可用图 9-9 来描述。

图 9-9　产品数据的层次关系

产品数据管理所覆盖的范围如图 9-10 所示，从图中可以看出产品数据管理虽然只管理其中的部分数据，但这部分数据是源头和基础，所以保持这些数据的一致性、有效性和及时性是汽车产业提高效率、降低成本以及缩短产品开发周期的核心基础。

图 9-10 产品数据管理所覆盖的范围

四、企业级范围内的数据流动和控制

针对不同的数据，所采取的管理方式也是不同的。图 9-11 描述了 ABC 汽车企业在 PDM 系统中管理的数据产生过程以及相关业务活动所对应的 PDM 功能，主要包括文档管理、产品结构管理、工作流管理、设计变更管理等。

图 9-11 数据产生过程

第四节 数字化制造解决方案 Tecnomatix

随着工业 4.0 时代的到来，我国装备智能制造的步伐不断加快，装备智能化、制造信息化的水平不断提高，对计算机辅助工艺设计应用软件的需求也越来越大。目前，西门子公司提出了产品全生命周期管理 PLM（Product Life Management）计划，开发出从设计、制造、工艺规划、产品数据管理等一系列应用软件，其中三维设计、辅助加工软件 NX 的应用越来越普及。随着产品数据软件平台 Teamcenter 的推广应用，近期又推出了数字化制造解决方案应用软件 Tecnomatix。Tecnomatix 通过将所有制造专业领域与产品工程设计联系起来实现创新，其中包括：流程布局和设计、流程模拟、工程以及生产管理。Tecnomatix 的全方位数字化制造解决方案组合构建于 Teamcenter 软件的基础之上，具有企业级的可扩展灵活性，致力于实现市场上唯一完全并行的工程设计环境。利用开放式体系架构，Siemens 通过开放式整合提供世界一流的解决方案，从而缩短交付时限，提高制造规划工作的准确性。

通过将产品、流程、资源和工厂数据紧密联系在一起，制造商可拥有在数字化制造领域被公认为领先的全套流程导向型技术。作为强大的 PLM 战略的重要组成部分，Tecnomatix 将制造流程中的设计和生产环节置于一个统一的数据模型中进行管理，弥补了产品设计与产品交付之间的差距。Tecnomatix 是延续产品生命周期数字化的关键一环，因而有助于制造商更快地将更具创新性的产品推向市场；充分利用全球化制造运营活动的优势；提升生产效率；保持优良品质和提高利润率。

Tecnomatix 主要功能有零件规划与验证、装配规划与验证、自动机械与自动化规划、工厂设计与优化、质量管理、生产管理和制造流程管理等，如图 9-12 所示。

图 9-12 Tecnomatix 组成框架

1. 零件规划与验证

通过 Tecnomatix 零件规划和验证，制造公司可以准确高效地为其零、部件制订制造流程计划，有效管理此计划的数据对该流程至关重要。制造规划团队必须能够轻松获得这些信息，根据按顺序执行的流程步骤或操作组织这些信息，并让获得授权的最终用户能够在需要时随时随地轻松访问其最新版本。

制造企业需要将零件制造规划与信息管理结合起来，以满足当今严格的法律法规要求。借助解决方案中的零件规划功能,可以最大限度地重复使用经过检验的制造流程信息,从而缩短规划时间,确保使用首选的方法和资源。企业在虚拟环境中验证制造流程计划后,就能够在车间中减少错误和延误。

通过零件规划和验证,可以为零部件和用来制造这些零部件的工具制订有针对性的生产工艺并加以验证。其应用程序负责管理由流程制定软件提供的数据,如 NC 编程、流程排序、资源分配以及整个流程计划范围内的报告,因为这些部分功能具备工艺规划设计的内容。

2. 装配规划与验证

借助 Tecnomatix 装配规划与验证,企业可以快速定义和评估制造流程方案,以制订用于制造产品的最佳计划。它大大提升了第一次就生产出高品质产品的能力,并同步产品和制造需求,实现了流程驱动的设计(装配设计)。结合对经过检验的解决方案和最佳实践的重复使用,它可减少装配规划任务,缩短生产过渡时间。此外,通过装配规划和验证,还可以在虚拟环境中探索和优化新的流程和技术,而不会影响现有的生产能力。这种方法可确保制造商尽早投入生产,加快产品制造速度,并改善对变化的响应能力。

利用 Tecnomatix 可以改善装配流程。装配规划和验证功能模块提供广泛的工具,可以简化流程规划,自动执行无增值效益的任务,验证最佳的产品生产计划。此外,这些工具还可进行物料清单(BOM)管理、生产线平衡、自动装配/分解等。

3. 自动机械与自动化规划

借助 Tecnomatix 自动机械与自动化规划,制造商能够以虚拟系统级高效性方式为工厂开发、模拟和调试自动机械式和非自动机械式制造系统,并配以专用生产线来生产单一产品或混合模式生产设施。

自动机械与自动化规划为三维协作式多用户环境,提供可由所有工程领域共享的直接模型引擎。此环境控制着所有相关的项目数据,使用户可以实时访问动态管理的信息。数据迁入到此环境中时,可通过自动更新确保三维模型及其相关元数据得到同步。这种动态管理方案可以大大减少规划和安装错误,做出最优决策。

此解决方案满足了对高度自动化且可配置的系统的需求,如混合生产和机器人产业园。工程师在购买、修改和实现新的或现有的技术时能够做出最优决策,而不会影响到当前的生产。

此功能模块中的虚拟环境结合循环事件评估器(CEE)设备驱动技术与真实机器人仿真(RSS)来减轻公司对实际试验的依赖性。借助这种方法,可以利用智能设备和基于信号的仿真技术来调试制造系统,并有效减少实际的试验次数。

4. 工厂设计与优化

借助 Tecnomatix 工厂设计与优化模块,制造商能够更快地制作工厂模型,并确保在大规模生产前使这些模型以最高的效率运转。通过让工程师在虚拟工厂中看到其规划的结果,可以最大限度地减少因在实际工厂中修复问题而浪费的资源。

Tecnomatix 提供统一的工厂知识来源,因此可以通过一个可控的协作式数据环境将多样化的跨职能团队整合在一起，通过减少与管理大量设施数据有关但无增值效益的管理任务来实现精益举措。将多样化的团队整合起来利用Tecnomatix的虚拟三维工厂设计和可视化技术，用户能够深入细致地审视工厂设计、布局和安装流程。智能对象可表示工厂的所有资源，从传送带、通道、起重机直到集装箱、AGV和操作人员。通过将三维布局技术与智能对象相结合，创建工厂布局的速度远远快于二维设计。

通过Tecnomatix，用户能够全方位地分析设施物流，从而促进工厂布局的优化。工程师可以根据工厂布局评估和分析零件运送路线信息、物料储存需求、物料处理设备规格以及零件包装信息，优化物料处理。另外，利用工厂设计与优化功能模块下Tecnomatix的商业决策智能架构，管理层能够洞悉推动产量的流程，从中获得宝贵信息。通过将工厂布局与产量模拟结合起来，可以快速制定多种生产方案，并分析它们的瓶颈、效率和产能。

5. 生产管理

如果要全面了解制造生命周期，并且能在当今快节奏、分散化的世界中管理好生产流程，那么制造企业就需要实时访问其生产数据。获得实时的运作数据是衡量规划举措效果的唯一方法。这些信息对验证新产品开发项目的估算成本也是至关重要的，对降低与违规产品有关的风险同样具有重要意义。借助Tecnomatix生产管理解决方案，可以看到在设计、规划、构建和维护时的配置。它将PLM的覆盖面拓展到车间厂房，从而加快了投产速度，实现流程的不断改进，法规遵循情况、工作效率也有所改善。

各生产管理组件在生命周期流程中协同工作，并在以下2个主要领域具备了世界一流的能力。

(1)制造执行系统(MES)。这种基于模型的系统可监视正在进行的工作，控制运作和劳力情况，并向业务系统和生命周期存储库馈送生产信息。此解决方案由3个软件套件组成，分别侧重于生产、开发和制造智能。它提供各种各样的组件，以实现对生产和开发流程的最佳规划、执行、记录和可视化。

(2)人机界面(HMI)与管理控制和数据采集(SCADA)。此解决方案用于收集与工厂和设备状态有关的实时信息，并馈送至包括MES在内的上游系统。STecnomatix HMI和SCADA产品提供目前最先进的全方位工具，从而让用户享受到根据自己的需求进行专门定制的可配置应用程序。此解决方案涵盖实时人机界面、管理控制和数据采集以及行业信息管理应用程序等方面，具有多功能性。

6. 制造流程管理

制造流程管理解决方案是企业级的可扩展环境，在此环境的基础上可以合理调配和利用工程设计资产，优化和同步制造交付成果，以降低复杂性，提高创新产品在全球市场上的上市速度。该解决方案促进了工厂、流程、资源和产品配置之间的可靠性和协调性，并在变革过程中统一支持实时实现的一致性和协调性。这样可以减少混乱，降低复杂性，明确责任，降低在新产品推出过程中和生产环境发生不可避免的变化期间存在的成本增加风险。该方案具有互操作性，可减少对多个系统的需要，实现各个特定于专业领域的解决方案(布局、工业、模具、质量)的集成,并将分散的资源关联起来以利用以前封闭在不同领域的知识。

总之,在使用开放式体系架构 Teamcenter 平台的基础上,Tecnomatix 可以管理重要的产品生命周期数据流,包括产品、流程、工厂和资源信息。在以可视化方式查看以及协调使用这类相关数据的同时,用户还可以充分利用强大的工作流控制、变更管理和产品变形功能。

据目前制造业界的估算,制造工程使用的数据量是设计工程使用的数据量的 100 倍以上,并且涉及一般产品工程领域以外的许多专业领域。如果能够高效管理如此繁杂的信息,那么带来的好处是可想而知的。这些好处促使世界一流制造商纷纷实施 Tecnomatix 推出的数字化制造解决方案。Tecnomatix 制造数据模型与 Teamcenter 产品数据模型直接关联,从而提供市场上最为有效的单一生命周期知识来源。借助 Teamcenter,制造商可以自始至终保持数字化连续性。由于流程完全可见,因此所有制造相关方都能够更加有效地对变化做出反应,及早做出正确决策,加快他们在上市流程中的任务完成速度。

根据业界报告,制造工程师将大半的时间都用来搜索数据。Teamcenter 管理着定义产品、流程、生产资源和工厂设施的全部信息。这个单一的信息来源能够让用户完全确信,他使用的是正确的配置数据,可供简化自己的工作,精简业务流程。

Tecnomatix 将产品、流程、资源和工厂信息汇集在一起,只要对任何一方面进行修改,相关的元素就会自动进行修改。如果一设计特性发生变更,该特性的模具乃至生产整个零件的加工工厂也可能变化。Tecnomatix 自动显示这个单一的设计变更会对制造规划和执行的所有其他方面的影响。

习 题

9-1 解释名词缩写:CAD、CAE、CAM、CAPP、PDM。

9-2 简述汽车制造工程管理体系。

9-3 简述汽车制造工程管理体系对汽车制造企业发展的作用。

9-4 简述产品数据管理平台软件在现代制造企业中所起的作用。

9-5 Teamcenter 是什么样的软件?

9-6 Tecnomatix 有哪些功能模块,在制造系统中各有什么作用?

第十章 汽车制造新技术

第一节 制造自动化技术的发展过程及发展趋势

一、发展过程

自从 18 世纪中叶瓦特发明蒸汽机以来,制造自动化技术就随机械化的发展而得到迅猛发展,其发展过程可以分为 5 个阶段。

第一阶段:刚性自动化,包括自动单机和刚性自动线。该阶段在二十世纪四五十年代已相当成熟。应用传统的机械设计与制造工艺方法,采用专用机床和组合机床、自动化单机或自动化生产线进行大批量生产。例如,1870 年,美国发明了自动制造螺钉的机器,继而于 1895 年发明多轴自动车床,是典型的单机自动化系统。1924 年,第一条采用流水作业的机械加工自动线出现在英国的 Morris 汽车公司;1935 年,苏联成功地研制出第一条汽车发动机气缸体加工自动线,这两条自动线的出现,使得自动化制造技术由单机自动化转向了自动化系统。在第二次世界大战前后,美国福特汽车公司采用自动化生产线,使汽车生产率成倍提高,生产成本大幅度降低,汽车的质量明显改善。尤其是制造系统在汽车大批大量生产的产品的应用,对人类社会生产技术的发展起到了巨大的推动作用。随后,自动化制造技术和自动化制造系统得到迅速的普及。1946 年,苏联又提出了成组生产工艺的思想,其对自动化制造系统的发展具有十分重大的意义。至今,成组技术仍然是自动化制造系统赖以生存和发展的主要技术基础之一。

第二阶段:数控加工,包括数控(NC)和计算机数控(CNC)。数控加工设备包括数控机床、加工中心等,其特点是柔性好、加工质量高,适应于多品种、中/小批量(包括单件产品)的生产。第一台数控机床于 1952 年在美国的麻省理工学院研制成功,从 1956 年开始就逐渐在中、小批量生产中得到应用。1953年，麻省理工学院又成功地研制出了著名的数控加工自动编程语言(Automatically Programmed Tools，APT)，为后来的数控加工技术的发展奠定了基础。1958年，美国成功研制第一台具有自动换刀装置和刀库的数控机床，即加工中心(Machining Centre，MC)。第一台工业机器人(Industrial Robot)于1959年也在美国问世。1960年，美国研制出自适应控制机床(Adaptive Control Machine Tools)。1961年，计算机控制的碳电阻自动化制造系统在美国出现，可以称为计算机辅助制造(Computer Aided Manufacturing，CAM)的雏形。1962年和1963年，圆柱坐标式工业机器人和计算机辅助设计及绘图系统(Computer Aided Design，CAD)又相继在美国问世。1965年出现了计算机数控机床(Computerized Numerical Control，CNC)，它的出现为实现更高级别的自动化制造系统扫清了技术障碍。

第三阶段：柔性制造。该阶段的特征是强调制造过程的柔性和高效率，适应于多品种、中/小批量的生产。涉及的主要技术包括成组技术(GT)、计算机直接数控和分布式数控(DNC)、柔性制造单元(FMC)、柔性制造系统(FMS)、柔性加工线(FML)、离散系统理论和方法、仿真技术、车间计划与控制、制造过程监控技术、计算机控制与通信网络等。1967年，英国的Molins公司成功地研制出计算机控制6台数控机床的可变制造系统，该系统被称为最早的柔性制造系统，它的问世使多品种、小批量复杂零件生产的自动化及降低成本和提高效率的问题得到了解决。随着工业机器人技术和数控技术的发展和成熟，20世纪70年代初出现了小型自动化制造系统，即柔性制造单元。1980年，日本首次建成无人化机械制造厂——富士工厂，它实现了除装配以外的其他工序的完全自动化。

第四阶段：计算机集成制造(CIM)和计算机集成制造系统(CIMS)。该阶段的特征是强调制造全过程的系统性和集成性，以解决现代企业生存与竞争的TQCS问题。CIMS涉及的学科技术非常广泛，包括现代制造技术、管理技术、计算机技术、信息技术、自动化技术和系统工程技术等。CIMS是由美国人约瑟夫·哈林顿于1974年提出的概念，其基本思想是借助于计算机技术、现代系统管理技术、现代制造技术、信息技术、自动化技术和系统工程技术，将制造过程中有关的人、技术和经营管理三要素有机集成，通过信息共享以及信息流与物流的有机集成实现系统的优化运行。所以，CIMS技术是集管理、技术、质量保证和制造自动化为一体的广义自动化制造系统。自20世纪80年代以来，CIMS技术经历了一个痛苦的发展过程。在CIMS发展的初期，人们对CIMS的认识不够深刻，把CIMS理解为全盘自动化的无人化工厂，忽视了人的主导作用。直到20世纪90年代，CIMS的概念发生了根本的变化，提出了以人为中心的CIMS思想，并将并行工程、精益生产、敏捷制造和企业重组等新思想、新模式引入CIMS中，使CIMS思想得到改进、补充、完善，以至形成了第二代CIMS的新观念。

第五阶段：新的制造自动化模式，如智能制造、敏捷制造、虚拟制造、网络制造、全球制造、绿色制造等。20世纪90年代以来，随着计算机技术、网络信息化技术的不断发展与普遍应用，使得涵盖以上制造模式的智能制造实现了质和量的提升。自2013年德国提出工业4.0以后，中国、美国等都将智能制造作为国家发展战略，这些战略方兴未艾。

二、发展趋势

制造自动化技术发展趋势主要是制造全球化、制造敏捷化、制造网络化、制造虚拟化、制造智能化和制造绿色化。

1. 制造全球化

近年来,随着互联网技术的发展,制造全球化的研究和应用发展迅速。制造全球化包括的内容非常广泛,主要有:

(1)市场的国际化,产品销售的全球网络正在形成;

(2)产品设计和开发的国际合作;

(3)产品制造的跨国化;

(4)制造企业在世界范围内的重组与集成,如动态联盟公司;

(5)制造资源的跨地区、跨国家的协调、共享和优化利用;

(6)全球制造的体系结构将会形成。

2. 制造敏捷化

敏捷制造是一种 21 世纪的制造战略和现代制造模式。当前,世界各国对于敏捷制造的研究十分重视,使其发展迅速。制造环境和制造过程的敏捷性问题是敏捷制造的重要组成部分。敏捷化是制造环境和制造过程面向 21 世纪制造活动的必然趋势。制造环境和制造过程的敏捷化包括的内容很广,主要有:

(1)柔性,包括机器设备柔性、工艺柔性、运行柔性和扩展柔性等;

(2)重构能力,能实现快速重组重构,增强对新产品快速开发以及对市场的快速响应能力;

(3)快速化的集成制造工艺。如快速成形技术 RPM,是一种 CAD/CAM 的集成工艺。

3. 制造网络化

网络技术的发展,给企业制造带来了新的变革,注入了新的活力,其影响的深度、广度和发展速度可以说是超出人们预测的。制造网络化表现在以下方面:

(1)制造环境内部的网络化,实现制造过程的集成;

(2)制造环境与整个制造企业的网络化,实现制造环境与企业中各子系统的集成;

(3)企业与企业间的网络化,实现企业间的资源共享、组合与优化利用;

(4)通过网络,实现异地制造。

4. 制造虚拟化

基于数字化的虚拟化技术主要包括虚拟现实(VR)、虚拟产品开发(VPD)、虚拟制造(VM)和虚拟企业(VE)。制造虚拟化主要指虚拟制造(Virtual Manufacturing),又称拟实制造。虚拟制造是以制造技术和计算机技术支持的系统建模技术和仿真技术为基础,集现代制造工艺、计算机图形学、并行工程、人工智能、人工现实技术和多媒体技术等多种高新技术为一体,由多学科知识形成的一种综合系统技术。它将现实制造环境及其制造过程通过建立系统模型并借助相关技术在计算机中进行模拟,以实现对产品制造及制造系统的行为进行预测和评价。虚拟制造是实现敏捷制造的关键技术,对制造业的发展起到至关重要的作用。

5. 制造智能化

智能制造将是制造自动化发展的总趋势。所谓智能制造系统(IMS),是指一种由智能机器和人类专家共同组成的人机一体化的制造系统,它在制造过程中能进行分析、推理、判断、构思和决策等智能活动。智能制造技术的宗旨在于通过人与智能机器相结合,部分取代人类专家在制造过程中的脑力劳动,以降低人的脑力劳动强度,实现制造过程的优化。

6. 制造绿色化

环境、资源、人工是当今人类社会面临的三大主要问题。环境的恶化程度与日俱增,对人类社会的生存与发展构成了严重威胁。资源问题不仅涉及人类世界有限的资源如何利用,而且又是引发环境问题的主要根源。由于制造业量大面广,因此对环境的影响很大。制造业一方面是大多数国家的支柱产业,但另一方面也是环境污染的主要源头。有鉴于此,如何使制造业尽可能少地污染环境,是环境问题研究的一个重要方面。于是,人们提出了绿色制造(Green Manufacturing)这一个新概念。绿色制造是一个综合考虑环境影响和资源效率的现代制造模式,其研究的目标是产品从设计、制造、包装、运输、使用到报废处理的整个产品生命周期中,对环境的影响(负作用)最小,资源效率最高。绿色制造是可持续发展战略在制造业中的具体体现,涉及产品的整个生命周期。对制造环境和制造过程来说,绿色制造主要涉及资源的优化利用、环保生产以及废弃物的最少化与综合利用。

我国制造自动化的发展战略目标是:第一步:到2025年,制造业整体素质大幅提升,创新能力显著增强,全员劳动生产率明显提高,两化(工业化和信息化)融合迈上新台阶。重点行业单位工业增加值能耗、物耗及污染物排放达到世界先进水平。形成一批具有较强国际竞争力的跨国公司和产业集群,在全球产业分工和价值链中的地位明显提升。第二步:到2035年,我国制造业整体达到世界制造强国阵营中等水平。创新能力大幅提升,重点领域发展取得重大突破,整体竞争力明显增强,优势行业形成全球创新引领能力,全面实现工业化。第三步:到2049年,制造业大国地位更加巩固,综合实力进入世界制造强国前列。制造业主要领域具有创新引领能力和明显竞争优势,建成全球领先的技术体系和产业体系。

第二节 自动化制造系统

一、数控加工(NC)和加工中心(MC)

制造自动化是制造技术发展的必然趋势,也是人们在长期的生产活动中不断追求的主要目标。随着科学技术的不断发展与进步,自动化制造的水平也越来越高。采用自动化技术,不仅可以大大降低劳动强度,而且还可以提高产品质量,提高制造企业的市场应变能力,从而提高企业的市场竞争能力。本节主要介绍数控加工与加工中心、柔性制造单元与柔性制造系统、计算机集成制造系统、智能制造系统等基本内容。

(一)数控加工

1. 数控加工概念

数控加工是指在数字程序控制机床(简称数控机床)上,按照事先编好的零件加工程序对工件进行的自动化加工。图10-1为数控加工流程。从图中可以看出,拥有数控机床和编制零件的数控加工程序是实现数控加工的最基本条件。

图10-1 数控加工流程

2. 数控机床的组成

数控机床的品种繁多,在结构与功能上各有区别,但它们的基本组成部分是一致的。数控机床一般由以下几部分组成。

(1)主机,包括床身、立柱、主轴、进给机构等机械部分。

(2)计算机数控(CNC)装置,它是数控机床的控制核心,主要由计算机系统、位置控制器、PLC(可编程序控制器)接口板、通信接口板、纸带阅读机、扩展功能模块以及响应的控制软件等模块组成。

(3)伺服单元和驱动装置,包括主轴伺服驱动装置和主轴电动机以及进给伺服驱动装置和进给电动机。

(4)数控机床的辅助装置,指数控机床的一些必要的配套部件,用以保证数控机床的正常运行。它包括液压和气动装置、排屑装置、冷却装置、交换工作台、数控转台和数控分度头,还包括刀具及监控检测装置。

(5)编程机及其他一些附属设备。现代数控机床不仅可以利用CNC装置上的键盘直接输入零件的加工程序,也可以利用自动编程机进行零件加工程序编制,将程序记录在信息载体上(如磁盘、磁带等),然后送入数控装置。

3. 数控机床的工作原理

图10-2为一典型数控系统的基本组成。数控加工的工作过程:首先将被加工零件图上的几何信息和工艺信息数字化,即将刀具与工件的相对运动轨迹、加工过程中主轴速度和进给速度的变换、切削液的开关、工件和刀具的交换等控制和操作,都按规定的代码和格式编成加工程序,然后将该程序送入数控系统。数控系统则按照程序的要求,进行相应的运算、处理,发出控制命令,使各坐标轴、主轴以及辅助动作相互协调,实现刀具与工件的相对运动,自动完成零件的加工。

图 10-2 典型数控系统的基本组成

具体的加工过程可分为以下几个步骤。

(1) 根据零件图样，确定工艺方案，用规定的代码和程序格式编写加工程序，并把这些代码存储在信息载体上。

(2) 把存储在信息载体上的代码通过输入装置输入到数控装置(即 CNC 单元)中去。

(3) 数控装置的代码，经过处理和运算转变成脉冲信号。这些信号被分别送到机床的伺服系统或 PLC 中。

(4) 伺服系统根据控制系统(数控装置)发出的指令，驱动机床的运动部件，使刀具和工件严格按照程序所规定的轨迹移动。

(5) 机床机械部分带动刀具与工件的相对运动，加工出满足零件设计图要求的零件。

(6) 检测系统对机床的运动及时检测，通过反馈装置把信息反馈给控制系统并进行修正，使机床保持正常工作，保证工件的加工精度。

4. 数控机床的分类

数控机床的品种很多，涉及的专业技术也很广，根据零件加工内容要求不同，可以分为以下几类。

1) 按用途分类

(1) 金属切削类数控机床，这类机床主要有数控车床、数控铣床、数控钻床、数控镗床、数控磨床、加工中心等。

(2) 金属成形类数控机床，这类机床主要有数控折弯机、数控弯管机、数控压力机等。

(3) 数控特种加工机床，这类机床主要有数控线切割机、数控电火花加工机床、数控激光加工机床。

2) 按照控制系统的特点分类

(1) 点位控制数控机床，这类机床只控制刀具相对于工件定位点的坐标位置，从某一工作位置移动到另一工作位置的过程不加以控制(不加工与不要求轨迹)，仅要求定位的准确性。点位控制数控机床主要有数控钻床、数控镗床、数控冲床和数控测量机等。

(2) 直线控制数控机床，这类机床除有定位要求外，还要求进给运动沿平行于坐标轴的方向直线移动进行切削加工，或者控制两个坐标轴以同样的速度同时运动，沿 45°斜线进行切削加工。

(3) 轮廓控制数控机床，这类机床能够同时控制两个以上的坐标轴联动，使刀具和工件按平面任意直线、曲线或空间曲面轮廓进行相对运动，加工出任何形状的复杂零件。

3) 按伺服控制方式分类

(1) 开环控制系统数控机床，即没有任何被控量实际值反馈的数控系统。这是一种比较原始的数控机床。因开环控制系统具有结构简单、运行平稳、成本低、使用维护方便等特点，所以被广泛用于经济型数控机床上。

(2)闭环控制系统和半闭环控制系统数控机床。这类机床具有位置和速度检测元件，数控装置将位移指令与位置检测元件检测到的实际位置进行实时比较，并用其差值进行控制，使移动部件按照实际需要的位移量运动，因此能达到很高的加工精度。闭环和半闭环控制系统的区别在于检测被控量实际值的方法不同。闭环控制系统采用直接测量移动部件输出的被控量作为反馈量；而半闭环控制系统则采用间接测量被控量作为反馈量。由此可知，半闭环控制系统比闭环控制系统的精度要低些。

5. 数控机床的加工特点

(1)能实现不同零件的自动加工。数控机床是根据对被加工零件所编制的数控程序来进行自动加工的。加工不同零件时，只需改变数控程序，不必更换工艺装备。因此，不但生产准备周期短，而且有利于机械产品的更新换代。

(2)生产效率及加工精度高、加工质量稳定。数控机床在加工零件时的装夹次数少，一次装夹可加工出多个表面，可省去许多中间工序，有利于提高生产效率和加工精度。据统计，普通机床的净切削时间一般为全部加工时间的15% ~20%，而数控机床可达65% ~70%，带有刀库可实现自动换刀的数控机床甚至可达72% ~80%。加工复杂零件时，效率可提高5~10倍。

数控机床在设计时因为考虑了整体刚度和零件的制造精度，又采用高精度传动机构，所以机床的定位精度和重复定位精度都很高，特别是具有主动测量系统的数控机床，因而能可靠地保证加工精度和尺寸的稳定性。

(3)功能复合程度高，可以一机多用，适合加工形状复杂的轮廓表面。例如，利用数控车床加工形状复杂的回转表面和利用数控铣床加工复杂的空间曲面。

(4)有利于实现计算机辅助制造。

(5)投资大，加工成本高。数控机床的价格一般是同规格的普通机床的若干倍，机床备件的价格也很高，加之首件加工进行编程、调整和试加工等的准备时间较长，因而使零件的加工成本大大高于普通机床。

(6)有利于实现制造自动化。

(7)数控机床维护和数控编程的技术要求较高。

数控机床是技术密集型的机电一体化产品，数控技术的复杂性和综合性增加了维修工作的难度，需要配备高素质的操作人员、维护人员进行编程和设备维修。

6. 数控机床的发展趋势

随着科学技术的发展、制造技术的进步，以及社会对产品多样化的需求愈加强烈，产品的更新换代加速，中、小批量生产的比重越来越大，这些变化要求现代数控机床成为高效率、高精度、高柔性、低成本的新一代制造设备，才能满足市场的需要。同时，为满足制造业向更高层次发展，也为柔性制造单元、柔性制造系统以及计算机集成制造系统等提供基础装备，现代数控机床的发展主要表现在以下几方面：

(1)实现长时间地、连续地自动加工;
(2)向高速度、高精度与高质量发展;
(3)提高生产效率和可靠性,并具有良好的操作性能;
(4)能自动编程,具有人机对话的、功能强大的内装式机床PLC;
(5)具有更高级的通信功能,能实现网络化加工。

(二)加工中心

1. 加工中心的概念

加工中心是带有刀库和自动换刀装置的一种多功能数控机床。加工中心具有工序集中,可以减少调整机床、搬运工件和装夹工件的时间,加工质量高,生产效率及自动化程度高等特点。加工中心常用于零件结构比较复杂,加工工序多,批量加工的零件生产场合。

2. 加工中心分类

(1)镗削加工中心。镗削加工中心是在镗、铣机床的基础上发展起来的加工中心。为了加工出零件所需的形状,这类机床至少有3个相互垂直方向的移动,同时加上1~3个绕移动轴的旋转运动。

(2)车削加工中心。车削加工中心一般具有如下运动功能:主轴的旋转运动,转塔刀架的纵向和横向运动,刀架的上、下(或左、右)运动。车削加工中心按主轴的运动方向是水平还是垂直的,分为卧式和立式两大类。

3. 加工中心的加工特点

(1)加工精度高,且精度稳定。由于加工工序高度集中,一次装夹可加工出零件的大部分甚至全部表面,避免了工件多次装夹所带来的装夹误差,因此加工零件能获得较高的相互位置精度。由于整个加工过程完全是自动完成的,加上机床的位置补偿功能和较高的定位精度和重复定位精度,因此加工出的零件精度稳定性好。

(2)生产效率高。与普通机床相比,一次装夹能完成较多表面的加工,减少了多次装夹工件所需的辅助时间。同时,也减少了工件在机床与机床之间、车间与车间之间的周转次数和运输工作量,从而减少了中间环节时间。

(3)加工表面质量好。加工中心主轴转速和各轴进给量均是无级调速,有的甚至具有自适应控制功能,能随刀具和工件材质及刀具参数的变化,把切削参数调整到最佳数值,从而提高了各加工表面的质量。

二、柔性制造单元和柔性制造系统

1. 柔性制造单元

柔性制造单元是在制造单元的基础上发展起来的、具有柔性制造系统部分特点的单元,通常由1~3台具有零件缓冲区、刀具换刀及托板自动更换装置的数控机床或加工中心与工件储存、运输装置组成。FMC作为FMS中的基本单元,被视为一个规模最小的FMS,是

FMS向廉价化及小型化方向发展的一种产物。与FMS相比，FMC的主要优点是：系统结构简单，成本较低，可靠性较高。正是由于FMC拥有这些优点，所以采用FMC比采用简单的数控机床和更复杂的FMS，有着更显著的技术、经济优势：①增加了柔性；②生产利润高，便于实现计算机集成生产系统；③适合于多品种零件的加工；④FMC的自动化程度虽略低于FMS，但其投资比FMS少得多，而经济效益接近，因而更适用于财力有限的中小型企业。目前，国内外众多厂家都将FMC列为发展的重点。

2. 柔性制造系统

关于FMS的定义很多，下面给出一些权威性的定义。

美国国家标准局（United States bureau of Standards）把FMS定义为："由一个传输系统联系起来的一些设备，传输装置把工件放在其他连接装置上送到各加工设备，使工件加工准确、迅速和自动化。中央计算机控制机床和传输系统，柔性制造系统有时可同时加工几种不同的零件"。

在"中华人民共和国国家军用标准"有关"武器装备柔性制造系统术语"中的定义为："柔性制造系统是由数控加工设备、物料运储装置和计算机控制系统组成的自动化制造系统，它包括多个柔性制造单元，能根据制造任务或生产环境的变化迅速进行调整，适用于多品种、中小批量生产"。

国际生产工程研究协会对FMS的定义为："柔性制造系统是一个自动化的生产制造系统，在最少人的干预下，能够生产任何范围的产品族，系统的柔性通常受到系统设计时所考虑的产品族的限制"。

欧洲共同体机床工业委员会认为"柔性制造系统是一个自动化制造系统，它能够以最少的人干预，加工任一范围的零件族工件，该系统通常用于有效加工中小批量零件族，以不同批量加工或混合加工；系统的柔性一般受到系统设计时考虑的产品族限制，该系统含有调度生产和产品通过系统路径的功能。系统也具有产生报告和系统操作数据的手段"。

综上所述，FMS可定义为：FMS是由若干台数控设备、物料运储装置以及计算机控制系统组成的，并能根据制造任务和生产品种变化而迅速进行调整的自动化制造系统。它包括4台或更多台全自动数控机床（加工中心与车削中心等），由集中的控制系统及物料搬运系统连接起来，可在小停机的情况下实现多品种、中小批量的加工及管理。FMS的控制、管理功能比FMC强，对数据管理与通信网络的要求高。

柔性制造系统（FMS）通常包括以下3部分。

(1) 数控机床或加工中心，数目一般在20台以下，较为适宜的规模是5～10个加工工位。

(2) 运送零件和刀具的传送系统，可以由运输带、托板、有轨小车（RGV）、无轨小车（AGV）、机器人等单项或多项装置组成，运输路线可粗略分为直线式、环形封闭式、网状式和直线随机式。

(3) 计算机控制系统，包括设计规划、工程分析、生产调度、系统管理、监控及通信等子系统。

柔性制造系统的优点是：系统自动化程度高，零件加工质量非常好，加工时间短，易于实现更高级的自动化制造系统。因此，它最适合于多品种、中小批量的零件生产。世界著名的汽车制造商宝马公司，为了积极应对市场变化，推行的策略就是"柔性化制造"。车身框架结构的制作就是一个实例。该公司将某些不同系列的车身"混合"在一起生产，同一车型系列的各个变型也都可以混合生产。例如，三系列宝马轿车的4门车、2门车、旅行车、敞篷跑车等。由此而带来的收益是：新型汽车的开发时间由原来的60个月下降到30个月，并且费用大大降低，从而使设计项目的一次性投入大大降低。

三、计算机集成制造系统

1. CIM 与 CIMS 概念

20世纪70年代中期，随着市场全球化的发展，世界工业市场竞争日益加剧，给企业带来了巨大的压力，迫使企业加速推出高性能、高可靠性、成本低的产品，增强自身竞争能力。另一方面，计算机技术有了飞速的发展，并且在工业领域中得到广泛应用，这就为CIMS的产生奠定了基础。

1974年，美国约瑟夫·哈林顿博士针对企业所面临的激烈市场竞争形势提出了一种组织企业生产的新思想。这种新思想有两个基本观点：一是制造业中的各个部分，即从市场分析、经营决策、工程设计、制造过程、质量控制、生产指挥到售后服务的各个生产环节是不可分割的，互相紧密联系在一起；二是整个制造过程本质上可抽象成一个数据的采集、传递、加工和利用的过程。这两个紧密联系的基本观点构成了CIM的概念。

围绕着哈林顿博士的这一基本思想，各国对CIM的定义进行了不断的研究和探索。1985年，德国经济委员会(AWF)推荐的定义是："CIM是指在所有与生产有关的企业部门中集成地采用电子数据处理，CIM包括了在生产计划与控制(PPC)、计算机辅助质量管理(CAQ)之间信息技术工上的协同工作，其中生产产品所必需的各种技术功能与管理功能应实现集成"。1990年，美国IBM公司关于CIM的定义是："应用信息技术提高组织的生产率和响应能力"。欧共体CIM—OSA课题委员会关于CIM的定义是："CIM是信息技术和生产技术的综合应用，旨在提高制造型企业的生产率和响应能力，由此，企业的所有功能、信息、组织管理方面都是一个集成起来的整体的各个部分"。1991年，日本能率协会在完成的研究报告中对CIM的定义为："为实现企业适应今后企业环境的经营策略，有必要从销售市场开始对开发、生产、物流、服务进行整体优化组合。CIM是以信息为媒介，用计算机把企业活动中多种业务领域及其职能集成起来，追求整体效率的新型生产系统"。

863—CIMS主题专家组通过近十年来对这种哲理的具体实践，根据中国国情，把CIM及CIMS定义为："CIM是一种组织、管理与运行企业生产的哲理，它借助计算机硬件及软件，综合运用现代管理技术、制造技术、信息技术、自动化技术、系统工程技术，将企业生产全过程(市场分析、经营管理、工程设计、加工制造、装配、物料管理、售前售后服务、产品报废处理)中有关的人员组织、技术、经营管理三要素与其信息流、物流有机地集成并优化运行，实现企业整体优化，以达到产品高质、低耗、上市快、服务好，从而使企业赢得市场竞争"。CIMS是基于CIM哲理构成的系统,它是CIM哲理的具体体现,并且CIMS的核心应体现在"集成"二字。

2. 计算机集成制造系统的组成

CIMS由4个应用分系统及2个支撑分系统组成,如图10-3所示。市场信息进入管理信息分系统,经过分析决策确定产品策略及设计要求。设计要求经网络送给技术信息分系统,在技术信息分系统中进行产品设计和工艺设计,并生成数控代码。数控代码又经网络分系统将有关信息送给制造自动化分系统,与此同时,原材料、能源、技术信息和外部配套件等也被输入制造自动化分系统中,在此系统形成市场需要的产品。整个过程中,质量信息分系统收集质量信息并加以分析,根据分析结果控制设计和制造质量。为了有效地存储和管理数据并实现信息共享,必须具备2个支撑分系统:计算机网络分系统和工程数据库分系统。这2个分系统是CIMS的基础。

图10-3 CIMS组成图

下面介绍各系统的主要功能。

(1) 管理信息分系统(MIS):以制造资源计划MRP-Ⅱ(Manufacturing Resource Planning)为核心,包括实现办公自动化、物料管理、经营管理、生产管理、销售管理、人事管理、成本管理和财务管理等管理信息功能,通过信息集成,达到缩短产品生产周期、降低流动资金占用、提高企业应变能力的目的。认真分析生产经营中物质流、信息流和决策流的运动规律,研究它们与企业生产经营活动中产品的各种信息进行筛选集成与优化信息处理,使企业能够有节奏、高效益地运行。

(2) 技术信息分系统(TIS):核心是CAD/CAPP/CAM的一体化。根据管理信息分系统下达的产品设计要求,进行产品的技术设计和工艺设计,包括必要的工程分析、优化和绘图,通过工程数据库和产品数据管理实现内、外部信息集成。

(3) 制造自动化分系统(MAS):CIMS中信息流与物流的结合点,它接受能源、原材料、配套件和技术信息的输入,完成制造工作,最后输出合格产品。制造自动化分系统的主要组成部分有:加工中心、数控机床、运输小车、立体仓库及计算机控制管理系统等。

(4) 质量信息分系统(QIS):主要进行产品的质量计划、质量检测、质量评价、质量控制和质量信息的综合管理。通过采集、存储、评价与处理存在于设计、制造过程中与质量有关的大量数据,从而提高产品的质量。

(5)计算机网络分系统(NES):主要实现各个工作站之间、各个分系统之间的相互通信,以实现信息的共享和集成。计算机网络分系统应做到所谓的 4R(Right),即在正确的时间将正确的信息以正确的方式传递给正确的对象。

(6)工程数据库分系统(DBS):存储和管理企业生产经营活动中的各种信息和数据,保证数据存储的准确一致性、及时性、安全性、完整性、使用和维护的方便性。

3. 我国 CIMS 应用概况

从1989年至今,我国已有几十家企业开展了 CIMS 推广应用工作,这些企业覆盖了多种类型的机械制造(包括单个、多品种、小批量、大批量等类型)、飞机、汽车、电子、家用电器、服装、通信、石化、冶金、煤炭、化工等行业。例如,东风汽车公司是一大型企业,很难在整个公司实施 CIMS 时一步到位。因此,他们首先在产品开发和生产的关键部位上开展 CIMS 技术应用,然后逐渐在公司内延伸和扩展 CIMS 应用。这样既解决了产品开发和生产的急需,又能从取得的经济效益中及时回收投资,为进一步在整个企业逐步实施 CIMS 奠定一定的经济基础。

汽车车身的开发和覆盖件模具的设计制造是影响汽车改型换代的关键所在。传统的车身设计复杂程度高,设计周期长,车身设计传递给模具设计的产品信息多数只能做到二维的,这样,冲模设计制造难度大、周期长、精度低。东风汽车公司在其下属的技术中心和冲模厂实施 CIMS 技术,以解决这一问题。技术中心的车身设计采用 CAD,冲模厂的车身覆盖件模具的设计制造采用 CAD/CAPP/CAM。CIMS 技术的实施实现了从车身设计到模具设计制造的信息集成,缩短了车身开发时间和生产准备时间,增强了开发新车型的能力,提高了产品质量。

从1991年开始,经过几年的努力,东风汽车公司 CIMS 应用工程已取得了很大的成绩:车身设计60%的工作用 CAD 完成,设计效率提高了40%;采用 CAPP 技术生产500多套模具,使工艺设计效率提高1倍;用于2种新车型的开发,每种新车型提前1年投产上市,并且 CIMS 技术在这两种新车型上的应用创效益约3 400万元。

四、智能制造系统

1. 智能制造系统的提出

基于以下几个方面,人们提出了 IMS:第一,制造信息爆炸性的增长,以及处理信息的工作量的猛增,要求制造系统有更高的智能;第二,专业人才的缺乏和专门知识的短缺,严重制约了制造工业的发展,需要系统能储存人类专家的知识和经验,并能自主进行思维活动;第三,动荡不定的市场和激烈的竞争要求制造企业在生产活动中表现出更高的机敏性和智能性;第四,CIMS 的实施和制造业全球化的发展,遇到目前已形成的自动化"孤岛"的连接和全局优化问题,以及各国、各地区的标准、数据和人机接口的统一的问题,这些问题的解决也有赖于智能制造的发展。

2. 智能制造的概念

智能制造系统是一种由智能机器和人类专家共同组成的人机一体化智能系统,它将人工智能技术融合进制造系统中的各个环节,通过模拟人类专家的智能活动,如分析、推理、判断、构思和决策等,从而取代或延伸制造环境中应由人类专家来完成的那部分活动,同时收集、存储、完善、共享、继承和发展人类专家的智能,使系统具有智能特征。由于计算机永远也不可能代替人,因此再高级的智能制造系统,也不可能离开人类专家的支持。从这方面讲,可以认为智能制造系统是由3个部分组成的,如图10-4所示。

图10-4 智能制造系统的组成

3. 智能制造的特征

与传统的制造系统相比,智能制造系统具有以下特征。

(1)自组织能力。自组织能力是指IMS中的各种智能设备或组成单元,能够按照工作任务的要求,自行集结成最合适的结构,并按照最优的方式运行。完成任务以后,该结构随即自行解散,以备在下一个任务中集结成新的结构。

(2)自律能力。IMS能对周围环境和自身作业状况的信息进行实时监测和处理,并根据处理结果自行调整控制策略,以使制造系统的运行结果达到最优。这种自律能力使整个制造系统具有抗干扰、自适应和容错等能力。

(3)灵境(Virtual Reality)技术,也称为幻真技术、虚拟现实或虚拟制造技术,是IMS中新一代的人机界面技术。

(4)自学习和自维护能力。IMS能以系统中原有专家知识为基础,在实施过程中,不断进行学习、完善和充实系统知识库,并删除库中有误的知识,以使系统知识库越来越完美。同时,能对系统故障进行自我诊断、排除和修复。

(5)整个制造环境的智能集成。IMS在强调各生产环节智能化的同时,更注重整个制造环境的智能集成。这是IMS与面向制造过程中的特定环节、特定问题的"智能化孤岛"的根本区别。IMS涵盖了产品的市场、开发、设计、制造、经营管理与售后服务整个过程,把它们集成为一个整体,系统地加以研究,实现整体的智能化。

4. 智能制造的研究热点

(1)无污染工业制造技术。

(2)全球制造业的并行工程。

(3)21世纪全球集成制造技术。

(4)自律性制造系统。

(5)快速产品开发支持系统。

(6)知识系统。

第三节　先进制造技术、工艺和方法

在现代制造战略的指导下，传统制造技术不断吸取计算机、信息、自动化、新材料和现代系统管理技术，并综合应用于产品的研究与开发、设计、生产、管理和市场开发、售后服务，从而取得社会经济效益。这样的综合技术统称为先进制造技术(AMT)。

一、成组技术(GT)

(一)成组技术的基本概念

自1946年成组生产工艺的思想提出以来，成组技术随着机械制造业的发展而得到迅速发展，尤其是与计算机技术相结合，现已应用到企业的产品设计、制造工艺和管理等各方面。它采用"按相似性成组"的原理，使多品种中、小批生产也能采用大批、大量生产的先进工艺。大量的统计分析表明，任何一种机器产品中的组成零件都可分为：专用件、相似件和标准件，并且相似件的出现率高达70%左右，而且即使是专用件，在同类系列化产品中，其在工艺上也有许多相似性。因此，只要充分利用这一特点，就可将那些看似孤立的零件按相似性原理划分为具有共性的一组，在加工中以组为基础集中处理，从而使多品种、小批量的生产转化为近似大批量的生产。所谓零件相似性，是指零件在结构、材料、工艺上具有许多共同的特征。

充分利用事物之间的相似性，将许多具有相似信息的研究对象归并成组，并用大致相同的方法来解决这一组研究对象的生产技术问题，就可以发挥规模生产的优势，达到提高生产效率、降低生产成本的目的，这种技术统称为成组技术。

(二)零件的分类和编码的基本原理

1. 零件的分类

根据零件的有关特征(如材料、工艺、产品等)，按照一定的规则把零件进行分组，是实施成组技术的核心和基础。而分组的理论基础则是相似性原理，从产品中零件本身的属性来讲，其相似性可以从 2 个方面理解，即作用相似和结构特征相似。由于作用相似所含的信息量较少，且不够明确具体，而结构特征相似则比较直观、明确，并可根据零件图的信息直接确定，所含的信息量也较大，所以在成组技术中通常是以后者作为零件分组的依据。结构特征相似又可以分为结构相似、材料相似和工艺相似，如图 10-5 所示。

图 10-5 零件结构相似性

2. 编码的基本原理

产品零件一般是用零件图来表示，虽然比较形象，在一定条件下，凭人的经验、目测识别零件相似性，能获得较好的分类效果。但是，仅仅如此是不够的，人们希望有更科学、更合理的方法来对零件进行分类，即采用分类编码系统进行分类。分类编码系统是用字符（数字、字母、符号）来标识和描述零件的结构特征，使这些信息代码化，据此对零件进行分类成组，然后按照成组的方式组织生产。

代表零件特征的每个字符称为特征码。所有特征码按照分类编码系统的规则的组合过程，就是零件编码。由于每一个字符代表的是零件的一个特征，而不是一个具体的参数，因此每种零件的编码不一定是唯一的，即相似的零件可以拥有相同或相近的编码。利用零件的编码可以较容易地划分出结构特征相似的零件组来。

德国、英国与日本等国家先后提出了一些分类编码系统。其中，德国的奥匹兹（OPITZ）分类编码系统在国际上获得较为广泛的应用，并成为制订其他零件分类编码系统的重要参照依据。在 OPITZ 系统的基础上，我国也建立了 JLBM-1 零件分类编码系统。下面对 OPITZ 分类编码系统作简单介绍。

OPITZ 分类编码系统由 9 位十进制数字代码组成，前 5 位为主码，用于描述零件的结构形状，又称为形状码，后 4 位为辅码，用于描述零件的尺寸、材料、毛坯形状及加工精度。每一码位有 10 个特征码（0~9）分别表示 10 种零件特征。图 10-6 为 OPITZ 编码系统的基本结构示意图。

图 10-6 OPITZ 编码系统的基本结构示意图

各码位所描述的特征内容简介如下：

(1)第一位码表示零件的类型。10 个特征码(0~9)分别代表 10 种基本零件类型，特征码 0~5 代表 6 种回转体零件，如套筒、齿轮、轴等；特征码 6~9 代表 4 种非回转体零件，如盖板、箱体等。其中：D 为回转件的最大直径，L 为其轴向长度；A、B、C 分别为非回转体的长度、宽度和厚度。

(2)第二位表示零件表面的主要形状及其要素。

(3)第三位表示一般回转体的内表面形状及其要素和其他几类零件的回转体加工、内外形状要素、主要孔等特征。

(4)第四位和第五位分别表示平面加工和辅助孔、齿形及成形面加工。

(5)第六位表示零件的主要尺寸。

(6)第七位表示零件材料的种类、强度和及热处理等状况。

(7)第八位表示零件加工前的原始状况。

(8)第九位表示零件上有高精度要求的表面所在的码位。

二、精益生产(LP)

1. 精益生产基本概念

精益生产又称精良生产，是 20 世纪 50 年代由日本工程师丰田英二和大野耐一根据当时日本的实际情况——国内市场很小，所需的汽车种类繁多，而又没有足够的资金和外汇购买西方最新技术——在丰田汽车公司创造的一种新的生产方式。这种生产方式既不同于欧洲的单件生产方式，也不同于美国的大批量生产方式，它综合了单件生产与大批量生产方式的优点,使工厂的一切投入都大大减少,新产品的开发时间大大缩短,生产出的产品更多,而且质量更好。这种生产方式到了20世纪60年代已经成熟,从而不仅使丰田,而且使整个日本的汽车工业受益匪浅。

进入20世纪80年代,日本汽车产品依靠高质量、低价格、多品种、优性能等优势,势不可挡地进入世界市场,欧美汽车企业面临着严峻挑战。为了探索其秘密,美国麻省理工学院于1985年启动了一个具有重要意义的研究计划——国际汽车研究计划。整个计划历时五年,耗资500万美元,参加研究人员116名,他们对世界各地的近100家汽车制造厂进行研究、分析后,提出了精益生产的概念,并得出一个非常重要的结论:日本经济的腾飞在很大程度上依赖于一种新的生产方式(精益生产)。精益生产的基本概念一经提出,立即在全世界掀起一股研究和推广应用的热潮。研究人员认为,大量流水线的生产方式是旧时代工业化的象征,而精益生产则是新时代工业化的标志。人们普遍认为,精益生产的基本哲理和方法对各种企业都适用,不仅成本低,而且见效快。精益生产方式对制造业,乃至整个人类社会都会产生巨大而深远的影响。

2. 精益生产企业的特征

概括精益生产企业的特征,主要有以下几个方面。

(1)以顾客为"上帝"。产品面向顾客,与顾客保持密切联系,将顾客纳入产品开发过程,以多变的产品,以及价格、质量、交货、速度、售后服务等各个方面尽可能来满足顾客的需求,真正体现顾客是"上帝"的精神。不仅要向顾客提供周到的服务,而且要洞悉顾客的思想和要求,这样才能生产出适销对路的产品。

(2)以人为本。人是企业一切活动的主体。充分发挥企业职工的积极性和创造性,使他们积极为改进产品的质量献计献策,使企业全体职工为"零缺陷"生产而努力。同时,企业应充分珍重职工的劳动,并从制度上保证职工的利益,也应使职工利益与企业的利益挂钩,也应对职工进行爱厂如家的教育。应下放部分权力,使人人有权、有责任、有义务随时解决碰到的问题。还要满足人们学习新知识和实现自我价值的愿望,形成独特的、具有竞争意识的企业文化。

(3)以"精简"为手段。在组织机构方面实行精简化,采用"分布自适应生产",提倡面向对象的组织形式,权力下放给项目小组,充分发挥项目组的作用;在岗位与人员方面精简化,去掉一切多余的岗位和人员,必须做到每一个岗位是增值的,每一个岗位的员工是一专多能;在生产制造过程方面简化,采用先进的柔性加工设备,把少批次、大批量生产转变为大批次、少批量生产,最大限度地减少在制品的储存;采用JIT和Kanban方式管理物流,大幅度减少甚至实现零库存,也减少了库存管理人员、设备和场所。此外,精益不仅仅是指减少生产过程的复杂性,还包括在减少产品复杂性的同时,提供多样化的产品。

(4)Team Work(综合工作组)和并行设计。精益生产强调Team Work工作方式进行产品的并行设计。Team Work是指由企业各部门专业人员为完成某项目任务而组成的多功能设计小组。设计小组对产品的开发和设计强调团队精神,其工作包括产品设计、工艺设计、编制预算、材料购置、生产准备及投产等;并强调设计环节与制造环节的信息交流,减少设计和制造的返工,缩短产品的制造周期,提高产品的质量。

(5)JIT供货方式。JIT供货方式可以保证最小的库存和最少在制品数。为了实现这种供货方式,应与供货商建立起良好的合作关系,相互信任,相互支持,利益共享。

(6)"零缺陷"工作目标。精益生产所追求的目标不是尽可能好一些,而是"零缺陷",即最低的成本、最好的质量、无废品、零库存与产品的多样性。当然,这只是一种理想境界,但应无止境地去追求这一目标,才会使企业在竞争中立于不败之地。

3. 精益生产的体系构成

如果把精益生产体系看作一幢大厦,它的基础就是在计算机网络支持下的、以小组方式工作的并行工作方式。在此基础上的三根支柱就是:

(1)全面质量管理(QTC),它是保证产品质量,达到零缺陷目标的主要措施;

(2)准时生产(JIT),它是缩短生产周期和降低生产成本的主要方法;

(3)成组技术(GT),它是实现多品种、按顾客订单组织生产、扩大批量、降低成本的技术基础。

这幢大厦的屋顶就是精益生产体系,如图10-7所示。

图10-7 精益生产的体系结构图

三、敏捷制造(AM)

1. 敏捷制造的提出

20世纪六七十年代,随着日本工业经济的发展,日本的各种生产管理技术和理论也在不断地走向成熟,JIT(准时生产)、TQC(全面质量管理)等管理方法与理论陆续被提出。这些不断发展的理论又反过来支撑着日本经济特别是工业经济的飞速发展,将美国等老牌资本主义国家抛在了身后。因此,1991年,由美国国防制造技术计划秘书办公室资助,美国海军制造技术办公室和美国里海(Lehigh)大学的亚柯卡(Iacocca)研究所签订合同,开展未来制造技术发展战略的研究。为此,由亚柯卡研究所和美国13家大公司的行政首脑组成核心小组进行深入研究,并邀请100多家企业和著名的咨询公司参与研讨,历时半年,形成了一份名为"21世纪制造企业发展战略"的研究报告,在其中首次提出了敏捷制造这一新概念。敏捷制造的基本思想是通过把动态灵活的虚拟组织机构(Virtual Organization)或动态联盟、先进的柔性制造技术和高素质的人员进行全面的集成,从而使企业能够从容应付不断快速变化的市场,获得长期效益。这是一种提高企业竞争能力的全新的制造组织模式,其核心观点是除了学习日本的成功经验外,更要利用美国信息技术的优势,夺回制造工业的世界领先地位。这一新的制造哲理在全世界产生了巨大的反响,并且已经取得了引人瞩目的实际效果。

2. 敏捷制造概念及内涵

美国工程师学会(ASME)主办的《机械工程》杂志于1994年期对敏捷制造进行了如下定义:"敏捷制造就是指制造系统在满足低成本和高产量的同时,对变幻莫测的市场需求的快速反应"。

敏捷制造在无法预测和持续变化的市场环境中能够保持并不断提高企业的快速反应和竞争能力,通过综合运用在计算机技术基础上迅猛发展的产品制造、信息集成和通信技术,充分利用企业之间以及企业内部的各种资源,结成针对某种产品开发、设计与制造的全球企业动态联盟,并以最快、最经济的方式开发产品,推向市场。敏捷制造是一种结构,每个公司都能在这个结构中开发自己的产品,并实施自己的经营战略。构成这个结构的基石是3种基本资源:先进的生产技术、先进的管理技术和高素质的人员。敏捷性源于这3种制造资源的最优配置。其中,生产技术包括敏捷的技术支持、工作过程并行化,设计面向产品的整个生命期,在互联网上采用通用的数据交换标准,实现分布式企业集成和分布式并行操作等特点。管理技术包括多变的动态组织结构、动态联盟等领域。敏捷制造强调人的决定性作用,有知识、有技术的人是企业成功的关键因素。因此,通过继续教育和激励机制培养企业雇员的丰富想象力、主动性、创造性和专业技能是敏捷制造不断发展的基础。

企业的敏捷性是企业获得竞争优势,进而取得成功、生存下去的综合能力的表现。敏捷制造作为一种战略,它提供了一个基本框架,按照此框架组织的企业具有敏捷性的基本素质;同时,敏捷制造还是一种哲理、一种指导思想,按照此指导思想企业可进行不断的调整与开拓创新。因此,企业所采取的任何不断增强自身敏捷性的一切活动都可以算作是实施敏捷制造。

3. 敏捷制造的特点

敏捷制造是美国为重振其在制造业中的领导地位而提出的一种新的制造模式,其特点可概括为:通过先进的生产技术、先进的管理技术和高素质人员的集成,着眼于获取企业的长期经济效益;用全新的产品设计和产品生产的组织管理方法,来对市场需求和用户要求做出灵敏和有效的响应。具体来讲,它具有以下特点。

(1)对产品开发、设计、制造全过程的要求。敏捷制造采用柔性化、模块化的产品设计方法和可重组的工艺设备,使产品能根据用户的需求进行改变,并借助仿真技术进行产品性能和制造过程仿真,让用户很方便地参与设计,从而很快地生产出满足用户需要的产品。

(2)多变的动态组织结构。21世纪衡量竞争优势的准则在于企业对市场反应的速度和满足用户的能力,而要提高这种速度和能力,必须以最快的速度与最佳的方式把企业内部的优势和企业外部不同公司的优势组织起来,成为灵活的经营实体,即虚拟公司。

所谓虚拟公司,是一种利用信息技术打破时空阻隔的新型企业组织形式。它一般是某个企业为完成一定项目任务而与供货商、销售商、设计单位或设计师,甚至与用户所组成的经营组织,选择这些合作伙伴的依据是他们的专长、竞争能力和商誉。这样,虚拟公司能把与项目任务有关的各领域的精华力量集中起来形成最佳组合,是单个公司无法比拟的。当既定项目一旦完成,公司随即解体。一旦出现新的市场机会,再重新组建新的虚拟公司。

虚拟公司这种动态组织结构,加速了产品的开发速度与产品更新换代的速度,大大缩短了产品上市时间,产品质量也会大大提高,也能大大降低公司开支,增加收益。虚拟公司不仅已成为企业重新建造自己生产经营过程的一个步骤,而且是企业创新发展与可持续发展的一种手段。

(3)战略着眼点在于长期获取经济效益。传统的大批量生产企业,其竞争优势在于规模生产,产生规模效益,即依靠大量生产同一产品,以减少每个产品所分摊的制造费用和人工费用,来达到降低产品的成本,使企业具有较好的效益。敏捷制造是采用先进制造技术和具有高度柔性的生产线进行生产,这些具有高度柔性、可重组的生产线可用于多种产品,不需要像大批量生产那样要求在短期内收回投资。可在较长的一段时间内获取经济效益,所以它可以使生产成本与批量无关,能做到完全按需生产,充分把握市场中的每一个盈利时机,使企业长期有能力获取经济效益。

(4)实现技术、管理和人的有效集成。敏捷制造企业需要充分利用分布在各地的各种资源,把这些资源有效地集中在一起,以及把企业中的生产技术、管理和人员有效、相互协调地集成到一起。为此,必须建立新的标准结构来支持这一集成。这些标准结构内容包括大范围的通信基础结构、信息交换标准等硬件和软件。

(5)充分利用人的因素,强调以"人"为中心。敏捷制造提倡以"人"为中心的管理。有研究表明,影响敏捷制造企业竞争力的最重要因素是工作人员的专业技能和创造力,而不是设备。工作人员的积极性越高、创造和响应能力越强,企业取得成功的可能性就越大。敏捷制造企业为了充分发挥人的主动性和创造性,强调用分散决策代替集中控制,用协商机制代替递阶控制机制。把权力下放到项目组,提倡"基于统观全局的管理"模式,要求各个项目组都能了解全局的远景,胸怀企业全局,明确工作目标和任务的时间要求,但完成任务的中间过程则由项目组自主决定。

四、并行工程(CE)

传统的产品开发组织形式是一种串行工程形式,在设计的前期不能充分考虑到后期的制造与产品质量可靠性等多种因素,致使制造出来的产品质量不稳定以及不能达到最优,并造成产品开发周期长、成本高,难以满足激烈的市场竞争的需要。1988年,美国防御分析研究所以武器生产为背景,对传统的生产模式进行了分析,系统、完整地提出了并行工程的概念。并行工程是集成地、并行地设计产品及其相关过程(包括制造过程和支持过程)的系统方法,这种方法要求产品开发人员在一开始就考虑产品整个生命周期中从概念形成到产品报废的所有因素,包括质量、成本、进度计划和用户要求等。并行工程是企业组织、管理和运行的先进设计、制造模式;是采用多学科团队和并行过程的集成化产品开发模式。它把传统的制造技术与计算机技术、系统工程技术和自动化技术相结合,在产品开发的早期阶段全面考虑产品生命周期中的各种因素,力争使产品开发能够一次获得成功,从而缩短产品开发周期,提高产品质量,降低产品成本。并行工程的内涵及组成如图10-8所示。

图 10-8 并行工程的内涵及组成

并行工程的特点主要表现在以下几方面:
(1)团队工作,团队精神和工作方式;
(2)产品开发的成功性;
(3)设计过程的并行性;
(4)设计过程的系统性;
(5)设计过程的快速反馈。

五、快速成型制造技术(RPM)——增材制造

1. RPM 技术产生的背景

随着全球市场一体化的形成,制造业的竞争越来越激烈,产品的开发速度成为市场竞争的主要焦点。在此情况下,自主快速开发产品(快速设计和快速工模具制造)的能力,成为制造业全球竞争的实力基础。同时,制造业为满足日益变化的用户需求,又要求制造技术有较强的灵活性,能够以小批量甚至单件生产而不增加产品的成本。因此,开发产品的速度和制造技术的柔性就显得十分重要。从技术发展角度看,计算机、CAD、材料、激光等技术的发展为新的制造技术的产生奠定了基础。快速成型制造技术(RPM,Rapid Prototyping Manufacturing)就是在这种社会背景下,于20世纪80年代后期产生于美国,并很快扩展到日本及欧洲,是近几十年来制造技术领域的一项重大突破。

2. 快速成型的定义

目前,"Rapid Prototyping"一词已不能完全表达出各种成型系统、成型材料及成形工艺等所包含的内容。因此,关于什么是"Rapid Prototyping",美国制造工程师协会(SME)对 RP 技术进行了定义:"RP 系统依据三维 CAD 模型数据、CT 和 MRI 扫描数据和由三维实物数字化系统创建的数据,把所得数据分成一系列二维平面,又按相同序列沉积或固化出物理实体"。

3. 快速成型原理

首先由三维 CAD 软件设计出所需要零件的计算机三维曲面或实体模型(亦称电子模型);然后根据工艺要求,按一定的规则在 z 向将其按某一厚度进行分层,将原来的三维电子模型变成一系列的二维平面信息;再将分层后的数据进行一定的处理,加入合适的加工参数,产生数控代码;最后在计算机的控制下,数控系统以平面加工方式,连续有序地加工出每个层片,并使它们自动粘接而成型。图 10-9 为快速成型加工流程。

图 10-9 快速成型加工流程

4. 快速成型工艺方法

RPM 技术的具体工艺不下 30 余种,最为成熟的有以下 4 种。

1) 立体印刷(SL, Stereo Lithography)

SL 快速成型技术最早是由美国 3D System 公司开发的,其工作原理如图 10-10 所示。由一个扫描激光头,发出紫外激光束在液态紫外光敏树脂的表层进行扫描,扫描的轨迹及激光有无均由计算机控制,并行工程液态树脂表层受光束照射的那些点发生聚合反应形成固态。成形开始时,工作平台在液面下一个确定的深度,液面始终处于激光的聚焦平面,聚焦后的光斑在液面上按计算机的指令逐点扫描,即逐点固化。当一层扫描完成后,未被照射的地方仍是液态树脂。然后升降台带动平台下降一层高度,已成形的层面上又布满一层树脂,以便进行第二次扫描,新固化的一层牢固地粘在前一层上。如此重复,直至三维零件制作完毕。

1—激光束；2—扫描镜；3—z 轴升降方向；4—树脂槽；5—升降台；6—光敏树脂；7—零件。

图 10-10　SL 工艺方法原理图

2）分层实体制造（LOM，Laminated Object Manufacturing）

LOM 快速成型技术最早是由美国 Helisys 公司开发的。该项技术将薄片材料，如纸、塑料薄膜等一层一层地堆叠起来，激光束只需扫描和切割每一层的边沿，而不必像 SL 技术那样，要对整个表面层进行扫描，如图 10-11 所示。其工作原理是片材表面事先涂覆一层热熔胶，加工时，热压辊热压片材使之与下面已成形的工件粘接；在计算机控制下，CO_2 激光器在刚粘接的新层上切割出零件截面轮廓和工件外框，并在截面轮廓与外框之间多余的区域内切割出上下对齐的网格；激光切割完成后，工作台带动已成形的工件下降，与带状片材分离；供料机构转动收料轴和供料轴，带动料带移动，使新层移到加工区域；工作台上升到加工平面；热压辊热压一次，工件的层数增加一层，高度增加一个料厚；再在新层上切割截面轮廓。如此反复，直至零件的所有截面粘接、切割完毕，从而得到分层制造的实体零件。

1—x、y 扫描系统；2—光路系统；3—CO_2 激光器；4—热压辊；5—原料片；
6—原料回收、供应卷；7—工作平台；8—外形及剖面线；9—零件原形。

图 10-11　LOM 工艺方法原理图

LOM 模型相当坚固，它可以进行机械加工、打磨、抛光、绘制、加涂层等各种形式的加工。

目前，用于 LOM 技术的箔材主要有涂覆纸、覆膜塑料、覆蜡陶瓷箔、覆膜金属箔等。

3) 选择性激光烧结 (SLS, Selective Laser Sintering)

SLS 技术最早由美国得克萨斯大学开发, 并由 DTM 公司将其推向市场。SLS 工艺是利用粉末状材料成形的, 其原理如图 10-12 所示。将材料粉末铺洒在已成形零件的上表面, 并刮平; 在计算机的控制下, 用高强度的 CO_2 激光器在刚铺的新层上扫描出零件截面; 材料粉末在高强度的激光照射下被烧结在一起, 得到零件的截面, 并与下面已成形的部分粘接; 一层完成后再进行下一层, 循环往复, 全部烧结完成后, 去除多余的粉末, 便得到烧结成的零件。

1—扫描镜; 2—透镜; 3—CO_2 激光器; 4—平整辊; 5—零件原形; 6—激光束。

图 10-12 SLS 法原理图

4) 熔融沉积成形 (FDM, Fused Deposition Modeling)

FDM 工艺由美国学者 Dr. Scott Crump 于 1988 年研制成功, 是一种不使用激光器加工的方法, 其原理如图 10-13 所示。喷头在计算机控制下作 x–y 联动及 z 向运动, 丝材在喷头中被加热到略高于其熔点的温度, 通过带有微细喷嘴的喷头挤喷出来。热熔性材料的温度始终稍高于固化温度, 而成形的部分温度稍低于固化温度。热熔性材料挤喷出喷嘴后, 随即与前一层面熔结在一起。一个层面沉积完成后, 工作台按预定的增量下降一个层的厚度, 再继续熔喷沉积, 直至完成整个实体零件。

1—加热装置; 2—料丝; 3—z 向运动; 4—x–y 联动; 5—零件原形。

图 10-13 FDM 法原理图

FDM 工艺的热熔性材料一般为 ABS、蜡、聚乙烯、聚丙烯等。

近年来, 随着 3D 打印技术的发展, 快速成型技术迎来了新的革命, 使得这一制造方法的应用越来越广泛, 催生了增材制造的新提法, 增材制造技术是指基于离散-堆积原理,由零件三维数据驱动直接制造零件的科学技术体系。基于不同的分类原则和理解方式，增材制造技术与快速原型、快速成型、快速制造、3D打印等多种称谓虽有不同，但其内涵则是在以上概念的基础上的不断深化，外延也不断扩展，这里所说的"增材制造"与"快速成型""快速制造"意义基本相同。

六、虚拟制造技术（VMT）

VMT的基本思想是：在产品制造过程的设计阶段就进行对产品制造全过程进行虚拟集成，将全过程可能出现的问题解决在这一阶段，通过设计的最优化达到产品的一次性制造成功。

VMT是由多学科知识形成的综合系统技术，其本质是以计算机支持的仿真技术为前提，对设计、制造等生产过程进行统一建模，在产品设计阶段，适时地、并行地模拟出产品未来制造全过程及其对产品设计的影响，预测产品性能、产品制造技术、产品的可制造性、产品的可装配性，从而更有效、更经济地、柔性灵活地组织生产，增强决策与控制水平，有力地降低由于前期设计给后期制造带来的回溯更改，以达到产品的开发周期和成本的最小化，产品设计质量的最优化，生产率的最高化。因此，VMT可以理解为：在计算机上模拟产品的设计与制造过程。借助于建模和仿真技术，在产品设计时，就可以把产品的工艺过程设计、零件加工过程、装配过程、作业计划、生产调度、库存管理、生产管理以及成本核算和零部件采购等生产活动显示在计算机上，使产品在设计阶段就能全面确定设计和生产的合理性与可行性。VMT是一种软件技术，把企业的生产和管理活动的过程与结果在产品投入生产之前就在计算机上加以显示和评价，使设计员和工程师能够及时发现可能发生的问题和出现的后果。借助于计算机的仿真技术，使得人们能够在真实地生产产品之前虚拟地制造产品。VMT不消耗现实资源和能量，所进行的过程是虚拟过程，所生产的产品也是虚拟的。因此，VMT的应用将会对未来制造业的发展产生深远影响。

第四节 汽车制造轻量化技术

近年来，随着新能源汽车技术的发展，汽车结构轻量化技术成为学术界及汽车制造企业关注的热点，围绕轻量化设计、材料、制造的相关技术也在不断进展。本节介绍基于轻量化设计制造的相关新工艺。

1. 热成形

热成形工艺是指将热冲压高强钢板材加热到奥氏体再结晶温度以上，保温一段时间，使之均匀奥氏体化，然后快速移动到带有冷却系统的模具内进行冲压成形，紧接着对其进行保压和快速冷却，使奥氏体转化为板条状马氏体，大幅度提高其强度，其工艺原理如

图 10-14 所示。高强钢在常温下塑性变形范围窄、成形性能差、容易开裂、回弹大，已不能满足现代汽车对碰撞安全性越来越高的要求，热成形工艺正是基于这些问题而发展起来的板材成形新技术。高强钢经热冲压成形后，可将其抗拉强度提高到 1 500 MPa 以上，屈服强度提高到 800 MPa 以上，可以在减轻车身质量的同时，提高车身整体的强度和刚度，进而提高整车碰撞安全性。

图 10-14 热成形工艺原理

热成形工艺分为直接成形工艺和间接成形工艺。直接成形工艺是指直接对板材进行冲压，主要用于形状结构较简单的汽车零件；间接成形工艺是指先将板材在加热之前进行一次预成形处理，然后再在具有冷却系统的模具内进行快速冲压，主要针对那些由多块板材组合而成的、形状复杂的、变形程度较大的零件的深拉伸。此外，热成形工艺还涉及板材的修边、切割和冲孔等工艺过程，增加了资金投入。热冲压成形所用的板材分为无镀层和有镀层的两种，无镀层的在后续加工中需要进行喷丸处理去除氧化层；有镀层的则容易造成板材加热过程中和加热炉辊道粘连。

作为一种新型的板材制造工艺，与传统的冷冲压工艺相比，热成形工艺的主要优势体现在：(1) 回弹较小，提高了零件的尺寸精度，这是冷冲压成形所不能比拟的；(2) 有效降低零件厚度，提高零件强度，减轻车身自重；(3) 高温下板料具有良好的塑性和延展性，能成形较复杂的零件而不会出现疲劳破坏现象；(4) 热成形过程中板料的变形抗力减小，能很大程度降低压力机吨位，降低了成形成本；(5) 经热成形后，板料在强度大幅度提高的同时，其表面硬度也显著提高，可达到 50 HRC 以上，比原来状态提升 2~3 倍。热成形工艺主要用于汽车一些保安件和结构件的生产，主要有前后保险杠、左右车门防撞梁、A/B/C 柱、底板通道等构件，其在车身上的应用如图 10-15 所示。

在热成形技术的应用前景方面，面临的主要问题：一方面，怎样通过技术改进和工艺优化等方法进一步提升高强钢的成形性能；另一方面，如何在高温条件下延长模具的使用寿命，进一步开发耐高温冲压模具钢。在我国，热成形工艺起步较晚，没有形成可观的生产规模，不能满足我国对汽车热冲压件的大量需求。虽然国内现有一些热成形生产线，但缺乏自主知识产权。目前，各高校和企业正在逐步深入热冲压成形工艺相关课题的研究，并取得了显著成果，这对缩小我国与发达国家差距、带动本土汽车企业的发展、提升我国汽车企业的国际市场竞争力有很大影响。

图 10-15 热成形在车身上的应用

2. 激光拼焊

激光拼焊工艺起源于 20 世纪 80 年代，当时主要用于解决钢厂生产的钢板宽度不足的问题，后来逐渐在汽车工业得到大力发展。据统计显示，目前全球有 100 多条激光拼焊生产线，欧洲生产的激光拼焊板约占世界产量的 70%，美国约占 20%，日本约占 10%。资料显示，在目前最新的钢制车身结构中，大约有 50% 采用激光拼焊板制造。激光拼焊工艺是目前世界上运用最为广泛和先进的车身制造技术，它是根据"裁缝"的原理，为了满足汽车零件的设计和功能要求，将不同强度、不同厚度、不同材质、不同表面处理条件的零件通过激光焊接组合成一个整体，然后进行整体冲压得到所需零件形状的工艺技术。激光拼焊工艺能达到最合理的材料性能组合，降低车身整体质量，减小材料消耗，提高材料的利用率。

与传统的工艺技术相比，激光拼焊工艺应用在车身制造上有以下技术优势：①充分发挥不同强度和厚度板材的优势特性，使车身整体刚度和强度提高，减轻了整车质量；②减少模具和零件的数量和后续生产工序，降低了生产成本，提高了生产效率；③提高了零件的整体质量和材料的利用率，优化了零件结构，简化了装配工艺；④激光焊接采用对接工艺，没有搭接缝，不需要加强板，提高了拼焊板的耐腐蚀性能。目前，在汽车上的应用主要有前后车门内板、前后纵梁、侧围、底板、A/B/C 柱、轮罩等。

虽然目前激光拼焊技术已经在汽车领域得到了广泛应用，但其关键成形技术的研究尚不成熟。不同于普通的板材，激光拼焊板由于焊缝和母材性能、尺寸等之间的差异以及冲压后焊缝的移动问题，造成对破裂、起皱、回弹等缺陷和焊缝移动量的预测困难，传统的板材冲压理论对其已不再适用，如何建立适合于激光拼焊板冲压的成形理论是目前面临的一个主要难题。此外，目前的激光拼焊板主要局限于不同钢板或不同铝板之间的拼焊，而对异种材料如钢板与铝板、镁板之间的拼焊研究得较少。

3. 液压成形

汽车轻量化除了采用轻量化材料外，在结构上"以空代实"也是其一个重要途径。液压成形技术始于20世纪70年代的德国，并于20世纪90年代在汽车零部件制造中初具规模，是伴随着密封技术和计算机控制技术的发展而发展的。液压成形技术是把管状或板状板料放在密封的模具中，然后采用液态的水或油作为施力介质，替代刚性的凹模或凸模，在液体高压的作用下，贴合凸模或凹模而成形的。管材液压成形工艺原理如图10-16所示。它是一种柔性成形技术，可以成形那些强度高、形状复杂、成形性差的零件。液压成形工艺应用范围广，能成形碳钢、不锈钢、铝合金、钛合金、铜合金、镍合金等用于冷成形的材料。

图 10-16 管材液压成形工艺原理

液压成形技术分为板材液压成形技术和管材液压成形技术。目前，在汽车领域应用较多的是管材液压成形技术，与传统的冲压-焊接工艺相比，其优点是：①节省材料，材料的利用率高(95%~98%)；②简化了模具结构，缩短了产品周期；③能一次成形中空复杂零件，减少后续的加工工序；④减轻质量的同时，由于焊点减少，提高了零件整体的强度和刚度；⑤降低了生产成本，据资料显示，管材液压成形件比传统的冲压焊接件的成本平均低15%~20%。液压成形作为一种近净成形技术，特别适合加工沿轴线截面形状连续变化的空心构件。在汽车上用到液压成形工艺的零件主要有：进/排气歧管、发动机托架、副车架、齿轮轴、曲轴、底盘、保险杠、侧门横梁、A/B/C柱、散热器支架、仪表盘支架、座椅框架等。液压成形技术是一种涉及线性和非线性的大塑性变形过程，目前对其成形理论的研究还不成熟，不能很好地对其进行失稳预测。液压成形技术对液体压力要求高，设备昂贵，生产周期长，对成形缺陷的预测困难；需要运用Dynaform、Autoform等有限元分析软件对成形过程中的各类工艺参数进行仿真模拟和优化，从而更好地指导生产。

4. 结构胶粘接技术

结构胶粘接技术的优势如下。

(1)应力分布均匀，材料选择自由度高；运用结构胶时能够有效地使应力平均分散开，缓解了传统方式的应力集中。所以，运用结构胶粘接技术时，轻质材料不会发生部件强度损耗的难题。

(2)可有效粘接异种材料,提高综合性能;差别材料可以经过结构胶粘接技术制成层压材料,这种材料能联结各种材料的强度和功能。此外,还能够作为隔离层来缩减不同金属之间的发生电化学侵蚀。

(3)降低表面缺陷,节约修正成本;可以保证完整性,清除连接点和因为焊接存在的缺陷。

(4)粘接性好,耐疲劳,有较强的疲劳功能,具备较强的韧性在反复受力的情况下能够做到重复拉伸和复原。

(5)降低成本,简化工艺;采用粘接技术,缩减分量和成本,升高效率。

习题

10-1 先进制造技术的含义是什么?

10-2 机械制造自动化的发展经历了哪几个阶段?发展趋势如何?

10-3 什么是GT?它在先进制造技术中起什么作用?

10-4 什么是FMS?它有何特点?

10-5 什么是CIMS?CIM与CIMS的区别与联系是什么?

10-6 并行工程的含义是什么?与串行工程相比有何特点?

10-7 精益生产的含义是什么?有何特点?

10-8 敏捷制造的含义是什么?有何特点?

10-9 智能制造的含义是什么?有何特点?

10-10 增材制造的含义是什么?有何特点?

10-11 汽车轻量化制造的内容及工艺有哪些?

参 考 文 献

[1] 吉卫喜. 机械制造技术基础[M]. 2版. 北京：高等教育出版社，2018.
[2] 张志君. 汽车零部件制造工艺及典型实例[M]. 北京：化学工业出版社，2016.
[3] 何耀华. 汽车制造工艺[M]. 北京：机械工业出版社，2015.
[4] 安晶，殷磊，黄曙荣. 产品数据管理原理与应用——基于Teamcenter平台[M]. 北京：电子工业出版社，2015.
[5] 孔宪光. 机械制造工艺——基于Tecnomatix平台[M]. 北京：电子工业出版社，2015.
[6] 徐梅宣，冯韬. 汽车生产中的IT技术[M]. 北京：机械工业出版社，2014.
[7] 蒋开正. 汽车车身制造技术[M]. 成都：西南交通大学出版社，2014.
[8] 邹平. 汽车典型零件制造技术[M]. 北京：机械工业出版社，2014.
[9] 吴礼军，吴慎国，马季. 现代汽车制造技术[M]. 北京：国防工业出版社，2013.
[10] 王正刚. 机械制造装备及其设计[M]. 南京：南京大学出版社，2013.
[11] 宋新萍. 汽车制造工艺学[M]. 北京：清华大学出版社，2011.
[12] 李书伟. 工程材料与热加工工艺[M]. 南京：南京大学出版社，2011.
[13] 黄宗南，洪跃. 先进制造技术.[M]. 上海：上海交通大学出版社，2010.
[14] 李伟，谭豫之. 机械制造工程学[M]. 北京：机械工业出版社，2009.
[15] 赵如福. 金属机械加工工艺设计手册[M]. 上海：上海科学技术出版社，2009.
[16] 李旦卷. 机械加工工艺手册：第1卷 工艺基础卷[M]. 北京：机械工业出版社，2007.
[17] 陈宏钧. 实用机械加工工艺手册[M]. 北京：机械工业出版社，2009.
[18] 黄如林. 切削加工简明实用手册[M]. 北京：化学工业出版社，2009.
[19] 王先逵. 机械制造工艺学[M]. 2版. 北京：机械工业出版社，2007.
[20] 王宝玺，贾庆祥. 汽车制造工艺学[M]. 北京：机械工业出版社，2007.
[21] 曾东建. 汽车制造工艺学[M]. 北京：机械工业出版社，2005.
[22] 韩英淳. 汽车制造工艺学[M]. 北京：人民交通出版社，2005.
[23] 宋晓琳. 汽车车身制造工艺学[M]. 北京：北京理工大学出版社，2005.
[24] 崔令江. 汽车覆盖件冲压成形技术[M]. 北京：机械工业出版社，2003.
[25] 唐远志. 汽车车身制造工艺[M]. 北京：化学工业出版社，2003.

[26]崔令江. 汽车覆盖件冲压成形技术[M]. 北京：机械工业出版社，2003.

[27]郭宗连，秦宝荣. 机械制造工艺学[M]. 北京：建材工业出版社，1997.

[28]秦宝荣. 机械制造工艺学与机床夹具设计学习指导及习题[M]. 北京：建材工业出版社，1998.

[29]秦宝荣. 机床夹具设计[M]. 北京：建材工业出版社，1998.

[30]浦林祥. 金属机床夹具设计手册[M]. 北京：机械工业出版社，1995.

[31]李方信，肖素梅. 机械制造工程学[M]. 北京：北京邮电大学出版社，2009.

[32]全国刀具标准化技术委员会. 金属切削 基本术语：GB/T 12204—2010[S]. 北京：中国标准出版社，2010.

[33]中国机械工业联合会. 机械制造工艺 基本术语：GB/T 4863—2008[S]. 北京：中国标准出版社，2008.

[34]全国技术产品文件标准化技术委员. 工艺装备设计管理导则：GB/T 24763—2012[S]. 北京：中国标准出版社，2009.

[35]全国技术产品文件标准化技术委员会. 机械制造工艺文件完整性：GB/T 24738—2009[S]. 北京：中国标准出版社，2009.

[36]全国技术产品文件标准化技术委员会. 技术产品文件 工艺流程图表用图形符号的表示法：GB/T 24742—2009[S]. 北京：北京标准出版社，2009.

[37]全国技术产品文件标准化技术委员会. 计算机辅助工艺设计 导则：GB/T 26102—2010[S]. 北京：中国标准出版社，2010.

[38]全国技术产品文件标准化技术委员会. 计算机辅助工艺设计 系统功能规范：GB/T 28282—2012[S]. 北京：中国标准出版社，2012.